# 邹逸麟先生生平及学术活动图片

1945 年十岁生日与父母合影

1949 年金科中学初中毕业合影（前排右三为邹逸麟先生）

1952 年高中毕业照（后排左二为邹逸麟先生）

1952 年高中毕业

1952 年秋所住的山东大学宿舍楼
（时名大众大楼）

1952 年去山东大学报到前与父母合影

1953 年 3 月与同学在青岛市政府前合影

1955 年青岛鲁迅公园

1956 年山东大学毕业照（后排左七为邹逸麟先生）

1962 年春邹逸麟、戎玖毓夫妇合影

1963 年邹星如先生六十岁时全家合影

二十世纪六十年代历史地理研究室同仁合影（左五为谭其骧先生，左六为邹逸麟先生）

二十世纪七十年代初与大哥邹逸涛、二哥邹逸安合影

1979 年邹家兄弟合影

1982 年 6 月 4 日复旦大学中国历史地理研究所成立大会
（前排右四为谭其骧先生，左一为邹逸麟先生）

1984 年邹逸麟、戎玖毓夫妇合影

1985 年 5 月与谭其骧先生合影于绍兴青藤书院

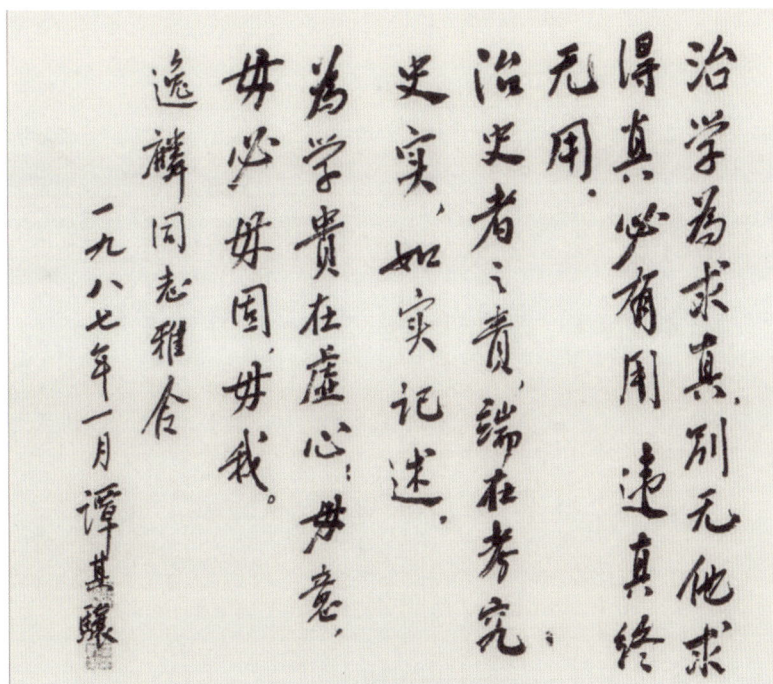

治学为求真，别无他求，得真必有用，违真终无用。

治史者之责，端在考究史实，如实记述，毋意、毋必、毋固、毋我。

为学贵在虚心，毋意、毋必、毋固、毋我。

逸群同志雅令

一九八七年一月谭其骧

1987 年 1 月谭其骧先生题字

1986 年 8 月与史地所同仁在甘肃考察丝绸之路
左起：葛剑雄、郑宝恒、赵永复、钱林书、邹逸麟、杨正泰、王文楚、郁越祖

1987 年与谭其骧先生、云南大学李埏先生合影于复旦大学

1987 年随谭其骧先生、李埏先生在施蛰存先生愚园路寓所阳台合影

1988 年 1 月国家大地图集编委会合影于北京

前排左二起：史念海、侯仁之、张友渔、谭其骧、陈桥驿

后排左二起：陈可畏、邓锐龄、黄盛璋、高德、邹逸麟、刘宗弼、周维衍

1988 年 9 月"中国地理学会黄土高原历史地理暨历史地图学术研讨会"期间与史地所同事及研究生在山西五台山

后排左起：华林甫、周振鹤、邹逸麟、王文楚、郑宝恒、张修桂、赵永复

前排左起：满志敏、王振忠、曹树基、钱林书、朱毅

二十世纪八十年代与谭其骧先生在云冈石窟合影

二十世纪八十年代与谭其骧、陈桥驿先生在绍兴合影

1992 年 11 月与饶宗颐先生合影于复旦

二十世纪九十年代初在史地所资料室讨论工作
左起：祝培坤、王文楚、谭其骧、钱林书、邹逸麟、赵永复

1993年10月国务院学位委员会第三届学科评议组历史学科组在北京京西宾馆合影

前排左起：齐世荣、戴逸、宿白、田余庆、魏宏运

后排左二起：龚书铎、李文海、李学勤、朱寰、张岂之、林甘泉、邹逸麟、姜伯勤

1994年3月10日与杨向奎先生合影

1999 年 11 月 9 日民盟提案工作（上海）座谈会

2001 年与费孝通先生合影于上海

2004 年 3 月在第十届全国政协第二次会议上

2004 年 8 月"西部历史地理环境与文明的演进"国际学术研讨会
陕西师范大学和中国科学院新疆生态与地理研究所合办，乌鲁木齐

2004 年 8 月在新疆乌拉泊古城

2004 年 8 月在新疆巴音布鲁克草原

2005 年 5 月 8 日与美国学者施坚雅教授 (G. William Skinner) 合影

2005 年与毕业班博士生合影（左起为周晓光、石超艺、邹逸麟先生、余同元、杨煜达）

2008 年 11 月"明清江南史研究视域与方法回顾学术研讨会",海盐南北湖
(前排左二起为范金民、唐力行、邹逸麟、樊树志、陈学文、王家范、钱杭等)

2010 年 3—4 月率课题组成员赴台北故宫博物院查阅档案,修改《清史·地理志》(国家清史纂修工程项目)
(左起为华林甫、杨伟兵、邹逸麟先生、段伟)

2010 年 3 月 24 日在台湾暨南大学与张哲郎教授（左三）、滨岛敦俊教授（左四）等合影

2010 年 4 月 3 日在台北与姑姑邹静波女士叙谈

2011 年 7 月 8 日与戴逸先生合影

2012 年 6 月 6 日在《中国运河志》项目启动仪式暨专家会上，南京

2012 年 9 月 10 日于无锡

2012 年 6 月复旦大学中国历史地理研究所建所三十周年与部分学生合影

2012 年 7 月 13 日中国地方志指导小组四届三次会议

2013 年 3 月 16 日在国家社科基金重大项目"清史地图集"开题会上，北京中国人民大学
（右为程天权教授，曾任复旦大学党委书记，时任中国人民大学党委书记）

2013 年 5 月 21 日考察淮安天妃庙遗址

2013 年 5 月 21 日在淮安古清口

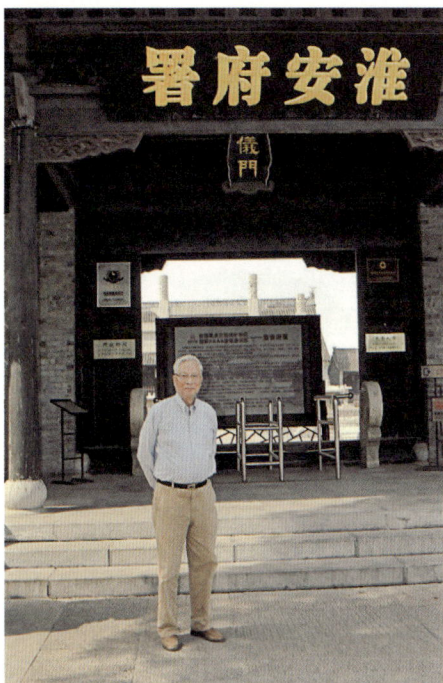

2013 年 5 月 21 日在淮安府署

2014 年 7 月学生们欢聚苏州庆贺邹逸麟先生八十寿辰

2014 年 7 月 3 日《辞海》主编会议

2014 年 8 月 2 日在常熟破山寺

2015 年 2 月 13 日在《中国运河志》专家会上发言，上海

2016 年 1 月 25 日与部分学生新春小聚

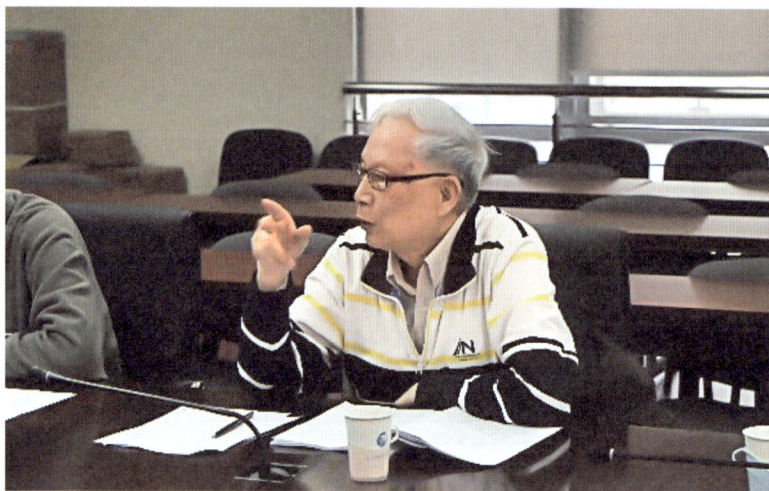

2016 年 4 月 28 日在《中国运河志》专家会上发言，中国水利史研究所，北京

2017 年 3 月 2 日在广州中山大学孙中山铜像前

2017 年 3 月 2 日在中山大学陈寅恪铜像前

2018 年 6 月在杭州

2018 年 7 月 1 日在绍兴八字桥畔

2018 年 7 月 1 日在绍兴考察古纤道

2018 年 9 月 28 日在国家出版基金项目《徽州民间珍稀文献集成》新书发布会上发言
（照片左为栾成显、葛兆光教授，右为常建华教授）

2018 年 9 月 1 日与部分学生餐叙

与张修桂教授合影

与老同事张修桂教授、王文楚教授、钱林书教授合影

晚年工作照之一

晚年工作照之二

儒雅清正铸师魂

邹逸麟先生纪念文集

邹逸麟先生纪念文集编委会
复旦大学中国历史地理研究所

编

中西书局

图书在版编目（CIP）数据

儒雅清正铸师魂：邹逸麟先生纪念文集 / 复旦大学
中国历史地理研究所，邹逸麟先生纪念文集编委会编. —
上海：中西书局，2022
ISBN 978-7-5475-1946-2

Ⅰ.①儒… Ⅱ.①复…②邹… Ⅲ.①邹逸麟（
1935—2020）—纪念文集 Ⅳ.① K825.89-53

中国版本图书馆 CIP 数据核字 (2022) 第 045312 号

# 儒雅清正铸师魂——邹逸麟先生纪念文集

**复旦大学中国历史地理研究所、邹逸麟先生纪念文集编委会 编**

| | | |
|---|---|---|
| 责任编辑 | 王宇海 | |
| 装帧设计 | 黄　骏 | |
| 责任印制 | 朱人杰 | |
| 出版发行 | 上海世纪出版集团<br>中西书局（www.zxpress.com.cn） | |
| 地　　址 | 上海市闵行区号景路 159 弄 B 座（邮政编码：201101） | |
| 印　　刷 | 上海盛通时代印刷有限公司 | |
| 开　　本 | 787×1092 毫米　1/16 | |
| 印　　张 | 21.75 | |
| 字　　数 | 376 000 | |
| 版　　次 | 2022 年 9 月第 1 版　2022 年 9 月第 1 次印刷 | |
| 书　　号 | ISBN 978 - 7 - 5475 - 1946 - 2 / K · 386 | |
| 定　　价 | 158.00 元 | |

本书如有质量问题，请与承印厂联系。电话：021-37910000

## 编委会成员

巴兆祥　　王振忠　　华林甫　　邹振环

吴松弟　　余同元　　杨伟兵　　周晓光

张晓虹　　段　伟　　戴鞍钢

（以上排名，以姓氏笔画为序）

# 目　　录

## 一　追思与感怀

# 二　论文及访谈

# 附　录

# 邹逸麟先生简历

邹逸麟先生，第八、九、十届全国政协委员，中国民主同盟中央委员会原委员、中国民主同盟上海市委员会原副主委、中国民主同盟复旦大学委员会原主委，著名历史地理学家和历史学家，国务院学位委员会第三、四届历史学科评议组成员，上海市文史研究馆馆员，中国地理学会历史地理专业委员会原主任，原《历史地理》主编，中国地方志指导小组原成员，上海市地方史志学会原会长，复旦大学中国历史地理研究所原所长，复旦大学历史学博士后流动站原站长，复旦大学首席教授，因病医治无效，于2020年6月19日凌晨4时48分在上海新华医院逝世，享年86岁。

邹逸麟先生原籍浙江鄞县，1935 年 8 月 31 日（农历八月三日）出生于上海。1940 年至 1946 年就读于上海文化小学，1946 年至 1952 年就读于上海金科中学，1952 年考入时在青岛的山东大学历史系。1956 年大学毕业后，分配至中国科学院历史研究所工作，1957 年借调至复旦大学参加谭其骧先生主持的"重编改绘杨守敬《历代舆地图》"项目，由此加入《中国历史地图集》的编绘工作。1961 年编制转入复旦大学历史系，任助教。1978 年任复旦大学历史系历史地理研究室副主任，任讲师，1980 年晋升副教授。1982 年任复旦大学中国历史地理研究所副所长，1984 年由国家教委特批为教授，1986 年至 1996 年任复旦大学中国历史地理研究所所长，1996 年任复旦大学首席教授，同年被聘为复旦大学历史学博士后流动站首任站长。2008 年退休，2010 年受聘为上海市文史研究馆馆员。

邹逸麟先生于 1994 年参加中国民主同盟，曾任民盟中央委员、上海市副主委、复旦大学主委，1993 年至 2008 年先后担任第八、九、十届全国政协委员。他还曾任中国地理学会历史地理专业委员会主任、中国史学会理事、上海市地方史志学会会长、上海地名学会副会长、上海中山学社副社长。1988 年被国务院人事局授予国家级"有突出贡献中青年专家"称号，1991 年起，获国务院政府特殊津贴。此外，他还在中国水利史学会、上海市历史学会等学术团体任专业委员。

邹逸麟先生是我国著名的历史地理学家和历史学家，从事黄河史、运河史、历史行政区划、区域史、历史环境变迁等方面的教学和科研工作，卓有建树。他培养了大批历史地理人才，其中不少已成为社会各领域的栋梁之才。邹逸麟先生曾开设"中国历史地理概论""中国历史经济地理""历代河渠水利专著介绍"等课程，课堂内容丰富，注意启发学生独立思考的能力，深受学生好评。他指导了 30 多位硕士、博士研究生和博士后，其中，2 篇博士论文获全国百篇优秀博士论文奖，1 篇博士论文获全国百篇优秀博士论文提名奖。邹逸麟先生因教学成绩突出，2001 年获上海市育才奖。

邹逸麟先生作为谭其骧教授的学术助手，同时作为主要撰稿人，承担了《中国历史地图集》的大量编绘工作，该地图集于 1986 年获上海市首届哲学社会科学优秀成果特等奖，1994 年获中国社会科学院荣誉奖，1995 年获国家教育委员会优秀人文社会科学成果一等奖。1971 年，邹逸麟先生参加中华书局的"二十四史"点校工作，参与了《新唐书》等正史的整理，后又受聘为点校本"二十四史"修订工程审定委员。邹逸麟先生还担任《中国古今地名大词典》主编，《大辞海·中国地理卷》历史地理分科主编,《中华人民共和国国家历史地图集》编纂委员会副主任委员及总编纂助理,《辞海（第七版）》《中国大百科全书·中国地理卷（第二版）》《中国历史大辞典·历史地理卷》《正史地理志汇释丛刊》副主编,承担了这些大型工具书的组织和编纂工作,1995年至2008年,又肩负起《历史地理》主编的重任。1986年,邹逸麟先生与谭其骧先生等共同编著的《中国自然地理·历史自然地理》获上海市首届哲学社会科学优秀成果著作奖；同年,该书所在丛书"中国自然地理"获中国科学院科学技术进步一等奖。以该书为基础,吸收学界最近成果,他与张修桂先生合作主编的《中国历史自然地理》于2015年获教育部第七届高等学校科学研究优秀成果（人文社会科学）二等奖,2019年又荣获第五届郭沫若中国历史学奖二等奖。1995年,邹逸麟先生主编的《黄淮海平原历史地理》获首届全国高等学校人文社会科学优秀成果一等奖。他点校的《禹贡锥指》于1998年获华东地区古籍整理图书一等奖,2000年获国家图书奖二等奖。2002年,邹逸麟先生主编的《中国历史人文地理》获上海市哲学社会科学优秀成果二等奖。2011年,他主编的"500年来环境变迁与社会应对"丛书获第二届中国出版政府奖。邹逸麟先生还撰写了《中国历史地理概述》《椿庐史地论稿》《椿庐史地论稿续编》《中国历史地理十讲》等学术著作,在《中国社会科学》《历史研究》《地理学报》《历史地理》《中国历史地理论丛》等学术杂志上发表论文100余篇。2016年,《邹逸麟口述历史》出版,该书记述了邹逸麟先生的学术历程,具有重要的学术史价值。

黄河史研究方面,邹逸麟先生主编的《中国历史自然地理》分析了不同时期黄河流域的自然和社会背景,黄河泥沙和洪水变化的规律,黄河下游决口和改道的特点及影响,大大推进了学界对黄河历史变迁的认识。他撰写的《千古黄河》,用平实的语言,向大众普及了黄河变迁的知识。

运河史研究方面,邹逸麟先生从1978年发表《宋代惠民河考》一文开始,长期钻研,先后发表《山东运河历史地理问题初探》《从地理环境角度考察我国运河的历史作用》等论文,积累日深,至2018年出版《舟楫往来通南北——中国大运河》,2019年总主编《中国运河志》9卷11册,展现了中国运河历史发展的全貌,填补了运河史研究的空白。

历史行政区划方面,从《中国历史地图集》编绘时期开始,邹逸麟先生长期从事历史行政区划的考订。自2004年起,邹先生还领衔承担起《清史·地理志》繁重的编撰任务,对有清一代的行政区划进行系统的梳理,此项工作一直持续至邹先生生命的最后一刻。

区域史和历史环境变迁方面，邹逸麟先生曾撰写《我国古代经济区的划分原则及其意义》，指出中国古代经济区由自然和人文环境决定，具有自然、民族、政治三大特色，该文对于理解我国历史时期的经济发展具有重要意义。他在《中国社会科学》发表的《多角度研究中国历史上自然和社会的关系》，强调了总结历史经验教训、协调经济发展与环境保护之间关系的重要性，在海内外产生了深远的影响。

邹逸麟先生一生潜心治学，为复旦大学历史地理学科的建设发挥了承前启后的重要作用，并因此获得 2016 年上海市第十三届哲学社会科学学术贡献奖。

邹先生为人和善，爱护学生，严于律己，宽以待人，时时关心着他人的困难并伸出援助之手。他用一生的治学实践，为我们树立了刻苦钻研、求真求实的学者精神，他勇于探索、诲人不倦的师长风范，永远值得我们铭记在心。

# 邹逸麟先生碑铭

公元二零二零年六月十九日，复旦大学教授、历史地理学家邹逸麟先生因疾辞世，得寿八十六年。亲友门人感煦育恩德，爰议立碑，长存纪念。先生世籍浙江鄞县，祖椿从商迁居上海。先生载诞沪滨，生父精如，母沈氏，奉祖命承嗣次房，父星如，母张氏，慈护周悉，庭训蔼如，先生晚号椿庐，怀亲恩也。年十六，入山东大学习历史，廿一入京，遇史地宗师谭其骧，初为助手，寻随南归，入复旦大学任教，乃师事逾三十五年，转治中国历史地理，得窥堂奥，续灯真传。谭公主编《中国历史地图集》，先生鼎力相助，张皇幽眇，服勤岁年，出力为多。一九八二年，复旦大学历史地理研究所建立。先生初为副所长而经营常务，后晋所长而引领学术，四十年间人才辈出，为海内重镇，先生实有功焉。先生治学兼涉历史自然地理与历史人文地理，尤关注环境水利，于黄河、运河研究最称出色。所著《椿庐史地论稿》及《续编》，发明亟富，传誉学林。所著教材，嘉惠后学，昭示轨辙；亲溉门生，言传身领，卓然有立。主编《历史地理》，担任学科各要职，亦持平公允，卓荦有识。久任民盟中央委员及全国政协委员，从容参政，导达下情，尽职守矣。德配戎玖毓，温淑贤懿，濡沫情深，先先生而逝。子思廉，女洁雯、洁琼，亦皆得成立。洁雯与历史地理所同人嘱撰碑文，尚君谊接乡邻，早仰风仪，虽不足知先生之学绩，亦不敢辞。铭曰：

卓矣先生，人中瑞杰。学承谭公，延传宗脉。

作育人才，研究深切。岳峙河清，德风不竭。

慈溪后学　陈尚君　撰

# 一　追思与感怀

# 复旦大学中国历史地理研究所
# 举办邹逸麟先生追思会

　　纪念已故著名历史地理学家、历史学家邹逸麟先生学术贡献的追思会于2020年8月31日在上海举行，在沪邹逸麟先生亲属、部分师友与复旦大学中国历史地理研究所师生参加了追思会。

　　追思会由复旦大学中国历史地理研究所举办。与会学者纷纷回忆与邹逸麟先生的交往，从不同侧面展现了邹逸麟先生工作勤奋、待人随和、淡泊名利、献身历史地理学的学术形象。

　　复旦大学中国历史地理研究所吴松弟教授是邹逸麟先生招收的第一位硕士生，他回忆了在邹先生指导下写作论文的往事。吴松弟教授学生时代第一篇发表的习作是刊发于《历史地理》第4辑的《冶即东部候官辨——〈续汉书·郡国志〉会稽郡下一条错简》。当时，还是研究生的吴松弟教授在邹逸麟先生的指导下阅读正史地理志，重点关注浙江南部及福建北部一带的内容，结果发现会稽郡下十四城的记载有不通之处，于是怀疑地理志中有误。邹先生指出，谭其骧先生在这段史料边上曾写下疑有错简的笔记，建议摆出证据，对此加以证实。吴松弟教授遂循此建议，将前四史中相关地名一一考证，并在邹先生的反复修改之下，窥得学问门径，首次完成了一篇达到发表水平的成熟习作。

上海师范大学历史学系苏智良教授指出，邹逸麟先生作为历史学家和历史地理学家，不仅自身学养深厚，更重要的是培养了一支历史地理学研究的专业队伍。苏教授回忆起 20 多年前与唐力行教授计划发展上海师范大学历史学科，特地到复旦大学向邹先生请教。邹先生结合复旦史地所的经验，提出了很多富有建设性的意见。苏智良教授还盛赞复旦史地所培养的优秀中青年人才对上海师范大学历史学科的发展所作的贡献。

复旦史地所荣休教授王义楚先生强调，邹逸麟先生的离世是复旦史地所的重大损失，也是中国历史地理学的重大损失。他将自己与邹先生相识、共事的 60 年分为前后两个时期。前期是 1957 年到 1981 年，这段时间两人共同参与《中国历史地图集》的编绘工作，他表示邹先生勤于思考，善于总结，大大加快了地图编绘的进程，谭其骧先生的光辉成就背后也有邹先生的功劳。后期是 1982 年到 2020 年，这段时间邹先生专注于历史地理学科建设，在所长任上培养了大量青年才俊，在退休以后依旧关心史地所的发展。

复旦大学历史学系邹振环教授介绍了受家属委托整理邹先生书信和日记的情况。邹先生现存日记始于他担任史地所副所长，基本上属于工作日志，1982 年至 2013 年，前后相继 30 余年。从日记中可以看到，他非常重视研究所的经费管理和招生工作，事必躬亲，这批日记对于史地所所史和中国历史地理学史的研究极有价值。

复旦大学历史学系章清教授认为，追思会的意义，其实在于如何更好地继承邹先生留给中国史学界和中国历史地理学界的学术遗产。章清教授指出，邹逸麟先生为了《中国历史地图集》，牺牲了个人的研究时间，我们作为后人再来看这项伟大工程，可以发现，邹先生正是在这几十年的积累之上，厚积薄发，成为我们老师辈中学术生命越活越精彩的典范。章清教授表示，后续还有两项重要的工作摆在后辈学人面前：第一是编好邹先生的学术纪念集，尽量完整地呈现邹先生的学术生涯；第二是整理好邹先生个人的书信集，将工作笔记等原始资料与个人回忆相印证，从而全面展现邹先生的学术一生。

上海社会科学院历史研究所的周武教授对邹先生的学术风骨万分敬仰，他指出，邹先生的研究与国家的需要紧密地结合在一起，体现了家国情怀和经世济民的高尚情操，更令人敬佩的是，邹先生一直坚守学者立场，从不曲学阿世。周武教授曾长期担任《史林》执行主编，他赞叹来自复旦史地所的稿件，甚至是研究生的稿件，文风扎实，这与邹先生所引领的严谨学风密不可分。

复旦大学中国历史地理研究所的王振忠教授是邹逸麟先生指导的第一位博士生，至今感念邹先生的耳提面命。王振忠教授的博士论文《明清两淮盐业盛衰及其对苏北区域的影响》关注的是江苏北部黄运交汇地区，邹逸麟先生精研黄河史、运河史，提醒学生特别注意河、漕、盐三大政对苏北区域社会的深远影响。邹先生还鼓励学生开展实地考察，增强对研究对象的感性认识。据王振忠教授回忆，当时区域研究尚未兴盛，多数学者也没有实地考察的意识，邹先生的要求使他养成了重视实地考察与地方文献的学术自觉，他后来逐渐聚焦徽州民间文献与区域社会研究的取向，与邹先生的谆谆教诲密不可分。

复旦大学历史学系的巴兆祥教授表示，他走上方志学研究道路，离不开起步阶段邹先生的引领和指导。巴兆祥教授总结了邹先生在方志学方面的成就，邹先生曾担任第三、四届中国地方志指导小组的成员，对方志学的发展方向有着清晰的定位。邹逸麟先生指出，方志学的学科畛域不能无限扩大，现代方志的编修重点应落脚于保存原始史料，同时必须注重民生问题。

复旦大学历史学系的张海英教授回忆了求学时聆听邹逸麟先生讲课的经历，她十分钦佩邹先生在人地关系方面的宏阔视野。邹先生提醒学生，研究历史不能一叶障目，一个小区域的繁华不能代表整个国家的整体情况，理解汉唐盛世，在关注长安城及关中平原繁华的同时，不能忽视当时疆域内其他地区的社会经济发展水平。张海英教授博士阶段专研江南社会经济史，邹先生提醒她，江南在宋以后，尤其是明清时期，无疑是中国最发达的地区，但必须留心，江南并不是中国的全部，要将江南置于整个国家的视野中来展开研究。

上海师范大学历史学系的尹玲玲教授深情讲述了博士阶段受教于邹逸麟先生的往事。据她回忆，博士论文修改过程中，邹先生要求非常严格，先后往返了三稿，论文边角密密麻麻写满了批改意见。

复旦大学历史学系温海清副教授代表复旦大学中国历史地理研究所姚大力教授作了发言。姚大力教授饱含敬意、高度评价了邹逸麟先生的一生，邹逸麟先生学术立身，不世故、不犬儒，学者风骨为人景仰。姚大力教授认为，邹先生受传统文化熏陶，又接纳现代学科体系，是新旧交融一代学人的卓越代表，时代的变化令后辈学者唯有敬仰，难以企及。

复旦大学退休教职工工作处的周桂发处长回忆了自己在历史系学习和在文科处工作时期与邹逸麟先生的交往，邹先生的温文尔雅令人印象至深。复旦大学统战部周鹏副部长也分享了他在史地所求学期间和在学校工作以后与邹先生的接触，邹先生的深厚学问和谦和为人给他留下了深刻印象，邹先生认真履行政协委员职责的精神也让他感佩万分。

上海辞书出版社张敏副总编辑、上海教育出版社总编办董龙凯主任、复旦大学出版社王卫东总编辑均曾就读于复旦史地所，他们深情回忆了邹先生的为人与为学。张敏女士长期从事《辞海》的编辑出版工作，她忆起邹先生承担《辞海》编纂组织的点点滴滴，表示一定将邹先生生前编订完毕但尚未出版的《辞海》书稿出好出齐，这是对邹先生最好的纪念和告慰。

复旦大学中国历史地理研究所退休教师钱林书先生、郑宝恒先生和朱毅先生回忆了邹逸麟先生在复旦史地所成长过程中的卓越贡献。邹先生为了史地所的发展，负重前行，做了大量细致的工作。在担任史地所行政领导期间，邹先生夙夜在公、兢兢业业，学术研究、行政管理双肩挑，将个人的黄金年华奉献给了史地所，复旦史地所今日的学术地位离不开邹先生的无私付出。

邹逸麟先生的女儿邹洁雯女士向一直关心邹先生的学校领导及诸位师友致以谢意。她动情地表示，父亲的在天之灵一定能感受到今天大家所说的一切，能够感受到大家的景仰与厚爱。邹女士计划将父亲的藏书捐献给复旦史地所，这不仅是为了缅怀邹先生，更是希望后辈学人通过邹先生的藏书了解前辈学者的治学脉络，并将严谨的学风传承下去。

最后，复旦大学中国历史地理研究所所长张晓虹教授对各位师友冒着酷暑前来参加邹逸麟先生的追思会表示感谢。同时，她汇报了三项进行中的纪念工作：一是筹划出版邹逸麟先生纪念文集，二是《历史地理研究》（原《历史地理》）杂志将刊发系列纪念文章，三是邹逸麟先生追思网页将在禹贡网上线。

邹逸麟先生离开我们已经两个多月了，他的音容笑貌不时浮现在我们眼前，他的高尚品格依然激励我们前行。邹逸麟先生的离世是复旦大学中国历史地理研究所的重大损失，也是中国历史学界和地理学界的重大损失。简短的追思会只能寄托我们的部分哀思，我们决心化悲痛为力量，继承前辈学者的学术传统，守正创新，推动历史地理学科的不断发展。

2020 年 8 月

（供稿　顾哲铭　　编辑　豚　豚）

# "像他那样认真做事，老实做人"

## ——上海文史馆、中山学社、民盟上海市委举办的追思会纪要

　　7月14日上午，上海市文史研究馆与上海中山学社、民盟上海市委发起举办邹逸麟馆员追思会，深切缅怀邹逸麟馆员。会议由上海中山学社副社长兼秘书长、上海大学特聘教授廖大伟主持，我馆党组成员、副馆长、《世纪》杂志主编沈飞德出席会议并讲话。追思会在民主党派大楼举办，上海中山学社副社长、上海市文史研究馆原馆长、馆员沈祖炜，民盟上海市委专职副主委丁光宏，中央文史研究馆馆员、上海市文史研究馆馆员、复旦大学历史地理研究中心教授葛剑雄，民盟上海市委原专职副主委、上海中山学社原常务副社长鲍敏中，上海中山学社副社长、复旦大学历史学系教授戴鞍钢，上海市社科联党组成员、二级巡视员陈麟辉，邹逸麟先生长女邹洁雯，侄子、复旦大学历史学系教授邹振环，以及本市部分高校、科研机构和学术团体近 30 位专家学者参加了会议。

　　会上首先播放了由上海市文史研究馆口述历史研究中心提供的《邹逸麟馆员口述历史影像》，时值 2015 年，邹逸麟馆员接受口述历史访谈，先生一口带宁波口音的普通话，谈兴所至神采飞扬，见解鞭辟入里。《邹逸麟口述历史》由其本人口述，林丽成撰稿，系"上海市文史研究馆口述历史丛书"第三辑。该书实录了邹逸麟馆员从一位上海少爷，由于中国社会的大变革而转型跋涉于史林，并成为学界翘楚的耕读生

涯。口述历史的成书过程中保存了访谈影像，如今已成为怀念邹逸麟馆员的珍贵史料，与会者在此情景下重温先生的音容笑貌，忍不住泪目。斯人已逝，风范永存。

## "上海知识分子的一个标杆"

沈祖炜馆员代表上海中山学社，对邹逸麟馆员的逝世表示沉痛哀悼。他说，邹先生在大家的心目中拥有美好、崇高的印象，在他生前，我们崇敬他、爱戴他；在他生后，我们忘不了他。就中山学社而言，邹逸麟先生贡献卓著，他以老一辈专家学者的身份来参与中山学社的工作，给中青年、后辈的学术研究起了非常好的示范和楷模作用。邹先生是一个谦和儒雅的学者，是一个敏锐深刻的智者，也是一个宽厚仁爱的长者。作为一个学者他学问功底很深，在历史地理学方面建树颇多，得到社会方方面面特别是史学界的高度肯定。邹先生是一个谦谦君子，展现了知识分子的形象、知识分子的风采，像邹先生这样的人就是上海知识分子的典型。他的儒雅、谦和令我们都感到温暖。

邹先生同时又是思想活跃的智者，对社会的观察、对社会各种问题的理解和思考都很深刻，但娓娓道来、不偏不倚、毫无戾气，是堂堂正正的智者。我们现在讲弘扬上海城市精神，上海城市精神表现在各个方面，如果在人物性格、人物形象上，邹先生就是上海知识分子的一个标杆。我们从邹先生身上可以体会到，如何做一个上海知识分子。我们做好了上海知识分子就是弘扬上海城市精神。

## "继承邹先生的学术风骨和民盟风范"

民盟上海市委专职副主委丁光宏回忆了作为一名民盟后辈和邹逸麟先生的交往，先生的渊博学识、对参政议政的深刻见解都给他留下非常深刻的印象，他总结道：邹逸麟先生对民盟事业作出了杰出的贡献，他对民盟工作的定义是要做好工作，要给政府帮助，着眼大局。我们在此回忆缅怀，也是为了继承邹先生的学术风骨和民盟风范。

## "做事出于公心，为人和善"

葛剑雄馆员和邹逸麟馆员是同行、同事、复旦大学中国历史地理研究所先后两任所长，又先后成为上海市文史研究馆馆员。他们二人都见证了复旦大学历史地理研究中心和历史地理学科的发展。葛剑雄馆员回忆，邹逸麟馆员在谭先生领导下长期参加《中国历史地图集》的编纂，他殚精竭虑、事无巨细，投入到工作中，不计较个人得失，做事出于公心，为人和善。在史地所所长任内，忍辱负重，协调各方人事，在只有8000元经费预算的情况下筚路蓝缕开展工作，保持史地所的浩然正气，是非常不易的，如果不是本身人品卓越是不可能协调好这些的。邹逸麟馆员还利用政协委员的身份，积极参政议政，为历史地理学科的建设和发展呼吁中央重视和支持，作出了巨大贡献。他不仅是一个上海知识分子，在他身上还体现了老派一代的风骨。

### "忍辱负重，书生报国的榜样"

上海中山学社副社长戴鞍钢作为邹逸麟馆员的学生，对恩师一生的总结为"忍辱负重，秉持原则，不言委屈"。他指出，邹先生20世纪80年代有关大运河的研究成果不仅具有学术价值，更有超前的现实关怀。先生强调对待重大工程应该慎之又慎，对历史上的一些重大工程的评价也应客观。跟随这样的老师做学问是有幸的，邹老师是真正的书生报国的榜样，真正参政议政的典范，真正知识分子的楷模。我们必须弘扬邹老师这样真正的大师的精神，永远怀念恩师！

### 严谨的学者、谦和的长者、德高望重的大师

在稍后的发言环节，邹逸麟馆员侄子、复旦大学历史学系教授邹振环回忆叔叔"公私分明"，两人是复旦大学的同事，历史系和史地所交集也不少，但和叔叔的交往中很少听到他说公事。两家交往密切，生活中叔叔很洋派，很喜欢用新词。他非常早就用了"hold住"这个词，经常会讲"hold住""hold不住"，很时髦。叔叔是自己做学问和人生的引路人，怀念和叔叔天南海北聊天的日子！

《邹逸麟口述历史》撰稿者林丽成，民盟上海市委原宣传部部长王海波，上海市社科联党组成员陈麟辉，复旦大学中国历史地理研究所副所长、副教授邹怡，民盟复旦大学委员会前副主委、教授应萱同，中共上海市委统战部原办公室主任殷之俊，上海社会科学院经济研究所研究员钟祥财，民盟上海市委原专职副主委鲍敏中，上海中山学社副社长、复旦大学历史地理研究中心教授韩昭庆，《解放日报》高级编辑丁凤麟，华东师范大学教授谢俊美，上海中山学社副社长、华东师范大学教授章义和等都回忆了和邹逸麟馆员的交往细节，追述了邹逸麟馆员有关家庭、师友、生活的点滴，他是严谨的学者、谦和的长者、一位真正的绅士，更是德高望重的大师，爱

护学生，与人为善。讲到动情处，大家都忍不住语带哽咽、频频拭泪。邹逸麟馆员长女邹洁雯女士代表家属向主办方及学界的关心爱护致谢，她表示："很感谢上海市文史研究馆资助父亲完成了这本口述历史，这本书也让我们家属对父亲的一生有了更深刻的理解。"

## "他属于我们这个时代、国家和民族"

沈飞德总结发言，他说，邹逸麟馆员的身份是多重的，他是复旦大学的首席教授，是民盟上海市委副主委，是上海中山学社的副社长，又是全国政协委员，还是我们上海市文史研究馆的馆员。他有众多的社会身份，扮演着各种角色。他是属于中国历史地理学界、历史学界的，他属于我们这个时代，也是属于这个社会、这个国家和民族的。邹逸麟馆员是老一辈中国知识分子的典型代表，在他身上凝聚了中国优秀传统知识分子的优秀品格。如果用一句话概括邹逸麟馆员，那就是八个字："认真做事，老实做人。"

沈飞德现场跟大家分享了记录于 2018 年 6 月 8 日的一则日记卡片："这些年，邹逸麟馆员给我留下的印象极好！他对《访台杂记》一文的处理，再次印证了我的感受。上个月中旬，我接到他的电话，说《访台杂记》一文后来发现已在民盟中央的《群言》杂志上发表了，《群言》是公开发行的，《世纪》再发不好了。他向我表示歉意！我听了很受感动，邹老就是一位做人实在、做学问严谨、处世规矩的知识分子！我从心底里敬佩他，向他致敬，向他学习！"

正如沈飞德所说，历史长河绵绵不绝，中国优秀历史传统文化的传承也是不断的，邹逸麟馆员在中华优秀传统文化的长河中，就是一颗闪亮的星。尽管他离开我们了，但是我们时时会缅怀他，永远会铭记他，当我们仰望星空的时候，就会想起邹老师。

（作者章洁，文章原刊"上海文史馆"微信公众号，2020 年 7 月 17 日；副标题为本书编委会所加，文字略有调整）

# 追思邹逸麟先生

## 王文楚

邹逸麟先生的逝世，是复旦大学中国历史地理研究所的重大损失，亦是中国历史地理学界的重大损失。

在邹先生病危期间，我特赴新华医院干部重症病房探望，他面色灰白，身体已极度虚弱，握着我双手，有气无力轻声对我说："我们相处六十年了，再会了！"他已无力再次说话，我听后热泪盈眶，安慰他说："安心养病，会好转的。"六十年甲子一周，我将失去一位六十年共同工作的老同事，此一别将成永诀，身心哀痛。

我和邹先生共事六十年。我于1956年毕业于复旦大学历史系，邹先生于同年毕业于山东大学历史系，同年都被分配到北京中国社会科学院历史研究所。时值复旦大学历史系教授谭其骧先生正在历史所重编改绘毛泽东主席交付的清末民初编制的《杨守敬历代舆地图》（简称"《改编杨图》"，后因内容增新和改进，1974年北京工作会议决定改称"《中国历史地图集》"，以下简称"《图集》"），原定一年返校，因任务艰巨，改编工作进展缓慢，经过复旦屡次催促，谭先生回复旦工作。我和邹先生的家都在上海，而历史所缺乏历史地理的人才，正需要培养，谭先生因助手的不足，与历史研究所所长尹达商议，我和邹先生同回上海复旦协助谭先生工作。

因为重编改绘《中国历史地图集》工作的需要，六十年代初复旦历史系总支委员朱永嘉先生将我俩人事组织关系转移至复旦大学，我们由此成为复旦教师。我俩共事时期的六十年分为前后两个阶段，前一阶段主要从事《中国历史地图集》的编审工作，经过几年努力学习和勤奋工作，积累专业知识和经验，加以邹先生的聪明、敏捷、博知，善于组织和总结，被历史地理研究室（后改为研究所）委任为科研秘书。在他任职时，有两个重要方面的工作有新的改进，加快了编图工作的进程，可能现已被人遗忘，鲜为人知。

2020 年 8 月 31 日本文作者在邹逸麟先生追思会上发言

一、由于编图的教师对历代王朝和边区少数民族疆域及政区建置变迁了解有限，在每一图组开编之前，先请主编谭先生讲解每一历史时期的疆域变迁，每一王朝在不同重要阶段的疆域盈缩及变迁，每一朝代的政区建置在不同阶段的设置及其治所，订出采取标准年代的政区设置及其资料根据，列出县级政区以下各种类别地名及山川湖泊的资料来源，打印成稿，发给每一位编者，使编者充分知悉这一历史时期的疆域变迁及各级政区建置。

然后选出两位编者，根据每一朝代的史料记载，编排出每一朝代的政区建置表，按地区分工分配给每位编者进行编图。

二、原来编图者按地区分工，列出各级政区治所及各类地名的今地方位，每一图幅的地名少则数十，多则几百，甚至上千，于今地名解释的史料依据，书写较为简略，使审稿者难以信赖，有的要重复查阅资料，颇费精力和时光，不胜疲惫，这是编审进程缓慢的重要原因。邹先生等对此缺陷进行了改进，重新设计了编稿地名表，可称为"长卷编稿表"，首先列出古地名的资料来源，然后一一列出解释每一古地名位置的历代总志以及各地方志的资料摘录，再由编者根据这些记录得出今地所在的结论，这样便于编审者审阅，无需再重翻书籍复查，缩短了编审的时间。

但经过一段时期的工作，发现"长卷编稿表"局限于表格形式，受到框架的约束，仅能罗列历史资料简略的摘录，不能考释和论证，尤其是较为复杂的县级政区的今地治所，需要详细资料记录和考证，以便于编审者审阅。谭师和邹先生等商议和计划，决定将县级政区及其今治所，改写为考释，成就一篇"释文"，使《图集》的每一县级政区以上的今地，有了更可证的文字记录，提高了《图集》的质量，加快了工作进程。

邹先生为编审《图集》辛勤工作，刻苦耐劳。参与《图集》工作的教师，大多家居复旦校舍，来往工作比较方便。唯邹先生和我居住市区，每天上下班，日感疲劳。在五十年代"大跃进"时，为了早日完成毛泽东主席交付的光荣政治任务，让毛主席及早看到《图集》的出版，我俩每天晚上加班，日夜往返，颇感劳累，难以承受。邹先生和我商议，决定晚上住在办公室，就室安寝，达数月之久。六十年代"文革"时期，工宣队进驻学校，为了早日完成毛主席交付的政治任务，《图集》工作组晚上加班到九十点钟再回家，而邹先生和我再次照旧每日晚上就寝办公室。

《图集》于1978年出版内部本，邹先生等为这部巨著辛勤工作达二十多年之久，付出前半生的心血、谋略和辛劳，取得了光辉的业绩和成就，追思先生故绩，著此拙文，以致纪念。

（作者为复旦大学中国历史地理研究所教授）

# 缅怀邹逸麟教授

## 周魁一

倏忽之间，邹逸麟教授已仙逝一周年，每忆及此，不禁心生感怀，似乎重又见到先生那待人亲和、学问渊博、精益求精、朴实无华的形象和作为。

和邹先生最早相识于 1978 年，那是在开封举行的《中国自然地理·历史自然地理》的定稿讨论会上。记得出席的有邹逸麟、黄盛璋、陈桥驿、张修桂等多位历史地理界名人，以及黄河水利委员会主持编写《黄河水利史述要》的徐福龄先生。那时我在武汉水利电力学院主持《中国水利史稿》（上册）的编写，也受邀忝列末席。由于是在"文革"结束之后的会面，获得精神解放的这群"老九"们，情绪颇为兴奋，踊跃发言，敞开讨论，充分感受到学术自由的欢愉。会下更是轻松自在地交换"文革"年代的趣闻逸事，无拘无束地相互打趣，畅所欲言。其中陈桥驿先生讲述在"文革"之初，为保护自己已基本成稿的《水经注研究》，在那艰难的岁月，如何动员全家用被子蒙起窗子，冒着暑热，大汗淋漓地奋笔夜抄，誊清复本，最为惊险刺激，引得众人会心大笑。

历史地理学科和水利史学科虽是自汉代就开始的传统学科，但近代以来成团队的专业研究，历史地理则是先进，也是水利史学科多所借重的最密切的友邻学科，其实水利史研究中相当一部分内容和历史地理学科间并无严格的界线。当年《历史自然地理》卷汇集了江河水系、人工运河、河口海岸、气候变迁、沙漠植被等，分别由各分支的领军人物执笔，尤其是项目开始于"文革"后期，恰恰使得反感斗争哲学的学者，有一个闪躲腾挪、摆脱精神桎梏的空间，大家都心甘情愿地坐冷板凳，专心致志地研究，工作热情得到充分的展示。其间更有谭其骧、侯仁之、史念海等大家居于后台，参与和指导，又有邹逸麟、陈桥驿、张修桂等骨干力量的投入和支撑，《历史自然地理》卷至今仍是相关学科的重要学习教本。对于个人而言，参加这次讨论会是难得的学习机会，由此也结交了年龄相仿的邹先生、张先生，对于个人日后的工作开展，以及对历史地理和水利史学术团体的交流与合作均有助益。邹先生继谭其骧先生之后任复旦大学中国历史地理研究所所长、历史地理专业委员会主任和《历史地理》编委会主编，对两个学科的学术交流贡献良多。

水利史和历史地理的学术联系，1982 年在都江堰召开的中国水利学会水利史研究会成立大会上展现了一个高潮。当年历史地理专业委员会主任谭其骧先生和水利史研究会会长姚汉源先生的握手，拉开了两个学术团体密切合作的大幕。邹逸麟先生还转达了谭其骧先生的意见：为增进两个学术团体的交流，可否将我写的《〈水部式〉与唐代的农田水利管理》在《历史地理》上发表。这是老先生的提携。征得姚汉源老师的同意，该文刊于《历史地理》第 4 辑。邹逸麟先生看重学术成果交流，就我个人的经历来说，还表现在他推荐《郭守敬勘测规划会通河线路及水源补给的科学史实辨析》一文。这篇文章的主要内容是研究历史地理问题，得出运河山东段水利勘测规划的成果是中国古代地理测绘成就的闪光点之结论。主要根据元代史料，对郭守敬至元十二年进行的山东运河六条测线进行地理科学内涵的分析。但郭守敬勘测规划的成果并未被主持施工的官员采纳来作为至元二十六年会通河施工布线的依据。文章澄清了这一史实，纠正了把元代会通河建设及其效用低下和郭守敬光荣的名字联系到一起的普遍认知，避免郭守敬以及中国古代地理测绘科学水平被矮化。这篇文章受到邹逸麟先生的重视，他亲赴编辑部鼎力推荐。该文 2018 年刊于《历史地理》第 37 辑。

我与邹逸麟先生的会面大都在学术会议期间，多是交换各位先生近况和各自研究工作的进展，年长以后更增加了健康的话题，互道珍重。参加《清史》编纂又多了一些交流机会。邹先生负责《地理志》，初期我负责《水利志》。2006 年《清史》典志组组织学术交流会，要我介绍对编纂长编的理解。我从融和社会科学和自然科学以及史学史的角度谈了个人体会，提出怎样在《清史稿·河渠志》基础上作进一步的努力，邹逸麟先生对此表示赞同。

对于邹先生的学术贡献，已有许多研究者作过系统阐述，毋庸我来赘言。于我而言，感受较多的是他整理的《禹贡锥指》（以下简称"《锥指》"），特别是在该书前言中，邹先生就胡渭注经的成就所作的多角度的阐述，给我留下深刻的印象，在此举出如下几点以为说明。

邹先生评价他人的学术贡献，必持公允平和的态度，对《锥指》的研究依然。他在为《锥指》写的前言中，首先阐述了《禹贡》的历史地位乃是"古今地理志之祖"，是我国最早的一部科学价值很高的区域地理著作。正因为它是经学中的一篇，历来研究者不下数十家，历代注释疏证者更不可胜数，到了清代初年几乎成为一个专门之学。但其中的许多论断仍是诸说纷纭，莫衷一是。一直到康熙年间浙江德清人胡渭撰《锥指》采撷众说，考辨缜密，一扫汉儒附会、宋儒变乱的旧习，断以己见，实为千年来研究《禹贡》的集大成之作。评价《锥指》的学术地位，那只有建立在对历代《禹贡》研究深入了解的基础上，方才能够有此系统和精辟的概括。邹先生还不止步于此，他延伸研究了胡渭曾参与《大清一统志》编修的经历，广泛搜集图书资料，又有清初孙承泽《九州山水考》、顾炎武《日知录》、朱鹤龄《禹贡长笺》、顾祖禹《读史方舆纪要》等历史地理精品图书可资借鉴，大大丰富了《锥指》的学术视野。由此《前言》，对《锥指》的评价有了更广泛的依据，使读者对清初历史地理学的进展和对《禹贡》的理解更加深入。

邹先生对《锥指》的介绍也包含古文字释义，例如《禹贡》有禹河下游"自播为九"的说法，胡渭又出新意："然而求九河者，正不必尺寸皆合于禹之故道，还不必取足为九。"邹先生认为这一提法"至为确论"，所依据的是，"九"只是个约数，即多股分流之谓也，正如"九江""九州""九泽""九薮"等，指出胡渭根据《山海经》《水经》等历代河渠、地志来考定，使得《锥指》的判断往往胜于前人。邹先生从古

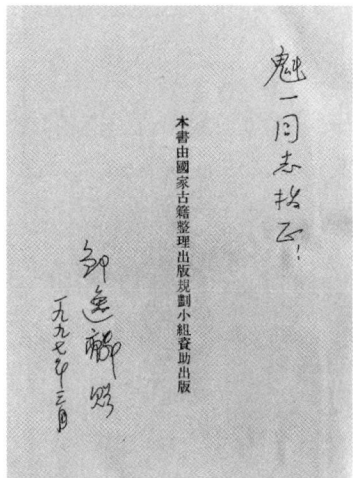

邹逸麟先生整理的《禹贡锥指》

文字字义分析，使认识更进一步。

从历史地理方面判断胡渭的工作，是《锥指·前言》的又一个亮点。胡渭指出元代及以后的南旺湖并非古之大野泽。"南旺地特高，号为水脊，赖有闸以节其流，去闸则南北分泄一空矣。泽体洿下能锺水，似不应尔。"邹先生认为胡渭依据的是地理高程的概念，遂得到"一语中的"的效果。又如对北宋黄河东流、北流的研究，邹先生依据历史地理研究成果，认为黄河北流所处地势较低，符合地势情况，由此指出北宋主张"回河东流"的一派是加入了新旧党争的政治歧见，其主张是不符合客观地理条件的偏见。对于元明两代治理黄河和运河，胡渭有"故吾谓元明之治运，得汉代贾让之下策，而治河则无策，何也？以其随时补苴，意在运不在河也"，摆脱了旧经学家的窠臼。邹先生称赞了胡渭的学术勇气和真知灼见，并指出元明两代治理黄河和运河失策的症结以及黄河多沙淤河的实际困难，对读者深度理解《锥指》是重要的引导。

邹先生注意到胡渭《锥指》对黄河中游孟津河段河床变迁的描述："宋世北河淤淀，水不通行，今南岸滩渚更多，非止一中滩矣。其所以不至远泛滥者，徒以夹河之脉未尽，地高土坚耳。"邹先生进而对这一河床演变现象作出大段的补充分析，认为：今黄河南岸孟津东北的铁谢镇、巩县西北的赵沟、荥阳西北的孤柏嘴和东北官庄峪四处，是这一段游荡性河道地形控制的节点。赵沟以上河段主溜靠北岸，赵沟以下河道主溜就偏南，反之亦同。孤柏嘴则是洛口至武陟县南的一个岬角，当孤柏嘴以西河道流向南侧，大溜经孤柏嘴一挑，即引向北，使温县塌滩，反之亦同。历史上这一段黄河因为两岸丘陵所夹，没有大幅度改道，而只是在宽阔的滩地上作南北游荡性摆动，遂使古代河桥、沙阳之城自金元以来，荡然无存。将胡渭对黄河中游一段游荡性河段的描述，进一步从河流动力学角度加以引申，应用河流动力学原理来分析古代黄河变迁的历史原因，从而使历史地理问题的分析得到深化，表明邹先生对相关学科理论概念有广泛涉猎。前修未密，后出转精，邹先生跨学科的综合研究使今人对历史地理学有关问题，有了更深一层的科学的理解。当然《禹贡锥指·前言》仅仅是邹先生学术成就之一斑而已。

回忆以上的学术交往，以纪念邹逸麟先生。

2021 年 6 月

（作者为中国水利水电科学研究院教授）

# 怀念崇敬的邹逸麟先生

## 王守春

邹逸麟先生是我心目中的巨星，是我敬仰和崇拜的巨星。他治学严谨，成果丰硕，他还带领历史地理学界，取得多项重大成果，在学术界享有盛誉。在和邹先生的多年相处中，他的治学精神，他的为人处世，都值得我学习，令我怀念，给我留下许多美好的回忆。邹先生是我崇敬的一位学者。

我和邹先生密切接触，是在编写"中国自然地理"丛书的《历史自然地理》一书期间。1977年11月下旬至1978年1月31日，在上海集中对该书进行统稿。当时因"文革"刚刚结束，国家经济尚处在极度困难之中，百废待兴。此次统稿，经费很少，不能住宾馆。为了节约经费，最后经和华东师范大学地理系以及该校领导协商，在该校的学生宿舍中给腾出几间，作为参加统稿人员的住宿和工作之所。此次统稿工作由谭其骧先生主持。自始至终参与此次统稿的有谭先生、陈桥驿先生、邹逸麟先生、张修桂先生和我，另外陈吉余先生因家在华东师大校园内，住在自家家中。当时居住条件和工作环境都非常艰苦。那时正处在隆冬时节，晚上还是很冷，每天早晨6点，楼外操场上的大喇叭开始广播晨练音乐，各位先生每天晚上都工作到很晚，尤其谭先生，每天晚上都工作到半夜12点以后，早晨都要被大喇叭的广播吵醒。谭先生为了能在夜里补充一些能量，每天晚餐节省下半个馒头（那时粮食定量，只能保障基本的粮食需求，夜里加餐只能从自己的晚餐中节约出来），夜里吃凉馒头（由于生活条件艰苦和工作辛劳，在1978年1月31日工作结束回到家中的当天晚上，谭先生突发脑溢血）。在这样艰苦的条件下，各位先生都兢兢业业。其中，邹先生承担该书中的历史时期黄河变迁和运河两部分的撰写。给我印象很深的是，他经常去华东师大图书馆查阅史料，因此，他撰写的这部分，史料非常扎实。有关黄河变迁史方面，前人论著已有很多，但由于有扎实的史料基础，他在黄河这部分的撰写上，有许多重要突破。在前人提出的黄河下游河道26次大改道的基础上，邹先生提出6次大改道，把黄河下游河道变迁的复杂历史清晰化；还纠正了从清朝初期以来研究黄河史之人沿袭的胡渭对先秦时期黄河变迁的认识。胡渭认为《周谱》记载的周定王五年（前602年）的黄河改道是大禹治水以后黄河的第一次改道，也是先秦时期唯一的一次改道，在此次改道前，黄河走禹河故道，改道后走《汉志》河道。邹先生认为胡渭的这一说法"只是一种毫无根据的臆断，极不可信"，邹先生提出古代黄河下游的"九河"可能不是同一时期的河道。他吸收了谭其骧先生对《山经》黄河下游河道的研究成果，又加以发展，提出汉代以前，除了见于《山经》《禹贡》《汉志》记载的三条河水故道外，河北平原还有一些水道在《汉书·地理志》或《水经》中被称为某某河；这些水道之所以被称为"河"，应该是由于它们都曾经为黄河或黄河的岔流所夺，做过黄河下游故道的一部分，后来黄河离它而去，"河"的称呼却被沿用到了汉代。关于汉代以后的黄河变迁，邹先生也查阅了大量史料，大大充实了前人有关黄河变迁的阐述。不仅如此，邹先生还第一次系统探讨了黄河下游分流和汉流河道的变迁，将历史时期黄河下游平原湖泊的变迁与黄河变迁联系起来，还探讨了历史时期黄河泥沙以及洪水诸方面的变化。这些研究，把黄河变迁史研究从仅仅对下游主干河道变迁的研究扩展到从更广泛的地理学角度进行研究，大大开拓了黄河变迁研究的视野。

该书的"运河"一节也充分体现出邹先生严谨扎实的治学精神。他查阅了大量历史文献，对南北大运河的开凿演变历史作出系统精要的阐述。特别是对沟通我国东部地区南北的大运河形成的几个关键时期和关键地段作出了精辟的阐述。如对汉代以前，对沟通淮河、黄河、济水诸河的运河开凿的复杂历史过程，对明清时期黄淮河、运河在淮安交汇处之间的复杂关系，对明清时期徐州以北为了避开黄河而先后开凿迦河和中河运河的过程等，邹先生通过查阅大量史料，第一次予以清晰地阐述清楚。他还从地理学的角度对运河的开凿与演变予以阐述，阐述南北大运河形成的自然地理背景，并阐述南北大运河与沿线湖泊兴衰的关系等。这些为运河史研究作出了重要贡献。

在华东师大两个多月朝夕相处的日子里，邹先生经常就黄河历史地理一节的撰写以及其他一些历史地理问题向谭先生请教和讨论。邹先生由于在撰写该书的黄河和运河这两部分表现出的严谨治学和努力探究的精神，深得谭先生赏识。他能从复旦历史地理研究集体中脱颖而出，和他在撰写该书中作出的努力和卓越贡献有着密切关系。邹先生的治学精神，也为我树立了学习的榜样。

《中国自然地理·历史自然地理》（科学出版社1982年出版）一书是我国历史地理学界的第一部集体著作，在学术界产生了极大影响。邹先生的黄河历史地理研究和运河开发演变历史研究以及张修桂先生的长江河道变迁和海河水系河道变迁研究成为该书的最重要部分，也为该书达到很高的学术水平和在学术界享有很高声誉起到重要作用。正是由于邹先生在该书中的卓越贡献，后来清代胡渭的名著《禹贡锥指》一书的整理工作，上海古籍出版社邀请邹先生来承担。《禹贡锥指》是清代以前研究《禹贡》的数十百家成果的集大成之作，该书的整理，难度之大可想而知。该书的整理，更显示出邹先生的深厚学术功底（该书由上海古籍出版社于1996年出版），也是他为我国历史地理学研究作出的又一个重要贡献。

邹先生深厚的学术功底和严谨的治学精神，在学术界受到重视。在20世纪80年代，由施雅风先生和张丕远先生主持的国家自然科学基金重大项目"历史时期气候变化研究"，把以邹先生为代表的复旦历史地理研究集体作为重要研究力量和倚重对象。张丕远先生多次对我说过，以邹先生为代表的复旦历史地理研究群体治学扎实，他们的工作信得过。

邹先生不仅个人以出色而丰硕的成果为我国历史地理学作出重要贡献，他还作为我国历史地理学领域的领军者，带领我国历史地理学界取得多项重要集体成果。其一就是《中国历史人文地理》的撰写。20世纪末，中国地理学会提出编著"中国人文地理"丛书。该丛书把《中国历史人文地理》作为其中之一部。该书在邹先生主持下，把谭其骧先生倡导的开展历史人文地理研究付诸实践。邹先生为该书拟定框架结构，也是为我国历史人文地理学拟定学科体系，为我国历史人文地理学进一步发展奠定基础。《中国历史人文地理》一书和在20世纪撰著的《中国自然地理·历史自然地理》两部著作，使我国历史地理学形成两大分支，学科建设得以发展和完善，使我国历史地理学成为内涵更为丰富的学科。

邹逸麟先生和张修桂先生主编的《中国历史自然地理》（科学出版社2013年出版）是邹先生带领我国历史地理学界完成的另一项重要集体成果，该书的撰写过程也使我和邹先生又有一次密切接触的机遇。20世纪70年代和80年代编著的"中国自然地理"系列丛书到21世纪初，又经过了20多年，在这期间，我国地理学取得大量科学考察和研究成果，需要对这些成果进行系统总结，于是在中国地理学会和中科院地理科学与资源研究所主持下，提出重新编著"中国自然地理"系列丛书。丛书总主编孙鸿烈先生提出，由于几十年来我国地理学界取得丰硕成果，因此新编著的丛书不能只是对上一版丛书的修修补补，而是要充分吸收从20世纪70年代以来我国地理学取得的大量成果。邹逸麟先生领衔该丛书的《中国历史自然地理》一书的撰写。邹先生首先考虑的是能让更多的学者参加到该书的撰写中。该书从2006年12月启动，到2013年由科学出版社出版，中间经过多次反复修改。该书的撰写，邹先生让各位作者充分发挥，尊重各位作者的观点，体现出邹先生在学术上的博大胸怀。但他作为主编，对全书又严格把关。该书每次修改后，邹先生都仔细进行审阅（在该书的编写过程中，作为主编之一的张修桂先生也付出了大量心血，他对全书进行统稿，对章节进行编排并对文字进行修改）。在该书的撰写过程中，邹先生不仅再次查阅大量史料，重写了黄河和运河两部分，对其大加充实；作为主编，他还对每一位作者撰写的部分都细心加以审阅，找出存在的错误和问题，提出修改意见。其中值得提出的是，我的一个脚注不够完整，都被邹先生发现并向我指出，其认真负责和细心程度，使我深受感动。

还有一件特别让我感动的事，该书最后剩下一万多元编写经费，邹先生并没有提出将这笔钱分给各位作者（这笔钱若分了，他作为主编应拿到很大一部分），而是在该书出版后，考虑到该书定价较贵，历史地理界的很多同仁不一定都会购买，提出将这笔剩余的编写费用全部用来购买此书，共买了数十本。邹先生要我提供尽量多的历史地理界同仁的名单以及和历史地理有关的其他领域的学者名单，并不嫌麻烦，由复旦大学中国历史地理研究所将这些书分寄给大家。邹先生心系历史地理界广大同人，他的心胸之宽广，天地可鉴。

邹先生为我国历史地理学发展作出卓越贡献，他承前启后，带领我国历史地理学界留下了一段荣光历史。而这一时期，在我国历史地理学发展史上，是一段重要时期。他的贡献，会被永远记录在中国历史地理学史中，也留在我的怀念中。

愿邹先生在天之灵安息吧。

2021 年 1 月

（作者为中国科学院地理科学与资源研究所研究员）

# 悼念邹逸麟老师

## 林观海

1958 年左右，复旦大学历史系增设了历史地理研究室，以出版《中国历史地图集》为主要工作，其次兼作教学，培养学生。研究室的老师们是历史地理专家谭其骧先生从全国各个著名高校中挑选出来的尖子。

我有幸于 1960 年考入复旦大学历史系历史地理专业班学习。在校期间，由于各自的工作与学习，我与邹老师很少见面。只听说他是山东大学历史系的高材生（果然不负众望，继谭先生之后为历史地理研究所所长）。我毕业之后，被分配到水电部北京（后为中国）水利水电科学研究院水利史研究室工作。1969 年全国大下放（北京尤甚），知识分子到基层接受工人阶级再教育，我被下放到河南省三门峡工程局（后改为水电部十一局）劳动锻炼。1975 年，因工作需要，我被调到水电部黄河水利委员会（以下简称"黄委会"）参加《黄河水利史述要》一书的编写。之后，由于工作的关系，与邹老师的联系与接触多了起来。因此，便结下了不解之缘。

往事如烟，在与邹老师的来往中，他的音容笑貌、言行举止，相处时的件件往事，都历历在目，至今不能忘怀。

1980 年左右，《黄河水利史述要》一书脱稿，进入专家审稿阶段，我们事先寄给谭先生审查。事后我和黄委会的两位老专家徐福龄和王质彬到上海复旦大学聆听谭先生的审稿意见，不巧谭先生生病住院，便由邹老师带我们到医院。谭先生在病床上热情地接见了我们，并侃侃而谈了对该书的总体意见，后由邹老师把详细的意见书转交给我们。据邹老师说，意见书是谭先生住院期间抽时间写出来的，让我们感动不已。

记得刚从三门峡回郑州时，我们暂时住在黄委会招待所后面的平房里。不久，谭先生因考察黄河带邹老师一行人来郑州，也住在黄委会招待所。闻讯后，我急忙赶去探望。在邹老师的安排下，我与谭先生一行人，谈了别后情景，其乐融融。考察黄河的事，由黄河老专家徐福龄先生亲自陪同，两位老人的友情更加牢固。

20 世纪 80 年代，邹老师曾两次给我写信，请我接待两批复旦来郑州考察商代古城城墙遗址的学生，我都认真地进行工作，令学生们都很满意，很好地完成了邹老师交给我的任务。

1993 年夏天，我回福建老家探亲，因郑州到福建还没有直达火车，要由上海转车。利用在上海逗留等票的两天时间，到复旦看望邹老师。中午，邹老师和张修桂老师在复旦大学的餐厅请我吃饭。席间，我们喝着啤酒，吃着可口的美食，谈笑风生，韵味无穷。

大约是 1992 年，时值老专家徐福龄 80 岁华诞，谭先生派邹老师前来祝寿。邹老师在会上代表谭先生宣读了贺信，字里行间，充满了两位老人的深厚友谊，也表现了邹老师的辛勤劳动。

1995 年，邹老师到北京开会，在郑州转车，急购当天晚上去北京的卧铺票，找到我帮忙，时间紧急。当时不像现在，卧铺火车票很不好买，况且还要当天的，更是难上加难了。尽管我们想了很多办法，最终还是很遗憾地买了坐票，送邹老师上了火车去北京。此事至今我还耿耿于怀，内疚不已。

邹老师是研究历史地理的佼佼者，一生不少著作。他很关心我学业的进步，不时地给我寄来一些不可多得的书籍，如《禹贡锥指》《黄淮海平原历史地理》和《中国历史地理概述》等大部头专著，使我获益匪浅。

邹老师是大型多卷本《黄河志》(总 11 卷 800 万字)的特约顾问。他对志稿认真地审阅，并提出了很中肯的意见，对提高志书质量很有帮助。

1996 年，邹老师给我写信，所里的博士生韩昭庆需要来黄委会档案馆查阅资料，请我帮助，这是老师又一次给我布置的作业，也是老师对我的信任。在我的帮助下，她不仅查阅到需要的资料，还拜访了黄委会徐福龄先生，更加直观地了解到黄河治理的一些技术手段和方法，并在后来她出版的著作中对我的帮助表示衷心感谢。

虽然与邹老师相隔千里，不能经常见面，但是书信、电话却成了我与邹老师联系的好帮手。我在业务上有什么难题就与他联系、向他请教，每次他都很高兴、坦率地给予回答，使我的难题迎刃而解。

遗憾的是，在邹老师逝世时，也正是我冠心病发作住院之日，不能为邹老师最后再做些什么。前些日子，得知所里准备给邹老师出版纪念文集，我很想写点什么，但又恰逢我不慎重重地摔了一跤，差点"灵魂出窍"，住院动了手术，现在正在恢复当中。尽管写字还很费劲，脑子还有些懵懂，但是我还是坚持写下了以上这些字，以此深切怀念邹老师，以安自心。

（作者为黄河水利委员会《黄河志》总编辑室原主任）

# 一曲山水尽、江南梦犹存

## ——深切悼念邹逸麟先生

### 吴仁安

一

2020 年 6 月 19 日清晨，复旦大学冯贤亮教授来电，十分悲切地诉其恩师邹逸麟先生于当天凌晨四时四十八分在上海新华医院不幸病逝（享年 86 岁）的噩耗。听此噩耗，令我不禁悲从中来：从此，本人又失去了一位人生道路上解惑指南的良师益友。

名声卓著的中国历史地理学权威学者邹逸麟先生，他生前是复旦大学首席教授，继谭其骧教授之后的复旦大学中国历史地理研究所第二任所长、中国历史地理专业委员会主任、上海市史志学会会长，1992 年、1997 年受国务院学位委员会聘为第三、四届学科评议组成员，第八、九、十届全国政协委员，民盟中央委员、民盟上海市副主委、民盟复旦大学主委等职。邹逸麟先生的人生历程再度诠释了我国先贤的典范：认认真真做事，清清白白做人。

我和邹逸麟先生交谊已有 30 多年的历史了，亦师亦友，十分相得。每次会晤，亲承謦欬，总是获益良多，他真可谓是我人生道路上一位不可多得的良师益友。而我之所以能够识荆邹先生，则应该说是与杭州陈学文先生（时任浙江省社会科学院历史研究所所长，研究员，他是邹逸麟先生早年一起负笈青岛市山东大学历史系求学时的同窗好友）的牵线搭桥不无关系。1985 年深秋，我应邀携文赴安徽省黄山参加由张海鹏教授（时任安徽师范大学校长、安徽省历史学会会长）发起和主办的"首届中国明史国际学术研讨会"。参加这次学术盛会的不仅有王毓铨、李文治、许大龄等明史学界的许多著名学者，还有来自日本、美国、英国、澳大利亚等国的一大批外国同行学者。大会集中、小会分组"坐而论道"三天之后，会议又安排中外学者赴古徽州府首县歙县的徽城、水埠渔梁坝和位于歙县西北以牌坊群著称于世的棠越古村等地，实地考察明清徽州遗踪。在这一次会议期间，我与陈学文先生被会务组安排同住一室。数天下来，彼此无话不谈。

当他得悉我曾数次婉言谢绝张海鹏校长邀请我从芜湖九中调入安徽师大明清史研究室的美意，执意要调回故乡上海工作一事之后，连连说我"失策"，甚至直言不讳地批评我是"家庭观念太重了"。无奈之下，我不得不将家庭情况直言奉告。当时上海家中上有已届耄耋之年的白发老父亲需要照料，下有还是学龄前的小女儿需要养育，而妻子的工作单位又在远离上海市区的黄浦江东岸川沙县的一个小镇上，如此处境，试想我怎么忍心长期远离故乡呢？听了我的解释，陈先生连说他"不了解实际情况""是在乱放炮"云云。

接着，陈先生又快人快语："你能够调回故乡上海工作也好。上海是中国最大的城市、著名的国际大都会。别的不说，单说上海图书馆拥有十分丰富的各种典籍图书，就是一个能供学者查阅各种所需文献资料做学问的好处所。"说到这里，陈先生又话锋一转，说要将他早年在山东大学历史系求学时的一位同窗好友、现在已经是复旦大学破格晋升教授的邹逸麟先生介绍给我做朋友："邹先生读书用功，大学时代他也十分爱好明清史。因为他学习成绩优异，大学毕业时被学校分配到中国科学院历史研究所工作。1957 年又从北京调入上海复旦大学中国历史地理研究所工作。"接着，他又例举一些邹先生"学问优长""为人厚道"的具体而生动的例子。听了陈先生的上述介绍，我当然是"乐从"的了。在徽州歙县的实地考察一结束，1985 年的黄山明史会议也就落下了帷幕。陈先生在同我分手时，送我一句美好的祝福："希望你回到上海之后，能早日与邹逸麟先生谋面交谊，将来能成为好朋友，彼此取长补短，在学术上更上一层楼！"

## 二

但是，好事多磨。我是在 1985 年黄山明史会议结束回到上海一年之后，才有幸识荆邹先生的。那是在我已经加入了上海市历史学会之后，我在一次市史学会议上与邹逸麟教授初次会晤。那天我步入位于淮海中路的上海市社会科学院会议厅后，随便找了一个靠窗位置坐下，不久就有一位年近"知天命"的中年学者在紧靠我身旁的位置随即落座，并对我上下打量了一番，彬彬有礼地问道："请问，阁下是否为上海师院分院（当时敝校校名，随后改名为'上海技术师范学院'）的吴仁安老师？"我闻此点头称是，也对此先生打量了一番，但见这位先生瘦长个子，清癯的国字脸上戴着一副深度的金丝边眼镜，其一举一动真可谓风度翩翩而又儒雅得体。在 1985 年黄山明史会议期间，陈学文先生不仅为我介绍过邹先生的道德文章，而且对其体貌特征也有过详细描述，于是我也脱口而出："先生可是复旦大学的邹逸麟教授？"邹先生亦连连称道："正是，正是。"就这样，我与邹先生终于谋面交谊了。我当时曾问他："您今天怎么一进会议厅落座就认出了我？是否因为听过陈学文先生的介绍了？"邹先生答道："在电话中听了陈先生对您的介绍当然是一个方面，另外，其实我在谭其骧先生府上也曾与您见过一面啊！"听他这么一说，我才想起在谭其骧先生宅第，似乎也曾看到过他的尊容。

事情的来龙去脉是这样的：我在芜湖工作时，由于安徽师大校长张海鹏教授厚爱（他当时兼任安徽省历史学会会长），介绍我于 20 世纪 80 年代初加入了安徽省历史学会，并成为芜湖市历史学会理事和安徽省中学历史教学研究会理事。在 1984 年 7 月调回上海工作后，当然希望自己能早日加入上海市历史学会。但当时此学会的入会"门槛"相当高，一定要有该学会会员中两位具有正高级职称的名流学者推荐才能入会。其时我从外地调回上海工作不久，对沪上学术界并不熟悉，一时怎么能找到两位够资格的名流学者充当我的入会推荐人呢？好在过了一段时间，我的一位同事王伟民老师（中文系副教授）了解到上述情况之后，对我说他是浙江省嘉善县人，是复旦大学中国历史地理研究所谭其骧先生同乡，到谭先生宅第走动较勤，谭先生与他关系很好。王老师自告奋勇地要带我到谭府去请求谭先生为我书写入会推荐书。在一个秋高气爽的午后，王老师陪同我走进淮海西路的谭其骧教授宅第。我俩甫入谭府，就看见谭先生正在与一位瘦长个子的中年学者（后来在邹先生口中我才获知，那位学者正是邹逸麟教授其人）围坐在一张方桌前谈论着什么，他们面前的方桌堆满了各种地图、典籍等文件。谭先生看到王伟民老师和我步入，就立即十分客气地把我俩带进他的书房内细谈。我俩深知谭先生的时间十分宝贵，故一进书房就直奔主题，告知来意。谭先生审阅了本人在《学术研究》《历史教学》《华东师范大学学报》和《中国社会经济史研究》等刊物上发表的《明代广东三十六行初探》《清代的翰林院和翰林》等几篇学术论文，就十分爽快地为我直书入会推荐信："……已发表的数篇关于明清史的学术论文，资料丰富，论述恰当，甚有功底，同意他加入上海市历史学会。"

在谭府逗留的那段时间，自始至终，谭其骧先生都没有为我与邹先生双方作过介绍。但当我和王伟民老师离开谭府后，他老先生却向邹逸麟先生介绍了我，说我自华东师大历史系 66 届毕业后，经过部队农场"接受再教育"劳动锻炼后被分配到安徽省芜湖市从事中学历史教学工作，课程多的时候，每周授课要多至 20 节课，仍抓紧业余时间从事科研写论文，近年来在《学术研究》《历史教学》等国内重量级学术刊物上发表了好几篇甚有见地的学术论文，是相当难能可贵的，的确是一个善做学问之人。谭先生又向邹先生说，他不仅本人为我书写了入会推荐信，又主动介绍我到上海师范学院找他的好友程应镠教授（时任上海师范学院历史系主任）做我的第二位入会推荐人。后来我就是因谭其骧、程应镠两位著名教授的大力推荐才加入上海市历史学会的。听了邹逸麟先生为我如此这般一说，我才明白了为什么邹先生刚在我身旁一落座，即认出了本人的缘故。这时会议已经开始，为了不妨碍会议秩序，我俩相约在会后到附近找一家茶室再好好叙谈。

## 三

会后，我俩在社科院附近的淮海中路上一家整洁、清净的茶室落座后又重拾话题。从邹先生的谈话中，我得知他祖籍浙江宁波，而生于上海闸北区一个白手起家的企业家门户。虽说他仅年长我五岁，但他的出道却是远比我要早得多了，当 1955 年我考进上海市卢湾中学时，他已经是负笈青岛市山东大学历史系三年级的高材生了。史学界同人众所周知，山东大学历史系 20 世纪 50 年代有杨向奎、童书业、黄云眉、王仲荦、郑鹤声、张维华、陈同燮、赵俪生等八位教授共事，他们都是史学界各有专长且享有盛誉的著名学者，于是有人盛赞当时的山东大学历史系是"八马同槽"的辉煌时期。邹先生有幸在此时走进这个佳胜的学习环境受业，当然是得益匪浅。他得到名师指点，加上他本人刻苦学习，故学习成绩十分优秀。邹先生在高校求学时也爱好明清史，很喜欢听张维华教授（曾任齐鲁大学文学院院长兼历史系主任）的明清史课程，特别感兴趣的是晚明时期与西方国家接触以后中国社会发生的变化。张维华教授在讲课时讲到，明朝的对外贸易主要是通过"朝贡"形式的以物易物的那种贸易，这样就使邹先生产生了研究明朝对外贸易的兴趣（难怪邹先生后来在谭其骧先生处看到我在 1980 年发表的那篇拙作《明代广东三十六行初探》一文，便大加赞赏）。但是，邹先生在大学毕业时由于学习成绩优良而被学校分配到中国科学院（当时中国尚无"社会科学院"）历史研究所的秦汉史组而非明清史组，当时的邹先生也就只能服从组织分配，勉为其难了。直到 1957 年他师从谭其骧教授从事《中国历史地图集》研究而开辟了邹先生终生服膺的治学之途。

但是，邹先生对明清史的爱好却仍兴趣不减。他曾征得谭先生同意，将我在以前为了请求谭先生为我书写加入上海市历史学会的推荐信而赠送谭先生审阅的几篇明清史论文带回家中浏览；他对于其中的《明代广东三十六行初探》特感兴趣，认为此文文笔流畅而清晰可咏，由于明代广东三十六行不仅事关明代的海外贸易，而且涉及它在澳门对外贸易中所处的地位和它同尔后的清代广东十三行的社会历史的联系等诸多重要问题，故此文具有重大的学术价值。邹先生问我：在《学术研究》1980 年第 2 期上发表了《明代广东三十六行初探》之后，为什么再也没有看到我对"明代广东三十六行"这个问题的"再探""三探"了？我只得向他直言相告：因为关于"明代广东三十六行"这个问题，目前只见到明人周玄暐《泾林续记》中的那段记载，这是研究者所能引用的唯一的一条史料。我在《初探》发表之后，也确曾花费了四五年时间去多方寻找其他的相关史料，但却总是查搜不到足以将上述诸多历史问题梳理清楚的有力资料。既然如此，那我凭什么资料再去撰写对上述诸多历史问题的"再探""三探"之类的文章？于是我就把研究转向徽商、科举、马政、官制、江南市镇、社会风尚等课题上了。

邹先生非常赏识我在学术研究上"不吊死在一棵树上"的明智做法，并且也认为徽商、科举、马政、官制、江南市镇、社会风尚等课题的学术取向同样很有意义。邹先生又说，"人生一世，草木一秋"，学者应该在众多爱好的课题之中选择一二作为自己的重点，加以深入研究而撰写成为学术专著，使它发扬光大有益于世。而当邹先生接着询问本人"在上述的科举、马政等诸多爱好的课题之中，究竟哪个课题才是阁下的最爱"这个问题时，我一时竟然有些犹豫不决了。但思之再三，我还是对他直言奉告了。虽然我与邹先生只是初次谋面，可是这次与其面谈时他那诚恳直率的言论，就使我同他竟然有"一见如故"之感，这种直观使我认定邹先生是一位笃诚的学者，一位可以深交和信赖的良师益友。于是，我便对其和盘托出：我的"专爱"并不在我上述的诸如徽商、科举、马政等课题之中，而是在"著姓望族"方面，希望自己将来能写一部"明清江南著姓望族"的学术专著。听了我的解答，邹先生颇有兴趣地动问："那么，是什么原因致使阁下产生撰写一部望族史的想法的呢？"谈到这个问题，真可谓说来话长，并非三言两语能说清楚的。但既然邹先生动问了，我也就简要地将它追本溯源了一番。

本人在华东师大历史系求学时，为了响应当时上级领导关于"文科大学生要参加农村'四清'运动"的号召，1965 年秋华东师大党委研究决定本校政教系五年级、历史系五年级等文科毕业班学生赴皖北滁州地区农村，参加由时任中共华东局组织部罗毅部长率领的华东局"四清工作团"去安徽农村搞"四清"运动。到了安徽农村后，本人被分配在滁州地区定远县范冈公社肖塘大队搪面生产队负责"四清"工作。那年冬季，在一个风雪交加的夜晚，本人"躲进草屋阅禁书"（当时在极"左"思潮影响下，社会上竟视谱牒文献为"禁书"）匆匆忙忙地（因为次日清晨必须要将它带着从生产队赶去公社上交处理）浏览了那天傍晚一位老农民上交的一套四册《肖氏宗谱》。阅后虽说对这肖氏宗族的历史所知还十分肤浅，但总算是对中国谱牒的款式、内容和性质有所了解，而这却在我的心中深深地埋下了研究家族史的学术种子。大学毕业后，我经过到部队农场"接受亲人解放军再教育"后被分配到了安徽芜湖市当一名中学历史教师。1984 年 7 月，我因符合中央当时正在解决的知识分子夫妇长期分居两地问题的政策被调回上海工作。在奉调回沪工作之前，1984 年 5 月我请假去了素有"东南邹鲁"之称的皖南徽州，自费进行为期十天的历史旅游考察，先后游历了歙县潜口乡的"司谏第"（明朝进士、吏科给事中汪善的宅第）、屯溪市柏树街东里巷的"程氏三宅"（明代成化年间礼部右侍郎程敏政的宅第）以及歙县城厢阳和门的"许国石坊"和歙县富竭乡的"棠樾牌坊群"等望族名流的宅第、牌坊。调回上海工作后，1985 年 6 月我又奉命率领我当时任教的上海技术师范学院政教系 84 级学生赴大江南北搞"社会调查研究"教学活动。在苏北南通市，我们师生采访了清朝光绪甲午状元张謇的嫡孙女张柔式女士（她时任南通市政协副主席），由她带领我们参观了南通城内的"状元府"，她还为我们详细介绍了乃祖"状元公"张謇的"夺魁"故事及其"实业救国""教育救国"的一生；之后我们又到了南通之北的如皋县城参观了明末清初江南"四大公子"之一的著名文人冒辟疆的别业"水绘园"。在苏南常熟县，我们又去寻访了位于常熟小东门外白苑镇的"红豆山庄"（明末清初江南大儒钱谦益外家顾氏别业，后则为"秦淮八艳"之一的柳如是隐居处）……凭吊了这些明清望族名流的宅第、园林等遗迹，不禁思绪万千：汪善、程敏政、许国、鲍象贤、冒辟疆、钱谦益、张謇等是如何科举得第跻身官坊，领袖风雅，簪缨相继，进而创造望族的？望族兴衰变迁的关键是什么？望族在历史上起了什么作用？总而言之，上述一系列历史考察旅游活动，强烈地促使我萌生要研究望族、撰写一部"明清江南望族史"的念头。

"那么，你为什么迟迟不动笔着手写望族史呢？"听了我的上述叙说，邹先生迫不及待地问我。他既然这么动问，我也就再度如实奉告，对于撰写望族史一事，我是有所顾虑的。因为每当我回想起 1965 年冬季在皖南定远县范冈搞公社农村"四清"工作时，在公社"四清"工作团党委书记布置我们工作队员于自己负责"四清"工作的生产队里务必要在两周之内全部收齐村民家藏的家乘、宗谱之类谱牒文本并全部上交处理时说的那番"杀气腾腾"的话："千万不能让家乘、族谱这类封建地主阶级的'变天账'继续散藏民间去毒害广大人民了！"每念及此就会不寒而栗。既然家乘、族谱等谱牒文本被说成是什么"封建地主阶级的'变天账'"，散藏民间就会"毒害人民"，那么如果根据谱牒文本进行研究并撰写成望族史，岂不是在为封建地主阶级"树碑立传"吗？我之所以"迟迟不动笔"撰写望族史的原因即在于此。听我如此一说，邹先生笑了笑说："这就是你的多虑了。我国史学家历来重视对著姓望族历史的编纂。司马迁的《史记》即有'世家'的创例，明清以来的地方志更是列有'氏族'或者'望族'的专门。清代史学大师章学诚指出：'家有谱，州县有志，国有史，其义一也。'现代著名学者顾颉刚更是将'族谱'和地方志当作而今我国史学界尚待开发的两个'大金矿'。本来么，历史是由奴隶与英雄共同创造的，对劳动人民和统治阶级的历史都应该予以认真研究，唯有如此，撰写成的历史才是一部完整的历史。至于阁下因为对于 1965 年冬季在皖南农村定远县范冈公社搞农村'四清'运动时，公社农村'四清'运动工作队党委书记所说的什么'家乘、族谱等谱牒文本'都是'封建地主阶级的"变天账"'的话记忆犹在，担心自己根据谱牒资料进行研究写成的望族史，将来会被扣上'替封建地主阶级树碑立传'的罪名，则更是不必担心了。要知道时代在前进，历史在发展。在党的十一届三中全会之后，国家早已由'以阶级斗争为纲'转到'以发展经济为中心'了，只要多看些马克思主义经典著作，努力学习马列主义，以马克思主义的立场、观点去研究和撰写望族史就可以了。"

邹先生对望族史也很有兴趣，认为撰写一部《明清江南著姓望族史》具有很高的学术价值，故他极力鼓励我及早地开采望族史这座"大金矿"，深入研究望族史，及时撰写成书。他向我郑重承诺：若我研究和撰写望族史遇到什么需要他帮忙之处，只要是他力所能及的，他是一定会尽力予以帮助的。

当我俩离开茶室时，淮海路上早已灯火辉煌了。我俩各自留下了通讯地址和电话号码以后，邹先生在茶室外马路上匆匆地叫了一辆出租车回家，而我因寒舍就在文化广场南首一条里弄内就以步当车漫步回家了。就这样，我同陈学文先生介绍的邹先生终于谋面识荆了。我庆幸自己在芜湖工作时有张海鹏教授这样一位良师益友，而调回上海工作后又遇到了邹逸麟教授这样一位良师益友！

## 四

邹逸麟教授的工作单位是复旦大学（位在上海市中心之北），本人任教的学校是上海技术师范学院（位在上海市中心之南、黄浦江西南面的奉贤县海滨），两地的南、北相差真可谓是"南辕北辙"了。加上邹先生工作十分繁忙（他是复旦大学名教授，除了中央下达的重要科研任务，又有培养博士生的教学工作），故市史学会召开的学术会议他也是难得有时间来出席赴会的。而我则不仅教学工作繁重，又要忙里偷闲从事业余科研，特别是家庭又远在校北的上海市区，每周七天之内总是在学校、家庭之间两地奔波。因此，我与邹先生交谊之后，平时是很难有机会同坐一处叙谈、交流的。屈指算起来，自我与邹先生结识到他"驾鹤西去"的这三十年之中，我俩能够从容地坐在一处叙谈、交流尚不到十次。但平时我俩尽可以借助电话、手机之类的现代通讯工具，通过"通电"方式来互通讯息和交流思想。

一天午后，邹先生来电询问敝人："在前几天，我收听到由上海人民广播电台《美丽的江南》节目（作者注释：应该是1986年）11月23日、11月27日等多次播出的一篇名称为《徽州访古》的旅游文章，播音员在播出该文之前介绍了该文作者的姓名，从字音听起来似乎是阁下。那么，你的确是该文的作者吗？"邹先生在电话中称赞此文，认为写得很好。它具体而又生动地介绍了1985年秋黄山明史学术研讨会在"大会集中""小会分组"三天的学术研讨之后又安排中外学者一起去黄山脚下的歙县，实地历史考察徽州明清遗踪。他在电话中称赞该次黄山明史会议发起者和主持人张海鹏教授是位高明的东道主，因为该次研讨会既有"坐而论道"的学术研讨，又有实地历史考察的"起而行道"。邹先生认为，撰写历史文章也应该如此。亦即作者除了埋首在书斋里查资料、写文章之外，也应该走出书斋，根据史料去实地作历史考察。若干年之后，我即根据邹先生的这番高见，写下了关于研究历史的理论文章（方法论）《历史研究与历史实地考察》一文（刊登在《史学理论研究》2000 年第 1 期）。在邹先生的一再追问下，我也只得如实回答他，《徽州访古》一文的作者的确是敝人。

接着，邹先生又询问我，中央人民广播电台《祖国各地》节目在 1985 年 6 月 14 日、6 月 17 日等多次播出的散文《江南水乡古镇周庄纪游》一文，是否也是本人之作。本人当然也只得如实奉告他，这篇拙作也是敝人执笔写成。他在电话那头愉快地说道："此篇游记也是写得很好啊！这几年，人们经过著名画家陈逸飞先生的油画《故乡的桥》的大力宣传，周庄这个水乡古镇可说是大名在外了。你的这篇大作现在又经过中央人民广播电台多次广播，这个周庄古镇可就更加广为人知而游客如鲫了！这个周庄，难道正如你大作中所描写的那么美丽、撩人吗？"他说，好在周庄古镇离开上海不远，今后如果得闲时，他倒也想去周庄一游！

邹先生他实际上最为关注的问题，还是我近来在研究望族史方面情况如何。我如实奉告他这位良师益友：自从那天在茶室分别之后，我在做好本职工作的前提下，一方面到图书馆借阅了一些有关国家、民族、家族等方面的马列主义经典著作在认真阅读来武装自己头脑，以便用马列主义的立场、观点和方法来研究和撰写"望族史"；另一方面则是经常到上海图书馆的长乐路书库（当时上海图书馆的谱牒资料，其中尚未整理好的均存放在其上海龙华的仓库内，只有少量已经整理好的谱牒文本才放在长乐路书库供读者查阅）去查看家乘、宗谱。听我如此一说，邹先生颇为欣慰地对我说道："你如此处理业余时间的科研工作很好，希望你要坚持下去，早日开采出望族史这座'大金矿'。"

最后，邹先生又强调："你在大学读的是历史学专业，大学毕业后无论在中学还是在大学，任教的都是历史课，在职称申报的最终点无疑当然还是历史学方面的正高级职称。因此，兴之所至，空闲时偶然写一些旅游之类的散文游记来陶冶性情当然也是未尝不可，但你在拿到历史学方面的正高级职称之前，还是应该把主要精力放在研究和撰写'望族史'方面。"他希望本人早日写成《明清江南著姓望族史》一书。我聆受了邹先生的贴心忠告，此后，在做好本职工作的前提下，把精力全都放在望族史研究上了。

# 五

1987 年 12 月中旬，我应邀赴广东省深圳市参加在小梅沙大酒店举行的"国际清代区域社会经济史暨全国第四届清史学术研讨会"。在这次学术盛会上，交流的学术论文有 120 多篇，令我欣喜的是，其中竟有好几篇论文即是关于家族史研究的佳作，将它们逐篇细细阅读，真正使我大开眼界、深受启发。

会后回到上海的次日，我即到母校华东师范大学将自己起意研究明清江南望族史的一些不成熟的想法向历史系的业师谢天佑教授和盘托出，希望得到他的指导和帮助。谢教授是我在 20 世纪 60 年代初在华东师大历史系求学时代的授业老师，我大学毕业后也经常回到母校面聆谢师的治学之道。获悉本人意欲从事明清江南望族史研究，谢师深表赞同。谢师说，他的那位忘年师友至交徐德麟教授（1902—1978，湖南益阳人。专长中国古代及中世纪史，曾为我班讲授隋唐至明清历史）晚年也曾有志撰写一部中国望族史，却其志未酬而身先逝，徐德麟师在临终前夕尚希望谢天佑教授能代替他去圆这个梦。谢天佑教授因为当时有几个国家重点科研项目在身，短时期内根本无暇旁骛其他课题，故他极力鼓励和支持我去研究望族史，并从书橱中找到一本潘光旦著《明清两代嘉兴的望族》，郑重其事地交给我，说此书乃是徐德麟教授的遗物，现将它转赠于我以供参考，由我来完成徐师的遗愿。谢师又指点我，初次治望族史，战线千万不宜过长，是否先搞明清时期上海地区的著姓望族史，尔后再不断地扩大战果，逐步扩大到江南地区乃至全国的望族史。聆受了谢师的教诲，我即将研究的范围从原来设想的"江南"改为"上海地区"，并把课题定名为"明清时期上海地区的著姓望族"。

研究家族史的主要资料是家乘、族谱等谱牒资料及其地区的相关地方志。由于众所周知的原因，1949 年后，我国的谱牒文献屡遭破坏，散佚、损失很多，时至今日，上海地区（乃至国内的其他地区）的谱牒文本更是寻觅不易。本人"沉潜"了几年，千方百计地到上海地区所属各区和郊县的图书馆、博物馆、档案馆等处，搜集谱牒文本及其相关地方志和明清文人的笔记、文集等资料，在大量有关资料中爬梳、辨伪和考订，做到对上海地区明清望族的历史了然于胸。然后，我先是撰写成《明清时期上海地区的望族及其盛衰消长变迁》一文，应邀携带此文参加为纪念上海建城700 周年而于 1991 年 10 月召开的"城市研究与上海研究国际学术研讨会"。此文受到了与会中外学者的一致好评。尔后，它被《历史研究》编辑部定名为《上海地区明清时期的望族》，发表于《历史研究》1992 年第 1 期，并迅速为中国人民大学报刊资料中心选中而全文复印转载于其所属刊物《明清史》同年的 3 月号，引起学术界同行瞩目。邹先生在报刊上看到此文后即打电话来祝贺我，祝贺我终于发表了望族史方面的文章，并对该文予以高度好评。

受此鼓励，经过了几年的努力拼搏，终于在 1997 年 9 月由上海人民出版社出版了本人"望族系列"的第一本学术专著《明清时期上海地区的著姓望族》（字数约 513,000 字）。我在收到由出版社例赠作者的上述拙作的 20 本样书后，从中将一本样书签名、盖章后挂号付邮寄赠邹先生斧正。邹先生收到此书后十分高兴，打电话来热烈祝贺我终于在望族史研究上结出了可喜可贺的硕果。邹先生在电话中强调，我在华东师大历史系求学时的业师谢天佑教授指导我研究望族史应从作者所在地的上海地区着手做起，然后再逐步扩展到整个江南的做法，可谓是棋高一着。因为生长在上海地区的作者从自己生活和工作的故乡上海着手研究上海望族史，可以就近搜集该地望族的谱牒资料，就近实地考察该地望族的宅邸、园林及其后裔，等等，这显然有利于深入研究该地望族人士的功德业绩及其社会影响。作者对于自己所住上海一带的望族历史研究好了，这样就为逐步扩大到研究整个江南地区的望族史打好了基础。最后，邹先生又鼓励我今后继续在"望族系列"研究上多出硕果。

在邹先生的鼓励下，我又经过几年努力，到 2001 年 12 月，又由上海人民出版社出版了拙作《明清江南望族与社会经济文化》一书。不久，在市史学会召开的一次学术会议上，我亲手赠送此拙作的一本样书给到会的邹先生。他笑容满面，由衷地祝贺，说我没有辜负他的期望，果然又出了一颗"望族系列"的硕果，真是可喜可贺。为了不影响会场秩序，他又约我会后不妨再去以前到过的那家茶室叙谈。那天整个会议期间，我看到邹先生都在翻看我会前赠送他的那本《明清江南望族与社会经济文化》，并且不时地在书上划划圈圈。会后，我俩在茶室一落座，邹先生就打开了话匣子。他称赞我这次送他的这本拙作不仅在研究范围方面已由上海一地扩大到整个江南地区，而且在研究方法上也突破了原来那种地方社会史研究的局限而成功地实现了对江南望族的跨学科的综合研究，它以望族为切入点，将江南领域及其经济问题、江南商人与商帮和江南地区社会风尚等有机地贯穿起来，确是一部多视角、全方位、立体式地论述明清江南望族与社会经济文化的上乘之作。邹先生连连称赞它是一部不可多得的佳作，更为我这位作者而感到由衷的高兴。最后，邹先生愉快地对我说道："你已经成功地出版了《明清时期上海地区的著姓望族》和《明清江南望族与社会经济文化》两本'望族系列'的学术著作,已经为写《明清江南著姓望族史》打好了深厚、坚固的基础,从此你便完全有功力去撰写一部上乘的《明清江南著姓望族史》了。"

# 六

又经过六七年不懈努力,我终于完成了一部120万字的《明清江南著姓望族史》书稿,送交出版社审阅定稿。不久,此书稿的责任编辑来电告诉本人,由于拙作内容厚重、字数太多,出书经费浩大而有困难。为此,出版社有关领导决定打报告向上级申请出版资助经费,但作者必须要有四位学术界具有正高级职称的著名学者的推荐书方可"申报"。那末,我究竟去哪找四位著名学者做我上述书稿出版的推荐人呢?曾为此书稿早期研究作过指导的业师谢天佑教授不幸已于1988年4月26日即英年早逝了,于是我首先想到的即是对我上述书稿写作既有具体指导,又不断地鼓励我,力促我写成此部书稿的邹逸麟教授,请他来做我这部书稿出版的首席推荐人。我将此意电告邹先生,他十分爽快地答应我做书稿的推荐人。我把上述书稿的全文复印件挂号邮寄给邹先生,他审阅后迅速地寄来他为我书写的推荐信:

吴仁安教授新作《明清时期江南的著姓望族》(本文作者注:此是作者送交出版社审阅的书稿原名,待出版时才又正式定名为《明清江南著姓望族史》)一书,是继上世纪四十年代潘光旦先生《明清两代嘉兴之望族》以后,又一部有关地域人文历史的力作。江南,自两宋以来已为全国经济重心所在。明清时期商品经济繁荣,人物荟萃为全国之最,直至今日,仍为我国经济、文化最发达地区之一。近千年来,江南与我国其他地区一样,经历了朝代更迭,战火兵燹之灾,然其何以能有绵延千年的强劲势头,除了良好的地理环境、优越的区位条件外,(与)历代集居了大批世系相承的精英人士有关。然其根,则值于生生不息的著姓望族的培育和延绵。这些著姓望族或以科举起家,簪缨蝉联;或以文词起家,文章书翰流布天下;或以商贸技艺起家,财富冠甲乡里。中国传统社会是以血缘为纽带的宗法社会,家庭是社会的基本细胞,而著姓望族则在社会中有举足轻重的地位。其兴盛衰颓与地区社会经济文化的发展有着密切的关系。

吴仁安教授自上世纪80年代初期以来,即着力于江南地区著姓望族及其与社会经济、文化发展关系的研究，二十余年来，广泛收集资料，撷拾爬梳，钩沉索隐，探幽发微，多有新得；并秉着求实精神，走出书斋，踏勘实地，江南望族所在城镇，几乎都留有他的足迹。正由于作者有长期的学识积累，先后出版了《明清时期上海地区的著姓望族》（1997 年）、《明清江南望族与社会经济文化》（2001 年），两书问世以后，中外学者赞誉有加，获得高度评价。

《明清时期江南的著姓望族》是吴仁安教授二十余年来，对江南地区著姓望族总结性研究成果，全书煌煌百万言，上编（是）对江南望族的综合性研究，下编则是对明清江南望族事迹的考录。资料丰富，论述严密，考订翔实，为近年来少见的学术佳作。

本人认为此书出版，将使近几十年来中外学者热衷的江南地区史研究，提高到一个新的层次。

特此推荐，望出版家审定。

复旦大学历史地理研究中心

邹逸麟（亲笔签名并盖章）

2007 年 3 月 12 日

除了邹逸麟先生之外，我又敬请陈学文教授和我在华东师大求学时的另一位业师刘学照教授以及中央民族大学的陈梧桐教授（朱元璋研究专家）合计四位同做本人书稿出版的推荐人。但当我把上述四位专家的推荐书收齐亲自赶到出版社亲手将它们交给我的书稿责任编辑后，不到两个月，出书之事又出了问题，那位书稿的责任编辑又打来电话催我一定要去出版社办公室面谈解决这个问题。原来，还是出于书稿字数太多的缘故。出版社方面认为该书稿有 120 万字，如果将它放在一本书中出版，由于字数太多，一本书中根本容纳不了；而如果将它分成两册出书，则又因当时市面上社会科学方面的书籍销路不畅，出版社方面担心影响经济收入。基于此原因，出版社一定要我删去三分之一的字数，删减成 80 万字以下的修改稿才准予出版。对于出版社这个要求，我一时实在难以接受。为此问题，我又打电话去请教邹先生究竟如何处理此难题。邹先生在电话中对我说："遇到这种不愉快之事一定要郑重对待，好在明天市历史学会要召开学术会议，待明天我们在会上见面之后再容议论此事吧。"

次日，我两在参加了学术会议之后，即到达由上海社会科学院创办的设在该院六楼的茶餐厅从容议论。甫一落座，我就向邹先生大叹苦经，说是写成这样一部 120 多万字的书稿实在不易啊！2001 年 7 月，我在合并后的上海师范大学教席上正式退休，从此我不必每周再到远在上海郊县奉贤县东海之滨的上海师大奉贤校区（亦即两校合并前的上海技术师范学院）上班授课了，而是能够全心全意地研究撰写《明清江南著姓望族史》了。但是，为了撰写这部"望族史"书稿，我却又易地"上班"了，每天清晨在上海家中用过早餐后即步行到位于淮海路上的上海图书馆家谱阅览室查阅家乘、族谱等谱牒文本，经常是早出晚归（中餐、晚餐往往就在上图的"读者餐厅"用膳）。常常是迎着朝阳离家去上图"上班"，晚上路灯通明才"打道回府"。有许多家谱资料上图没有收藏，我就利用到外地参加学术会议等机会查阅，又忙里偷闲地到合肥市的安徽省图书馆、杭州市的浙江省图书馆和南京市的江苏省图书馆等外省市各处去查阅有关江南望族的谱牒文献资料。为了求真求实，我又不避寒暑，几年之中在江南大地上跋山涉水去寻访江南望族名流诸如明代宰相王鏊、明朝兵部尚书加官少保于谦、明代著名文人高官董其昌和明末清初大儒顾炎武、清初著名词客朱彝尊以及清朝文渊阁大学士兼礼部尚书陈元龙等的墓地、故宅和园林等遗迹，并且遍访名门望族的后裔。我如此这般地辛苦了多年，好不容易才写成了这部 120 多万字的"望族史"初稿。而如今，出版社方面却要我将这书稿的字数删去 40 多万字（也即删去原书稿的三分之一），如此要求，有哪位作者能够轻易地允诺？要知道，这 40 万字，可不是什么原始资料啊（其实，以我上述可知，即便是搜集这 40 万字的家乘、族谱之类的原始资料，也是要付出很大努力的），而是我从谱牒资料中认真撷拾爬梳、精心考订辨伪，经整理、研究才写成的"望族史"书稿啊！40 万字，这又要从"望族史"书稿中砍掉多少家的历史啊！这种做法，岂不是在一刀一刀地割血宰肉吗?!

听了我的诉说，邹先生直爽地问了我一句："那末，你准备如何处理此事呢？"我说了两点：（1）拒绝出版社的上述要求；（2）干脆将书稿从出版社拿回来，另谋其他的出版社出书。我希望邹先生能为我另外找一家能够接受 120 多万字在一册出书的出版社。邹先生听了本人上述想法，他直摇头地连连说道："不妥，不妥……"他对此事的处理意见是，他认为出版社要求作者从原书稿 120 万字删减 40 万字自然有出版社的想法，他们不仅要考虑书稿的质量、出书后的社会影响，同时也要考虑此书出版后的经济效益。而想要另外找一家出版社来出版此书，则也是很不妥当。因为该社不仅在上海是最大的一家出版社，在全国也是首屈一指的著名出版社。"望族史"在该社出书，其社会影响无疑也是较大的。而且既然该社对于出版这本120万字的书尚有难度，那末，难道比它小的出版社就没有难度了吗？再说，以前的《明清时期上海地区的著姓望族》《明清江南望族与社会经济文化》两书均由该社出版，这本待问世的《明清江南著姓望族史》今后若是也由该社出版问世，那末"望族系列"的三本著作均由该社出版问世，岂不影响更好?!

至于说到删减掉40万字将会减去多少家望族的历史这个问题，他说让我不必担心，因为如果依照他的方法去做的话，就可以不减少一家望族的历史。我迫不及待地请教他的高明做法。邹先生不慌不忙地说："你可以这样去做，那就是在每一家望族史的文字总数上都减去三分之一的字数，比如张家望族史原来的总字数是300字，减删三分之一就成为200字；李家望族史原来的总字数是450字，删减三分之一就是300字，以此类推地去这样做。最后，虽然总字数是减少了三分之一，但是，望族却不会减少一家！原来是多少家望族，从书稿中删掉了总字数的三分之一后，还是原来的多少家望族。不信，你可以试试看。"

听了邹先生的高明指教，我对他是称谢不已。回家之后，我遵照邹先生的上述做法，抓紧时间对原书稿中的每一家望族史都作了精简，每一家的字数都减去了三分之一。连续奋战了好几个月，终于按照出版社方面的要求，将修订后的80万字数的《明清江南著姓望族史》修改稿上交出版社审阅。又经过了数月，上海的《解放日报》《文汇报》和《新民晚报》都刊登了上海市2009年度获得上级领导批准的"上海市文化发展基金资助项目"，其中拙作《明清江南著姓望族史》一书赫然在内。迨至2009年12月，难产的拙作《明清江南著姓望族史》一书终于出版问世。邹先生在收到本人邮去的此本拙作后立即打电话祝贺我，说我终于"修成正果"了。我则在电话中向他道谢不已，说若无他的高明指导，拙作不知何日才能出版问世哩！

## 七

在本人与邹逸麟先生交往的三十多年中，我认为2012年11月在苏州胥城大厦由故宫博物院和苏州大学联合举办的"首届'宫廷与江南'学术研讨会"会议期间的数天，是我俩在一起相处时间最久、交谈最多的"黄金时间"。胥城大厦是苏州市的一家高档宾馆，不仅交通方便，而且附近风景优美。参加会议的正高级职称的学者每人独住一间，因此，在整个会议期间，每天的上午和下午在"大会集中"开会或"小会分组"讨论之外，每天清晨我俩常常结伴到酒店附近散步漫话，每天会后的空闲时间，特别是晚餐后，不是我到邹先生住房聊天，就是他来我住房漫话。"谈天""漫话"，我俩上天入地、随心所欲地闲聊，真可谓是无所不谈。

我俩在很多方面观点是一致的，例如，大家都认为"教师"这个职业是崇高的，为人师者必须要有崇高的师德。我也向邹先生坦言，1961年高中毕业报考高校时，本人所在班级的班主任老师要本人报考中国人民大学，但尚有自知之明的我认为自己并不是那种走仕途（中国人民大学是当时我国一所专门培养高级公务员的高校）的特殊材料，故我还是老老实实地自选填写了华东师范大学历史系作为本人的第一志愿。结果，天从人愿，我竟然幸运地考进了自己理想的华东师大。大学毕业后，我从中学教师一直做到大学教授，从教三十余年一直在"三尺讲台"上度春秋，教课之余从事笔耕，搞业余科研，自己从来没有离开过"人民教师"这个职业，我的教师生涯一直做到"光荣退休"为止。听了我上述之言，邹先生认为我高中毕业报考高校填写志愿的择校和后来的择业都是明智之举，一个人只有选择自己喜欢的工作才有兴趣去做好。总之，我俩都认为当一名人民教师是光荣的，"教师"这个职业可说是天下最崇高的职业。熟悉邹先生的人都知道，邹先生终生服膺的是"治学、做人都要讲良心"的为人处世之道。他特别强调，做人必须"懂得好坏、分得清是非、爱憎分明"。因此，虽然在这次"首届'宫廷与江南'学术研讨会"期间，我俩谈话内容十分广泛，但谈得最多的还是关于读书、治学和做人，总而言之，是必须要"认认真真做事，清清白白做人"，要向古人追求的"道冠古今""德配天地"的崇高目标努力看齐。

# 八

本人向上述在苏州胥城大厦召开的学术会议提供的论文《明清时期中央朝廷与地方关系中的江南著姓望族》，后来发表于无锡江南大学的《江南大学学报》（人文社会科学版）2013年第4期，尔后又为中国人民大学报刊资料中心所属《明清史》2014年第1期全文复印转载。邹先生在收到我公开发表的这篇拙文之后立即打电话表示祝贺，他认为《明清时期中央朝廷与地方关系中的江南著姓望族》一文可以视作我多年研究明清江南望族史的一篇总结性的文章，它应该放在我以前出版的学术专著《明清江南著姓望族史》内的最后一文；今后我如果出版个人学术论文集时一定要将它收编入集中，这样做也是对《明清江南著姓望族史》读者的一个补充交代。我即向邹先生明确表态，我本人也有此想法，今后我肯定会遵照他的这个指示去做到。在我俩结交之后的交谈中，我获悉邹先生育有三个子女，老大、老三都是千金，唯有老二是儿子。邹先生多年前即患有前列腺癌，虽然到医院做了手术治疗后病情曾一度比较稳定，但在几年前他那唯一的儿子病故后，邹先生因为白发人送黑发人，悲伤过度，遂使病情日益恶化。因此，在 2017 年 1 月由上海书店出版社出版本人有关江南望族史的论文集《明清史事与江南望族探微》（文集中，我当然也遵照邹先生以前之嘱，将那篇他视之为本人多年来研究望族史的总结性文章《明清中央朝廷与地方关系中的江南著姓望族》收编入内）一书后，我是在一次学术会议上托付邹先生的高足冯贤亮教授转交在医院住院治疗的邹先生的。同样原因，本人出版的第五本书《明清时期的江南望族》一书（"江南文化研究丛书"之一，由上海人民出版社、上海书店出版社两家联手在 2019 年 2 月出版），也是我在 2019 年 8 月赴安徽凤阳出席"第二十届明史国际学术研讨会暨朱元璋与明中都国际学术研讨会"期间，托付赴会的冯贤亮教授回沪后转交卧病住院治疗的邹先生的。总之，在邹先生病故前的几年中，由于他的健康原因，我俩的交往是愈来愈少了，甚至有时我给他打电话，他竟也无力接听了。在上述 2012 年 11 月苏州市胥城大厦召开的学术会议上，我曾经与邹逸麟先生及其高足冯贤亮教授于大会主席台前愉快地拍了一张三人合影照。我同邹先生交往三十多年，但我与他却仅仅拍过这么一张合影。文化名人张充和先生在她七十岁时曾用隶书写下一联："十分冷淡存知己，一曲微茫度此生。"难道"十分冷淡存知己"，就是我与邹先生这么多年来交往的真实写照？这倒正是应了"君子之交，其淡如水"的古语了。因为一个人若与另一个人心灵相通，那末他们的交往一定是平淡自然的，平时见与不见也都一样，彼此都能理解对方的具体情况。

但愿邹先生一路走好，邹先生千古！

（作者为上海师范大学历史系教授）

# 邹逸麟：一位令人敬重的学者

## 唐力行

### 低调的长者

邹逸麟先生是我敬重的学者，不仅因为他学术上的傲人业绩、重大贡献，也因为他是一位宁静淡泊、本分求真、值得尊敬的长者。由于邹先生的低调，我是先认识他的学生，然后才知道先生的。1993 年初夏，我出席了由中国社会科学院历史研究所等主办的首届全国徽学学术讨论会，来自全国各地的徽学专家汇聚一堂，还有美国和韩国的两位代表闻讯而来。会议选出五位代表作大会发言，由我作学术总结。读了这五篇论文后，我对王振忠的《明清淮安河下徽州盐商研究》印象最为深刻，点评完他的文章后，我对这位刚刚博士毕业留校的年轻人作出了高度评价：徽学的一颗新星升起了! 会议是在徽州屯溪江心洲宾馆举行的，我与振忠一起在新安江畔漫步时，聊起了他的导师，我才知道他是邹逸麟先生指导的第一位博士，而邹先生则是历史地理研究泰斗谭其骧教授的主要助手。

与邹先生的相识已是本世纪初。当时我从苏州大学来到上海，人生地疏。上海师范大学调入我是为了历史学科的发展，申报博士点，实现零的突破。邹先生是上海唯一的国务院学位委员会第四届历史学科评议组成员，我们自然希望能得到他的理解和支持。在苏智良教授的陪同下，我来到他府上拜访。邹先生十分谦和，耐心仔细地聆听我们介绍上海师范大学历史学科建设的情况。当我说到最大的担心是，全国博士点增补的竞争十分激烈，而上海已经有了复旦和华东师范大学两个中国近现代史博士点，再要增设有可能吗？邹先生说："听了你们学科建设的情况，我觉得是有相当竞争力的。中国近现代史是历史学中重要的学科点，在上海这样的国际大都市，增设一个不以为多。"他还在申报的细节上给我们提了一些建议。当年，上海师大历史学科实现了零的突破，我们对邹先生是心存感激的。

博士点申报成功，为上海师范大学中国近现代史的发展添上了强有力的翅膀。在学科建设的过程中，我们为国内外学者搭建了江南研究平台：每年召开一次江南社会历史研究国际前沿论坛，每年出版一期江南社会历史评论的杂志，推出江南社会历史研究丛书。研究平台的运作，得到了邹先生的大力支持。他不仅多次拨冗参加会议，还担任我们杂志的编委，亲自撰写文章，例如，有着很高学术价值的《略谈江南水乡地区桥梁的社会功能》一文就是在我们的杂志上发表的，为杂志添光增辉。现在高校是以南京大学评价体系（CSSCI）为标准的。我们这样的专业杂志并未进入这一评价体系，在高校的考评中是不能计入学术成果的。邹先生这么做，除了提携后进外，还有着他的青年时代的情结，他曾说，年轻时"我酷爱课外阅读，那时最向往的就是办刊物，办个同人杂志：每月一次，约几个朋友聚餐，讨论办刊宗旨，确定文章选题，然后分头落实栏目、版面，跑印刷厂，当你漫步街头，大街小巷的书报摊上都能看到那熟悉的封面，茶余饭后人们议论着文章是非……多么理想的人生境界"。这种共同的情怀，或许是我们能够走得更近的缘由。

## 全方位拓展历史地理学科

邹先生是位谦谦君子，他曾经把所作的学术贡献归纳为两本地图集、三种工具书、四本专业教材。这里有他参与组织的集体项目，也有他个人的独著。这些都是从无到有、令世人瞩目的开创性工作，不仅使中国地理的基本历史面貌得到了复原，而且为中国历史地理学科的建设奠定了基础。他把这一切都归功于老师的指导和栽培："我对谭师是感恩万分，我今天还能在历史领域里做一些事，完全缘自他的培养。"历史地理的研究自有他的艰辛，1964年邹先生奉谭师之命标点校勘《禹贡锥指》，1996年底才得以出版。他拿到新书后在扉页上记道："工始于余初度而立之年，而工毕余已年逾花甲，前后三十二年。人生苦短，学术之难，亦于此可见。邹逸麟自识。"最近我读了上海文史研究馆口述历史丛书之一——《邹逸麟口述历史》，对邹先生的为人为学有了更全面的了解，学术如此艰辛，"为什么还要写？因为只有这一刻，才是我想要的生活。遨游史海，穿越书林，让我暂时忘却喧嚣难解的无常；每当在历史文献中寻觅到有价值的史料线索，心底暗生的一丝成就感才让我感受到生命的真正意义"。

邹先生热爱生活，他的精神世界十分丰富。除了喜欢阅读外，他还喜欢评弹。我的父亲唐耿良是说评话《三国》的艺人，号称"唐三国"。邹先生告诉我从小就喜欢听我父亲的书。我赠送他《三国》一百回的碟片，他又从头到尾听了一遍。他还特别喜欢我父亲撰写的回忆录《别梦依稀：我的评弹生涯》。2009年4月，家父不幸病故，邹先生打来电话，十分伤感地说，一个响当当的时代结束了！还提出要亲来参加告别仪式，令我十分感动。

2018年5月27日（前排左六为本文作者，左七为邹逸麟先生）

2018年5月27日为《中国苏州评弹社会史料集成》新书首发揭幕

邹先生在担任复旦大学中国历史地理研究所所长期间，有意识地全方位拓展历史地理学科，在传统的沿革地理之外，建立起各学科门类的研究团队，如经济地理、人口地理、自然地理、人文地理等。邹先生的《中国历史人文地理》，建立起了历史地理学中人文领域的基本体系。邹先生说："我基本上是接力棒，把谭先生的东西接过来，交给下一代，把这个学科发展下去。"邹先生已是耄耋之年，仍在历史地理领域辛勤耕耘，承担着《运河志》的总主编，《辞海》第七版的副主编。他的弟子们也成长起来了，当年我预言的一颗新星王振忠，现在已是享誉海内外的徽学名家。邹先生桃李满天下，这也许是他最欣慰的了。

（本文原刊于《社会科学报》2016 年 12 月 1 日第 5 版）

**附 记**　邹先生长我十岁，是我师长辈，也是心气相通的忘年交。四年前，邹先生荣获上海市第十三届哲学社会科学学术贡献奖，《社会科学报》邀我写写心目中的邹先生，于是就有了上面这篇小文。四年来我与先生见面不多，偶尔在复旦的论文答辩会上相遇，也是匆匆的，总以为以后有的是机会，可以让我们慢慢聊。2018 年 5 月，上海师大举办《中国苏州评弹社会史料集成》发布暨研讨会，当时邹先生身体已是违和，仍是在振忠的陪同下坚持前来。我明白这是先生对我的支持。先生发自内心的对评弹以及传统文化的深深忧虑，引起了会议极大的反响。这是我与先生的最后一次相见。今年初我出国探亲，不料因疫情滞留海外。6 月下旬得知先生往生，7 月又传来家范先生噩耗。接连失去两位挚友，而我既不能为他们送行，又无法参加追思会，心何戚戚！应振忠之邀约，谨以《邹逸麟：一位令人敬重的学者》寄托我的哀思。

2020 年

# 良师益友

## ——追念邹逸麟先生

李孝聪

　　2018 年 6 月 29 日,《中国运河志》的编纂进入尾声, 在杭州开编委会核心专家、各分卷主编等学者的会议, 会间邹逸麟先生告诉我他的背部又发现了肿瘤。我的心马上一沉, 想起 2012 年邹先生曾经以他的前列腺癌切除很成功, 建议我也去做切除手术,怎么几年后又出现了恶性肿瘤呢？此后一直很担心他的身体。2019 年 6 月 4 日, 来复旦大学参加历史地理专业博士生答辩后, 我提出去看看邹先生。张晓虹老师陪同我去医院探望入院治疗的邹逸麟先生, 我们已经有一年没有见面了。邹先生完全没有想到我会来病房看望他, 虽有病痛在身, 脸上还是露出欣喜的神情。我们谈了两三句, 话题就转到《中国运河志》的编纂和出版, 我知道先生在病中仍惦念着由他主编的这部巨著, 遂告知先生此书各卷均已完稿, 业经核心专家审订, 即将付梓, 当年底应能够看到全书。邹先生深感欣慰, 因为这部成于众手的多卷本志书, 涉及与运河相关的典籍文献、古地图、历史地理、河道工程与管理、漕运航运、城镇、社会文化、人物等, 内容丰富, 字数繁多, 其间又曾几经调换分卷主编和撰写人员, 确实让已经年届八旬的总主编邹逸麟先生劳心费神。

　　2016 年，邹先生写完《中国运河志·总述》的初稿，从"中国运河开凿的历史和地理背景及其特点""运河工程反映中华民族在利用自然资源过程中的智慧和毅力""运河的运输管理制度及其效果""运河在中国社会发展中的作用""运河发展的局限及其造成的影响""近百年来的运河及其展望"等六个层面全面论述了中国的运河。《总述》对《中国运河志》各卷的编写既是引领，也是鞭策，更是"定海神针"，由此全书的编写进入快轨。2019 年 9 月 28 日，被媒体誉为"八年磨一剑"的 11 册皇皇巨著《中国运河志》样书在扬州"世界运河论坛"大会上不负众望进入公众眼帘，江苏凤凰科技出版社将视频传给了邹先生。2019 年 10 月，我亦查出肿瘤疾患住院手术，接下来的新冠肺炎疫情更搅得全国不得安宁，虽然常常通过友人探询邹先生的身体状况，却因无法再到上海探视他而倍觉遗憾。2020 年 6 月 19 日，得知邹逸麟先生因病于凌晨 4 时去世的消息，实感突然，而深感悲痛！不禁回想起我与邹逸麟先生从相识到相交的那些日子。

　　我与邹逸麟先生的相识起于这样一段因缘。1982 年，我刚刚从北京大学历史系中国古代史专业毕业，被邓广铭先生留在身边做助教。邓先生对我说："《宋史》里的《志》已经有不少学者作了考证，他自己写过《宋史·职官志考证》《宋史·刑法志考证》，聂崇岐先生写过《宋史·地理志考证》，还剩下《宋史·河渠志》没有人作过考证。你可以通读李焘《续资治通鉴长编》作为熟悉北宋历史的基本训练，对照《宋史·河渠志》各卷的记载，发现其中的抵牾和问题，结合史地情况随手写些小考证。"1984 年，我在研习过程中撰写了考证北宋黄河下游河道决流的《赤河考》一文，呈给邓先生教正。邓先生看过之后说："复旦大学谭其骧先生有位助手，名字叫邹逸麟，做黄河史地研究，功力颇深。你的文章可以寄给邹逸麟先生，请他把把关。"于是，我战战兢兢地将拙稿寄往上海复旦大学中国历史地理研究室邹逸麟先生。当时，我初涉史地学门，从未写过学术论文，邹先生与我又素未谋面，我心里感觉此举总有些贸然。然而很快，邹先生就回了信，提出修改意见，并将拙文推荐给中国地理学会历史地理专业委员会《历史地理》第 4 辑发表。1987 年 2 月 25 日，邹先生又寄赠一本谭其骧先生主编的《黄河史论丛》，书中有谭先生的 4 篇文章、邹先生的 6 篇文章，以及史念海、周魁一、马正林等先生的文章，扉页上有谭其骧先生和邹逸麟先生的亲笔签名。此书是我从事黄河水利史研究的入门书，更有两位大师的签名，故我一直视为珍藏本。

　　我一直很感念邓广铭先生和邹逸麟先生将自己引入历史地理学门，在以后的读书学习中渐渐体会到邓先生说"邹逸麟先生黄河史地研究功力颇深"的道理。邹逸麟先生对历代黄河河道的变迁梳理得十分清晰，重点厘清历史记载模糊不清或存有争议的北宋黄河下游故道的走向与分布，金代明昌五年河决究竟算不算一次大改道，对元代河患与贾鲁治河的分析，由此探索历史时期黄河下游河道变迁的规律及其影响。对黄河下游河道变迁的研究是复旦大学史地所的学术长项，谭其骧先生首开风气之先，邹逸麟先生接踵其后。我认为邹先生的学术功力不但在于他娴熟的历史地理学理论的运用与观察分析的眼光，还得益于他对中国古代史地典籍的整理能力，其中整理清人胡渭所著《禹贡锥指》和《历代正史河渠志笺释》对于熟悉古代地理文献与古人的观点，把握历代河流变迁及水利兴衰，了解历代各地产业和经济开发尤为有益。我一向认为从事历史地理学领域的研究，一定要具备古籍整理的能力，最好能够亲自动手做些古代典籍（包括古地图）的考校整理工作，以强化理论与实践。

1984 年暑假，我参加中国唐史学会组织的唐宋古运河考察，沿着唐宋运河故道实地踏查了 44 天，那时候对中国古代运河的评价多是从正面的角度来思考，从促进国家统一，维系经济重心与全国政治中心（都城）的运转，运河在中外经济、文化交流史上所处的地位和作用等"正能量"方面来认识，从来没有考虑过我国的运河，特别是明清时期的京杭大运河对于黄淮海平原环境造成的负面影响。直到我读了邹先生撰写的《从地理环境角度考察我国运河的历史作用》一文以后，才第一次领悟他在文中所言："我国东部平原水系因受西高东低地形的制约，大都自西向东（或向东南、东北）流入大海。因此，历史时期一些主要运河大多是为沟通这些天然河流而开凿的。……这些纵贯南北的运河，拦截了许多流向大海的河流。以后运河河床淤高，以致形成地上河，遂使运河以西地区河流下泄发生影响，地面积水排除困难，如遇暴雨季节，运西地区不免遭受洪涝之灾。"邹先生能够从政治层面和自然条件的限制中辩证地思考运河的正面作用和负面影响，当时在中国学术界尚不多见。后来，我从邯郸横穿华北平原到德州，沿途发现许多地方的地面盐渍化，立刻联想到那也应当是邹先生上述论断所提到运河堤岸阻碍运河以西地区排水不畅导致的另一种结果。

1995 年，经国务院领导同志同意，中国地方志指导小组成员进行了调整。邹逸麟先生和我都是新一届中国地方志指导小组成员，直至 2013 年换届，我们一起作为中国地方志指导小组的成员连续服务了 18 年，几乎每年都参加中国地方志指导小组的工作会议，见面机会多了，聆听邹先生的发言和观点多了，我们的感情逐渐由熟识而渐真挚。1995年新一届中国地方志指导小组由28人组成，每次开会，正面坐着的是组长李铁映，副组长郁文、王忍之、王刚，小组成员分左右两排落座，一排是中央或省市部门领导同志：黄光学（原国家民委副主任）、奚原（中国人民解放军军事百科全书编审委员会常务副主任）、贺捷生（军事科学院军事百科研究部部长）、杨牧之（新闻出版署图书管理司司长）、段启明（国务院宗教事务局政策法规司司长）、土立行（北京市地方志编委会常务副主任）、王荣华（上海市委副秘书长）、张向凌（黑龙江地方志编委会副主任）、邵文杰（河南省地方志编委会总纂）、黎智（武汉市地方志编委会主任）、聂荣贵（四川省政协主席）、牟玲生（陕西省人大常委会副主任）；另一排是专家学者：邹逸麟（复旦大学）、郑度（中科院地理所）、林甘泉（中国社科院历史所）、郦家驹（中国社科院历史所）、李祖德（中国社科院历史所）、蔡美彪（中国社科院近代史所）、高德（中国社科院近代史所）、陆学艺（中国社科院社会学所）、项启源（中国社科院经济所）、贺巍（中国社科院语言所）、张显清（中国社科院党委办）和我。

　　每次开会，领导先讲本次会议召开的主要内容和目的，需要讨论的问题，然后每位小组成员都必须发言。由于历史地理专业工作离不开方志，邹先生无论新旧方志都翻阅过，所以很善于领悟方志工作，总是先发言。他讲到修撰地方志的理论、方志"存史"与学术研究的重要性、续修新编地方志的时间断限以及如何提高修志工作者的素养等问题，讲得都很到位。举例来说，关于方志的理论问题。他提出：我国传统的说法，修志是为了"资治、存史、教化"，今天看来还不能否定这六个字。如果赋予新的阐释，这六个字仍然可以作为我们修志的目的。这六个字中，最重要的是"存史"，就是保存真实的历史事实。"资治"以今天的语言来讲，就是让各地方干部通过地方志所提供的信息，来管理和建设好地方。因此提供的信息必须是真实的、实事求是的。譬如，这个地方自然条件比较恶劣，土壤贫瘠，水源缺乏，人民又较贫困。这些都要实事求是地记述，这样可以使地方干部头脑清醒地去策划如何改造这里的自然环境，提高人民的生活。如果志书对这些都避而不谈，或轻描淡写地一笔带过，又怎么能够引起地方干部奋发、忧患的意识，从而搞好当地的经济和文化建设呢？又譬如，历史上某时期，由于当地干部或中央政策上的失误，造成地方经济建设的重大损失，也要如实记述，目的是为了不让地方干部重蹈覆辙，少走弯路。而不应该文过饰非，避重就轻地提一下。至于"教化"则是为了提高广大人民群众,特别是年轻人对家乡的认识,而将真实的历史和现状告诉人民则是前提。如此可以加强当地人民对家乡的亲切感,增进人民建设家乡的责任感。因而,"存史"是今天修志的主要任务,也是衡量一部方志质量最重要的标准。

由此也让我回想起 1995 年新一届地方志指导小组第一次会议讨论的一件事情,即关于新修地方志是否应如实记录 20 世纪 60 年代"三年自然灾害"时期饿死人的事情,这也是考验新修地方志如何"存史"的一块试金石。会上讨论二轮修志是否要明确记录 1959 年至 1961 年"三年自然灾害"饿死人的事情和数字时,意见很不统一。这也是全国各地方志办编写志书遇到的比较敏感的问题,希望中国地方志指导小组对写法拿出具体意见。"秉笔直书"说起来容易,真到写的时候还是难于拿捏。考虑到饿死人的具体数字很难掌握,多数同志考虑没有具体的数字就不要写。可是这样一件对全国人民有过巨大影响的事件怎么能够回避呢?于是,我在会上建议:如果各省市县没有准确的饿死人数字,新修志书可以不直接写饿死人的事,但是三级志书,尤其是市志和县志一定要如实记录中华人民共和国建立以来,各县市历次人口普查的数字。当时,与会同志也有不同意见,认为人口普查的数字也不一定准确。我说人口普查的数字有不准确的可能性,但是如果将历次人口普查数字列表来

2012 年 8 月 11 日作者与邹逸麟先生在《中国运河志》专家会上交谈,北京

比较，其反映的人口增长或减少的时间概率性还是比较客观准确的，尤其是原因不明的人口大量减少可以说明问题。邹先生在会上赞同并支持我的意见，我们的建议被指导小组采纳了。

当时我们也没有感觉这件事情的意义究竟有多么大，只是觉得这样各市县编纂地方志书的同志们便于操作，也比较稳妥。此例说明，第二轮修志的人口统计数字在拨乱反正、还历史本来面目上是能够发挥重要作用的，而不必非要在志书里对敏感问题写出或褒或贬的结论。我为在地方志指导小组与邹逸麟先生共同工作的日子里，能够得到先生的支持感到很高兴。我深深体会到邹先生的学识渊博，且敢于直言，而又平易近人，充分体现了我国知识分子对学术的秉持与追求，及对国家与社会的拳拳热爱之心。

对我国典籍史料的娴熟和驾驭能力，对黄淮海平原河湖水系的地理学观察与理性思考，对中国黄河、运河史研究深厚的学术积淀，使邹逸麟先生在 2012 年《中国运河志》立项以后成为总主编的不二人选。从 2012 年《中国运河志》项目启动至 2019 年《中国运河志》全书付梓出版，我与邹先生一起工作了八年，这是我们学术情谊交往最深的一段时期。作为《中国运河志》的总主编，八年来邹逸麟先生不但

2012 年 9 月 10 日《中国运河志》专家会期间的合影，江苏无锡

统领《运河志》全部志书的体例框架，举荐《运河志》各卷的主编，组织指导《运河志》各卷内容的编写，而且亲自担纲撰写了《总述》，为这部鸿篇巨帙倾注了莫大的精力和心血。我几乎参加了每一次《运河志》的编委会会议，作为总主编，邹逸麟先生不是一味地督促各卷的编写进度，而是善于协调各卷主编与编辑部的关系。他分析各分卷编写进度参差不齐的情况，要求江苏凤凰科技出版社编辑部认真了解各分卷编纂过程中可能存在的疑难点，做到心中有数，有针对性地进行督促与帮助。虽然邹先生对由我来主编《中国运河志·图志》比较放心，但在《图志》初稿完成以后还是很中肯地提出了修改意见：

（1）正文行文使用规范的简体字，地名、人名在可能引起歧义的情况下使用原有的繁体字或异体字；录文以图上文字为准；涉及水利工程的专门名词可请水利史研究所专家把关审核，与《河道工程与管理》相互印证。

（2）选取单独成图的舆图，不取书中所附插图；对漕运相关的部分运河图可在行文中介绍；增加明代各地所编制舆图中同运河相关的地图。

（3）在凡例中对确定古代相关地点位置的方法予以说明。

（4）版式设计风格应与《中国长城志·图志》呼应。

（5）排版时应注意图的大小、清晰度，以能看清楚图中文字为基本要求。

《中国运河志·图志》的修订稿正是在邹先生的意见指导下，作了完善和补充。

邹逸麟先生不但是一位学富五车、受人尊敬的学者，也是一位富有情趣的长者，他曾经说过：学人的交往不能总是谈论自己感兴趣的那一点学术问题，当代学人见面很少谈及生活中的事情，让他颇感乏味。所以，我们俩的见面，无论在上海，还是在北京，或者是在其他地方，总是谈天说地，边看边谈，从历史掌故说到今日的变化。我去上海时，邹先生带我看昔日租界里的老建筑和名人故居，还走过他们邹家的老房子跟前，然后领着我去豫园吃上海美食。对于邹先生来说，从孩提时代就生活的上海滩，那是他最熟悉不过的了。邹先生来北京，我则按照他想看的地方引导他走入胡同里的王府、晚清贵胄大院，还有青年时代毛泽东与杨开慧曾经共同出入的杨昌济教授故居，然后再到萃华楼饭庄品尝美味。对我来讲，从两岁就生活在北京的胡同里，又编绘过老北京城的王府、庙宇分布图，邹先生当然明白由我带路保准不会出错。

2020 年末，江苏凤凰科技出版社将全套《中国运河志》送到我家里，睹物思君，想到邹逸麟先生不能亲眼看到、亲手抚摸这部由他主持编纂的巨著，感念此情此景，让我倍加想念邹逸麟老师。

2021 年 2 月 1 日

（作者为北京大学历史学系暨中国古代史研究中心教授）

# 怀念邹逸麟先生

## 姚大力

带着他的一脸和气、一身清雅，邹逸麟先生离开我们走了。父辈们在为他起名时也许未曾料想到，这个名字日后真的会应验。他不声不响却执意地绕开父母期许他有所作为的工商业生涯，变身为史学界的一匹麒麟。

他总是温和的，对人对己抱持着一颗平常心。出于这种温和，他最善于把良师的角色演绎为学生与后辈的益友。近距离接触过他的人都会钦佩他的学问和成就，可是你大概不会产生"高山仰止"的感觉。这不是由于他故意"深藏不露"，只因为他的为人底色就是那样平易近人。甚至在答复一位学生辈同事针对他的盛气凌人、极其过分的学术批评时，他仍然是谦和而彬彬有礼的。

不过他并不因而随波逐流。因为他的温和里蕴含着一种低调然而不依不饶的坚韧。

正是出于这种寓之于温和形式的坚韧，邹先生才做得到坚挺咬定青山的精神，攀上历史地理学领域内一座座学术巅峰。关于黄河下游的历代河道变化，前人虽已做过不少史料梳理工作，唯其仅仅局限于用文字考订河流的大略走向，无法据以上图。对金宋至明前期这个河道变迁最复杂、最混乱的时段，更缺乏较完整的前人研究成果可以参考。因此必须重新检阅浩若烟海的原始资料，制作历朝历代黄河流经地点的详细年表，找寻出一千多年中多达一千五百余次的黄河决口、溢出和改道的时间与地点。我们在《中国历史地图集》的历代图幅里所看见的处于反复变动之中的黄河河道，就是通过像这样千辛万苦的工作才绘制出来的。从黄河的历史变迁，他又想到这一变化背后的动力学机制，想到人类活动与其生存环境之间密不可分的互动关系。他从自然中看见了人类，看出人类自以为可以"征服"自然的无知与狂妄。自然与人文，在邹先生的思考里是互相融贯的。

这种温和的坚韧远不止体现在他对学术的无止境追求之中。从一九九三年起，邹先生连续十五年担任全国政协委员，从一个"连中国的民主党派有哪些都不晓得的人"，"变得开始关注、思考学术之外的世界"。他在争取对政府决策和国家治理尽到补阙拾遗的一份心意的同时，还是恪守着"没有适当的表达机会可以不讲，但也不能讲违心话"的做人底线。

我曾在发表于《南方周末》的一篇阅读木心的札记里写道：

> 他向我们示范一种从中国传统中几近失落的风骨。不张狂，但也不"犬儒"；坚持独立和自由的思想，却不用脆弱的额头去叩碰阴冷的铁壁。他在诗里写道："不知原谅什么／诚觉世事尽可原谅。"在卑弱无力的灵魂里，他一贯葆有着剥夺不走的、真正高贵的自信。

邹先生其实就是木心的一种更加温和的版本。这种旧式士大夫的风骨，与沁润于中国传统之中的那种攀援富贵、以屈求伸的丑陋习性，是根本不同的两码事。

邹先生身上的儒雅风度，部分地可能来自他出身其中的受儒家文化熏习的工商家庭。但我以为，它更主要地还是渊源于直到上世纪中叶依然残存并影响着中国知识分子群体的旧日传统。历代读书人并不全都出于诗礼传家的书香门第，但是这样出身的读书人，会像酵母那般在一代读书人中间将优雅传播开来。从这个意义上说，把"书香门第"送入坟墓，在埋葬无数"纨绔子弟"的同时，可能也摧毁了传播中国传统文化中最精致优美的那些成分的重要媒介。所以今天，我们或许只可以景仰邹先生的风貌，却再也学不会他的那一套了。邹先生在谈及长期与他相濡以沫的妻子时说："一旦失去了，就是永远。"把它套用在这里，也完全合适。

或许是因为同出"禹贡"学门的关系，他的为人行事，与我的业师韩儒林先生早先的门徒们十分相像。他们都勤奋笔耕直到八十岁上下，而不是像时下不少人那样"年轻时卖命，年老了卖名"。他们之间可以无话不谈，又保持着"君子之交淡如水"的距离。我和邹先生来往并不多，但一交流就可以谈得很深，从学术到时事。在大多数场合，他都把我当成平辈交心。只有一次，他拿出了那么一点长辈架式，对我教训有加。他在口述史里说过这件事，但我还要补充一个动人的细节。

一九九〇年代前期，我想换换环境，从南京大学调回上海。趁邹先生在南京的机会，我向他面陈这个打算。他十分热情地回答说："我们有这个想法已很久，只是不好意思挖南大的墙角。既然你自己这样要求，那就好办了。"他返回上海后不久就给我来信，要我谈一谈自己在八〇年代末的有关情况。我写了一份较翔实的说明寄去，很快又收到他的回信。他在信里说，我目前无法调入复旦。接着他用很长的一段话，谆谆嘱咐我暂时还必须安心待在南京大学，说那是一个可以做大学问的地方。他要我沉下心钻进书本里去，千万不要东想西想（记得这是原话），胡乱寻一个做不成学问的地方一走了之，以至悔恨终身。这是在我们交往中的唯一一次，他完全以长辈对一个"小子"的口吻和我讲话。情切于衷，发而为凄恻之声。其中的关爱，是我一辈子也难以忘记的！

从他的口述史里，我还第一次了解到，他如何与朱维铮先生一起，在复旦学术委员会的会议上为我晋升正教授而力争的往事。两位前辈在长达十几年的时间里都没有对我说起过它。助人而毫无示惠于人之念想，这种长者风范、仁者心怀，真值得我们珍视和传承。

个人秉性中的有些成分，由特定时代和环境赋予。那是别一个世代的人们难以学得到手的。不过前人可以而且也应该成为后辈的楷模。如果我们承认人类之所以不同于任何一个其他"物种"，就因为它拥有若干带普世性的共同价值的话，那么典范就是推动这些价值在世代更替的历程中永续生长和发育的重要力量。我绝不是要在追思邹先生的时候说一些远离主题、不着边际的大话、空话。在这个到处洋溢着对权力与财富的激烈争夺的社会里，我们最缺少的，不就是邹先生那种温和淡定，那种孕育在温和里的低调的坚韧，那种面对良知不说谎话的诚实，以及在待人接物中充满人性的同情与关爱？这些价值是高质量学术作品得以产生的必备前提，同时也正是高质量学术研究力图形塑的精神世界。从邹先生那里接过他的那些精神遗产，我想我们是可以做得到也理应如此去做的。

（作者为复旦大学中国历史地理研究所教授）

# 世事无法逆料

## ——悼忆邹老师

### 王妙发

世事无法逆料，邹老师，已经离开我们大家了。

孟刚写到张修桂老师说："再也找不到和我四同（同年同月同日生同专业）的好友了。"就从这里写起，往前写吧。

去年11月我去张修桂老师家，说去医院看过邹老师了，张老师说："我都不敢去看他。"沉重。

早几天，我和振环兄一起去新华医院看邹老师。那天邹老师气色不错，谈兴颇浓，还谈到了香港问题。我们停留了有一小时以上。寒假我回家，至今还没有返校，没有想到，那次竟是最后一面。

去年6月10日我到史地所报到，手续结束就去了12宿舍邹老师家。那天邹老师虽是未修边幅，但起坐沉着并无病容，坐在他不大的沙发上聊了很久，谈到了各种话题。等他家人来了我才退出。不久松弟兄拟为邹老师安排一个饭局，后来邹老师传话说不出席了，也叫大家不必特意去看他。再过不久，就知道他住院了。

这之前就是两年前了，郁越祖和我都在上海，商量一起去看邹老师和张老师。

邹老师接我电话时说，找个地方一起吃饭吧，略停顿后又说，五角场也可以，不过最好在市区找个地方吧。越祖听我转述后略沉默，复述了邹老师那句话。后来我们在外滩找了个地方吃的饭。此后某次，邹老师向我问起那天一起吃饭时的照片，于是我急急翻找，手机中竟没有。再问越祖，他也找不出来，反反复复地想，那天应该是忘记拍照了。现在再想，就不止遗憾，是唏嘘了。我们是学历史的，却会对眼前发生的将来会成为历史的事情颇不在意。几年前我在美国，去得州达拉斯看史地所出身的老同学卢云，我们有二十多年没有见面了。大清早到他家晚饭后离开，里外上下都转了，也带我到了他公司办公室，他全家三口加我和太太，五个人竟没有一个想到一起拍张照片。此事后来跟邹老师讲起，邹老师也遗憾，怪我没有带来卢云近照，也说下次见面还要多少年啊。

再往前，回忆起来应该有很多了。说两件邹老师去日本的小事。一是他第二次去日本，我到关西机场接的。距他第一次来日本相隔大概有十年了，我问邹老师和上次来感觉有什么不同么，他马上回答："有。马路上车子颜色变了，上次看到满街白车，这次少了许多。"果然是极其敏锐的观察。泡沫经济前后，日本人喜欢白车，有统计最多时有超七成的车是白色的。什么原因不知道，大体以泡沫破裂为界，白车渐渐少了，到今天，不知道是否还有五分之一。我们每天熟视无睹不注意，邹老师一眼看到了那个变化。

还有一次，我陪他去日本海方向的城崎温泉。回程去看姬路城，事先小作攻略，中午弯一点路去吃有名的出云荞麦。我也是第一次，所以两人都很期待。到了店里点了代表性的荞麦套餐，端上来的是煮熟浸过凉水的冷荞麦面，生鸡蛋加调味蘸料，还有几味小菜，基本没有荤腥，一人一个方盘子。我知道这就是套餐的全部了，而邹老师肯定一边吃一边还在期待还会端上来一点什么。吃完了上路，我问味道怎么样，邹老师说（荞麦）很好吃，不过有点凉，如果有碗热汤就好了。现在一边回想一边要笑出来，心里话，我也同感。其实荞麦是可以吃热汤面的，但是这里被介绍的最有代表性的是这份"冷面"。入乡随俗，我知道邹老师说好吃是礼貌是尊重。上海滩的"小开"，从小食不厌精惯了的，现在面对另外一种食文化，新鲜感体验感相信是有的，但不习惯是事实，我能察觉出邹老师对那顿午饭略微的尴尬。

顺便说到他们邹家的脍不厌细。《邹逸麟口述历史》说到抗战胜利后邹老师双亲乘飞机去北京游玩，其中有两老"吃过了谭家菜"。此事我听邹老师谈起过，当年是用金条定的谭家菜。"改革开放"以后，谭家菜在北京饭店复活，我有一次和朋友慕名去吃。女服务员开口介绍"我们谭家菜是以海鲜为主……"，摊开的菜单也是深水鱼类。本人对美食不大敢置喙，但马马虎虎知道谭家菜"长于干货精于高汤"而不会以海鲜撩人，同去的朋友也不是懵懵懂懂候斩的，两人面面相觑，就离座不吃了。此事后来对邹老师谈起过，他也是苦笑。我想此时邹老师可能还没有去吃过新谭家菜，不过北京他经常去，后来是否去吃过，就不知道了。

邹老师是否抽烟现在回忆竟不敢确定。晚年肯定是不抽的，早些年，印象中似乎是偶尔抽几支的。提此事是因为想起有一次聊天，我说看到有一个医学研究称每根烟损寿若干秒，于是计算了一下抽烟与否影响寿命长短应该只有几天。邹老师听后哈哈大笑："咯么礼拜六死 gao（和）礼拜一死也呒啥勿一样啊！"那沪语笑声是爆发出来的，现在回想起来音容似仍在眼前。然而那样的笑容，已经不再了。

再说一件学术交流（失败）的事。若干年前在东京的青山学院大学开一个国际学术会议，邹老师是主嘉宾，会议组准备请他大会演讲的。大阪大学的滨岛教授知道了，就和青山学院大学方面商量，因为本来要请邹老师来大阪大学的，则不必办两次签证，这次就一起邀请了，青山学院方面当然完全没有问题，于是邹老师收到的是一年签证的材料。但是在外事部门被卡住了，理由是去东京开会为什么要申请一年签证，怎么解释也没有用。东京会议在即，再重新寄签证材料是来不及了。邹老师通过我和滨岛教授联系（可能也和青山学院联系了）看有什么办法。就我所知，滨岛教授给日本驻上海领事馆打了电话，上海的日本领事馆给邹老师打电话说请邹老师直接到领馆来，立刻给签证。邹老师是打好了行李箱去市外办的，想得到外办同意立即去日本领馆，然后直奔机场。但是，最终外办没有同意。

此事滨岛教授颇内疚，完全出于善意，没有想到结果是这样。

为那次会议准备的发言稿，后来发在《历史地理》了。

2020 年 6 月

（作者为复旦大学中国历史地理研究所教授，
日本和歌山大学名誉教授，大阪大学博士）

# 千古黄河枕椿庐

## 李启文

去年（2020）6月19日下午1时后，在火车厢内突然收到手机传来的微信通讯，竟是邹逸麟先生去世的消息，当时很感惊诧，因为前一天（18日）才三校完毕一本论文集，里面便有邹先生的文章。

邹先生大名，早已仰慕，拜读他的著述，亦获益良多。2015年夏，因要筹备纪念先师严耕望归田先生的研讨会，先后向国内外学人发电邮，邀请他们在翌年（2016）10月出席。研讨会在2016年10月15及16日举行，邹先生虽然未能光临，却早在那年的3月17日，已把大作电邮到香港中文大学历史系了。我因杂务羁身，直至会议举行前的9月13日，才由研讨会秘书陈小姐转来的电邮中，拜读邹先生的文章。

会议结束后，会方准备把与会文稿编为论文集，邹先生的文章论及严先生对中国历史地理学的贡献，里面提到严先生的某些资料时，偶有失误处，因此我斗胆发了一通电邮与邹先生联络，提出几点可以改正的地方。这是我第一次与邹先生联系。到了2017年3月及10月，因编辑上述那论文集的事，又与邹先生通了几次电邮。

这一年（2017）冬，友人周兄的千金出阁，周兄来电，嘱我一定要出席，后来我收到喜帖，见到男家的主婚人，竟是邹逸麟先生，很是惊喜，因为想不到竟然会在香港拜会到邹先生呢。到了12月7日那天晚上，我应邀赴喜宴，周兄见到我后，便立即引领我拜见邹先生；年逾八十的邹先生，精神仍很矍铄。因当时现场人多，加上邹先生与周兄都是主人家，忙于招呼宾客，所以我只是请友人匆匆替邹先生与我拍照留念。

2019 年（己亥）的春节大年初一（2 月 5 日）晚上，我再发电邮给邹先生，除了向他拜年祝贺之外，还向他道歉。这是因为 2018 年里，上述的论文集因种种原因，出版社未能在这一年内出版。我原想论文集在这年出版后，再把 2017 年冬的合照一并寄上，可惜事与愿违，所以在电邮内除了交代出版情况外，还请邹先生原谅。

去年（2020）1 月下旬庚子春节后，新冠病毒肆虐，论文集的出版亦因此再受拖延。2 月 16 日黄昏，我再发了电邮给邹先生，除了向他解释外，亦请他多保重。到了 6 月 18 日论文集三校完毕后，想不到翌日就接到邹先生仙逝的噩耗，他竟然看不到那论文集的出版，我真是百感交集，除了歉疚之外，真的不知道可以表达什么了。

邹先生在"年龄差距"及学问上，都是我的长辈（我在"年龄差距"这四字上加上引号，是指现实上的年龄差距。先父生于清光绪十七年冬，先兄生于 1917 年，如果以辈份计算，则是另一回事。不过，这种计算是没有意义的，完全是阿 Q 而已），尤其在学问方面，他当然是我的前辈了。所以，当我收到他仙逝的消息后，脑海中仍浮现 2017 年冬所见到的长者学人模样，除了叹息外，只能默祝他安息，一路走好而已。

我向上海的林磊先生求证邹先生去世的信息后，林磊先生嘱我致意。当时我正坐火车往外面看中医，于是断断续续在途中构思了一副挽联，以示对邹先生的悼念。

最近，因论文集即将出版，我与邹先生的高足孟刚先生联络时，知道他们计划出版纪念邹先生的文集，因想到这四年多以来与邹先生交往的一段因缘，所以草拟了这篇芜文，并借去年所撰的挽联，表达对邹先生的悼念。挽联如下：

逸麟厚地行雅步
千古黄河枕椿庐

2021 年 1 月 22 日（庚子腊月初十日）凌晨，23 日凌晨修订

（作者为香港中文大学《新亚学报》执行编辑）

# 怀念邹逸麟先生

## 韩茂莉

邹逸麟先生不是我的业师，却是我三十多年学术生涯中始终的老师。

第一次见到邹先生是在 1988 年，辛德勇、费省博士论文答辩会上。两个月之后，那年 9 月，我参加山西大学黄土高原研究所主办的"中国地理学会黄土高原历史地理暨历史地图学术讨论会"，邹先生作为大会主席，先我们抵达太原，在报到的同时我们再次见到邹先生。先生儒雅、斯文、亲切，丝毫没有冷落我们几位来自西北的年轻人，谈话之间，先生提及看过我提交的会议论文，并决定让我在大会发言。那时我仅是博士生，先生的决定不仅让我十分惊喜，也获得了莫大的鼓励，那一次会议登上大会讲坛的只有我一个在读学生。

时间如同过滤器，人生过往的许多事都在时间的流逝中淡化，唯独邹先生留给我的教诲，始终清晰地留在心里。我博士毕业后来到北京大学，北京、上海，一南一北，见到邹先生的机会并不多，能有的机会几乎都在一年或两年一次的学术会议上。记得那时每次会议都组织考察，三四个小时的路程，邹先生总会讲起许多学术往事与学术热点。邹先生说学术研究需要定力，历史地理更是如此。历史地理在学术之林中并不是拥有庞大团队的显赫学科，入门却不易，不仅文理交叉，且需要悟性与持之以恒的学术投入。但每个时代都有诱使人们偏离初衷的挑战，他们那一代人年轻时因为政治而停顿了学术，如今经济大潮带来无限的诱惑，也许这些诱惑更具备将一个人从书桌上拉走的魔力。在经济诱惑面前把持住自己，是你们也是大家能否成为真正学者的试金石。我不能忘记，邹先生讲起这些的神情与语气，也就在那一刻将邹先生的话牢牢刻在脑子里，以后的几十年中无论怎样的回报，都没有染指与学术研究、与教书无关的事。跟随史念海先生做研究生，即确定我的研究以历史农业地理为方向，以后侯仁之先生也认为历史农业地理是十分有意义的研究领域，但是与历史农业相关的问题真是一项枯燥的研究，能在这个领域走多远，我并没有准备。一次考察路上与邹先生谈起这份烦恼，他说无论做哪一个领域的研究，一定做到你的研究完成之后，别人再次接触相关问题之前，必须先读你的成果，做到这一点有很多条件，研究水平之外，切记不要打一枪换一个地方。正是邹先生的这份教导，让我从研究生时代一直到今天，一直在"种地"，从史前时期到民国年间，梳理了不知多少历史记载，虽然不知是否做到别的"种地"新手会先看看我写的东西，但我自己却知道三十多年来在历史农业地理中积累了多少东西，悟出了多少道理。良师对于学生，也许并非仅仅是几个标点符号的应用，或几句话的梳理，而是能够受益一生的引导。就在那些年的考察路上，邹先生告诉我什么一定不能做，什么必须坚持做，这些成为三十多年，我一步步从历史地理专业入门，到逐渐成熟，一直坚守的准则。直到我成为研究生导师，指导自己的学生，也时常抬出邹先生的教导，告诫他们一名真正的学者应该坚守什么。

我不是邹先生的入门弟子，却始终得到先生的提携。20 世纪 90 年代，邹先生着手撰写《中国历史人文地理》，并将第六章"中国古代农业的地区开发与地域特征"的写作交给我，后来这部著作于 2001 年在科学出版社出版，无论从篇章结构，还是涉及内容，《中国历史人文地理》都称集大成，在学术界拥有很好的影响。2010 年前后，邹先生再次组织撰写《中国历史自然地理》，其中关于辽河下游海岸线变化一节交给了我，使我再次有缘参与这部重要学术著作的写作，2013 年《中国历史自然地理》仍由科学出版社出版，并获得学术界的一致好评与相关奖励。邹先生在历史地理学界位居顶峰的学术地位，不仅自身学识满腹，也拥有强烈的学术责任，《中国历史人文地理》《中国历史自然地理》两部学术著作问世，向学术界与社会整体展现了历史地理的主要研究领域与研究成果，并成为问学历史地理的必读之书。在邹先生的提携下，我有缘参与了《中国历史人文地理》《中国历史自然地理》两部著作的写作。

邹先生为人极好，但绝不是毫无原则的老好人，学术问题无论对人、对事都坚持严格的学术准则。我不是邹先生的嫡系弟子，但学术问题上，先生几乎没有客气过，只不过话语十分委婉。想想当年邹先生提到的问题，我不止一次避免了错误，也完善了知识漏洞。

邹先生是一位严谨且令人敬仰的学者，但并不呆板。那些年每次学术会议之后的考察，我跟随先生均会学到很多知识。无论南北，邹先生经常会发问："茂莉，你知道这里曾出现过什么人物？曾经发生过什么大事吗？"学识并不渊博的我，往往不知所措，而邹先生娓娓道来说起的人物与故事，却使平常的地方添加了许多生气，有了这样的经历，跟着邹先生走成为那些年的习惯。邹先生也会讲起他自己的爱好，看小说就在其中，正如先生自述的那样，"不爱看小说的人，呒啥好交流的"。小说，是邹先生喜欢的话题，入大学前我确实看过不少小说，尽管那个时代拿到手里的书常是有头无尾，或有尾无头，甚至看完后都不知道是什么书，但仍然不放过任何一个看书的机会，因此但凡旧小说，总能与邹先生有共同的话题。邹先生认为小说可以领略另一番人生，与学术研究并不相悖，比如周而复《上海的早晨》就让我这样的北方人晓得了上海人的生活，当然这都是老小说，新出版的小说我看过的很少，进入大学后，如饥似渴地弥补十年"文革"失去的教育，除张承志、张贤亮等少数作家的作品，我几乎没有看小说的时间。邹先生告诉我刘斯奋《白门柳》值得读，听从先生的话，我即刻买了整套书。邹先生说好的《白门柳》看了，真正记住的却是先生说过的小说记载了过往生活的细节，这是正经正史没有的。很多年后我着手《十里八村——近代山西乡村社会地理研究》时，从小说中获得了不少的信息。邹先生为人亲和，却让人处处受教。一次会议中间休息，邹先生问我，终日阅读文言文，会写繁体字吗？我支支吾吾地说会几个，先生随便问了几个，有的能对付，当提到"龙"字，彻底傻了，先生随即手指沾着一点水在桌上写出了繁体"龍"，那时那刻那情景，至今依然清清楚楚，我知道，欠缺的还多着呢。

那些年邹先生每年进京参加全国政协会议，我们都去宾馆看望先生，不仅获得两会的纪念封，更多的是相见后的喜悦，邹先生听我们讲面临的各种问题以及忍不住的牢骚，我们也听邹先生说起的学术大事。会议休息的日子，偶尔我也陪邹先生逛逛北京的旧书店，一次邹先生说中国社科院历史所田尚已经退休了，他这辈子不容易，一起看看吧。我们费了挺大功夫找到了田尚老师的家，见到邹先生，田尚老师十分激动，完全没想到还有朋友想到他。邹先生人好，没有因为出入庙堂而忽略了曾经的同事。

　　近十余年，我的研究工作越来越多，时间也越来越少，几乎不再参加任何会议，也不大见到邹先生了。邹先生很传统，即便有了email与微信，有事总是书信往来。2013年我获得了一项国家社科重大项目，其中关于中国历史农业地图的绘制，存在底图选择的问题。针对民国时期哪份地图作为底图更合适，我只能请教邹先生，由于这样的问题不是书信能说清楚的，次年我特意来到上海。几年不见，邹先生已不如往年精神，家里也显得更狭窄，地上堆满了书，师母走后失去了往日的温馨，看到这些，我满心酸痛。那日就我存在的问题，在邹先生那里获得了全面的答案，这是最后一次长时间向邹先生请教学问。

　　此后的几年，关于邹先生的身体听到各种消息，不好的消息不断传来。最后一次见到邹先生是在2018年11月，历史所通知我，5号上午《中华人民共和国国家历史地图集》召开编委会，届时葛剑雄老师会参加会议。那天上午推开会议室大门，我没想到邹先生也来了。几年没见，邹先生头发全白了，与以往笔挺的呢料大衣完全不同，他穿着一件略臃肿的羽绒服，人显得有些苍老。见到邹先生的那刻，我几乎愣住了，嗓子似乎被什么东西堵住，还是邹先生一声招呼让我回到现实中。会前短短

作者与谭其骧先生、邹逸麟先生、辛德勇教授合影

的几分钟，我急忙问候先生的身体，随后开会，中国社科院领导和历史所所长都说了什么，我几乎完全没有听到，只希望他们赶快说完。会后，邹先生不再像以往，没有提学问，只是语重心长地说："茂莉，不要太累，学问做不完，现在可以多休息一下了。"随后招呼我们一起合影。会后邹先生没有和我们进餐，急忙去北京航空大学看望弟弟，寒风中我送先生乘车，三十多年来，这样的送别不知多少次，往日的先生稳健潇洒，这日我扶着邹先生，慢慢走出会议室，慢慢穿过社科院，耳边是先生重复多次的那句话"不要太累"，短短的路程好像走了很久。我不知道这是最后一次相见，但不经意间眼眶已经充满了泪水。

很多年了，我作息时间完全黑白颠倒，中午是早晨。6月19号那天凌晨本该睡觉的时候，却突然醒了，并不知为什么打开了手机，映入眼帘的首先是历史地理群一片悼念，我心里咯噔一下，最不想看到的事发生了。我知道邹先生患病，也知道人的生命不会永远，但悲痛无论如何也忍不住。

6月11日，北京再次复发新冠肺炎疫情，走出北京成为不可能，没能去上海为邹先生送行，成为我永远的遗憾。

人这一生，需要扶持，父母、老师都是扶持我们长大的人，即使成年以后，这样的扶持依然不可缺。又一位老师走了，泪水中涌现许多往事，我的学术生涯并无大风大浪，但也不乏沟沟坎坎，从第一次见到邹先生，三十多年中几乎每个波折都有邹先生相助，我不是邹先生的入门弟子，却拥有先生门下弟子的待遇。

不记得谁说过，无论父母、兄弟、朋友，缘分只有一次，此生如果没有尽心，再无来世。一个多月以来，我一直在想，我为邹先生做过什么？几乎没有，这恰恰是永远的痛。

人若有来世，我希望再能获得邹先生的教导。

2020 年 7 月

（作者为北京大学城市与环境学院历史地理研究中心教授）

# 深切怀念邹逸麟先生

## 陆 韧

复旦大学的史地所与云南大学历史地理学有超过 60 年的情谊，历任所领导长期关心、帮助和指导云南大学历史地理学的发展。特别是邹逸麟先生，从上世纪 60 年代《中国历史地图集》编绘开始，便与云南大学老一辈历史地理学者方国瑜、尤中、朱惠荣等先生结下深厚的友谊，长期给予我们关心、帮助和指导，我本人更是受益良多。

邹逸麟先生是我走上历史地理学道路的引路人。1986 年，邹逸麟先生在云南大学讲授"中国历史地理专题"课，使历史文献学硕士研究生的我，立马对历史地理学产生了浓烈兴趣，从此我的学术旨趣转变，历史地理学遂成我此生的主要研究方向。2000 年 8 月，"2000 年国际中国历史地理学术讨论会"在云南大学召开，会议期间，我曾陪同邹先生看望云南大学著名教授李埏、尤中二先生，正好两位先生住同楼同层对门，刚敲响李埏先生家门，两家大门同时打开，可见两位先生期盼邹先生已久。在李埏先生家里，他们谈古论今，聊到很多学界逸趣，至今印象深刻；在尤中先生家的专设花房里，我饶有兴趣地听他们聊栽花，聊养鸟，聊民族史，聊历史地理，仿佛对他们来说，生活即学术，学术即生活。复旦和云大老先生们的儒风雅趣、真挚友谊，以及他们在生活中可爱亲切的一面，令我感佩至今。

也在此次会期，葛剑雄先生对我们会务组说，希望为邹逸麟、张修桂两位先生举办 65 岁庆生活动。我们得知两位先生的生日在同一天，而且正好在云大开会期间，特别兴奋，秘密准备了礼物和生日蛋糕。闭幕式的晚宴上，生日快乐音乐响起，蛋糕闪亮登场，葛先生热情洋溢的讲话，全场欢声雷动，同人对邹、张两位同年同月生的历史地理学大家的爱戴与尊敬，此刻爆棚。长久以来，这都是历史地理学界津津乐道的一段学术佳话。能在云南大学为两位先生庆生，倍感荣幸之至。

2004 年，葛剑雄先生邀请我们参加复旦大学与哈佛大学的"中国历史地理信息系统"项目工作。云南大学虽有方国瑜、尤中和朱惠荣几位前辈学者参加《中国历史地图集》编绘工作的经验和历史地理考证的优良传统，但是，进入新世纪，我们落伍了。什么是 GIS？历史地理信息系统工作该怎样开展？两眼一抹黑。2004 年 5 月，满志敏教授亲自到云南大学为我们作了题为"走进数字化：中国历史地理信息系统的一些概念和方法"的讲座，耐心细致地为我们讲解"CHGIS 云南地区数据输入表"工作原理。满老师还带来了邹逸麟先生主持制定的中国历史地理信息系统"地名表中确定时间精度的代码表示法""历代王朝更迭之际群雄割据政区废置无常的处理办法""引用资料格式规则""东晋南北朝时期侨州郡县处理办法"以及考释条目范例等规范性文件，使地处边疆的云南大学得以追赶历史地理学的时代潮流。2005 年

邹逸麟先生在云南大学与尤中、朱惠荣先生及本文作者（右一）餐叙

5月，复旦邀请我、陈庆江、周琼驻所学习和研究，在复旦史地所的"中国历史地理信息系统"工作室里，我们与邹逸麟、张修桂、王文楚诸先生朝夕相处一个月，至今还能想起工作室里先生严肃紧张的工作状态，求真务实的治学精神，风趣诙谐的聊天和爽朗开怀的笑声，处处洋溢着学者疏朗率直的真性情，令我由衷感喟：为人为学，正当如此！

邹先生对我们的指导细致入微，为我们解惑释疑，诲人不倦。针对云南民族众多、地理环境复杂的特殊情况，邹先生同满老师一起，专门制定了一套边疆民族地区历史地理信息系统工作规程，使我们的工作能够顺利推进。2004—2009年期间，我们在进行"中国历史地理信息系统·云南·贵州"子项目工作的4年多时间里，遇到问题，便用邮件向邹先生请教，先生不顾年事已高、工作繁重，每次都及时回复，给予指导。对一些特殊的边疆民族历史地理问题，邹先生多次专门与葛先生、满老师讨论，形成规范的处理方式。满老师带着邹先生的建议，两次专程到云南实地考察山脉水系，并现场指导我们工作。

我这个中国民族史出身的博士，在参加"中国历史地理信息系统"工作的4年多时间里，感觉是在邹先生和满老师的指导下，才完成了历史地理学的基础训练，跨学科迈入了历史地理学的大门。正如邹先生所说："大型项目对学科发展非常重要。第一，可以出大成果，基础性的成果，不是一个人一篇文章一本书。第二，更重要的是培养一支队伍。""中国历史地理信息系统"工作极大地促进了云南大学历史地理学建设，在此期间，我们成功获得了历史地理学硕士点、博士点。今年，邹先生、满老师，给予我们帮助和指导最多的两位历史地理学大家仙逝，痛彻心扉，令我久久难释怀；但他们的治学精神、学识和风度，将永铸于心。

2014年，邹先生欣然受聘，成为我们云南大学历史地理学省级创新团队的学术顾问。2014年5月5日至7日，邹先生亲赴云南大学进行指导。先生不顾疲劳和年事已高，两天的时间里，进行了三场学术活动，令我们十分感动。5月6日，邹先生为云南大学历史系师生作了题为"谭其骧主编《中国历史地图集》编绘始末及其学术意义"的主题讲座。5月7日，邹先生与云南大学历史系中青年教师及中国史学科在读博士研究生等座谈交流，邹先生高屋建瓴地概说了中国历史地理和区域历史研究的意义，并就大家关注的问题作了悉心解答。下午，为我们团队进行专场指导，对团队未来研究方向，提出了高瞻远瞩的指导意见：云南历史自然地理研究具有特殊意义，高原湖泊、山地开发、生态环境以及云南水系中的国际河流研究亟待开拓；云南地处边疆，要在老一代边疆史地考证研究的基础上，向地缘历史政治地理与国家治理方向推进；云南与东南亚各国的跨国交通格局是丝绸之路的重要组成部分，应在国家和国际视野下加强研究。又是一个 4 年的时间，在邹先生的悉心指导和帮助下，云南大学历史地理创新团队取得了一批重要成果，团队的年轻学者成长起来。在此基础上，2018 年 7 月，云南大学历史地理研究所正式成立。云南大学历史地理学科的成长，倾注了邹逸麟先生的心血，邹先生给我们提供了最大的帮助，我们永不忘怀！

先生逝去，不仅是历史地理学界的重大损失，也让我们失去了最尊敬的良师益友。至今耳边还能响起先生的谆谆教导："复旦大学史地所与云南大学超过半个世纪的合作和友谊，堪称学界典范，希望在新的时代继续发扬光大。"诚哉斯言，由复旦大学谭其骧先生、邹逸麟先生，云南大学方国瑜先生、尤中先生、朱惠荣先生等老一辈建立起来的良好关系和恒久情谊，惠及几代学人，已熔化成一种特别的精神，一直在推动云南大学历史地理学砥砺前行。

2020 年 6 月 20 日

**（作者为云南大学历史系教授）**

# 怀念邹逸麟先生

## 陈文豪

久仰邹逸麟先生之名，第一次见面在何时现在竟记不太清楚，真是愧对先生。首次参加大陆历史地理研究相关活动，是 2006 年 11 月 17—19 日在广州暨南大学召开的"南方开发与中外交通——2006 年中国历史地理国际学术研讨会"，在这次会议上没有和邹先生交谈的记忆，也想不起来先生是否与会。

2010 年 3 月吴松弟教授在台湾"中研院"台湾史研究所访问，希望前往我老家澎湖考察，在安排过程中，华林甫教授也表达同往意愿。出发当天方知邹先生为新修《清史·地理志》和工作团队成员华林甫教授、杨伟兵教授、段伟教授等人正在台北故宫博物院查阅相关档案。无奈行程已定，失去一次邀请邹先生到家乡指导的机会。

得知邹先生在台湾，所以当时即决定在当年 4 月 28—29 日举行的"第四届白沙历史地理国际学术研讨会"邀请邹先生担任主题演讲，虽然时间紧迫，邹先生慨然应允，令我十分感动。会议当天，邹先生以"环境史与中国历史地理学"为题进行演讲，获得满堂热烈掌声，为会议增色不少。

这次会议后和邹先生往来才较密切，2011 年 5 月 28—29 日在复旦大学举行的"纪念谭其骧先生百年诞辰国际历史地理学术研讨会"更有机会向先生请教，获益良多。

2012 年 6 月 27 日—7 月 26 日应吴松弟主任邀请，前往复旦大学历史地理研究中心访问。有天在国顺路上遇见邹先生，先生得知我到上海，一定要请我到城隍庙附近品尝上海地道小吃，并殷殷垂询，还想邀哪些朋友同往，我记得有张修桂、张晓虹、段伟教授等作陪。身为晚辈，和邹先生仅有一面之缘，先生却深情接待，厚谊盛情长存于心。

知人论事往往由小见大，和邹先生虽然不常见面，但能深刻感受到先生对晚辈的深厚情谊。2010 年在台期间，友人元富证券公司副总经理黄建胜先生因在澎湖认识吴松弟教授、华林甫教授，因此约定在台北再相聚。聚会地点在北市忠孝东路顶好市场对面的青叶台菜餐厅，邹先生等团队同人也受邀，此次后才知悉先生性不喜海鲜，但先生对餐品中的海鲜却欣然接受。在学问上，也能体会到先生谦虚不自矜的风范。

一年来在微信邹逸麟先生追思群中看到各位师友不时发抒对先生的怀念与景仰，虽非及门弟子，也能深刻感受到先生对学生晚辈循循善诱的高风亮节，愿以先生为学习典范。

2021 年

（作者为中国台湾彰化师范大学历史学研究所教授）

# 心安做学问

## ——邹逸麟先生走过的路及其叮嘱

### 侯甬坚

邹逸麟先生，1935 年 8 月出生在上海。1952 年高中毕业时，参加了考试，为山东大学历史系录取，这是一个人生转折，到晚年做口述史时，他这样看待亲属们走过的路：

> 我们邹家，父辈都是白手起家的成功的工商业者，到我这一代，我与堂兄弟们都是选择上大学，通过升学，成为有一技之长的专业人士，得以在社会上立足。其实这也正是我们父辈的心愿，他们希望积累的财富能为下一代提供最好的教育机会，弥补他们的人生缺憾。[①]

邹先生的这一看法很有道理，因为人是跟着时代走的。1952—1956 年他在山东

---

① 邹逸麟口述，林丽成撰稿《邹逸麟口述历史》，"上海市文史研究馆口述历史丛书"，上海书店出版社 2016 年版，第 33 页。

大学历史系学习，后来不断努力，成为复旦大学历史地理学专业著名的教授、博士生导师，的确是拥有一技之长的专业人士，这本身即为 1949 年后的一件事实，反映的是中华人民共和国成立后文化教育事业发展的一种情形。具体帮助和指导邹先生成为专业人士的人，是老师谭其骧教授。《邹逸麟口述历史》（以下简称"《口述历史》"）记述了作者第一次在北京拜见谭先生的情景：

> 1957 年 1 月 7 日，我和王文楚寻至谭先生宿舍，那是历史所内的一间平房，他恰不在，我们就站在门口等着。谭其骧的名字我在山大历史系读书时就曾听到过，系里的杨向奎、童书业教授，三十年代与谭其骧先生一起在禹贡学会工作过；但他们讲课时从未谈起历史地理学，我也从未读过谭其骧先生的文章，所以对历史地理学科一无所知。……不一会儿，谭先生回来了，这是我第一次见到谭其骧先生。[①]

在同日的谭其骧日记里，记有"今日未赴社，在寓准备讲稿。终日来人不断，计有王文楚、邹逸麟、吴宜俊、胡厚宣、袁昌、国平、张德钧、敬山八人"[②]一段文字。这一见一谈重要极了，决定了半个月后邹、王两位年轻人跟随谭先生回到上海的复旦大学，做起了编绘历史地图、搞历史地理学研究工作的终生事业。1973 年 1 月，大家编绘的这套地图，上级正式认可为《中国历史地图集》，因其工作量极为浩繁，有的人很是受不了，邹先生对此却保持着清醒的认识，他是这样来看待的：

> ……有人觉得历史地理搞啥么子，一天到晚政区、州县、沿革，头也痛煞了；只有自己对这个学问真正有兴趣、有想法，才会自愿吃这个苦头的。任何学科都是这样，只要自成学科，必定有它吸引人的地方，否则谁会为它奋斗终生呢？[③]

可惜这种能心安做研究的日子稍纵即逝，此后十几年，都没了机会。其实，只要

① 《邹逸麟口述历史》，第 65 页。

② 葛剑雄编《谭其骧日记·京华日记》，文汇出版社 1998 年版，第 105 页。

③ 《邹逸麟口述历史》，第 75 页。

看看国内其他学者的著作目录，就可知道这是我国大多数学者的普遍现象……

我手头有一本吴宏岐、王京阳二位编辑的《史念海教授纪念文集》，内附一份《史念海先生著述目录初编》就有这样的情形，即学术论文部分里，在 1965 年刊发的《陕西地区蚕桑事业盛衰的变迁》论文之后，接在后面的是 1975 年刊登在《陕西师大学报》上的《秦始皇直道遗迹的探索》论文，中间相隔的时间为整整十年。[①] 因为缺乏能心安做学问的日子，许多学者的著作目录，因而就出现了较长时间没有论文刊出的空白期，即邹先生所说的"这是我国大多数学者的普遍现象"。此种情形在邹先生那里是刻骨铭心，故而记忆犹新。

接着，邹先生又对照着自己的情况，继续讲道：

> 最最让我感觉幸运的是，与同辈人相比，因为参与历史地图这个毛主席交办的项目，在那政治生态极不正常的环境下，在那个特殊的年代里，我这辈子没怎么荒废时间，我这几十年始终在搞历史地理专业，这对一个人的成长是非常有利的。[②]

他细说道："1966 年 8 月学校开始搞'文化大革命'，停止一切业务工作；1969 年 5 月历史地图项目恢复运转，我就被从奉贤农村叫回来了，仅仅荒废了三年。"（第 77 页）尊敬的邹先生啊，说出了他内心多么想从事科研方面的实际工作！

邹先生是很有书卷气的高级知识分子，在《口述历史》中，他多次回顾自己走过的路，极为诚恳地作出自我评价：

> 由此说来，人生也真是祸福相依。因为肃反运动中被冲击留下的心理阴影，才使我决意离开了山大；然后辗转回到上海，随谭先生走入历史地理学科领域。我这一生，没有刻意去追求什么，只是认真做事、诚恳为人，完全是偶然的天赐良机，能让我在这个领域俯首耕耘，并为之付出无悔的一生。[③]

---

① 陕西师范大学西北历史环境与经济社会发展研究中心、中国历史地理研究所编《史念海教授纪念文集》，三秦出版社 2006 年版，第 321 页。

② 《邹逸麟口述历史》，第 76 页。

③ 《邹逸麟口述历史》，第 77 页。

如今的中国，随着社会经济的发展，从事各类科研工作的人越来越多，怎样才能做到"心安做学问"这一点，一个方面就是需要体会好前人走过的路、前人给后人留下的教益。阅读《口述历史》下来，笔者思忖有这么三条值得注意：一是要看遇到的是什么时代，二是要看自己的具体工作环境，三是要看自己是什么样的心态。

对于第三条，邹先生有许多真切的叮嘱：

第一，对待学问，只要你真正下功夫，就必有成果。邹先生爱读文学作品，他记得电影《乱世佳人》的末尾，郝思嘉想起她父亲对她说的一句话：土地是永远不会辜负你的！邹先生说："这句话给我的印象太深了，我认为做学问也是这样，研究机会难得，用心做一定会有成果的，学问也是不会辜负你的。"

第二，热爱生活，诸如爱国爱家，爱妻爱子，喜爱阅读，帮助学生，等等皆是。生活里的精神世界丰富了，对于学问上的追求就会有更大的劲头。

第三，搞学问一定要有兴趣，不要凑热闹。总是跟风，流行什么做什么，这是不行的。再就是现在这个时代的纷扰和诱惑太多，各种名利的东西都在散发着最大的影响，需要学人们去辨别。做不到心无旁骛这一点，就可能荒废时间，难于自善其身。如果相反，年轻人能孜孜不倦地研究一个东西，进入到物我两忘的境地，最后他一定是有成果的。

我们知道，在邹先生的身旁，有一种精神支撑，那就是谭其骧先生的师恩和榜样力量。在2011年谭其骧先生百年诞辰历史地理学术研讨会上，邹先生自报"是谭先生的一名老学生"身份上台发言的情景，给予笔者的印象极深。谭先生逝世时，他情不自禁地写道："从那时起（指1957年1月）到今天已经整整35年了。1978年前的20多年里，他几乎天天上班，与我们学生朝夕相处，我们在工作中遇到什么问题，随时向他请教，他总是不厌其烦地一一作答，这是我们在业务上长进最快的时候。1978年以后他因病不能每天来上班了，但对我们的指导和帮助却从未停止过。以我个人而言，不论参加集体科研项目，还是专题研究，莫不是在他指点下进行的。我虽然没有听过他开设的大学课程，也没有当过他的研究生。但我今天算能在历史地理领域做一点工作，离不开谭师对我指导和帮助，数十年的培育之恩使我永生难忘。"[1]邹先生的回想、感念、自谦、承恩诸种心情，皆在其中。

---

[1]　邹逸麟《追念恩师谭其骧教授》，《历史地理》第12辑，上海人民出版社1995年版，第18—21页。

邹先生当然很了解自己的老师，他曾写道："谭师为人耿直，敢说真话，在学术上坚持真理，实事求是。对学术界某些弄虚作假，见风使舵，浮夸不实的学风，深恶痛绝。他常常教导我们做学问在于求真，不求闻达。并身体力行，成为我们的楷模。"[1] 谭先生及其学生长此以往，严格要求自己，在学界形成了严谨的谭门学风。邹先生也一直强调，搞学问不能太功利，工作来了，首先考虑它对自己有什么好处，有好处干，没好处不干，这是不行的。

对于自己的老师，邹先生也是极为真诚地表示过心迹。他说：

> 从 1957 年初跟随谭其骧先生治学，至 1992 年他离去，三十五年程门立雪、耳濡目染，先生的为人、治学之道已融入我的谋生为学之途，此生受益非"感恩"一词所能表达。谭先生为学一甲子，桃李满天下，我在他的学生中绝不是最具才华的，也不是最有成绩的，但在共同经历那些年的疾风骤雨后，我认为自己是能与他推心置腹、风雨同舟，从不违背他的意愿的弟子。[2]

1982—1996 年，邹先生先后担任复旦大学中国历史地理研究所副所长、所长，2000—2004 年担任中国地理学会历史地理专业委员会主任，2000—2010 年担任《历史地理》集刊主编，所以，邹先生在心里又经常在盘衡着一个学科、一个学术研究机构如何发展的问题。1998 年，他有一个机会总结自己走过的路，撰写了《我与中国历史地理学》一文，在这篇文章里，他回顾了四十余年科研工作的经历，和大家交谈了四点治学体会，即：

> 1. 加强基础研究，开展大型集体科研项目，是发展学科、培养接班人的重要途径。
> 2. 为学科建设添砖加瓦，是年轻科学工作者成长的重要途径。
> 3. 小题大做，墨迹战术[3]。

---

① 邹逸麟《追念恩师谭其骧教授》，《历史地理》第 12 辑，第 18—21 页。

② 《邹逸麟口述历史》，第 107 页。

③ 邹先生解释"墨迹战术"的意思是：学者"从小问题做起，可以往深处着手，同时也可由此题像墨迹一样化开去，逐步扩大，一步一个脚印，日渐形成一个方面"。参照《我（转下页）

4. 多读书，勤思考，力求有所创新，力求有所发明。[①]

做学问，做专业研究，这是知识分子安身立命的事情，可以为国家做的具有专长的该做的事情，邹先生是一代知识分子的专业典型，言行上符合习近平总书记所讲"科学家的优势不仅靠智力，更主要的是专注和勤奋，经过长期探索而在某个领域形成优势。要鼓励科技工作者专注于自己的科研事业，勤奋钻研，不慕虚荣，不计名利"。上述四条治学体会，乃是一位身经百战的历史地理学宿将，面对自己钟爱的学科和事业而发出的，这些话对个人，尤其是青年学者而言是指点，对各所研究机构而言是建言，目标皆指向中国历史地理学的延续及发展。邹先生自报"是谭先生的一名老学生"，在与谭先生终生为历史地理学科作出奉献的事迹相比拟之后，[②] 我们不得不说，邹先生在复旦大学继承了谭先生开辟的学术事业，邹先生真是谭先生培养的一名好学生。

（作者为陕西师范大学西北历史环境与经济社会发展研究院教授）

---

（接上页）与中国历史地理学》一文，《椿庐史地论稿》，天津古籍出版社 2005 年版，第 588 页。

[①] 邹逸麟《我与中国历史地理学》，张世林编《学林春秋》三集下册，朝华出版社 2000 年版，转引自邹逸麟《椿庐史地论稿》，第 580—592 页。

[②] 参阅侯甬坚《历史地理实干家谭其骧先生》，复旦大学历史地理研究中心主编《谭其骧先生百年诞辰纪念文集》，上海人民出版社 2012 年版，第 32—50 页。

# 感念邹逸麟先生对我的学术影响

## 郭声波

1982年我在陕西师范大学史念海先生门下读硕士的时候，就已知道邹逸麟先生是复旦大学中国历史地理研究所副所长，也是谭其骧先生的得力助手。他的名字很特别，令人印象深刻，"逸麟"，大概是从天界下凡的麒麟吧。谭先生字季龙，龙与麒麟都是神兽，还有谭先生高足周振鹤先生，仙鹤鸣皋，声振于天，也是有典故的。仅从大师们的名字，足见复旦史地所确实是藏龙卧虎之地。

与邹逸麟先生初次认识是在1988年初，当时邹先生已是复旦史地所所长，应邀前来陕西师范大学历史地理研究所主持学兄费省、辛德勇的博士论文答辩会，而我还在做《四川历史农业地理》的博士论文。答辩结束后，我去邹先生下榻的招待所二楼拜访，并请教博士论文的一些问题。邹先生时年50多岁，但神采奕奕，走路大步流星，看起来不过40多岁，身穿一袭时髦风衣，人长得既高且帅，头发梳得很整齐，并且神情深邃，态度庄严，颇有教授及绅士风范。我又听说他是上海人，心想上海人心气高，爱挑刺，不免有些惴惴，生怕说错话。不过一番交谈下来，还是感到很亲切，压力顿消。邹先生不仅肯定了我博士论文选题的重要性，而且指出，研究历史农业地理一定要关注垦殖指数问题，这使我茅塞顿开，因为我当时不知道农业地理除了作物、种植方式、水利、农地规模之外，还应当如何进一步展开。真是一语胜千金啊，我不由得发自肺腑地感谢。

后来的许多事例，使我进一步体会到，邹先生对后学的关怀爱护与奖掖提携其实与不苟言笑的表象反差很大。

1990 年，我博士毕业回到四川大学工作不久，参加了上海历史地理年会。其间，邹先生与我们俨然是熟人了，没有架子，热情请我们几位参会的史门弟子到他家作客吃饭。当时好像是邹先生（也许是师母，记不太清了）亲自下的厨，做油焖大虾招待，而我才知道，他却是不吃虾的。这使我们受宠若惊，完全打消了对邹先生的生分惶恐情绪。我很纳闷，邹先生的祖籍是靠海的宁波，复旦史地所还有位宁波人也不吃虾，就如我是泸州人却不沾酒一样，奇了怪了。

我还清楚地记得，2000 年 8 月在昆明召开的历史地理年会上，时任复旦史地所所长的葛剑雄先生作为主办方代表，即兴安排了一个大会节目，就是宣布会期正值邹逸麟、张修桂二位同庚 66 虚岁生日，并代表大会献上花篮，表示庆贺。代表们顿时全场起立，响起经久不息的雷鸣般的掌声，邹、张二老起席答谢。当时代表中，中青年学者包括二老的学生在内已占绝对多数，足见后学对前辈的尊重与景仰之情，令人十分感动。

2001 年 8 月，我在复旦史地所召开的国际历史地理信息系统学术讨论会上，再次见到邹先生。当时邹先生参加了复旦大学与美国哈佛大学、中国台湾"中研院"三方合作的"中国历史地理信息系统（CHGIS）"项目，而我正在做国家社科基金课题"唐宋羁縻府州研究"，两者有一定关系。会后代表们一起登上明珠塔，观览上海夜景，我趁机向邹先生请教边疆民族地区的羁縻府州问题，主要就是关于唐代新罗、渤海的地位怎样确定，他的意思还是要按照谭其骧先生《唐代羁縻州述论》的基本观点来判断，这次聊得比较多。

2002 年末，我去复旦史地所做访问学者期间，又去过邹先生 12 宿舍家中拜访请教。邹先生年近 70，仍然坐拥书城，勤奋工作，并随赠其主编的《黄淮海平原历史地理》及其整理出版的胡渭《禹贡锥指》两书。他说他还经常与所内一众老教授们到所里坐班，参加 CHGIS 工作，主要就是丰富谭图内容并将其数字化。确实，我在所里随时能见到一些老教授坐班，除图书室有不少研究生外，中青年教师几乎看不到坐班的。一问原因，才知道中青年教师有评职称、拿项目、发论文的压力，研究方向很少选择政区沿革地理，故参加该项目者不多，项目主要靠原先参加谭图编纂的老班底支持。这使我有点担心史地所传统优势方向后继乏人（可喜近年看到史地所仍有不少硕博士研究生选择政区地理，以前的担心多余了），也更加坚定了我应周振鹤先生邀约承担《中国行政区划通史·唐代卷》编撰工作的决心。

在 2006 年暨南大学历史地理研究中心承办的历史地理年会上，邹先生因担任过历史地理专委会主任，又是受人尊重的前辈学者，是作为特邀嘉宾与会的。邹先生作的大会报告，题目是"北宋黄河东北流之争与朋党政治"。他说，北宋时期人们对黄河的水情、泥沙运行规律的认识和河堤埽工技术都较前代有很大进步，但这种进步却不能使河患有所减轻，反而愈演愈烈，进入决溢频繁、改徙无常的时代。他认为："除了自然因素外，社会政治因素起了很大作用，简言之，就是与北宋时期朝廷中的朋党政治有关。"从庆历新政、熙宁变法、元祐更化、绍圣绍述，至建中新政、崇宁党禁，国是数变，河亦数变。对治河不同意见的争论持续时间如此之长，治河策略的反复如此之大，与当时政局的动荡变化有如此密切的关系，实属罕见。他得出的答案是："在我国长期封建专制极权政治统治下，任何对自然、社会的各种措施，都难以避免当时政治环境的影响，即便是研究黄河变迁这样貌似纯自然的问题，也不能忽视当时的社会政治背景。"邹先生研究黄河变迁已有多年，从这个报告可以看出他的认识已超越单纯的历史地理学，不仅涉及治河策略，而且上升到国家政治层面，颇发人深省，其视野之广阔，思维之精深，充分显示了邹先生深厚的史学功底。我在川大时，曾指导博士生研究宋代地理文献及地理学思想，也有让他们探讨宋儒进入国家统治高层后施行的治河策略的意愿，可惜他们功底不够，未能像邹先生那样驾轻就熟，将这个问题做好做透。

我作为这次会议的会务负责人，与邹先生有了更多的接触，但因忙于会务，却没有时间与邹先生进行深入的学术交流。不过我嘱咐本中心研究生们珍惜这次难得的旁听机会，在会议讨论及茶歇期间，多向前辈学者们请教，会务人员尽量多留下一些影像资料，所以我现在还保存着包括邹先生在内的不少珍贵照片。今选几幅附后，以飨读者。

从后面两张照片不难看出，邹先生不仅喜欢抽烟，而且在抽烟过程中非常享受，与抽烟的同事们在一起笑得非常灿烂、开心。这对我来说，还真是难得一见。去年我在微信"邹逸麟先生追思群"中发表了其中一幅，韩昭庆教授称赞说："这张照片特好！"我猜测她的意思可能是，这张照片真实反映了邹先生生活态度的另一面——豁达、随和、乐观。

2013 年 11 月，我参加复旦史地所召开的"清代地理国际学术研讨会"后不久，

为弥补广州年会未能充分交流的遗憾，专门邀请邹先生来暨南大学历史地理研究中心作了一次学术讲座，题目为"环境史研究与历史地理学"，由我主持，王元林教授点评。环境史研究，在我国大体上是从上世纪80年代开始的，20多年来，国内外召开过多次研究我国环境史的学术讨论会，出版过不少高质量的环境史论文集。近年来，国内一些高校历史系博士生也有以环境史作论文题目的，说明环境史研究已引起学术界的充分重视。但环境史与历史地理学究竟是什么关系，学术界有不同意见。

邹先生主要讲了他对这个问题的看法，他通过两者内容、时段、视角等方面的分析比较，认为两者是有密切关系的不同学科，但环境史需要多学科的交叉和合作，经过一系列的实证研究，才能建成一门理论体系完整和独立的学科。邹先生还从历史地理学角度，谈了中国环境史研究应该注意的几个问题，如人口与土地利用、水环境变化、社会政治体制影响、与社会史研究的关系、唐宋变革论等。他敏锐地指出，环境史研究的深入开展，必将大大开拓我们认识五千年中华民族历史的视野，对当前我国社会政治、经济的发展，无疑会有重要借鉴意义。邹先生首列土地利用，明确指出"这个问题在环境史研究上的重要性自不待言"，回想25年前他针对我的博士论文提出的要重视垦殖指数的建议，两者如出一辙，可见他在这方面早就有先见之明。本次讲座，引起本中心师生热烈讨论，启发良多。

近年来，我一直努力在周振鹤先生剖析《禹贡》五服制圈层结构基础上构建历史政治地理圈层结构理论，但其中有一重大关键性难点，很难从学理上解决，即藩属国与宗主国究竟有无隶属关系，换言之，藩属国疆域算不算在宗主国领土内，史学界、政治学界、法学界均有较大分歧。其焦点之一就是，古代有无"领土"概念，或者说中国古代的"领土"是否局限于户部"版图"内，版图之外的羁縻地区和藩属国，是否还算中央王朝领土。2010年邹先生在《清代政区地理初探》论集中发表了《论清一代关于疆土版图观念的嬗变》一文，其中有一段非常重要的精彩论述，顿使我有雨过天青、拨云见日之感，他说：

> 在我国数千年传统社会里，中央王朝所统治领土内的情况非常复杂，有的是朝廷直接控制的人口和土地，有的则是通过边区少数民族首领控制的羁縻地区。因此，历史文献中所谓"版图"，往往包含上述两层意思。

这就是说，历史文献中的"版图"往往包含狭义和广义两层意思，狭义版图仅指朝廷直接控制的人口和土地，相当于我提出的"直接行政区"（国家经制区），广义版图可以包括边区少数民族首领控制的羁縻地区，相当于我提出的"间接行政区"（民族自治区），但都属"中央王朝所统治领土"。由此引申，中国历史上的藩属国究竟能否算在中国广义版图（领土）范围之内，只要宗主国与藩属国双方认可，答案应当是肯定的。

2014年7月在杭州参加的历史地图专题学术讨论会，大概是我最后一次与邹先生见面，因为 2014 年 9 月成都年会、2016 年 7 月长春年会和 2018 年 8 月北京年会都没见到他，只知道是邹先生年事已高，不便出行，没想到竟然是身体有恙，更没想到 2014 年一别竟成永诀。每思至此，不禁泫然无已。

作为后学和同行，我一直关注邹先生的学术成果和学术思想，与邹先生长期保持联系，除前述面赠者外，邹先生还多次寄赠大作，如《中国历史地理概述》《椿庐史地论稿》《中国历史人文地理》《中国历史自然地理》《千古黄河》《椿庐史地论稿续编》等。但我不是邹先生的同事，也不是邹先生的及门弟子，对邹先生的日常生活与工作情况并不十分了解。也是从近期微信群中有人转发的《邹逸麟口述历史》中，邹先生的生活道路与真实形象才逐渐在我的心中丰满起来。其实邹先生生活中的蹉跎岁月，比我们经历过"文革"的这一代更长、更险，那么我们还有什么理由不珍惜这个美好的时代，还有什么理由不更加努力地继承邹先生的遗志，将我国的历史地理学推向光辉的明天！

谨草此小文，以志纪念。

2021 年

（作者为暨南大学历史地理研究中心教授）

# 悼念邹逸麟老师

## 辛德勇

上午接到邹逸麟老师去世的消息，心里紧紧一沉，知道他就这样走了。

邹老师患大病有些年了，我自己也已经年过花甲。人，谁都有生老病死。那个时刻一到，终归是要走的，当然说不上有什么意外。这些年，每当自己敬重的人离去，我常常感到惋惜的，主要还不是这些往生者本人，而是他们身后那个世界。

邹老师不是什么政治人物，也不是社会公知，他只是我那个狭小的专业范围之内一位深有影响的学者；扩展一点儿范围往大了说，也不过是历史学界和历史爱好者中有比较多的人对他的学术业绩有所了解。

按照他的年辈、贡献和影响，中国学术界同行的惯例，我是应该称他为"邹逸麟先生"，就这么叫个"老师"，好像有点轻慢。

这是因为我博士毕业举行论文答辩时，史念海先生是特地邀请邹逸麟老师来当考试官的。这样，依照旧时规矩，他就成了我的"座师"。我是应该终身执弟子礼的。"老师"云者，在形式上的来历就是如此。

第一次同邹逸麟老师比较近密地当面接触，是在我博士毕业之前呈送论文给同行专家评审的时候。那时，是需要把十五份论文，一一当面呈交到专家的手里。导师史念海先生，安排我去做这件事。当年我是在西安的陕西师范大学毕业，要去送论文的地方，包括北京、上海和杭州，而一同递交的，还有我大师兄费省的毕业论文。

导师史念海先生做事很细心。临行前，特意郑重嘱咐我：上海人办事儿和我们北方人不一样，这次你到北京，没有什么特别需要注意的，可到了上海，千万千万要多加小心，不要惹人家不高兴。

这样我就敞开胆子去了北京，小心翼翼地进了上海。结果，和史念海先生的预判恰恰相反——在北京，不管是在科学院地理所，还是在我现在工作的北京大学，都遭遇了很多麻烦，其中某些场景，甚至还很戏剧化，甚至有些匪夷所思，可在上海，却是风顺水也顺，顺利完成任务交了差。其间的缘由，就是邹逸麟老师热情帮助了我。

对人体贴入微，做事细心周详，像一位和蔼的小学老师对待刚刚跨进校门的孩子——这就是此番沪上之行邹逸麟老师留给我的印象，也是此后三十多年间一直伴随着我的一位长者的形象。我一直称他为"老师"而不是"先生"，内在的因缘是在这里。

2019 年 4 月在复旦大学中国历史地理研究所和邹逸麟老师（右）、张修桂老师（中）合影

考虑到我一个穷学生没有钱，他亲自领着我，住到了学校离食堂很近的一个招待所，直到帮着我办好一切入住手续。考虑到我一个一个找老师送材料，既要耽搁很多时间因而也就要花费很多吃饭住店的钱，而且傻里傻气、土头土脑地拎不清，说话办事儿弄不好，说不定还会惹出麻烦，于是等我住下店后就很亲切地和我商量：要是合适的话，明天就可以到杭州去接着送材料，上海这些论文（大概有七八份左右）他就替我送了。邹逸麟老师还根据我和师兄费省毕业论文的题目，特别建议送给做隋唐史的徐连达先生一份，告诉我徐先生人很好，同他个人关系也很好，让我放心就是了。就这样，见上了面，住进了店，也就等于把一切都办完了。

第二天早餐刚吃完，邹老师又到招待所来看我，很抱歉地说，那个食堂的饭不好吃，让我将就一下。邹逸麟老师哪里知道，我一个东北边地的粗人，吃上江南小吃的感觉是怎样，以至于到了今天，还清楚记得那种鲜美的味道。对于我来说，此番行程简直是一次惬意的度假旅游。

我觉得，关怀别人，体味别人的心思和需求，是邹逸麟老师的本性。这发自内心，自然而然。这种本性，在私人交谊中，给人以温情，给人以依靠，人们会回馈以信任，回报以信从；在公共事务中，则自然而然地会产生一种吸引力和聚合力，把同道吸附凝聚到自己的身边。

按照我个人的看法，中国的历史地理学，是上个世纪五十年代以后，主要由业师史念海先生、北京大学的侯仁之先生和复旦大学的谭其骧先生这三位学者共同创建起来的一门学科，直到"文革"之后，才全面蓬勃发展起来。这时，史念海、侯仁之和谭其骧三位老前辈年龄都比较大了，学术界的中坚骨干，就是邹逸麟老师这一辈学者。等三位老先生因年龄原因退出学术组织的领导工作以后，在很长一段时间里，是由邹逸麟老师出任历史地理这个学科的最高组织者，同时他也担任着复旦大学中国历史地理研究所的负责人。这一段时间，正是中国历史地理学发展进程中承上启下的一段关键时期。

邹逸麟老师以他那种优秀的个人品质，成功地凝聚起全国同道。不管是复旦大学中国历史地理研究所的显著发展，还是整个历史地理学科的长足进步，都离不开邹逸麟老师的组织工作。他为人永远是那么谦和，做事永远是那么周到。每一次学术会议，从大会报告的设置，到小组发言的安排，他都细心照顾到各个方面、各个单位、各个层次的学者，所以每一次这样的学术活动，也就都是充满欢声笑语的聚会。每天晚上，都会有一大群人，聚集到邹老师的房间，不分年龄老少，不论地位高低，谈天谈地谈五湖四海的八卦，其乐融融。

单纯看某位学者个人的成就，不一定都同其所在学科的发展状况存在必然的联系，一位优秀的学者，在很大程度上是可以自行其是的；但若是考察一个学科的整体发展状况，却决不能忽视学术组织者的贡献。邹逸麟老师通过这种春风化雨似的感染力，聚合全国同道，推动历史地理学科取得重大进展，也带动复旦大学中国历史地理研究所走向辉煌。业师史念海先生不止一次和我谈到，邹逸麟先生这个人是很会办事的。我理解，这种会办事抑或不会办事，实质上是有没有那种使人亲和的品质。

2012 年夏，复旦大学举办该校中国历史地理研究所成立三十周年庆祝会。当时我代表中国历史地理专业委员会（这是个大致相当于"历史地理学会"的学术组织，是中国地理学会下设的工作委员会。按照国务院核准的学科目录，历史地理学属于历史学分支学科，可是却一直没有统属于历史学会的全国性学会）致词，话语间谈到，复旦大学中国历史地理研究所取得的巨大成就，既是谭其骧先生卓越学术创建力和优秀个人品质感召力的结果，是这个研究所所有成员努力奋斗的结果，但其中很大一部分成果，如《中国历史地图集》等，也是复旦大学以往各届领导吸引和团结全国同行共同努力才得以实现的，衷心希望复旦大学中国历史地理研究所能够继续保持这种领导者的品格，与全国同行齐心协力，推动历史地理学研究进一步向前发展。

我讲的这番话是什么意思，很多人根本没有留意，可接下来代表复旦大学中国历史地理研究所老一辈学者发言的邹逸麟老师，却非常在意。他马上接着我的话茬，讲了很长一段对全国同行感谢的话，而不是津津乐道复旦本身的学术成就。这就是邹逸麟老师，这就是他对别人的体贴和体味。

现在，邹逸麟老师走了。我感到惋惜的，是在他身后，再也看不到这样的好老师了。

2020 年 6 月 19 日晚 19 时 13 分哀记

（作者为北京大学历史学系教授）

# 垂范千秋

## ——纪念邹逸麟先生

### 张晓虹

邹逸麟先生离开我们已近一年。这一年中，与邹先生相处的往事不时会浮现在我的脑海中，仿佛邹先生随时会出现在所里，脸上洋溢着笑容，儒雅、慈祥。

### 一

我初次见到邹先生应该是 1993 年在长沙举办的全国历史地理学年会上，那次会议可谓群星璀璨，如今在历史地理学界享有盛名的各位老师几乎都出席了那次会议，而我作为晚辈自是无缘与邹先生结识。真正与邹先生认识还是在 1994 年进入复旦史地所读书之后。

我入校的 1994 年，正是邹逸麟先生执掌史地所的时期。新生入学第一件事，就是听邹先生作为所长给新生讲话。邹先生当时讲的具体内容，我已记不清楚，但想来应该是勉励我们要继承与发扬史地所严谨求实的学风，告诫我们在史地所读书期间一定要全力以赴用功学习。但他最后一句话，我却记得十分清晰。他说："你们不能把时间耗费在一些与学术无关的事情上，如果每天打扑克，那你们还来史地所干吗?"这句话给我留下了深刻的印象。事实上,当年史地所的学生大多都能坚守邹先生所要求的准则:每天生活三点一线——宿舍、教室和图书馆。记得当年文科图书馆四楼的教师研究生阅览室几乎是史地所研究生专用,尤其是西侧历史文献收藏处,每天晚上都有本所的学生在那里苦读。特别是在寒冬之夜,四楼阅览室没有暖气,只见大家裹着厚厚的棉服,专心翻阅着手中的文献。我常和后来的学生讲起,当年我在图书馆自习时,隔板对面就是韩昭庆老师,她专心翻检着四库,丝毫没有注意到我就在她对面。史地所学生用功的传统一直延续下来,并在复旦文科中十分有名,不仅我们所的资料室人满为患,就是历史系资料室也挤满了史地所的学生。我想我们这些人以及后来学生们的学术成长之路,除了各自导师的教导外,邹先生开学第一讲应该有着极为重要的影响。

邹先生自己当然更是这一准则的身体力行者。我留校之初,因所里没有专任科研与教学秘书,因此兼任了所科研秘书的工作。当时邹先生正在主持一项国家自然科学基金项目,承担着黄淮海平原历史地理研究的工作,科研任务十分繁重。与此同时,他作为民盟上海市委的主要领导人和全国政协委员,还需要参加大量的参政议政工作。但他仍笔耕不辍。每年我收集全所老师一年的工作成果时,邹先生都是前三名。现在回想起来,那几年正是邹先生从所长繁重的行政工作中脱身,开始全身心地投入到他所热爱的研究工作,多年的学术积累厚积薄发,因此他在学术上佳作频频。如今看来,奠定他学术地位的许多大型著作和重要论文也多是在那一时期完成或启动的。如对我的研究启发最大的《明清流民与川陕鄂豫交界地区的环境问题》,就发表在 1998 年的《复旦学报》第 4 期上,邹先生详细梳理了明清时期川楚移民对秦巴山地开发所造成的生态环境变迁,这一研究让我重新认识了陕南地域文化发展的历史地理因素,并对邹先生学问的扎实与严谨有了更深刻的认识,也增添了我对邹先生的景仰。

## 二

邹逸麟先生的学术成长与人生经历同复旦历史地理学科发展密切相关。由于长期担任史地所行政工作,因此邹先生即使退休后也十分关心本所的发展。我从自己亲身经历的几件事,可以看出邹先生对复旦史地所的拳拳爱心。

大约在 2017 年春天,有一天邹先生专门找到我,告诉我说现在上海市地方志办公室正在组织第二轮修志,他刚从市方志办开会回来,会上他已和市方志办提出,

《上海市志·地理分志》应该由我们所来主持编修。他大概看出我的犹豫，就对我说："张晓虹，这不仅仅是一个项目，这是史地所的责任啊！因为，这个项目不仅可以把我们所这些年对上海的研究成果纳入进去，支持上海市的文化建设，更重要的是，通过这样的集体项目可以把本所青年研究人员组织起来，而我们所正是通过大型科研项目组建起来的，也正是大型研究项目成就了我们这一辈人的学术，为复旦赢得了学术声誉。所以我才会向方志办力荐由我们所主持编修这部方志。"邹先生这番语重心长的话语让我十分震动，邹先生虽然已经退休，但他仍然时刻把史地所的社会责任放在心上。不久后，市方志办王晓明处长带队来所里商讨此事时，我们就爽快地接下了这份沉甸甸的任务。在《地理分志》三年多的编修工作中，每当我们遇到困难时，我就想起邹先生的话语，鼓励项目组老师们用十分的努力完成这一工作，不辜负邹先生对我们的殷殷期待。事实上，项目组成员也将史地所严谨的学风发挥到编修工作中。邹先生还多次询问《地理分志》的进展情况，一直关心编写工作是否顺利，他还用他丰富的地方志工作经验给我们提出了不少非常切实的意见与建议。

2016年夏，上海历史博物馆迁回南京西路，将原上海图书馆，即旧上海跑马厅改建成新的上海市历史博物馆。历史博物馆的领导希望在开展前能由复旦史地所提供一份完整的上海市历史地理基础数据，以便将上海成陆的地理过程、政区沿革和社会经济变迁历史直观地呈现给观众。我们根据本所近十多年在上海历史地理研究方面所积累的数据为历史博物馆提供了相关资料。历史博物馆根据这批资料制成了"上海历史线索查询系统"互动触控大屏，参观者点击后就可显示上海发展的历史过程。应该说，这一设计是整个展览的点睛之笔，可以帮助参观者迅速掌握上海历史地理发展的大势，是参观全部展览的基础。因此博物馆将它们放在展厅入口处最醒目的地方，成为整个展览的第一件展品。开馆前，历史博物馆请邹先生作为评审专家，提前参观全部展览并提出修改建议。邹先生从博物馆一回到所里就兴奋地告诉我，当博物馆的老师向他介绍那个展览的资料是史地所提供的时，他极为骄傲与自豪。当时邹先生的喜悦溢于言表，他开心地对我说，这样系统而高质量的上海历史地理基础数据只有我们史地所能提供。而我们长期埋头做基础研究，目的就是能给社会提供一些服务。正是我们所一直坚守的认真严谨的学风，才使得社会和学术界认可我们所的研究成果。邹先生最后谆谆教导我说，我们应该始终坚持谭其骧先生树立的踏实认真的工作态度，才不会辜负谭先生创立史地所的所有努力与期许。

# 三

生活中的邹逸麟先生永远是一位温文而雅、风度翩翩的长者。复旦本科生曾编过一个顺口溜，描述所授课老师的特点。其中关于邹先生的一段是这样的："逸麟是风度的，学问是扎实的。民生是忧心的，治河是争议的。"应该说，这段话不仅高度概括了邹先生的治学特点，而且将邹先生平素儒雅谦和的外表也描摹得十分准确。邹先生在复旦文科教授中的儒雅气质是十分出名的，这不仅是因为他从小家境优渥，更与他的家庭教育密不可分。

2005 年前后，山东画报社《老照片》的发行在社会上产生了很大的反响。当时在画报社工作的本所毕业生秦超联系到我，看有没有合适的稿源。我当时非常喜欢《老照片》中的文章，其中不乏一些知名学者的介绍，更主要是配有照片，文字也十分清新，可以让读者透过丰富的细节了解近现代中国社会生活及其变迁过程。因平时闲聊中对邹先生的家世与成长经历略知一二，感觉邹先生的故事一定可以吸引读者。联系邹先生之前我还有点担心他不一定答应此事，不料邹先生爽快地答应下来，并很快写就文章发表在《老照片》第 54 辑上。文章发表后，邹先生专门送了我一本，还向我表示了感谢。我正是从这篇文章中详细地了解到邹先生早年的生活经历，多少明白了他在那个特殊时期能够始终坚守自我的力量之所自。

邹先生的儒雅并不只是体现在外表的风度上，更是化在他内在的气度中。在我眼里，所谓的谦谦君子正是邹先生这样的学者。2000 年所里在葛剑雄教授主持下，与哈佛大学东亚系等学术机构联合开发"中国历史地理信息系统"。那时邹先生已是誉满国内外的知名学者，但他并没有摆出大教授的架子，而是以一名普通研究人员的身份参与了这项堪与《中国历史地图集》比肩的大型集体工作。在我记忆中，史地所还在文科楼时，邹先生是与 CHGIS 研究人员在一间拥挤的办公室中查阅资料、考订地名。2006 年全所搬到光华楼西主楼办公后，他本人在 21 楼有一间宽敞明亮的办公室，但他大部分时间却与张修桂老师挤在 22 楼一间略显狭窄的办公室里。当年我们这些青年教师常常会在读书间歇到两位老先生那个烟雾缭绕的小房间去聊天。这时候的邹先生变成了一位风趣幽默的长者，向我们娓娓道来当年编纂谭图的故事，讲一些学界的轶闻趣事。若正逢他开两会回来，他也会针砭时事。这时的他往往表现得慷慨激昂，一反他平常温和的态度。

对我而言，邹先生一直是一位谦和友善的老师。即使是在他患病住院期间，我们去看望他时，他仍然表现出对生活的热爱，从未有过对病痛的抱怨，并时时关心着所里的师生与工作。听业师周振鹤先生讲，他有段时间曾和邹先生同时住在一个医院中，周老师去病房探望邹先生时，邹先生还关切地询问周老师的情况。当得知周老师没有带书到病室时，他还热心地要把自己带到医院的书籍让几本给周老师看。这件小事非常能反映邹先生为人处事的个性。

邹先生走了！他的离世，也带走了他对学术、对世人那如沐春风般的温暖与爱意。

邹先生安息吧！

2021 年

（作者为复旦大学中国历史地理研究所教授）

# 无声的鼓励，永远的遗憾

## 王社教

邹逸麟先生是我特别尊敬的一位历史地理学者，这不仅是因为先生在历史地理学研究领域所做的诸多的开创性研究和研究过程的严谨平实、研究结论的令人信服，也是因为在我攻读研究生和研究生毕业刚刚进入历史地理学界从事历史地理研究时，先生正任复旦大学中国历史地理研究所所长和国务院学位委员会评议组成员所具有的崇高的学术地位，还有先生那带有典型江浙口音、语调清晰平和的谈吐，那种全身散发出来的令人肃然起敬的儒雅的风度和先生那始终挺拔的身姿。

我知道邹逸麟先生是在我 1988 年秋季进入陕西师范大学跟随史念海先生攻读硕士研究生后，此前虽然在安徽师范大学选修过陈怀荃先生的历史地理课程，但对历史地理这门学科还缺少全面的了解，仅知道北京大学、复旦大学、陕西师范大学和武汉大学是历史地理学研究的重要机构，可以招收历史地理专业硕士和博士研究生，知道的历史地理学著名学者除了我的导师史念海先生外，也就是侯仁之先生、谭其骧先生和石泉先生。入学后，我经常听导师史念海先生、朱士光先生和师兄费省、辛德勇、郭声波、吴宏岐、师姐韩茂莉等提到陈桥驿先生、邹逸麟先生等，才慢慢对诸位先生有所了解，开始有意识寻找各位先生的著作和论文来研读，知道邹先生在黄河变迁、运河历史地理以及华北平原湖沼变迁等方面都有非常深入的研究。

第一次见到邹逸麟先生应该是在 1990 年 5 月我到复旦大学中国历史地理研究所查阅资料时，当时是葛剑雄老师接待我的，并把我介绍给复旦大学史地所的各位先生，但因为心里紧张，加上懵懂无知，当时我和邹先生说了什么，已全然记不得了。之后，因为陕西师范大学历史地理所和复旦大学史地所两个机构长期的良好关系，史念海先生又多次请邹逸麟先生来陕西师范大学主持博士生毕业论文答辩，而我也因为参加历史地理学的相关学术会议，和邹先生的见面渐渐多了起来。但因为我性格比较怯懦，一向不善于主动和别人交流，尤其是碰到尊敬的长者，更是敬而远之，所以每次和邹先生见面，都只是礼貌性地上前打声招呼，没有过更多的请教和交谈，甚至 2004 年 8 月我们在新疆举办学术会议，我陪同会议代表赴南疆考察，有近一周的时间和邹先生近距离接触，我也没敢和邹先生开口提出合影留念。

我和邹先生唯一的一次稍长时间的近距离交流是在 2010 年 6 月。当时我应复旦大学史地所副所长安介生教授的邀请，赴复旦大学历史地理创新基地进行为期一个月的访问交流。我去邹先生办公室请安，当时张修桂先生也在。两位先生主动问起我们单位的建设情况。看得出，两位先生对我们单位的发展是非常关心的，对我们单位遇到的困难也是了如指掌的。因为要满足教育部人文社会科学重点研究基地建设的要求，更好地完成我单位的研究任务，我校领导层正考虑将农村研究中心合并到我单位（西北历史环境与经济社会发展研究中心）来，组建西北历史环境与经济社会发展研究院，以加强教育部重点研究基地经济学方面的研究力量。邹先生认为这不失为一种解决问题的举措，但同时也提出了担忧。邹先生说，一门学科的发展离不开独立的机构支撑，陕西师范大学西北历史环境与经济社会发展研究中心是以历史地理学科为核心建立起来的，虽然机构的名称变了，但基本架构还是原来的历史地理研究所，中心的负责人和主要研究人员都是历史地理学者，历史地理的研究力量和优势特色并没有削弱。现在将农村中心合并进来，成立研究院，实际上是对陕西师范大学历史地理研究队伍和学科建设的一种稀释。陕西师范大学的历史地理学科在史念海先生的带领下，经过多年的建设，成为全国有重要影响的学科，是陕西师范大学的特色学科和优势学科，也是教育部人文社会科学重点研究基地的支撑学科，发展起来很不容易，不能轻易丢掉。建议研究院成立后，研究院院长最好由历史地理学者担任，这样更能保证陕西师范大学的历史地理学长期更好发展。我返回西安后即将邹先生的谈话内容和建议向当时的主管副校长萧正洪教授作了详细汇报，邹先生的建议得到学校的认可和采纳。

虽然我很少主动和邹先生交流，但邹先生并没有忘记对我这个后辈的时常关心和提携。先生每有大著出版，总是要托人送我一本。先生共送给我 3 本个人专著，分别是《中国历史地理概述》（上海教育出版社 2005 年 5 月）、《椿庐史地论稿》（天津古籍出版社 2005 年 5 月）和《千古黄河》（上海远东出版社 2012 年 8 月），都是侯甬坚教授到复旦出差时邹先生托他带给我的。这 3 本书都有先生的亲笔题签。每次接到书后，看到先生的亲笔签名，心里都有一种异常的激动和感动，让我信心倍增，下决心今后要更加努力地做好学问，不负邹先生的期许。接下来便是认真研读书中所包涵的深邃的学术思想。我这种心情和受到的鼓励可能其他青年学者都遇到过，都有深切的感受！邹先生这种精神上对我的鼓励和学术上对我的指点，虽然是无声的，但却具有强大的力量，推动着我在学术研究上一步一步向前，让我受益终生。

2017 年春节，我正在老家陪父母，有一天接到张晓虹教授的电话，说是邹先生正在策划组织撰写一套"历史学视野下的中国环境变迁与社会"丛书，点名要我撰写其中的《我国东部地区的移民和农林业发展》一书，我很快答应下来并提交了撰写提要。然而，天有不测风云，到了这年的下半年，因为家里连续出了一些变故，我已静不下心来从事学术研究。考虑到这是一套丛书，如果我不能按时完成撰写任务，肯定会拖累全书的出版，影响整套丛书的进度。经过一段时间的纠结，最后还是在忐忑不安中给张晓虹教授打去电话，说明我面临的处境和困难，表示我实在难以完成这项任务，请晓虹教授代我向邹先生致歉。虽然晓虹教授表示理解并答应了我的请求，但我心里一直不安，认为自己辜负了邹先生的信任，受先生的教益很多，先生吩咐的这么一点小事却不能完成，心想着后面有机会再报答先生的鼓励和提携之恩。没想到先生却在 2020 年 6 月 19 日永远离开了我们，给我留下了终生的遗憾！

（作者为陕西师范大学西北历史环境与经济社会发展研究院教授）

# 邹逸麟先生琐忆

## 李晓杰

回想起来，我与邹逸麟老师虽然同在一个单位相处了很长时间（自1996年博士毕业留所工作至今，有24年），平时也经常见面，但对我来说，邹老师一直是一位只是远观而未曾有过近距离交流的令人尊敬的长者。之所以会是这样的一种情形，一方面可能是因为邹老师是那种令人一见就肃然起敬的学者，平日不苟言笑，令我等后学不敢贸然无事相扰；另一方面，也与我的性格与想法有关，总觉得与这些老先生平时在走廊里时常谋面，礼节性地打个招呼，不失恭敬即足够了，真遇到有实质性的学术问题再去讨教也不迟。长久以往，类似的念头愈发根深蒂固，以致成了一个永久的遗憾。

邹老师离世后，我看到许多学人提及最多的是他考究的着装与斯文的举止，我也深有同感。邹老师生前曾送过我一部他的口述史大著（《邹逸麟口述历史》，上海书店出版社2016年），我一直未有细读。前段时间从办公室的书架上取下，用了一整日的时间通读了一遍，对邹老师的家世与早年求学经历有了比较全面的了解，也使我明白了邹老师身上何以会散发出老一代知识分子的那种特有的温文尔雅气质的原因。

我在史地所攻读硕士、博士学位期间，邹老师还在研究所所长的任上。从与其时的一些老师的交谈中了解到，他"无为而治"，很少开无实质内容的全所会议。不过在遇事与处理问题时，又极为细思缜密、顾全大局，甚至有时为了照顾其他老师的感受而不惜牺牲自己的利益。让我们看到了身为学者的邹老师勉力从事行政领导工作而为所里诸位老师勤恳服务的另一面。

邹老师本科就读于山东大学历史系，其时正是山大历史系的鼎盛时期，有号称"八马同槽"的八位著名学者（即张维华、杨向奎、郑鹤声、赵俪生、童书业、黄云眉、王仲荦、陈同燮诸先生）在系里执教，对邹老师的学术训练不可谓不强。大学毕业后又追随谭其骧先生许多年，治学方面深受谭先生的影响，对学术研究的水准也有着极强的判断力。他不仅自己身体力行，追求卓越，而且对后学在奖掖的同时也有着殷殷的期许。记得初次听邹老师讲课是在1987年上半年我本科三年级时，其时邹老师给全校学生开选修课，主讲"中国历史地理概论"，授课的地点是校内的第四教学楼，每周一次，时间似乎是在晚上。我初次旁听便被邹老师清晰的思路与绝佳的口才深深吸引，现在回想起来，他当时讲述的内容应该是他后来出版的《中国历史地理概述》的蓝本。而这部书在初版之后一再更新补充再版，对历史地理专业年轻学人的影响，大家有目共睹，无需我在此多言。邹老师仙逝后，我在悼念他的微信群里看到他给学生写得最多的题词是王国维的治学三境界，由此亦可看出他的学术旨趣。

从我个人来说，在学术研究上受到邹老师亲炙，并留下他的亲笔撰写的文字前后一共有两次。

一次是1996年夏，邹老师作为我博士论文的评审专家，为我的博士学位论文《东汉政区地理研究》撰写了评审意见并参加了我的博士论文答辩。他在评审意见中在对我的论文进行鼓励的肯定之后，提出了应该在论文的最后补上一篇论述东汉一代政区演变规律的说明文字的建议，使我深深体会到邹老师治学强调论从史出，总结历史研究中的经验与规律，以便达到"经世致用"的学术理念。

另一次是在我们的《水经注校笺图释·渭水流域诸篇》（上下册，复旦大学出版社2017年）付梓刊行之后，我通过复旦大学出版社呈送他一套，请他赐教。这本是我们做晚辈所做的十分正常的一件事。不意过了一段时间，在我所里的邮箱中收到了邹老师的一封亲笔信。信中对我们的这部书稿给予了高度肯定，认为这是我们《水经注》研究团队"潜心学术的结果"，也是"谭门弟子的学风表现"。邹老师的这封信文字不长，但使我深为感动，感受到了一位老一代学者希望我们在郦学研究道路上继续走下去的殷切期盼。事后，本所资料室孟刚老师又告诉我，邹老师在收到我们这部书稿时便向在场的他表达了对我们研究的谬赞，同时也认为这是一项艰巨的大工程，非短时间可以完成，需要有持之以恒的精神坚持做下去。再后来，我从历史系邹振环教授那里得知，邹老师曾多次当面对他提起《水经注》研究的重要性，也一直希望看到有这方面的研究成果出现。我想这或许是邹老师在看到我们《水经注》本体研究的阶段性成果而感到欣喜，并以信函的形式给我们回复以示其郑重的原因吧。

斯人已逝，幽思长存。邹老师的驾鹤西归，在某种程度上说代表了一个时代学人群体的陨落。我们在无限痛惜而追思的同时，唯有在学术研究的道路上脚踏实地地砥砺前行，才能不辜负邹老师他们老一代学者寄予的厚望，也才能真正做到学术研究的薪火相传。

2020 年

（作者为复旦大学中国历史地理研究所教授）

# 谦谦君子、仁厚长者

## ——怀念邹逸麟老师

### 韩昭庆

2020年6月19日上午9点多，接到民盟市委丁光宏老师电话，得知邹逸麟老师不幸辞世的消息，随即我从邹老师大女儿处得知邹老师于当日凌晨4:48分在新华医院辞世。邹老师自前一年夏天因旧病复发住院，年底身体状况明显转差，虽然知道这一天迟早会来，但放下电话，还是不能自已，整天都非常悲伤，因痛失这样一位一直关心我、鼓励我、和蔼可亲可敬的老师和长者而泪流满面，过去与邹老师交往的一些点滴一幕幕展现在前，如昨日重现。

第一次见到邹老师是在1992年5月初中国历史地理研究所的会议室，当时的会议室位于复旦大学邯郸路正门对面的老文科大楼八楼。由于我准备考研才花了一个多月的时间，比较仓促，拿到面试通知书后，一直处于忐忑不安的焦虑状态。加上面试那天上海遭遇寒潮，气温骤降，我也没有准备好御寒的衣服，带着寒气，哆嗦着走进会议室。会议室里坐着五六位面试老师，邹老师是主考官，坐在中间，他示意我坐下后开始面试。他没有问我早已准备好的为何要考史地所之类的常规问题，第一个问题居然是家里是否支持我考研，我紧绷的心情一下子就放松了，同时感到这真是个很为别人考虑的老师，邹老师还问了我在南京大学都学过什么课程，当邹老师知道我不仅学习过地质、地理、气象、地图学等学科基础知识外，还学了高等数学以及简单的编程等时，他满意地点了点头。对我不熟悉的历史问题，邹老师还安慰说，一直学理科的学生读过的历史书少也很正常，以后要慢慢补上。面试过程虽然不长，但邹老师和蔼可亲的形象让我感到温暖而轻松。

进入史地所后，我跟张修桂老师研究历史自然地理，但硕士生阶段主要由满志敏老师指导我做长江中下游地区冬季气候变迁研究。当时张老师、满老师在一个办公室，他们会经常在办公室一起抽烟，邹老师和当时《历史地理》集刊编辑朱毅老师也抽烟，所以他们有空时会在这个办公室一块儿抽烟。印象中他们四人话都很少，聚一块儿就是抽烟，很长时间不讲一句话，只是偶尔讲个笑话时大家开怀一笑，这是这个办公室难得的开心时刻。当时所里电脑很少，有几台学生可以用的电脑也放在老师的办公室里，我常去所里办公室用电脑，因此也有很多机会见到邹老师，和他打个招呼，邹老师每次总是很客气地回应。

邹老师为人十分低调，对人真诚厚道，对学生更是关怀备至，我虽然不是邹老师直接指导的学生，但是在我学业成长过程中，得到过他的多次帮助和鼓励。那时所里一年才招两名学生，学生有较多机会和所里老师接触，加上邹老师十分和气，我会趁他难得的空隙向他请求指教，早把他也当成自己的老师，而他也把我当成自己的学生看待。有一次谈得比较长，他说："小韩，学我们这个专业，你不会觉得空虚的，因为有很多东西值得研究。"因为我本科学的是地理学，历史知识较薄弱，他建议我看看《资治通鉴》和前四史，并告诫我要专心学习，远离闲言碎语。此后在我的工作和生活中，我都一直遵循邹老师的教导，随着岁月流逝、年龄的增长，愈益感到这个教导的分量，因此少了许多无端的烦恼，日子过得简单而充实。

读博时，张修桂师为我初步定下了博士论文的大方向，是做淮河变迁研究，淮河是我国界于黄河与长江之间的一条著名河流。在研究过程中，我认识到淮河的变迁是一种被动的变迁，其驱动力主要来自黄河与人类活动，而黄河史正是邹老师的研究专长，故读博期间，我曾写过一篇黄河夺淮的文章，向他请教。邹老师在总体认可的前提下，也指出我文章中引证的问题，我用了《宋史纪事本末》之类的间接资料，他很严肃地指出这一点，强调应该尽量引用当时人记当时事的一手资料，以及正史、通鉴之类的史料。后由于我把论文方向调整为黄淮关系，需要到黄河水利委员会查阅资料，我又找到邹老师，他专门为我写了一封信给黄委会林观海老师，帮助我十分顺利地查到黄河档案馆的资料；又经林老师引荐，我还见到治黄专家徐福龄老先生及他带领的学生王梅枝老师，他们也给我提供了许多帮助。在我读博士期间，邹老师整理的《禹贡锥指》出版了，他并没有把我当学生看，而是以平等的身份对待我，也赠送了我一本，在内页上题字"昭庆同志指正，邹逸麟赠，一九九七年三月"。

留校后，我成为邹老师的同事。记得我的女儿出生之后不久，邹老师专门托别人代他向我贺喜。我后来因为各种原因，并没有继续做河流地貌变迁的研究，而是不断开拓新的研究方向，邹老师在鼓励的同时，偶尔会很委婉地提醒我，可以把兴趣缩小一些。2005年邹老师和张修桂师七十大寿，两位老师先后出版了论文集，邹老师的书名是《椿庐史地论稿》，他也送了我一本，这次题为"昭庆女弟惠存，逸麟赠，二〇〇五年六月"，并盖上了他的印章。当时我先给张修桂师的书写了篇简评，一直也想为邹老师的大作写一篇读书心得，但至今还未写成，感到很羞愧。

邹老师曾经任民盟复旦大学主委，受邹老师的个人魅力感召，我于2002年主动提出想参加民盟，他很高兴。我还记得当时的民盟复旦大学的主委是谢遐龄老师，谢老师有一天晚上给我家里打电话，祝贺我成为一名盟员，谢老师说："虽然没见过你本人，不过由于你是邹老师推荐的，我们信得过！"我当时就想，入盟后也要尽可能做些事情，不辜负邹老师的信任，也要争取做一个像邹老师一样有信誉的人。

邹老师退休后，我和我爱人基本每年都会去看看他，主要是陪他说说话，因怕影响他休息，一般在他家也只坐半小时左右。邹老师见到我们，总是很热情很高兴，我一般也会向他简单报告下近期的研究工作和新发表的文章，他每次都关心我女儿的学习情况，有时会和我爱人聊聊时政，但他从不谈及所里的事情。自1992年进所读研，邹老师对我的学业总是鼓励，但极少表扬我，记得只有在我的硕士和博士论文答辩会上，肯定过我的研究。直到2016年，那次我和我爱人去看他，他说看到我发表在《复旦学报》上有关贵州石漠化与玉米种植的文章了，认为写得很好，并说我近年在研究上进步很快，他没有看错人。我至今还为邹老师这句表扬我的话而沾沾自喜，也为了这句话，让我在今后的研究之路上始终不敢懈怠。当他知道我前两年身体出现了点状况后，也很关心我，告诫我要注意身体健康，学问方面让我悠着点，并开玩笑让我爱人要监督我，让我劳逸结合。

我从邹老师身上学到的还有他乐观豁达的生活态度。他近年家里连续遭遇不幸，但是每次我们去看望他时，他从不谈家里的伤心事。邹老师一向非常注意仪表，但是自从长子去世，他一下子头发白了许多，渐渐地显得苍老，但每次出席会议，他仍然很注意，总是显得干静利落。他非常支持盟务工作，2018 年他身体状况日益不佳，但是复旦民盟成立盟史研究会时，他还是应邀出席，谈起以前的盟务工作来，仍然很有感情。

虽然邹老师对我帮助很多，但他几乎从未要我帮助做些什么，即使在病床上，他也是为别人着想。2019 年，邹老师和张修桂师合编的《中国历史自然地理》获郭沫若中国历史学奖二等奖，他因病不能亲自前往，让我替他去北京领奖。我领回证书去医院看他时，他当时已非常虚弱，还吃力地和我讲，让我把证书复印一下，给每位作者一份。

邹老师是我国历史地理学界继谭其骧先生等前辈之后的第二代继承人，他兼通历史自然地理和人文地理，不仅在黄河史、运河史研究方面独树一帜，在历史区域地理研究方面亦是先行者，他主编的《黄淮海平原历史地理》（1993 年）获首届全国高等学校人文社会科学优秀成果一等奖；他与张修桂师主编的《中国历史自然地理》于 2015 年获教育部第七届高等学校科学研究优秀成果人文社会科学二等奖，2019 年又获第五届郭沫若中国历史学奖二等奖；邹老师撰写的《中国历史地理概述》更是历史地理专业的学生必读的入门书，他为历史地理学的普及和教育作出很大贡献。

邹老师前年生病住院之后，我曾多次去看望他。开始他还能和我们聊聊童年之事，谈起最怀念小时候吃过的弄堂里流动摊位的馄饨。随着病情的变化，他慢慢变得虚弱，不再交谈，有次要离开时，他还能主动和我们握手。之后有一两次，他在休息，我只能远远地看看。今年年初突发疫情，我到他离开之前都没去看过他，内心一直感到深深的遗憾。

邹先生在他的口述史中讲到"认真做事，老实做人"，现在回想与他交往的点点滴滴，发现这八个字正是他一生的真实写照。回忆与邹先生交往的近三十年来，心里一直感念他的知遇之恩，虽然我不是他直接指导的学生，但是他对我的关心与他的学生并无二致，每每念及，总会眼眶湿润。我想，他更多地是通过身体力行，教会我平平淡淡才是真，在以后的科研和生活中，我会以邹老师为榜样，以此方式怀念这位让我敬重的老师。

2020 年

（作者为复旦大学中国历史地理研究所教授）

# 谢谢您，邹逸麟先生

## 孟　刚

　　2020 年 8 月 31 日是邹逸麟先生八十五周岁诞辰纪念日，所里特地举行邹先生的追思会，给大家提供一个缅怀邹先生的机会。邹先生去世以后，引起社会各界、各级领导的关注，我想一方面是对邹先生长期以来参加《中国历史地图集》编绘等国家大项目工作的肯定，另一方面也是对我们所和历史地理学科的殷切期望，希望历史地理学科能继续为国家和社会作出更大的贡献。

　　今天，八十七岁高龄的王文楚先生亲自参会，他和邹先生都是从 1957 年初就跟随谭其骧先生到上海"改编重绘杨守敬《历代舆地图》"的老战友，见证了所里从无到有、从研究室发展到研究所的全部过程。他们之间有着 63 年的友谊。5 月 26 日，王先生还专程到医院去看望邹先生，老辈人的深厚情谊令人感动。邹先生生病和去世后，张修桂先生也非常难过，不愿面对，今天张先生请假了。去年邹先生刚入院时，所里一些老师想去看他，我和邹先生讲，邹先生又说"等我回家了再来吧"。后来一次住院，我和邹先生讲大家都向他问好，想来看他，他说"不敢当啊，请大家不要来"。我理解他是担心多年的老同事看到他伤心，身体吃不消。邹先生一直是为他人着想。

　　我是 2002 年 7 月 5 日到史地所 CHGIS 小组打工的，那时正式认识邹先生。这

18 年来，深受邹先生、满老师和所里各位老师的关怀与教诲，这种恩情永生难忘。邹先生生前，我没有向他当面表示过感谢，这也是一种中国式的遗憾，我想借这个机会表达我深深的感谢和怀念。

第一次见到邹先生是 1995 年，那时我上大二，他在一教西侧的一间小教室上"中国历史地理概论"课，我和几个同学慕名去旁听，去晚了总是要央求里面的学生帮忙开门。邹先生也不管我们这几个旁听的人，他继续讲他的课。那时邹先生比较瘦，穿一件咖啡色的西装，笔挺的西裤、锃亮的皮鞋，戴一副宽边眼镜，不苟言笑，头发还是黑的。邹先生讲课不看下面的学生，讲的内容和他教材上完全一致，我当时很吃惊，居然字句和段落丝毫不差，可见这些内容他烂熟于心。另一个同学课后和我说，大教授上课讲话多是结论，不含含糊糊。

2002 年 7 月初到 2007 年 12 月底，我在 CHGIS 小组打工。2006 年夏天工作室搬到光华楼之前，大家是在文科楼八楼一间大房间里集体办公。满志敏老师把他的办公桌让给我，我就坐在邹先生的右侧，有四年的时间，常常可以听到邹先生天南海北地聊天。每当听到身后的他咳一声，点上一支烟，就知道邹先生要开讲了，我赶紧放下手头事情，转过身来，听他和各位老先生们聊天。邹先生口述史中不少故事都曾听他讲过，还有一些没有写进去，诸如听梅兰芳唱戏、政协小组讨论等趣事。

有几次聊天印象深刻，比如 2002 年 8 月 3 日，我在办公室加班，邹先生来，讲到他对苏州、湖州、嘉兴三地历史演变的看法，启发我对历史地理学的兴趣。9 月 4 日，听邹先生讲李学勤先生逸事。10 月 30 日晚，陈伟庆老师请吃饭，和邹先生一起聊天到八点。邹先生讲到他的祖父和家史，讲到他家在宁波有一处老宅"椿庐"是以祖父名讳命名的，还回忆起他在青岛山东大学读书的经历，衣食住行，说那时"生活十分惬意"。邹先生还讲到，到史地所读书，要跟周振鹤先生，周先生是钱大昕、王国维一样的人物。我当时只知道周先生《西汉政区地理》的书名，还不知道周先生在西汉政区地理研究中解决了钱大昕、王国维没有解决的问题，成绩卓著，得到谭其骧先生的肯定。

2003 年"非典"爆发，邹先生也很关心我的吃住和安全，6 月 12 日还亲自到我新的住处来看我。2004 年秋天，邹先生七十岁生日，他请陈老师和我参加他们的家宴。2005 年春天，邹先生第一本论文集出版，他还把我刻的"椿庐"印章用在赠书上。

2019 年 4 月份，安徽教育出版社出版了邹先生和我一起编的《晋书地理志汇释》，这本书要不是 2017 年申请到国家出版基金，估计到现在也还印不出来，邹先生一直很关注这本书，一直催促。2005 年我接手这个事情，2011 年完成初稿，2012 年作过一次大的增补修改，后来就不断地一次一次看校样。这本书前后经过 14 年，邹先生批评过我进度太慢。在一堆当时的工作笔记中，我找到一张纸片，上面写道："2005 年 4 月 8 日上午，邹先生找我，叫我帮他汇释《晋志》，希望我先弄出一个大框，再加注，仿《华阳国志校补图注》一书，一个郡一个郡的搞，把清代人的考证收入，同时也要把本纪列传中的记载一并收入，进行异同校。"那天邹先生给我两份资料，一份是嘉业堂刊印的《晋书斠注》地理志部分的复印件，还有一份是中华书局点校本《晋书》地理志部分的电子文档，我就按照邹先生在复印件上的标点体例做了起来。中间遇到具体的问题都一一向邹先生请示过。书稿完成后，2010 年 5 月 5 日，我把说明和书稿以电子邮件形式发给邹先生，大概 11 月初，邹先生把电子稿退还给了我，提了一些具体的修改意见，建议我修改后提交给出版社，还特意说他不署作者，只署审校。后来邹先生告诉我，出版社的彭克明老师告诉他，这份稿子是符合汇释体例的，比较规范。中间几年又校过五六遍，最后一次又把今地统一改为 2015 年的行政区划。去年 4 月份，忽然有一天快中午了，邹先生拄着拐杖到资料室来，和我说："稿费收到了，太多了，谢谢你。"我脸腾地就红了，明明是邹先生提携教导我，却变成他老人家来感谢我。那个时候邹先生在吃进口药，送钱他也不肯收，只好用这种方式来表达一下我的心意。那天走的时候，邹先生还说："你有这本书，将来可以评职称了，我也放心了。"记得 2005 年邹先生布置我这项工作时，他特别强调："你要先

2005 年邹先生和同事们在"CHGIS"工作室合影（后排右一为邹先生）

做学者，再做文人。"很惭愧，我后来这些年不求上进，有愧于邹先生的期望。

2008年秋天，邹先生退休了，他找我商量，可不可以在资料室角落里摆一台电脑，他可以来看看书、写写文章。我和同事商量了一下，在最北边靠窗位置给邹先生留了一个小桌子，他常来看看书写写东西，直到今天，这个小桌子还在，邹先生用过的一个水杯也还在。2011年9月，邹先生查出前列腺疾病，手术恢复后，也还常来资料室看书。2014年以后，偶尔来看看新书、报纸，借点书回去。晚年邹先生还承担了两个大项目，一个是《清史·地理志》，一个是《中国运河志》，所以，他很关注运河史研究的新成果，我们一起还聊过南京大学马俊亚先生的书。2015年以后，所里曾经叫我为退休老师们服务，每个月组织老先生们聚餐一次，大家见见面，聊聊天，邹先生常来，我就注意点一些他能吃的菜。2017年学校春节团拜会上，邹先生提到2017年是谭先生编图移师上海60年，也标志着历史地理学在复旦发展的60年，学校党委书记很重视，特意要求相关部门在学校门口布置了编图和本所发展历程的展览。2018年有一天，邹先生来查资料，说要写一份推荐信，向中华书局"宋云彬古籍整理奖"推荐《肇域志》。

2019年秋天开始，所里启动了一个出版项目，编纂复旦大学历史地理学科发展史，同时也推出几位先生的学术自传、经典论著和论著目录。我把开会大家讨论的想法带去医院，听取邹先生的意见。邹先生讲了一些历史地图集编纂的历史，还有当年一些细节，诸如学科史如何分期，20世纪50年代私营地图出版社编绘人员的情况，建议通过这个项目把谭图的编纂史搞清楚。还说到如果需要了解本所的情况，要查阅复旦校刊和《文汇报》，所里的大事大都刊登在这两份报纸上。说到他自己的学术自传，他讲到自己已经不能写了，建议征求段伟的意见，请段伟作几次访谈，做好记录，在他自己写过的相关学术史文章的基础上，整理成书。具体还谈到，先把他的论著目录整理出来，再把《中国历史地理十讲》吃透，书中还可以配一些学术活动和资料的照片，他说完成这活也是蛮吃力的，需要对他的学术成果理解并融会贯通。邹先生很满意去年复旦出版社出版的《十讲》，这里面收的是他最满意的论文，还有他晚年的重要思考。比如有一次他讲到"政治意义上的江南"，在古代社会，对江南是又"爱"又"恨"，"爱"的是江南的财富和人才，"恨"的是江南发展带来的威胁。

去年5月邹先生住院时，还打电话或者发短信，叫我找一些可消遣的刊物借他看看，比如传记文学之类的，最后一次短信是8月26日，只发了一个"〈"符号。今天邹先生的女儿把我最后一次借给他的三本书还给了我。

根据所里的安排，我曾兼职做过几年《历史地理》的编辑工作，在朱老师退休时接手，完全摸不着头脑，都是依靠所里的领导、编委会老师们的把关、外审专家的审稿和助管同学以及出版社编辑的认真工作开展起来的。2018 年底改成《历史地理研究》期刊以后，要求更高了。2019 年 4 月下旬，所里开期刊启动会，这大概是邹先生最后一次出席这样的学术会议，会上他讲了 15 分钟，讲到了刊物未来发展任重道远。为了筹备第一期，编委会决定组一组历史地理学老前辈谭先生、侯仁之先生和史念海先生的遗稿，表明刊物"不忘本源"的继承性。和邹先生讲了以后，他非常认真地整理了一篇谭先生给安阳史志办人员的信，亲自把整理的稿子和原信复印件送来编辑部。后来把文章修改成谭先生遗著、邹先生整理的形式，也得到邹先生的理解。文章中第二封信的内容从未发表过，刊登出来以后，影响很好，安阳当地的学者也来询问。邹先生在整理后记中写道：从谭先生这几封信"可以看出老一辈学者对学术的认真态度和科学精神"。关注古都问题的背后实际上是历史地理学对中国文明起源问题的思考。这几年我经手了几份邹先生的审稿意见，感觉他是很严格的，该否定的就否定。有时候遇到一些具体的难以处理的事情也会向他请教。闲谈中，他告诉过我，做好刊物工作要一手抓质量，一手平衡好各方关系；另外不能一开始把标准定得太高，以后难以坚持下去。

7 月 14 日，葛剑雄先生在上海文史馆举办的邹先生追思会上讲到邹先生在担任所长期间，尤其是谭先生去世后，继承和完成了谭先生的事业，很不容易地坚持下来，尽自己最大的能力协调各方关系，做了很多工作，为所里新时期的发展打下了基础。葛先生还说到邹先生人品很正，做事出于公心、与人为善，把谭先生定下来的廉洁纪律传下来。

2012 年，我爷爷和爸爸相继去世以后，我没写过纪念文章，不愿意想起他们，也不愿意去医院探望病人。邹先生去世以后，我很伤心，18 年来的过往一一浮现眼前，想起傍晚去新华医院探望邹先生的场景，高高的病房可以看见上海的夜空，天空很漂亮，深蓝深蓝的，星星特别明亮。

（作者为复旦大学中国历史地理研究所馆员。本文是为 2020 年 8 月 31 日"邹逸麟先生追思会"准备的发言稿，后发布于"历史地理学研究"微信公众号，载《华中国学》2020 年第 2 期）

# 重抚《冶即东部候官辨》改稿：
# 追忆邹逸麟先生的学术关怀

## 吴松弟

2020 年的上半年，对于牵挂导师邹逸麟先生病情的数十名学生来说，无疑是一段相当难受的日子。先生的病情时好时坏，一直揪着大家的心。当听说先生好一点时，大家的心便放宽一些；当听说先生病情似乎加重，大家的心又揪紧了。6 月 19 日，邹先生走了，永远地离开了自己的亲人和爱他的学生们，但他儒雅、亲切的形象和深广的学问，永远留在我们的心中。

我是邹先生以他名义招的第一批硕士生之一，在我读书的过程中，邹先生给予了我很多教导，令我获益良多。其中最令我难忘的，是他指导我写出我的第一篇学术论文的情景。

1984 年春，正是我硕士第一学年的第二学期。按照历史地理学界的共识，"二十四史"中的十六部地理志是研究古代历史地理必须要读的专篇，往往在入学第一年就要读完。我由于对中国古代经济中心从北方迁到南方的过程和原因特别感兴趣，故对地理志中记载的今福建及其南北的文字，进行了深入研读。

当我读到《续汉书·郡国志》会稽郡条时，产生了疑惑。《续汉书·郡国志》会稽郡下载十四城，最后是"章安，故冶，闽越地，光武更名。永宁，永和三年以章安县东瓯乡为县。东部侯国"。这段文字让我茫然很久，读来读去总感到读不通。思虑再三，我怀疑此段读不通的原因，是《郡国志》"东部侯国"为"东部候官"（候官的全称）之讹，而"章安"条下"故冶，闽越地，光武更名"实为错简，应在"东部候官"条下才符合史实。一天清晨，我又在想着这个问题，等邹老师上班到办公室，便对他提出自己的看法。邹老师冷静地对我说："你不能只是怀疑，你必须拿出证据。"于是，我用了十来天的时间，将《史记》《汉书》《后汉书》《三国志》四书中记载的发生在闽北、浙南地区的战乱、灾害、城市等所涉地名一一找出，并对照今天的地名，确认上述史籍中所载的冶、东冶、候官等地名都应在今福州市，进而判断《续汉书·郡国志》"章安"条下"故冶，闽越地，光武更名"实为错简。其原文似应为："章安。永宁，永和三年以章安东瓯乡为县。东部候官，故冶闽越地，光武更名。"于是，我再次兴冲冲地找邹先生，谈了自己阅读《史记》《汉书》《后汉书》《三国志》四书记载的发生在闽北浙南地区的战乱等历史事件所涉地名的情况，认为《续汉书·郡国志》会稽郡下的这段文字可以确认为错简。邹老师开心地露出笑容。但他马上又提出新问题："《史记》《汉书》《后汉书》《三国志》都是汉晋时人所作，能不能在后世的文献中也找到资料，证明以上所说的改名之事呢？"

这话提醒了我，我赶紧到阅览室找宋人赵明诚所著《金石录》，我知道《金石录》是成书较早的金石著作，或许会保留一些史籍未载的资料。果然，《金石录》卷十四有东汉永平八年所造会稽郡东部都尉路君阙铭，对推测东部候官始置时间有重要意义。我再查阅《宋书·州郡志》和《晋书·地理志》，以及《资治通鉴》和《太平寰宇记》，发现也有与此地名考证相关的蛛丝马迹。《宋书·州郡志》载"候官相，前汉无，后汉曰东候官，属会稽"；《晋书·地理志》云：东冶"后汉改为候官都尉"，"都尉"二字当为衍文。《资治通鉴》汉献帝建安元年胡三省注引李宗谔《图经》："光武改回浦为章安，以冶立东候官。"《太平寰宇记》卷一〇一建州下载："汉因分其地为会稽郡冶县之北乡，后汉建武中又为东侯官县。"李宗谔《图经》和《太平寰宇记》均提到东汉光武帝时改冶为东候官，这和《宋书·州郡志》及《晋书·地理志》所载不悖。而据路君阙铭，东汉明帝永平八年已有会稽郡东部都尉，其时上距光武帝时不过十年，故会稽东部都尉在汉光武帝时可能已经存在。我怀疑在建武六年光武帝裁并天下四百余县时，冶即被裁减，代之以边地军事机构性质的东部候官，故《郡国志》曰："光武更名。"而章安在今浙江临海，冶在福建福州，可以说两地互不相涉。

在邹老师的步步启发下，我终于完成了冶即东部候官的考证。和我同年入学的邹师的另一位硕士生洪偶，在 1984 年春天的某天向我转述了他与留所当老师的周振鹤师兄在复旦影院看电影时的对话。当时，周老师问洪偶，吴松弟在做什么？洪偶告诉周老师，吴松弟在写《冶即东部候官辨》这篇文章。周老师说："当年我读到《续汉书·郡国志》这段时，因读不下去，便向谭先生请教。谭先生翻开自己的书，只见书边上写着'此条错简'四字。谭先生没有将此写成文章，现松弟写成了，我要推荐到《历史地理》发表。"

不久，我接到邹先生的信：

松弟同志：

　　《历史地理》编辑部决定采用此稿，并嘱我帮助修改一下。我作了比较大的修改，主要在于压缩和挤去水分，省略尽可能省略的字句，使文字读起来精炼些，请您仔细复读一次。若感到有改得不妥处，提出来再研究。另需重抄一遍，字迹务必端正。原始材料和出处再核对一遍，因我发现第十页上注卷"二十九"误作"三十九"。

　　此致

敬礼！

邹逸麟 84.2.22

当邹老师将编辑部请他帮助修改的稿子交给我时，我大为感动。邹老师不是一般地改动句子，除了"压缩和挤去水分，省略尽可能省略的字句，使文字读起来精炼些"，还补充了部分史料，使文章的论述更加有力，更加方便读者阅读。有的地方，经过多次修改，笔迹出现叠压，看得出他经过再三思考。我不由为自己文字的稚嫩、思考的不足而脸红，对邹老师的敬意也油然涌上心头。最终，这篇名为《冶即东部候官辨——〈续汉书·郡国志〉会稽郡条下的一条错简》的论文顺利地发表在《历史地理》上。[1] 我至今仍然完整地保留着当年邹老师替我改文章的稿子，每次翻到时都要拣出看看，以提醒自己写文章一定要认真再认真，仔细再仔细。

---

[1]　吴松弟《冶即东部候官辨——〈续汉书·郡国志〉会稽郡条下的一条错简》，《历史地理》第 4 辑，上海人民出版社 1986 年版，第 175—178 页。

又记得 1991 年 10 月 23 日至 27 日，全国首次青年史学工作者学术会议在西安举行。我有幸参加，并在分组会上谈了历史地理在经济建设中的作用问题，希望引起政府和社会的重视。《求是》杂志的周溯源编辑当时与我同组，我发言结束以后周编辑对我说他想请谭其骧先生就这一题目写篇文章，以引起大家关注，可惜谭先生由于身体原因终未落笔。1993 年初，邹先生让我起稿，撰写了《重视历史地理学在经济建设中的作用》一文。他进行了一定的修改，回顾了历史地理以往为国家建设所作的贡献，又展望了未来这方面的一些可能性。邹先生对历史地理发展趋势的判断颇为清晰，近二三十年的学科走向也证明了其锐利的学术眼光。我在文中写了一些话，表达了自己的思考，比如"我们认为，历史地理学研究的历史时代应尽量后移，尤其要加强对明清乃至民国时期历史地理的研究；在研究方法上应注意分析地理条件，注意将历史状况与现今状况进行比较，在深入细致研究的基础上找出规律性的东西"。下笔之前，我并不知道邹老师对此表述的态度如何。让我惊喜的是，他看到这段话后并没有表示反对或提出修改。此后我将历史地理的研究重心放在近代，并联合大陆、港台的学者撰写九卷本《中国近代经济地理》[①]，这套书 2016 年出版之后社会反响不错，2018、2020 两年分别获得上海市和教育部的社会科学优秀成果一等奖。这些方面的学术成就，无疑凝聚着当年邹老师的心血。

邹老师走了，他的教导和高尚的人品，我将永远铭记。他永远活在我们的心中。

**（作者为复旦大学中国历史地理研究所教授）**

---

① 吴松弟主编《中国近代经济地理》，华东师范大学出版社 2014—2016 年版。

# 师恩永驻长相忆

## ——敬悼邹逸麟老师

## 华林甫

2020年6月19日，周五，北京，晴天。上午九点多，获知邹逸麟老师凌晨去世的噩耗，为之一惊，不禁悲恸。放下手头工作，集中心思回忆受教于邹老师的前前后后，一个个镜头在脑海间回放。

我的学业是认准了同一所学校、同一个专业、同一位导师从头读到了底——本科就分在历史地理学专业，硕士、博士都是师从邹老师，虽然研究生毕业之后到了北京工作，而无论我在社科院还是人民大学，几乎所有的研究都得到了邹老师悉心指点。如果从本科8214班选修邹老师开设的"中国历史经济地理概要"课程算起，追随他学习历史地理学已经三十五年了。每年都能见面，而且每年见面也不止一次，他担任国务院学科评议组成员、中国地方志指导小组成员，特别是担任了十五年的全国政协委员，每次来京开会，我都去他下榻的地方（如京丰宾馆、国际饭店、华润大厦、铁道大厦、京西宾馆等）看他，话题都离不开学术，受益良多。何况，有时我南下省亲顺道去复旦探望，有时在学术会议上遇见，都有机会请益。因此，受教的情况如果平均每年只限写一千字，那也要有三万多字，一夜之间肯定写不完，还是从最近几年的情况说起吧，本文只能算是开篇。

大约八九年前，《清史·地理志》会议结束之后，在人民大学清史所会议室，邹老师在小范围内告知，他得了前列腺癌，并且补充说，没有生命危险，请大家放心。事后，从网络查询得知前列腺癌的大致情况，确实不像其他恶性肿瘤那样可怕。他的愿望之一，是用历史地图的形式来呈现《清史·地理志》内容；所以，作为《清史地图集》学术顾问，他从头到尾提供学术咨询，不厌其烦地给我们讲述谭其骧先生《中国历史地图集》的掌故、经验与教训，针对底图问题、政区断限、小地名遴选、上图依据甚至图稿编校批改都提出指导性意见；为此，他还为《清史地图集》赐序，详细陈述了历史地图研制编绘的来龙去脉，对晚辈循循善诱、谆谆教导，并提出未来的研究方向，使项目组深受鼓舞。他如此忘我地工作，有时我们晚辈偶尔询问一下病情，他都说还可以，并不多谈，所以我只知他做了哪些治疗，却并不知病情程度。

前年春天，正好我有机会驻访浙大高研院，邹老师用上海话跟我说，还没有去过白马湖。于是，我太太6月下旬从北京到上海去接他到杭州月轮山下"我家"临时住房，在《浙江通志》总编室主任颜越虎先生的精心安排下，参观访问了上虞白马湖等地，了却他一桩心愿。在杭州"我家"住了三天，就像一家人一样生活，他惦记的仍是《国家历史地图集》等学术事业，但走路已明显不如从前。邹老师自述儿女身体欠佳，嘱咐我们要爱护身体云云。

去年5月下旬，我到湖北宜都参加杨守敬诞辰180周年诞辰学术研讨会，游览三峡大坝，然后到蒲圻参观赤壁古战场，到蕲春参观李时珍纪念馆，顺江而下到上海向邹老师汇报，没想到邹老师住进了医院，以至于原定陆发春教授"冷门绝学"项目的开题会也无法参加。我意识到问题有点严重，所以尽量多找机会到上海新华医院去探望，每次邹老师依旧谈笑风生，关心我那留学美国的女儿要赶紧找对象，仿佛他什么病也没有。但是，7月初就已经发现血液里有癌细胞。7月12日他在病床上仍与我纵论天下形势，从中美关系到国家发展，从学术界说到大清史，高度赞扬戴逸先生的远见卓识；关于他自己的病情他反而说得少，说前段时间拉肚子，难受，治好了拉肚子的病，其他病就不在乎了，说反正八十多岁年纪了。其实，邹老师面容消瘦了不少，眼袋是灰黑的。9月4日我再到上海，他一见我就说，小华，我吃了不少苦头哎，天天输液。有点委屈的样子。按他的病情，要放疗，身体软，无法下床行走。他躺着，我与他聊天，谈学术的事，他很有兴趣，不时搭话；问他这么躺着聊天累不累，他说还行，我说"您随时可以变换姿势的"。9月20日，我与我太太一起

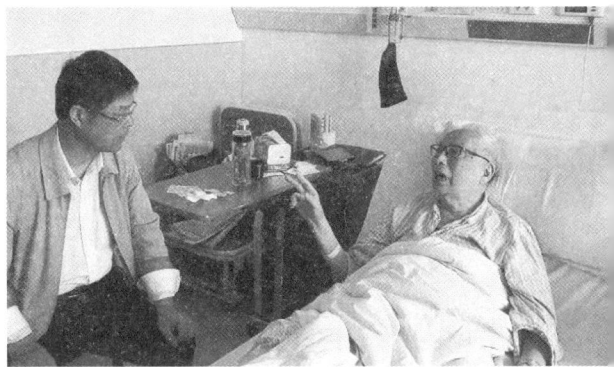

到新华医院探望，他非常高兴。11 月 3 日到上海看他，我感觉大事不妙，那一次邹老师握着我的手，有气无力地说，他要走了，但医生不让；我说，回家不着急的；他说，是要去见上帝。于是我就安慰他，不要那么想，很快就会好起来的。他说话费劲，看样子每说一句话都很累。出了病房，他女婿福哥告知，邹老师有点抑郁，毕竟在病床上待的时间也太长了。

今年元旦前后，曾与孙景超协商赴上海看望邹老师，因故未能成行；春节前我与我太太计划大年初一初二到上海去探望邹老师，这样可以避开春运高峰，但新冠肺炎疫情突起，全国紧张，春节赴沪计划落空。4月30日，北京疫情防控从一级下调到二级，我当天买票南下，次日上午到新华医院，进楼门要测体温，楼上病房要出示"随申码"，见到了病房中的邹老师，他仿佛换了个人似的。他抚摸我带去的《清史地图集》新书，百感交集，但没什么力气说话了，我给他翻页看，看了他写的序、我的前言、目录等，他竖起大拇指，轻声地说"精细考证"，但说着说着就睡着了，等他醒来又可以交谈几句。我在病房呆了一个多小时，护工说今天护士站已给我网开一面。5月29日我与我太太再赴上海，邹老师跟我打招呼，并能叫得出我太太的全名，让我们都坐下，他说我们俩到上海来看他不容易。他关心北京的两会，回忆当初在京参加两会的情景。探视时间有限，护士提醒我们时间到了，于是告辞。

自去年以来，每次到病房探望，他都是关心学术事业，谈到他自己病情的时候很少。去年还能侃侃而谈、为我指点迷津，到今年五一节，显然体质下降了很多，以至于他让我扶他起来、想要坐在床沿上，却被护工阻止了，护工说像邹老师这样的病人是不可以坐着的。呜呼，连坐着的机会也被剥夺了，上苍也太残酷了！更料想不到的是，三周前的探望，竟成永诀。由于"新发地"疫情的原因，以至于周日上午的告别仪式也无法赴沪参加，实乃遗憾！

一日为师，终身为父；师恩难忘，永驻我心间！

2020 年

（作者为中国人民大学历史学院教授）

# 追思业师邹逸麟先生

## 王振忠

去年 6 月 19 日 10 点左右，忽然接到伟兵师弟的来电，告诉我邹老师已于凌晨去世，顿时脑子一片空白，呆坐在位子上很长一段时间……

此后，一些报刊陆续与我联系，希望我能撰写追思邹老师的文章，但当时自觉急就章一时写不出，只能婉言推辞。而今，时间已过了半年多，纪念文集亦编定在即，感怀往事，悼念弥深，此处就先谈几个片断，以追思邹老师对我的教诲吧。

我是 1982 年考入复旦大学历史学系的，虽然高考录取通知书上明确注明为"历史地理专业"，但入校之后不知什么原因，实际上并没有区分专业。不过，在当时，历史地理学在复旦文科中的影响可谓如日中天。1982 年，正是中国历史地理研究所成立的年份。另外，谭先生还担任历史学系的系主任。记得进大学后不久，邹老师就和周振鹤、葛剑雄老师等代表史地所教师，为我们一年级新生介绍历史地理的研究现状。从那时起，邹老师的严谨和儒雅，就给我留下了深刻的印象。正是受到此种人格魅力的感召，大学毕业后，我就报考了史地所。

那一年，报考史地所的同学计有十数名，最后考试合格的共有四位，但由于名额只有两个，最后录取了华林甫和我。另外两位同学，一位去了南京二档馆，还有一位是 2020 年在新冠肺炎疫情期间病逝的梅莉教授，当年她被调剂到了武汉大学，由石泉教授指导。

考上研究生后，我的导师是吴应寿先生，但后来硕士学位论文的题目是邹老师帮我出的主意，做历史经济地理方面的研究。1989 年，我又成为邹老师指导的第一位博士研究生。我的硕士和博士论文，皆围绕着明清两淮盐业与苏北区域社会变迁的论题展开讨论。之所以选中这个题目，是因为邹老师对于黄河史、运河史有着精深的研究，他虽然研究的是历史地理的学术问题，但也时刻关注与之相关的其他论题。那时候，华林甫和我经常到邹老师家中请教学问。在多次的交谈中，邹老师都谈及河、漕、盐对于苏北社会的影响，他觉得这是一个很好的研究课题，希望我能从历史经济地理的角度，综合历史地理与社会史的研究，探讨两淮盐业与苏北区域社会变迁的关系。

邹老师告诉我，研究这些问题不能只看方志、盐法志等专书，还应当广泛涉猎各类笔记、文集等。除此之外，也还要前往苏北等地进行实地考察，以增加感性认识。这当然是因为我们历史地理学科素来有着实地考察的传统，而在当年，区域史研究也远没有如今这么兴盛。在国内，大概除了少数的历史学者（如现在所知的华南研究者）之外，绝大多数的学者都没有直接前往自己所研究的对象地作实地调查的意识。另外，这一点也与研究经费的多少密切相关。当年，在复旦文科中，唯有史地所的研究生享受理科研究生的待遇，在经费上相对较为宽裕。正因为如此，从硕士生阶段起，我除了与华林甫一起前往河西走廊考察，去太原及五台山参加历史地理学术年会之外，还多次前往苏北各地及徽州实地调查，查阅地方文献，由此也养成了此后数十年实地考察、发掘地方文献的习惯。

由于明清时代在苏北从事盐业经营的商人有许多都来自徽州，这引起我的极大兴趣。因此，在博士学位论文完成后不久，我就将不少精力投入到徽州区域的相关研究上。1996 年，承朱维铮先生力荐，我的《明清徽商与淮扬社会变迁》一书，由朱先生、邹老师和唐力行先生三位联名推荐，被"三联·哈佛燕京学术丛书"编委会接受，并列入第三辑正式出版。在当年，学术著作出版极为困难，特别是对年轻学者而言更是如此。而我当时刚刚年过而立，能在此一丛书中出版一部小书，无疑与诸位先生的鼎力推荐密切相关。虽然这不是我的博士学位论文，但其中的相当部分，就与邹老师的指导密切相关。此后，"徽学"研究成了个人最为重要的学术研究领域之一。2019 年，我的《徽学研究十讲》一书，有幸骥尾叨陪，与邹老师的《中国历史地理十讲》一起，共同列入复旦大学出版社出版的"名家专题精讲"第六辑。该书出版前夕，邹老师非常高兴，我去新华医院探望他时，他叮嘱我出版后一定要将该书带去送给他……回想起来，虽然"徽学"研究只是我个人后来发展出的学术兴趣之一，但我在徽州研究上如果说有一点成绩的话，追根溯源，都应归功于邹老师的早期启发与指导。

我在攻读硕士、博士学位期间（1986—1992 年），历史地理研究所并没有开设很多课程，除了必修课"中国历史地理概论""历史地理要籍介绍"之外，选修课还上过邹老师的"河渠水利史专题研究""历史经济地理"等。此外，对于初入门的硕士生，作为基本功，根据谭先生的要求通读了一遍《资治通鉴》。所以第一年主要的任务除了上课，就是读《资治通鉴》。攻读博士学位期间，邹老师并没有硬性指定要做什么事情，对于个人的学术兴趣与探索总是予以积极的鼓励。不过，他也要求我们，无论将研究重点放在哪个朝代、哪种课题，都必须熟悉中国历史地理的基本典籍，对于历代的正史地理志、食货志和少数民族列传等，都应当系统地翻阅一遍。他说，将来无论做什么研究，这些都是基本功。此外，他还希望学生勤于思考，多写文章练笔。他常说：做学问除了广泛阅读之外，还应当多多动笔写作。年纪轻时写文章投稿被拒不怕难为情，否则岁数大了，连文章都不敢投了，思维也会固化。因此，每隔一段时间，我都会将自己读书过程中的心得写成文章交给邹老师批改。每次，他总是一字一句地帮我批改，哪怕是小小的标点符号也不放过，并耐心地点明文章的不足以及修改方向。以前我写论文有堆砌史料之嫌，邹老师说写文章就像烧菜，不能像粗人煮红烧肉，大块猪肉切好放入锅中，倒上酱油就万事大吉了，还是要讲究烹饪技术。他还说："我当然理解你的心情，因为不少资料可能是自己好不容易找来的，所以总希望都用到文章上去，但写文章不能一段史料接着一段史料，需要为读者考虑，不能让读者太累。以前一些大学者写文章，一段史料接着一段史料，自己的话很少，那是时代的风气。但现在如果还有人这么写，显然是不合适的。"经过邹老师的点拨，我在论文写作技巧上有了一些进步。在攻读博士学位期间写的一篇有关扬州盐商的论文，也经过邹老师的悉心指导和反复修改，后来又由他亲笔推荐，发表于《中国史研究》1992 年第 2 期。文章刊出时，我刚刚博士毕业留校工作。当时，我的另一篇学术论文《从客家文化背景看〈天朝田亩制度〉之由来》也随后在《复旦学报》1992 年第 3 期上发表。该文从聚落地理的角度重新透视太平天国的纲领性文献，提出了一些新的看法，虽与博士学位论文无关，而且也是我向《复旦学报》的自由投稿，但在撰写论文时，也曾向邹老师谈过自己的构思，并得到了他的首肯与鼓励。

邹老师经常告诫我：做学问不要跟风，不要现在时髦什么就去做什么，也不要东一榔头西一棒地做，否则，到老时那会一事无成。既然选择在研究所工作，还是要安心做学问。这些话听上去虽然平淡，却实属阅历有得之言，仔细回味，皆有深意存焉。有一年，所里中秋节聚会，有位教师大概是喝了些啤酒有点飘飘然，对在场的年轻同事和研究生说："你们不要死做学问，要想清楚学会如何经营自己……"当时，邹老师对此虽然没有说什么，但显然很不以为然。

当年，研究所的研究生很少，各种事务也不多，我做过几年的秘书，也是当年所里唯一的秘书。在 90 年代，邹老师担任中国历史地理研究所的所长，这也是史地所追求卓越、人才辈出的黄金时期，他不仅为中国历史地理学的发展作出了巨大的贡献，使得史地所成为国内历史地理研究方面最为重要的学术重镇，还培养了一大批硕士、博士，这些师友，现在绝大多数都已成为各个高校的学术骨干，成为诸多领域的学术带头人。

正是因为史地所在学界的地位，以及邹老师的学术地位，后来组织上发展他加入民主党派，进而成为政协委员。作为研究所的秘书，当年最早上报的基本材料由我整理。最初听说是学校推荐他做人大代表，后来不知怎地就做了政协委员。邹老师告诉我，这些都是组织上的安排。他始终认为立足学术是学者的本色，学者就应当讲真话，"治学不为媚时语，独寻真知启后人"，他当然很清楚自己作为学者在参政、议政上的角色，为此努力做一些力所能及的事情。

2015 年 1 月 29 日邹逸麟先生在审阅学生主持的
国家社科基金重大项目开题报告

复旦光华楼二十一楼朝南有五个房间，我的右边是研究所办公室，左边毗邻的就是邹老师的研究室。虽然他曾是复旦屈指可数的"首席教授"之一，但最后却是以普通教授的身份退休，而且在退休之后不久，就按照学校规定将办公室清出……此后，他来学校时，就到隔壁的办公室取了信件，有时会到我的房间坐坐，与我聊聊时事、生活以及最新的学术进展。桑榆晚景，物是人非，但他始终达观自处……尽管退休了，他还在主持《清史·地理志》等国家级重大项目，仍然忙于自己的研究。与此同时，也一如既往地关心同事和学生们的研究……2017年，我应《上海书评》之邀谈明清徽商研究的一些问题，在那篇访谈中，首先提及徽商起源的问题。关于这一点，以前曾有"东晋说""南宋说"和"明代说"三种，迄今仍有人坚持"东晋说"，它的依据是《晋书·五行志》的记载，书中说东晋宗室司马晞未败之前，每逢宴会，便令"倡妓作新安人歌舞离别之辞，其声悲切"，后来，司马晞果然被迁徙到新安。因徽州在西晋时曾设新安郡，清代有人就认为，司马晞所听到的"新安人歌舞离别之辞"，应与徽商经营四方有关——这也就成了当代一些学者认为徽商源起于东晋的根据。其实，在司马晞的时代，除了地处江南的新安郡之外，西晋时期洛阳附近的

2019年3月20日邹逸麟先生与作者的最后一次合影，谭其骧文库

司州河南郡新安县（今县西北）更加有名。根据安徽省博物馆刘和惠先生的考证，司马晞听到的"新安人歌舞离别之辞"，可能是东晋初期社会上流行的民间歌曲，其中的"新安"，应指中原的新安县，与北宋以后的徽州之前身——江南的新安郡并无关联。我赞同刘先生的看法，因为东晋的新安郡尚属"深林远薮"的蛮荒之地，虽间有中原移民迁入，但当地仍以"椎髻鸟语"之人占绝大多数，尚无产生"歌舞离别之辞"的条件。所以，关于徽商源起于东晋的说法，显然是对史料的误读。邹老师看到《上海书评》后，特地打电话给我，除了对文章表示兴趣之外，还指出刘和惠先生的说法应当是站得住脚的。他又从历史地理的角度补充了一个看法，"新安人歌舞离别之辞"，可能与函谷关一带之迎来送往有关。这一点言之成理，也是刘先生和我此前都没有考虑到的，令人铭感心服。

往事云遥，音容如在。回想起来，我在复旦已将近四十年，在史地所追随邹老师学习和工作也超过三十年了。虽然数十年间埋头学术，但于周遭闻见亦时有感慨，这里只谈一点吧——2016 年，邹老师荣获上海市第十三届哲学社会科学学术贡献奖。邹老师去世后，澎湃新闻将当年所做的一个采访节目重新播放，我是从头到尾看了那个片子。访谈中，在谭其骧文库，邹老师用毛笔当场书写了"温故而知新"五个字。镜头中的他，安静地询问负责拍摄的记者："可以了吗？"——从这一保留了现场感的镜头可以看出，在一个媒体聚焦、需要不断弄出声响的年代，邹老师显然并不在行……特别是最后一个画面，邹老师在相辉堂前提着他的公文包踽踽独行，在我看来，那是老师远去的背影，在一个有人已分不清学术与通俗、卓越与平庸的年代，那是潜心学术的一代人远去的背影……

作于 2021 年 1 月 30 日

**（作者为复旦大学中国历史地理研究所教授）**

# 怀念敬爱的邹逸麟老师

## 戴鞍钢

2020 年 6 月 19 日凌晨，细雨蒙蒙，敬爱的邹逸麟老师与我们永别了。闻知噩耗，我深感悲痛。6 月 21 日，前去参加告别仪式，见到静卧在鲜花中的老师，心中的哀伤难以言表。追忆往昔老师对我的关心、培养和扶持的情景，历历在目，无比怀念和感恩。

我是"文革"结束后，作为首届考生入学复旦大学的。在历史学系相继完成学士、硕士学业后，于 1985 年初留系任教。我的硕士论文是《清代后期漕运初探》，在撰写期间查阅了中外学者大量相关论著，其中邹老师发表于《中国史研究》1982 年第 3 期的宏文《从地理环境角度考察我国运河的历史作用》，最令我震憾。先前人们多强调京杭大运河在中国传统社会沟通南北经济文化等交流方面的功能，邹老师则在肯定上述功能的同时，明确指出不能忽视当时统治者治河济运的目的主要在于保障漕运，为此甚至不惜损害运河沿线民众的生计如农田水利灌溉的需求。这样客观冷静、周密睿智的论断，是我从未见闻的，极为敬佩，深受教益和启迪。

1993 年我有机会在职攻读博士学位，就去拜见邹老师，承蒙他的俯允和鼓励。有幸考上后，邹老师因材施教，赞成我在原有研究基础上考虑博士学位论文的选题。几经求教和邹老师的指点，最后决定聚焦"港口·城市·腹地"三者的内在互动关系，具体论析近代上海与长江流域经济关系的历史演进。

在邹老师的精心指导下，经过努力，1996 年 4 月我如期顺利完成了博士学位论文《港口·城市·腹地——上海与长江流域经济关系的历史地理考察（1843—1913）》。外送戴逸先生、陈桥驿先生等评阅和正式答辩时，均获得好评和鼓励，认为这项研究选题独到，从总结区域经济发展历程着眼，将港口与所在城市以及经济腹地作为一个整体综合考察，详尽阐述其中紧密的经济关系，学术价值和现实意义兼具，是一项具有开拓性的研究。次年即获上海市马克思主义学术著作出版基金资助，1998 年由复旦大学出版社出版。2000 年荣获教育部"全国百篇优秀博士论文"奖励，这是复旦大学也是上海市各高校和科研机构人文社会科学类首篇此奖项获奖论文。邹老师和我都很高兴，我更感恩邹老师对我学业的精心培养扶持。

博士毕业后，我仍时时得到邹老师的关心和指导。他每有大著都惠赠我，我也不敢懈怠，继续在邹老师指引的学术园地里学习思考，凡有新作即呈送邹老师。近年邹老师身体欠佳，仍不遗余力地关注、参与和推动人文社科事业的发展。记得他曾抱病应邀为新落成的上海市历史博物馆作面向大众的关于上海历史发展进程的学术讲演。他本是这方面的权威学者，却依然细致准备讲稿并征询我的建议，这种视学术为生命一部分的敬业精神，永远是我学习的榜样。

2020 年 7 月 14 日，我参加了由上海市文史研究馆、上海中山学社主办的"邹逸麟先生追思会"，聆听许多前辈和学者的发言，知道了邹老师更多的感人往事，更增添了我对邹老师的敬意和怀念。

我永远感恩和怀念儒雅、谦和、博学、睿智、慈祥的邹逸麟先生，他是我的学业导师，也是我的人生楷模！

（作者为复旦大学历史学系教授）

# 怀念恩师邹逸麟先生

## 冯贤亮

一

先师邹逸麟先生走的那天，2020年6月19日凌晨，我还在梦中，因为晚睡晚起的习惯，获知消息亦晚。心中十分伤痛！

邹师走得太突然，没有给我们留下什么话，但我知道，他是不放心我们的，怕我们在未来的人生中遭遇困难，碰到难处。但我在很多时候，学习、工作甚至生活上有过纠结、不安以及困境时，一直不愿意和他说，怕他知道了会不安，会耗费他的心神为我排忧。

2006年夏天，我到广州暨南大学参加历史地理国际学术研讨会，他专门把我叫到他的房间，问我的近况，因为之前他专门为此写信给我。我很歉疚，如实相告，他才确知我在单位工作的真实处境。后来于2007年7月，我就回到了复旦工作，他也释然了。我觉得一直欠着老师关怀我的恩情，从无机会回报。

当然老师从来不会要求我们回报，都不想"麻烦"我们，除了学术研究上的工作。我在中国历史地理研究所硕博连读的时候，有两件事至今记忆较深，一是帮过他回复《历史地理》投稿者文章的意见，我花了不少时间考证了那位投稿者的地名研究，发现他考证对了一半，另一半是错的；二是命我参与绘编《国家历史地图集》中北魏郦道元时代的华北平原水系，他还送我了一套线装的《王氏合校水经注》，让我好好研读，书中有他很多密密的红色蝇头小楷批注，非常漂亮，他还说怕别人误会，第一册上专门题签是他送我的。

后来像这样的"麻烦"，是非常少的。有次老师专门打电话给我，问我"沪"的问题，因为"沪"曾经是清代人所谓的"簖"之意，那时我正好在写清代江南渔业与社会的小文章，就奉命作了回答，可惜他需要合适的图片，我暂时没有办法找到。

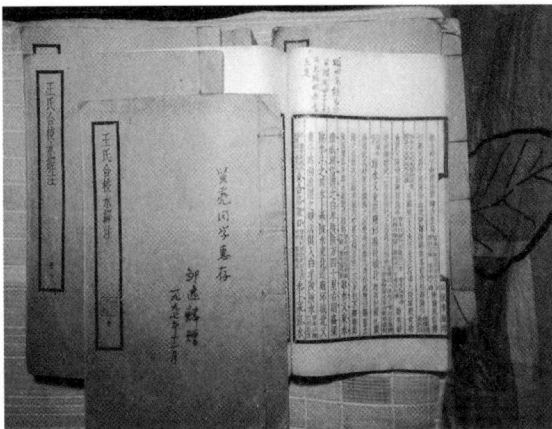

邹逸麟师惠赠《王氏合校水经注》一套

## 二

想起来第一次见到老师，还是本科毕业前，我因无所事事，去旁听了两位老师的课。

一是樊树志老师的"国史概要"，那时樊老师开此课并没多久，此前他开的"明清史""明清江南市镇研究"的课，我都选修过；二是邹老师的"中国历史地理概述"，也是给本科生新开没有多久，我特地从教材科买了当时由福建人民出版社刊印的同名著作，比较薄，我同时买了一本《中国地图册》，配合着看，一边听课，一边对读，积累了一些基本知识。

不过，那时候老师是根本不会认识我的。1995年春天开学后，我在文科图书馆的路边，遇到邹振环老师，我读研究生后才知道，他是老师的侄子。振环老师跟我说，史地所很多年没有多少学生报考研究生了，本校的就更稀少，所里的老先生希望我们去报考。我当时一时兴起，就随口答应了，并接受安排，约了与邹逸麟老师会面的日子。

那时，老师兼任不少社会工作，非常忙。我在文科楼八楼他的所长办公室，不识相地坐了很久，谈了些对于史地研究可能有的兴趣，直到他站起来有些急的样子，我才觉悟要告别出来，结束谈话，这时已是下午下班时间了。老师当时头发略有些灰白，戴了副厚边的度数很深的眼镜，穿着合身的藏青色西服外套，高而且瘦。这是我第一次与老师近距离地对话、相识。

老师说话的神情，慈和的面相，一直让我感到很温暖。我觉得以后要是能成为一名教师，也要像他这样才好。

## 三

后来就报考了中国历史地理研究所。

我记得考研的那天很早，从复旦的本部宿舍出发，与同学一起骑着借来的自行车，迎着朝阳和冷风，赶到同济大学校内的考点。专业考试下来，我觉得还算顺利，题目都是易做的，三小时的考试时间，其实根本用不到就答完考题了。

成绩出来后，英语、专业课都令我满意，但很不幸的是，我的政治科目考砸了，专业课考再好估计也没用了。我把消息告诉了当时还是青年教师的王振忠师兄，他让我放心，说所里会想办法的。果然，所里为了我打报告，向学校申请特批了我的入学复试资格。我想，这一定是邹老师帮了我，圆了我的读研梦。

实际上，直到这时，我也不知道读研该怎么读。不像现在，信息这么发达，很多本科生都搞得像研究生一样。所以在复试时，我没有办法回答我的兴趣在哪里，只能说我喜欢古代史，居然有老师说好，史地研究并不要拘泥什么断代或专题，跨时代与跨空间的研究是比较适合的。邹老师当时在场，帮我说话，说我受了樊树志老师影响，比较喜欢明清江南市镇研究。但我考研政治课不过关的事，在场的所有老师都知道。但他们不知道的是，我的本科毕业论文是请邹老师指导的，题目是关于宋代以来江南一个市镇的初步研究。后来邹老师给我论文成绩打了个优秀。

这是 1996 年的春天。

## 四

硕博连读的五年，虽然也有努力学习，拼命读书，甚至兼做了家教，贴补生活，主要是为了买书有更多的自由，但科研成绩大概是令人不满意的，估计邹老师也不会太满意，毕竟一开始他想让我研究华北地区的城乡社会与地理环境，两年后我居然放弃了！

因为我发现宋代以后到明代，我需要的研究资料相对比较匮乏，与今天相比，那时的信息技术与检索条件非常有限。但我真的花了很大力气收集资料，梳理线索，几乎所有选修的专业课程作业，都是写华北的，甚至选修经济系中国经济史课的作业，也是写华北人口与社会的。手头积累了很多资料卡片，在计算机还没有普及的时代，显得相当传统。最后还是放弃了，转投现在学界所谓的热点地区江南。

研究江南，除了自己是当地人外，还能延续大学时代的若干兴趣。1998年的夏天，日本大阪大学的滨岛敦俊先生来到上海，我被邀同一起参加他的江南乡村调查工作。他知晓我的家乡嘉善在明代有位绅士陈龙正非常有名，而且留下了一部《几亭全书》。他建议我可以这个作为出发点，研究江南。

相信邹老师对我学术兴趣的不断转移，至少会有些失望，但还是采取了宽容的态度，而且送了我相关的重要参考书。比如刘石吉老师的名著《明清时代江南市镇研究》，就是他送我的。（后来刘老师来复旦，帮我签了名。）这都使我十分感激！

也因老师对我的宽容，使我有了十分的自由，兴趣杂而无章。在论文撰写工作中，老师除了对我细微至语言运用方面的点拨外，特别提示我注意宏观层面的探讨，并且讲求每项研究的学术价值与其自然引出的现实意义。终于，在老师的耳提面命下，

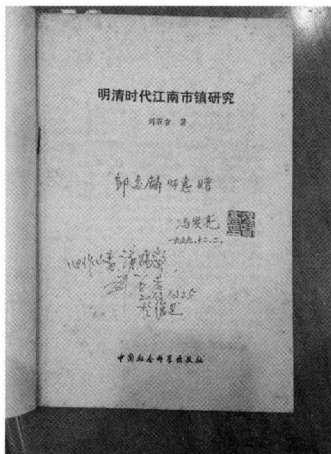

邹逸麟师惠赠
《明清时代江南市镇研究》一册

完成了博士论文的写作，并于 2000 年 11 月顺利通过了论文答辩。其间，论文的送审，答辩委员的安排，都是老师酌定的。他认为，既然研究了江南，就要找专家来审。所以博士论文完成以后，呈请南开大学的冯尔康教授、清华大学的李伯重教授、北京大学的李孝聪教授、南京大学的范金民教授、华东师范大学的王家范教授、上海师范大学的唐力行教授和苏智良教授、复旦大学历史学系的樊树志教授和本所的张修桂老师和王振忠师兄等审阅，他们向我提出了很多富有建设性的意见和许多鼓励。

后来论文要出版了，老师很高兴，帮我写了序，内容也比较长，其中有一句话提到今天"保护好江南地区，进一步发挥其在全国经济文化发展中的作用"，堪称至论。

老师说我研究很细很深，除了表扬，我想他还是希望我有宏观的认识与把握，这样才能获得更全面、合理的历史解释。

# 五

虽然在毕业前，邹老师曾不经意地跟我说过到时候要留所的话，可以讲讲，但直到离开史地所的时候，我一直没有表达过要申请留下来的意思，我也不想再麻烦老师和其他老师了。我不知道这有没有让老师有所不怿，但我知道，在博士论文答辩结束之际，王家范老师热情地邀我去他那边工作，并帮我正式联系去华东师大历史系工作时，邹老师清楚地和我说过，王老师是个好人，是个正派的人。

在华师大工作期间，也时常得到老师的关心。历史系的王斯德老师其时正主编《历史教学问题》，得知我是邹老师的学生，非常热情地要我联系老师，作一篇访谈录，这也是这本刊物中的一个栏目长期征稿的内容。

老师基本拟好了大致的访谈录，我再作了一些梳理，平实地反映老师的人生历程与学术成就，取名《严谨·求实·创新——著名历史地理学家邹逸麟教授访谈录》，发表于《历史教学问题》2002 年第 2 期。通过这样一项工作，我再次熟习了一遍老师的学术经历与成绩。虽然我主要工作的领域已是江南史，但老师的一些工作，仍然对我有很大的影响。直到 2008 年在海盐南北湖由王家范老师召集的一次江南史研究回顾研讨会上，老师非常深刻地提出了"'江南'的政治含义"这个重要议题［整理后的文章收入王家范主编《明清江南史研究三十年（1978—2008）》，上海古籍出版社 2010 年；另文《谈历史上"江南"地域概念的政治含义》，发表于《浙江学刊》2010 年第 2 期了］。

老师强调，除了社会经济与文化上所具的代表性外，江南的"政治"意义也很重要。他概括性地指出，从春秋战国以来，"江南"地区不仅存在欲争霸中原的政治势力，而且到南北对峙时期，江南成了中原之外另一个政治中心地区，到高度集权的明清时期，江南已是中央王朝时存戒备又不得不依靠的地区。这些认识，在当下的江南政治史研究中都已构成重要的方向。

六

我感觉，老师在自己的学术工作以及指导研究生的工作中，可能有一个情结，就是对中国近五百年的环境与社会变迁研究的关心与偏好。

1982 年他就发表了《从地理环境角度考察我国运河的历史作用》（《中国史研究》1982 年第 3 期），1998 年发表了《我国古代的环境意识与环境行为——以先秦两汉时期为例》（《庆祝杨向奎先生教研六十年论文集》，河北教育出版社）；我还知道，在 1999 年 9 月，他就主持申请了"近五百年以来中国环境变迁与社会"的研究项目；2000 年，他发表了《"灾害与社会"研究刍议》（《复旦学报》2000 年第 6 期），影响都很大。

后来我的博士论文选题《明清江南地区的环境变动与社会控制研究》，广泛意义上也是他瞩意的环境与社会问题。

在几轮博士、博士后培养工作后，老师就邀集陈业新、谢丽、杨伟兵、尹玲玲与我，各写一本专书，合成"500 年来环境变迁与社会应对丛书"，由老师主编，到 2008 年由上海人民出版社统一出版。这套书涉及的，包括江淮、塔里木盆地、云贵、两湖、太湖这些带有关键性意义的地域，有一定的代表性。老师专门写了个"总序"，指出要研究中国环境变化与人类活动之间的互动关系，必须从区域研究入手；通过这套书的出版，也希望能粗略地反映出历史环境变迁的概貌。丛书出版后，学界反响不错，出版社的责任编辑曹培雷女士对老师很感谢，老师自己也较为满意，2010 年丛书还获得了第十一届"上海图书奖"一等奖、第二届中国出版政府奖（2007—2009）图书奖（科技类）。

老师的很多学术著述中，比较频繁地出现水利、环境、市镇、生态、人文、政治等这些关键词，我觉得除了早年他投入极大的《中国历史地图集》编绘工作外，他比较有兴趣的课题，就在讨论人地关系、江南以及长三角发展等课题的思考与论述。

譬如，2003 年他发表了《论长江三角洲地区人地关系的历史过程及今后发展》（《学术月刊》2003 年第 6 期），十年后，也就是 2013 年 6 月，主编出版《明清以来长江三角洲地区城镇地理与环境研究》一书（商务印书馆出版），其中收入了我的一篇小文《江南城镇的空间、形态与管理（1912—1949）》。

我基本上就是在老师的影响和带动下，在学术研究上尝试了不少工作。

2014年初春，我受邀为老师写一篇简要的学传，根据需要配了不少图片，都是老师亲自检选给我的，很多非常珍贵。2015年初春交稿给上海文史馆，取名《邹逸麟：大时代转变下的学术与人生》，收入上海市文史研究馆编的《仁者寿：文化名人的学术人生》，最后迁延至2019年7月才由中西书局出版。收到样书后，我去新华医院看望已在病中的老师时，内心十分不安。但老师当时还是感到很高兴，饶有兴趣地翻了一下。我也知道，收入这部名人传的，大多是他相熟的朋友。老师身体已很虚弱，聊了一会儿他就显得很疲乏。我还鼓励他说，王家范老师也因病一直住在华山医院，但对战胜病魔，充满信心，战斗力很强。

2001年复旦大学博士学位授予仪式后与邹逸麟师合影

## 七

老师为人儒雅、正直，是有道君子，对人情世故显然没有其他人那么用心思，要淡漠得多，也从来不教我们要如何处事才会适应这个时代。这实在是与当下的世风俗气相违的。但老师有他的底线和底气，一直保有知识人起码的孤傲。

在老师的意识中，为人一直是比为学重要的！

　　虽然老师在学界堪称巨擘，但他写过这样一句话："学术大厦是由一代人一代人的成果累积起来的，每一代人只能做他力所能及的工作。"老师非常自谦，也很客观实在。不过，在他的《椿庐史地论稿》最末一篇文章《我与中国历史地理学》中，写得更为掷地有声些："希望后人超过我们，而不能绕过我们。"这是老师对自己工作的肯定，同样也是客观实在的。

　　经过多年的科研，老师认为做学术研究，特别是历史地理研究，应该小题大做，运用墨迹战术。他总是强调，青年学者一开始从事研究时，不能马上挑通论性的大题目，而应从平时读书过程中发现的小问题着手。因为做大题目由于基础不够，往往会流于空泛；而从小问题做起，可以往深处着手，同时可由此题像墨迹一样地化开去，逐步扩大，一步一个脚印，日渐构成一个方面，并且产生系统的认识和看法，最后形成系统的成果，成为这个问题的专家。因此切忌在年轻时不肯下死功夫，热衷于凑时髦问题的热闹，东戳一枪，西打一炮，搞得面很广，但都不深，几十年过去了，了解的东西倒不少，但没有一个问题是专的，对自己、对学科发展都没有益处。另外还需多读书，勤思考，力求有所创新或发明。

　　这么多年来，老师的话，我一直牢记在心间，希望能做出点小成绩，以告慰他的在天之灵！

　　老师的晚年，可谓居不争之地，徼难致之福，轸无闷之怀。对自己的身后，已无牵挂，但一直忧心我们每一个人的将来。

　　最后，我还是要再次引用老师在 1998 年秋天，给自己的为人与治学写的一段话，来暂时归结这篇追思："做学问要讲'真'，待人要讲'诚'，人生能做到这两点，庶几可以无憾焉。"

作于 2020 年 8 月 31 日

（作者为复旦大学历史学系教授）

# 怀念我的老师邹逸麟先生

## 尹玲玲

2020年6月19日一早，在邹门弟子微信群里看到伟兵师弟告知所有同门的信息，说是我们老师已于凌晨4：48分走了，不由得心里一紧，悲从中来。那一整天都想要写悼念老师的文字，可觉得脑子是僵住的，就像是断片了一样。只是感觉到难过，越来越难过，一边流泪一边给已上班去的爱人发微信说，邹老师走了。工作后的每年春节，爱人一般都会陪同我前去给老师拜年，老师问起我的工作和生活的同时，也会关心地询问我爱人各方面的情况，所以爱人对老师的情况也比较熟悉，也很有感情。爱人估计不知怎样安慰我，于是发微信说，少受点折磨，只能这样想了。傻坐着回忆学习和工作时和老师在一起的点点滴滴，止不住的眼泪。魂不守舍、两眼通红地走进儿子的房间挨着儿子坐下，儿子很诧异，不知发生了什么事，问我怎么了，我哽咽着轻声说，妈妈的博士导师走了。儿子轻轻地抱抱我，用脸贴了贴我的面颊以示安慰。走回自己房间躺着无声地哭泣，儿子又过来躺着挨在我身边。我抽泣着轻声说，有可以牵挂的人是一件幸福的事情，可现在又少了一位，变成了永远的怀念。儿子说："你可以像你的老师一样对待和培养学生，把对老师的爱传递给自己的学生，他们有什么事就也会依赖你并向你倾诉的，上次你有个学生不就是这样的吗？"已经十八岁的儿子能够善解人意了。

　　我是老师门下 1997 年入学的博士研究生，之前两年是吴松弟老师的硕士研究生，然后免试直接攻读博士学位。攻读硕士学位的两年中也时常在所里看到老师，但没敢多接触，只对老师儒雅君子的形象印象较深。博士研究生入学前，老师安排了一次很正式的谈话。其他内容不太记得了，只有两点印象深刻，其一是，如果选择读博的话"要做好坐冷板凳的准备"；其二则是"做人要疑处不疑，做学问要不疑处疑"。只记得当时在这次谈话后我甚至有点打退堂鼓，跟吴老师说要不我还是不念了，因为自己是直博，并没有写过硕士学位论文，担心到时五年读下来博士毕不了业，自己什么学位都拿不到。后来一是吴老师在一定程度上打消了我这种顾虑，二则也是老师的谈话激起了我好强的一面，给自己加了把劲，决心变压力为动力。

　　读博期间的学习和生活方式与读硕期间发生了很大的转变，读硕时除了专业课程之外还选修了法语和日语两门"二外"，时间和精力比较分散。博士入学后，因为告诉自己必须要读出来，于是开始沉潜下来，认真地阅读专业书籍。没多久，我在阅读《宋史·地理志》时发现了一些问题。所里的学术氛围一直很好，那时候学生并不多，博士、硕士生六届加起来也就十来个的样子，老师们和学生们同在并不太大的阅览室安静地坐着看书。阅览室有里外两间，里间只有书架，外间则有桌椅书架和现刊，台北成文出版社的那一大套方志就摆在外间的书架上。除了每年两会期间定期要去北京开会或者偶尔出差访学的时间，其他阅览室开放的工作日，老师几乎天天都来，一般都背对着现刊展架坐在靠窗的那个位置，学生们即便到得早也都默契地为他留着那个位置。记得当时发现问题后就立即拿着书到那边桌上去问老师，老师随即鼓励我就该处年号错误与地名问题练习着写一篇校订。现在想来，那时可真是幸运，学习条件也真是好，真正是可以随时向老师问学。当时尚用方格纸手写稿，那篇习作，老师前前后后连续替我改了三稿，初稿上密密麻麻写满了小到标点符号大到问题看法的修改意见。这篇习作后来题为《〈宋史·地理志〉校订一则》，在《历史地理》上作为补白刊发了出来。这篇习作的撰写，可以说不仅让我练就了较为扎实的考订基本功，锻炼了自己的考辨性思维，提高了从发现问题、分析问题到解决问题的能力，同时也是一次较为严格的语言文字表述能力的训练。

　　老师先后任第八、九、十届全国政协委员，常常利用和发挥自己的专业特长、优势以建言献策。不仅如此，他也非常重视其他委员们的发言和提议。有一次他从北京开会回来，特意把我叫到他办公室，交给我两份文件，让我好好学习利用，并叮嘱我这是内部资料，不要外传。这是两份政协九届一次会议的大会发言材料，一份是关于请求国家有关部门支持武汉市合理利用汉口江滩的，一份是关于充分发挥副省级中心城市的作用的。我拿到手上一看，不禁大为感动，老师在参加政协会议时，还想到我的博士学位论文。

博士学位论文的选题，老师最初建议我研究长江中下游地区的城镇体系。在大量翻阅相关区域的方志资料时，因自己才思与学识有限，无法把握这一较为宏大的选题，后收缩为市镇、巡检司与河泊所三项要素中的河泊所一项，聚焦于渔业经济。时至今日，"一带一路"的研究方兴未艾，可见老师学术眼光与识见之超前。写成后的学位论文初稿，老师一章不落地替我批阅，虽然不像那篇习作一样满纸改动，但章头或卷尾仍不时写有批阅意见，偶尔还有字词修改或润饰。留有老师批阅意见的打印稿，虽历经三次搬家，纸色已经泛黄，批字也已变色，但我仍珍藏着，而且准备一直收藏，这是恩师留给我的不可替代的纪念。

2000年6月17日，我终于如期迎来自己的博士学位论文答辩。答辩专家组成员由邹师亲自拟定，一共是六位老师。华东师范大学地理系的汤建中老师是答辩主席，还有华东师范大学的刘苍字老师、上海师范大学的严耀中老师以及本所的张修桂老师、葛剑雄老师和王振忠老师，安介生老师担任答辩秘书。后页图为爱好摄影且拥有高超技艺的冯贤亮兄抓拍到的答辩中老师和张修桂师正认真审听我的答辩陈述。最后，汤建中老师代表答辩组宣布我顺利通过答辩，并肯定我的论文是一篇优秀博士学位论文。辛勤付出终于有了回报，三年的苦读和老师的指点在我的脑海中闪回，我因激动而哽咽了。我起身向答辩组致谢，并十分动容地向我的老师邹逸麟先生表示由衷的感谢，回忆他自《〈宋史·地理志〉校订一则》一文以来对我的悉心指导。老师也为我感到高兴，我获得了会场上热烈的掌声。还记得答辩前老师曾嘱咐我提前布置一下答辩会场，我因完全没有经验，结果答辩现场被我"打扮"成如后图般的"喜庆"效果，当时老师和在场的多位师友都曾打趣于我。

1998年长江流域特大洪水导致全流域酿成洪灾，我老家是湖南的，9月返校后，老师问起下面的真实情况，听我说起灾情的严重，直哀叹民生的艰难。所里响应学校的洪灾募捐，后来张贴了一张义捐大红榜，我看老师以个人的名义捐了一大笔钱。陈伟庆老师问起他怎么捐这么多，他说："听尹玲玲讲下面灾情十分严重，老百姓的生活真是太不容易了，我能尽一份力就尽一份力吧。"

读博期间，老师为我们同一届的几位博士生开过一门河渠水利志导读方面的课程，课程作业要求交一篇小论文。我为准备博士学位论文的写作一直在阅读长江中

邹逸麟和张修桂老师

2000 年 6 月博士学位论文答辩会

下游地区的方志文献，在阅读万历《湖广总志》的两卷《水利志》时，发现今人论述在引用相关史料时都将其当成顾炎武《天下郡国利病书》的原创，于是就这部分文献写了一篇述评，曾投稿《武汉大学学报》。老师作为一名德高望重的学者，不惜拉下面子亲自为学生的写作投稿写推荐意见，后来有了肯定答复后又征求我自己的意见，是发在《历史地理》还是《学报》。临毕业时，又为我求职找工作写推荐信，并谆谆教诲我入职以后在为人处世、待人处事各方面的道理。

2004 年暑期的 8 月，在新疆举行的历史地理年会应该可以称得上是历史地理学界的一次盛会，因为无论是从总的规模人数还是到会的学界著名学者的数量来看，都十分可观，这大概应归因于会议组利用新疆独特的自然和人文旅游资源所规划的会议之后的长线考察。线路包括南线和北线两条线路，都非常吸引人。南线时间更长点，有七八天，北线大约四五天的样子。老师也参加了这次会议和会后的考察，很高兴也很巧的是我和老师都选择了南线，而且被安排在同一辆大巴上。据说有"不到新疆，不知中国之大"的说法，随团跑了那次线路后是真切地感受到此语不虚。印象最深的是当时车上一直滚动播放刀郎的歌曲专辑，因为车程长，听得久了，以至于那首《2002 年的第一场雪》可以说是烂熟于心了，旋律一响，可应声而出。因为每天的车程都在四五百公里以上，有时甚至长达六七百公里，故而每天的行程都安排得相当紧，真正是起早贪黑、星夜兼程。有时凌晨 5 点来钟就要起床，最晚的时候深夜 12 点还未赶到酒店。到了后面，连我们这些年轻人都已是相当疲累，更别提年近七旬的老师了，但感觉老师当时身体状态还很不错，在每个点考察时居然能和我们年轻人的节奏差不多。记得好像是在那拉提草原，有骑马游玩的项目，老师在

2004 年 8 月新疆会议与老师的合影

2004 年 8 月新疆会议上邹老师与部分弟子的合影

我们这些弟子们的鼓动下也蹬着马镫稳稳地跨上了马背，留下了好几张骑马跨鞍的帅照。对于我和众多同门的师兄弟姐妹们来说，这是难得的一次与老师近距离朝夕相处的机会，因此，沿途我们都在各个地点抓住机会和老师各种合影，双人的、多人的、组团式的，嘿嘿，真是开心极了……

2005 年，老师主持编写"500 年来环境变迁与社会应对丛书"，组织陈业新、杨伟兵、谢丽、冯贤亮和我分别就淮河、云贵、塔里木、太湖、两湖这些较有典型性、代表性的地域进行专题性讨论。老师曾为这套丛书的编写工作先后几次组织我们几个碰头，就体例和总体思路等进行现场讨论，以使我们理解和贯彻相关的指导思路，后来又为这套书写了篇长长的序言。在制订《明清两湖平原的环境变迁与社会应对》一书的框架结构时，老师曾先后多次审阅笔者所拟定的三级标题，并就其逻辑思路提出了很多建设性的修改意见，书稿写成后，我也送呈老师审阅。我至今仍视若珍宝地收藏着其间老师回复我的两封书信。这套书后来获得了第二届"中国出版政府奖"图书奖，除了忝列丛书之一分享所带来的荣誉之外，我个人也因这本小书而获得第十届上海市哲学社会科学优秀成果奖的著作类三等奖，感谢恩师。现在，老师走了，老师提携的恩情永远铭记在心。

其实自老师走前的一周看望了他回来后，我心里就一直隐隐地不安。躺卧病榻一年多来，老师已经被病痛折磨得瘦脱了形。看老师年轻时的照片，曾经是多么地英俊潇洒、风流倜傥，即便已届花甲古稀，迈入耄耋之年，也仍然是温文儒雅的谦谦君子。可自从 2019 年 5 月因病情恶化住进医院后，便再没能出来。几年前就已检出的癌症终于还是恶化了，癌细胞扩散至骨骼，及于腰椎，病魔导致自身造血功能受

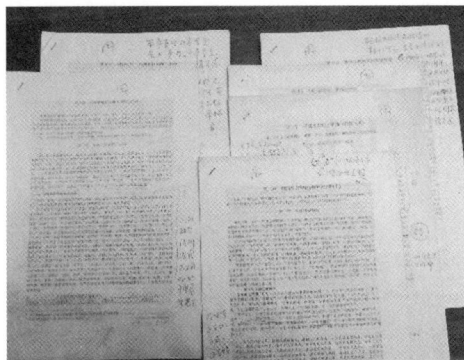

存有老师批阅意见的毕业论文珍藏稿

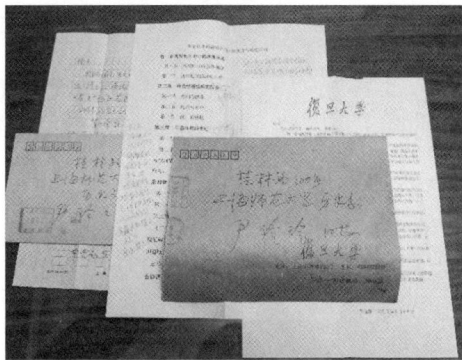

老师回复我的两封书信

损并逐渐丧失，老师的气色越来越苍白，全身也越来越没有力气。前后多次探望，看到老师从尚可自理逐渐变为下地行走乃至半身端坐也成了奢望。2019 年 5 月中旬，一天下午趁会议间隙与张晓虹及赵红两位老师一起前去探望，老师还可谈笑风生，除听张晓虹老师汇报各种信息以外，还会主动问起一些关心的事情。9 月下旬再乘会议间隙的中午与业新兄、宏年兄及段伟师弟前往探望，老师精神已不如前次健旺，话也少了一些，因担心影响老师休息，不一会儿我们一行也就出来了。再后面的几次，老师的状态就更是每况愈下了。2020 年春节前 1 月 18 日与荣琴师妹一起前去探望时，在病房楼下恰遇段伟师弟。听伟兵师弟说老师血色素很低，降到只有4—5 克了，隔段时间就需要输血，但胃口还行，于是带了些生血养血的补品，希望老师血色素能上去一点，多有点力气。想着节后过不多久再去看望老师，没想到几天后就因新冠肺炎疫情全国几近禁足，只能偶尔在师门群里看到由段伟师弟通报的关于老师的相关信息。

解禁后再去看望老师，已是 5 月中旬，与荣琴相约一起去看他。上得楼去，有护士在楼层过道处登记并核验"随申码"，信号不好、网络不畅，折腾了好一会儿才成功扫码通过。进到病房，见老师正醒着倚卧在病榻上，护工在替他整理拾掇。可能因为要照顾好几个病人而赶时间的缘故，在我眼里，护工的动作因为快手快脚而显得有点粗暴，瘦脱了形的老师已经变得两颊深陷、四肢纤细，脸色苍白而没有血色，没有多重分量的老师在护工手里被快速地搬弄着，看得我心头一揪一揪的，担心老师的腿脚骨头会被搁碰得生疼，于是轻声对护工说慢一点、慢一点，轻一点、再轻一点。

虽然也能理解护工赶时间的举动，但心里到底很是心疼老师。将带去的樱桃洗了八颗，开心地看着老师吃，那会儿老师还能自己一颗颗拿着吃，只是体位躺得比较平，所以并不是看着拿，而是摸索着拿，吃完将核放回到纸巾上。我将旁边他没拿到的一颗颗移到他手边，还剩两颗时哄着他说就两颗了一起吃掉吧。樱桃很是多汁，嘴唇和手指上沾了不少深红色的汁水，用湿巾帮他轻轻擦拭干净。我握着老师的手，老师也不停地用力回握，我心里不由一酸，老师平时可能缺少按摩锻炼，于是招呼荣琴一人站一边帮老师按摩胳膊手臂。想着这一年来的时间，床上的几尺见方就是老师所有的活动空间了，想要去门口看看都不能，更别说窗外的世界了，心说要是能用轮椅推着老师去绿茵草地上走走那该有多好啊。不一会儿，段伟师弟在床头拉着老师的双手帮他做了好一会儿拉伸锻炼，一边做一边问他累不累，老师很高兴地配合着做锻炼，回答说不累，并反问师弟累是不累，要是累了就说。敬爱的老师一辈子怕麻烦别人，很替别人着想，即便是亲如自己儿女的学生。拉伸了好一阵儿之后，师弟看老师已经有点累了，于是停下手来，我帮着托着老师的头轻轻地靠在枕头上。过一会儿，老师带着锻炼后的满足和倦意睡去。师弟、荣琴和我三人与打了饭回到病房的邹师大女婿又聊了一会儿，带着点不舍离开了老师的病房。

不到一个月的时间，在师门群里听到邹大姐的语音留言，知道老师肺部出现感染，痰里也有细菌，当下就觉得有点不妙。又过两天，说是老师衰弱得说不出话来了，心知得尽早再去看望老师，于是与荣琴又约定了时间。师妹荣琴和超艺两个手都很巧，有一手好厨艺。荣琴前一次给老师煲了老鸭汤，这次又亲自给老师做了蛋糕。估计是伟兵刚联系血站输了血，老师的情况看上去似乎稍有好转。护工也说老师的精神比前一天好一点，清掉了嗓子眼里积的一些痰。老师能认出我俩，努力想多说话，虽然声音很微弱，伴随着喘气声。为了不让老师太吃力，我们跟他说攒着点精神别那么费力地说话了。我俯身问他，杨梅和红提更喜欢哪种，如果喜欢哪种，说到这个的时候就点个头，于是我说杨梅时老师点点头。可老师到底精神明显不济，我没能像上次一样可以开心地看着老师吃下这几颗杨梅。护士过来敦促我们离开，为了不影响老师休息，我们带着留恋和伤感离开了病房，一步一回头地与邹大姐挥手致意，没想到这次就是与恩师的永别。

想起学位论文写作期间，曾有一段时间十分辛苦。因为除了方志资料相对集中外，关于渔业的史料比较分散，而论述时文献史料不能过于单一，要尽可能丰富多元。那时候电子文献还未出现，只能翻阅纸质文献，于是天天起早贪黑三点一线泡在学校的文科图书馆四楼,浏览翻阅四库文集,一有发现便手动抄录。那段时间,饮食营养方面估计也无暇顾及,这样一来便有点瘦削脱形,这就是老师后来为我的学位论文出版写序时提到的"日旰忘食"。这其实真是让我觉得很惭愧,自己资质鲁钝,没有很好的效率与方法,只知苦用功,老师却一直看在眼里,很是心疼,好几年后为我写序时都还记着。当我读到那段话时,心里非常非常感动,现在敲击这些文字时仍慢慢地湿润了眼眶。记得二年级春节过后回到学校,思路逐渐理顺了,一次在老师办公室向他汇报时不觉喜形于色,语气也颇为热烈,很有点雀跃的味道,老师伸手在我头上抚了抚,张修桂老师在一旁扬眉抿嘴笑看着。我高兴得像个孩子一样,一股暖流在胸间涌动,回到宿舍还继续兴奋了半天,在电话里跟男朋友也就是现在的爱人描述着。

永远怀念我的老师⋯⋯

(作者为上海师范大学历史系教授)

# 此生唯愿秉志前行

## 杨伟兵

敬爱的邹老师：

6月19日早上，我的手机上显示了您的号码，就在前一天我还和您家人联系，上午要去医院看望您。学生以为您要吩咐什么，就不假思索地接起电话："喂，邹老师……"不想里面传来的是您女儿邹洁雯大姐的声音，她哽咽着说："杨老师，我爸爸今晨4点48分走了。"从那天至今，我仍不愿正视，也无法相信您的离开。在心底，我仍把这通电话当作是您打来的，告诉我您只是离开一会儿。

自从退休后，您来所里时总会到我的研究室"讨口水喝"，问我研究工作的进展，关心和了解研究所的发展情况。以前您不时要喝点速溶咖啡，或者清茶一杯，但后来变作开水，您说身体只能这样。学生这几年最大的遗憾，莫过于没能让您在我这里多待些时间。我现在多么希望您仍常来，多听您教诲。有一次梦里，您回来了，到我研究室询问情况，要四处看看。我急忙示意同事不要说破，好生接待，因为您不知道已经离开了我们，担心您知道后会难过，甚至消失离开。

您一如既往地关心研究所事业，尤其是去年以来，您特别关心《历史地理研究》期刊的创办情况，刊物是由您担任过主编的、中国地理学会历史地理专业委员会主办的《历史地理》集刊转变而来的。2018年底，我向您汇报我们申办期刊获准后，您十分高兴，便于 2019 年 1 月发来新刊贺词："近悉原《历史地理》集刊被批准为期刊，定名为《历史地理研究》，十分欣慰，此当是我国历史地理学科发展历史进程中，具有里程碑意义的事件。""我认为《历史地理研究》可视为 80 余年前《禹贡》半月刊的延续。20 世纪 30 年代在人文社会科学领域里出现不少以专业

2010 年 3—4 月随邹老师赴台北查阅档案
（右起第二为本文作者）

刊物命名的学派，如战国策学派、食货学派、禹贡学派，等等。其他学派都销声匿迹了。唯有禹贡学派还代有人才出，是几代人努力的结果，真是值得庆贺的。"

您还于 4 月抱病出席了《历史地理研究》期刊建设研讨会和编辑部的挂牌仪式。9 月，期刊正式发刊，当我把新刊呈您看时，病床上的您给我们很多祝贺和鼓励。之后我每次看望您，您都会打听期刊建设和发展事宜，指导办刊策略。邹老师，您放心，这份刊物是几代史地学人辛勤耕耘出的田地，我们定会秉志前行，办好刊物！

邹老师，学生还想多说几句感激您的话。2019 年的最后一天，我到医院看望您，当时您通过微信向学生们发出"大家好，祝大家新年快乐"的语音后，师门同人纷纷表达对您的想念和祝福。其实大家最想说的是希望您尽快康复，好让我们又能围在您身边听您讲学问。您带我们修《清史·地理志》，指导编绘历史地图集，让我做助教随您讲授历史地理概论基础课。您说做学术一辈子，能著一部研究专著，修一部史志，编一部教材，绘一部历史地图集，足矣。您都做到了，遂愿了，这一点上您很自豪。今年看望您时，您希望我当下做好土司历史地理研究，哪怕时间长，也要坚持认真做下去，说这是功德无量的事。您还让我继续培养好学生，做好单位的行政工作。您总对我们有信心，鼓励着我们！

您离开的这一年快过去了，我一直都在想念您。

您的学生：伟兵

（该文原刊于《光明日报》2020 年 12 月 28 日，
作者系复旦大学中国历史地理研究所教授、副所长）

# 师严而道尊：恩师邹逸麟
# 先生门下受教记

## 余同元

2020 年 6 月 19 日凌晨 4 时 48 分，恩师邹逸麟先生与世长辞了。

　　高山失仰太湖洒泪长怀先生懋昭大德！
　　邹门问学教泽之深弟子怎忘师恩浩荡！

　　恩师温和谦逊、平易近人，远近闻名，但其对学术研究的严肃认真更令弟子时刻不敢忘怀。记得当年恩师讲授博士研究生专业基础课"历代河渠水利志导读"时，就以当时出版不久的《淮河和长江中下游旱涝灾害年表与旱涝规律研究》（安徽教育出版社 1998 年）一书为讨论案例，特别就其中"淮河中下游旱涝灾害年表"中的汉元光三年（前 132）五河泗县地涝，汉初元五年（前 44）和永光五年（前 39）颍川水灾，后汉建初元年（76）亳县等地大旱，后汉永初六年（112）徐州地区偏涝，三国魏太和二年（228）、太和六年（232）、南北朝宋永初二年（421）徐州等地涝和大水，南北朝宋元嘉二年（425）流域下游水涝，南北朝宋元嘉十八年（441）流域下游南兖州旱，南北朝宋大明元年（457）江都大水，隋开皇九年（589）江淮大旱，唐贞观十年（636）淮、海、旁州大水，唐永徽二年（651）亳州、定远等地水灾，唐咸通二年（861）与咸通九年（868）江淮旱灾，唐光启元年（885）流域水灾蝗灾等系列错误，一一查验考辨纠谬，并分析造成错误的四大原因：一是不知如何查索历史文献资料，也不肯下功夫去查；二是缺乏基本的历史地理知识，地名张冠李戴；三是轻易相信地方志，地方志怎么记就怎么录，不核查原始历史资料，以讹传讹；四是对历史文献收集工作看得过分轻易，殊不知历史文献的收集、考辨是一门专门学问，没有受过严格专门的训练是胜任不了的。特别是历史灾害计量分析，必须符合严格的科学流程，要形成准确的灾害史数据就要求学者不仅要汇编整理灾荒资料，还要逐次核定历史灾害事件，只有从文献记录以来的灾荒事件逐次核定做起，梳理不同文献中有关同一次灾荒事件记录的史源关系，校订每一次灾荒事件的时间、地点、灾情、灾害过程、救荒减灾等要素，才有望建立较为可靠的历史灾害序列。《中国图书评论》2003年第11期刊发了恩师《对学术必需有负责和认真的态度——评〈淮河和长江中下游旱涝灾害年表与旱涝规律研究〉》一文，强调"学术工作是一件十分严肃的事，特别是一些历史总结性研究，更需要十分认真和负责的态度，否则做出的成果是没有什么价值的，对读者编者都是极大的时间浪费，这不是一种负责的态度"。

不才如我，2002年才有幸忝列师门。记得2001年夏秋之际，经安徽师大陈怀荃教授和上海师大吴仁安教授引荐得以拜访恩师，怀揣几份拙作呈正，表达拜入门下攻读博士研究生的梦想，诚惶诚恐。不料恩师笑容满面，热情接待，详细询问教学科研及家庭生活情况，并对拙作《明代后期长城沿线民族贸易市场》（刊于《历史研究》1995年第5期）和《明代马市市场考》（刊于《民族研究》1998年第1期）两篇论文给予肯定和表扬，当场鼓励报考深造。真是喜出望外，第二年就通过考试顺利入门！庆幸之余，细细想来，其实都是恩师热情鼓励和多方提携的结果。但更加值得庆幸的是，近二十年师门问学，恩师总是谆谆教导、循循善诱，宽恕多容而百般启发，于呵护爱抚之中，从未放弃严厉鞭策督导，使不肖弟子深深体会到"师严而道尊"的盛德大义。

博士研究生在读期间，恩师授课多门，每门课都详细讲解，要求大家从历史地理经典文献选读开始，严格掌握历史地理文献资料收集、整理、考辨的功夫，学习历史地理具体问题的考证、考察和复原方法。当弟子在他面前叫苦喊累或打退堂鼓之时，他总是微笑着说一声："事情总归是要做好的！"他每每强调要求，做学问必须静下心来，坐得住冷板凳。师门聚会或节庆聚餐时，恩师常讲的话是：

> 搞学问一定要有兴趣，不要凑热闹。总是跟风，流行什么做什么，这是不行的。年轻人如果能孜孜不倦地研究一个东西，最后他一定是有成果的。
>
> 我最深的体会就是学术上的成功没什么诀窍，就是认真地去做一桩桩事体。做每桩事体都要花功夫，这点要相信，只要你功夫花下去，必有成就。
>
> 搞学问，第一不能太功利。工作来了，首先考虑它对自己有什么好处，有好处干，没好处不干，这是不行的。对待学问，只要你真正下功夫，就必有成果。
>
> 电影《乱世佳人》末尾，郝思嘉想起她父亲对她说的一句话：土地是永远不会辜负你的！这句话给我的印象太深了，我认为做学问也是这样，用心做一定会有成果的，学问也是不会辜负你的。

恩师教导，总是轻声细语，亲切中透着威严。

回想当年博士论文选题，一是继续研究"中国长城文化带演变"，二是开展江南技术经济史研究，前者属于历史地理学课题并有一定的资料积累，后者因属于区域经济史与科技史交叉性新课题，具有较大的冒险性，如何选定，特别犹豫。恩师比较分析两份选题报告后，认为作江南区域技术经济史研究具有新的开拓空间，只是鉴于江南技术经济史研究在当时是个全新的课题，需要研究的问题太多，必须选择江南早期工业化进程中最关键的技术经济问题作为研究切入点。根据恩师指点，经过反复酝酿，最后将选题定为"中国传统工匠现代转型问题研究——以江南早期工业化中工匠技术转型与角色转换为中心"。对此，恩师批示指出："明清以来早期工业化的进程，是研究近代中国工业化进程的重要课题。有关这方面的问题，当代中外学者已有不少突出的成果问世。但大多数学者都是从资本、组织、技术、市场、劳动生产率等等角度进行考察，比较少注意到在工业化进程中，人力资源的开发和转化问题，具体而言，即中国传统工匠如何向现代技术工人、工程师等技术理论专家或企业家转变过程中，所表现的技术转型和角色转换。""关于传统工匠向现代技术工人、工程师的技术转型和角色转换的研究，目前为止，尚无专门的论著问世。特别是关于传统工匠技术转型问题，及其相关的技术经济史研究，是一个全新的课题。因此本课题可以说填补了我国早期工业化历史过程中的研究空白，具有相当的创新的意义。"①

博士论文写作过程中，每一章节的完成和主要观点的论证，都离不开恩师的悉心指导。最难忘的是，2005 年春季，恩师在北京参加全国政协会议期间，还随身带着弟子拙稿，不顾古稀高龄，利用每天夜晚休息时间进行审阅批改，还从北京发快件及电讯及时指示修改意见。特别强调其中几个问题必须如何修改，希望日后进行长期不懈的深入研究。博士研究生毕业及博士论文出版之后十多年来，恩师教导督促之声依然不绝于耳。这里仅将恩师多次莅临苏州大学传道并指导江南区域历史地理研究情况略作回顾。

2003 年 9 月下旬，恩师应邀至苏州大学社会学院为全体师生作专题讲座，题为"长三角生态环境与经济发展的历史演变"，内容要点（以下来源于原苏大研究生、现吴江档案馆办公室主任王来刚研究员录音整理资料）如下：

> 从历史生态地理史的角度，来研究"唐宋变革论"与"明清转型论"。一是从灾害史的角度，唐宋时期，黄河流域是一条分界线。二是宋代中国经济重心南移，汉唐时期的成就就是建立在对黄河流域环境的破坏的基础上。三是在宋明时期，长江流域的经济形态从单一的农耕变为了多种经济形态并存，产业经济的发展，引起了市民政治、市镇繁荣的现象。可以说环境的变迁对整个的中国历史均有不同程度的影响，如果从环境史的角度来评价人定胜天的思想，一味强调改造自然的思想是要不得的，人与自然的关系方面，人应当顺应自然，人在自然面前要谨慎小心。

> 从历史角度考察长江三角洲地区生态环境变化和区域经济发展，将有利于对今后三角洲地区生态和经济的规划和设计。首先，本世纪全球气候变暖已成定论，太湖流域水位将升高一米左右，江浙沪三地应共同规划太湖水利建设和沿海塘堤工程。其次，长三角地区在明代以前一直是在一个最高层次的政区管辖之下，后来分几个政区不利于经济上统一协调，建议重新成立上海经济区（可名为长江三角洲经济区），以长江三角洲地区强大的经济基础和技术实力，协调带动华东地区经济振兴。再次是长江三角洲地区农业、工业、商业、旅游服务

---

① 这两段批语后来写入恩师为拙作所作书序之中，详见天津古籍出版社 2012 年出版的《中国传统工匠现代转型问题研究·序》。

业、交通航运，以及城市分工布局需要重新定位。

2010 年 11 月上旬，恩师应邀至苏州大学社会学院为广大师生作了题为"环境史与历史地理学研究"的讲座，内容要点（以下来源于原苏大研究生、现苏州市园林局世界文化遗产办公室研究员施春煜同志录音整理资料）如下：

今天环境史研究的最终目的是什么？从物质层面讲，通过探索人与自然之间关系的历史，认识过去人事活动的利弊得失，避免重蹈覆辙，以防患于未然；从精神层面讲，可以从中观察到中国两千年来社会体制上和精神心理上存在问题的历史根源。因此，研究中国环境史应解决几大问题：一是中国环境史是如何演变过来的？二是这种演变的原因是什么？三是这种演变是必然的还是或然的？四是我们能在其中汲取哪些经验和教训？五是如何指导今后的环境行为？

中国环境史的研究涉及多个学科，是一门自然科学与人文科学的综合性学科、交叉学科、边缘学科。是一门需要实证研究，需要多学科合作研究的新学科。环境的研究可以分为物质层面和人文层面两大角度。从历史地理学科的角度来说，环境史的研究，当前有以下四大课题。第一，人口与土地关系、土地利用问题。第二，研究中国历史时期的水环境变化。第三，是研究社会政治体制对环境演化的影响。第四，环境史与社会史结合的研究，探索民间信仰、生活观念、风俗习惯与环境之间的关系。第五，通过环境史研究中国历史发展规律。

2012 年 11 月 23—26 日，恩师至苏州参加"第一届'宫廷与江南'学术研讨会"，并在大会上作主题发言，内容要点（以下来源于原苏大研究生、现浙江工贸学院教师何伟同志录音资料整理）如下：

我的题目是"再谈历史上'江南'地域概念的政治含义"。这个题目的意思主要是这样的："江南"这个题目已成显学，含义很多，大体上唐宋以后的江南是以长江三角洲为核心。研究江南的成果很多，大体上从经济史、商业史、城镇史、文化史来谈论，较少谈论"江南"在历史上的政治含义。当然，不是没人涉及，比如上海师范大学徐茂明教授便在书中提到过，但是没有展开。我就在这方面提提自己的看法，供大家参考。江南在中国历史上，它的地位是很特殊的。

第一，是"中央王朝心目中的异域地区"，举个例子，据《史记》记载，周王想禅位于季历，结果泰伯就跑到太湖流域地区，断发纹身，义避季历。看完这个记载，我就感觉很奇怪。既然传位，为什么要跑到蛮荒之地的太湖流域。可见，当时应该发生了一些斗争。他们将中原的先进技术带到这里，发展了当地经济，成为后来吴国兴盛的基础。秦始皇时，吴已被灭，成为楚地，一直存在反中央的势力。众所周知，秦亡于项羽而非刘邦。当时所谓八千子弟随项羽打天下，估计是楚国贵族。所以，秦始皇之后，江南一直存在一股与中央对抗的势力。刘邦平天下后，先封异姓诸侯王，后封同姓诸侯王。封诸侯王时，封濞为吴王，封于沛，并叮嘱其不要造反。可见当时吴有造反势力。后来，果然引发了"七国之乱"。

第二，是"南北对峙，江南首次成为中央以外的另一政治中心"。六朝以来，江南地区经济力量得以发展，世族强大，一直与北方抗衡。所以，隋建都后，将建康夷为平地，将江南士大夫迁入京师，严格控制江南经济。又派杨广镇江东，每岁一朝，隔江控制江南地区。唐初，平江南后，改南京为白下，又改白下为江宁，这都是贬低之意，反映李唐政权对江南的心态。唐太宗设立弘文馆，招天下学士，江南士人占有很大比例。这为宋代以后东南儒生地位的提升奠定了基础。

第三，是"高度中央集权体制下的江南"。朱元璋灭张士诚后，厌恶江南，不仅课以重赋，还严厉打击迫害儒生，迁之临濠，打击沈万三便是打击了江南商人。但是，随着明中叶以后江南经济的日趋发达，市民意识加强，江南反封建意识加强，如东林党、复社，形成一股反中央的势力。清人入关，最头疼的便是江南。苏州织造便是康熙派往江南监视观察民情而设置的，经常关注江南舆论。所以，一方面镇压，一方面笼络。总之，我认为，江南一直是中央离不开、信不过的地区，这就是江南的政治意义。好，谢谢大家！

2014年7月12—14日，复旦大学史地中心与苏州大学历史系在苏州大学东吴饭店举办"庆贺邹逸麟先生八十华诞历史地理学术研讨会"。7月13日，恩师在苏州大学接受《苏州日报》记者施晓平专访，作了题为"苏州应做大传统民间文化"的报告，内容要点（以下所引根据《苏州日报》2014年7月14日《邹逸麟在苏论发展与保护：

应做大传统民间文化》报道资料剪辑）如下：

1. 宁可发展速度慢一点也不要破坏。这些年，除了水土流失、水资源缺乏、水质下降等现象外，我国不少地方空气污染，雾霾不断，严重影响了国民经济的发展和人民生活质量的提高。冰冻三尺非一日之寒，我国今天环境问题的形成，并非始于当代，而是千百年来不断积累所致。像今陕西西安所在的关中平原，唐代以前生态环境非常优美，但后来这里连续开荒，环境开始变差，如今西安地区已严重缺水。与此同时，黄河上中游地区因开发而导致水土流失，下游河床不断抬高，人们只能筑坝挡水，最终让黄河成为"地上河"。针对发展与保护的矛盾，各地应把眼光放长远些，宁可发展速度慢一些，也不要破坏环境，否则整治的代价比收益还要大。

2. 不要盲目与其他地区、其他国家攀比。人家建机场我们也要建，人家造 500 米高楼我们造 600 米……结果飞机在空中头歪一歪就可以到另一个机场，高楼大量面积空关……这么多交通设施、高层建筑不但会带来噪声污染、光学污染，而且还要占用大量土地，原先土地上的植被和涵养的水分可以起降温作用，你把大量土地占了，夏天能不热吗？

3. 苏州人的吃穿和打扮曾引领全国潮流。我们传统文化的经济基础是封建时期的小农经济，政治基础是帝王政治。因此，传统文化不可能都适应现代社会，应该汲取其中的优秀成分，与时代结合。特别要提倡重科学的精神，提倡有效落实、有效监督的管理模式，才能产生符合现代需求的新的中华文化。苏州与扬州一起，是 1860 年以前江南的文化中心。相比而言，扬州文化的官方色彩较重，苏州则更富民间色彩，比如工艺美术、文学戏曲等，这都是苏州文化的优势所在。如果说，现在全世界最好的时装在法国巴黎，那么，1860 年以前，全国最先进的民间文化在苏州。苏州人的吃、穿、打扮，都引领全国潮流。那时候，苏州女子梳的发型，上海人都要学的；直到清末、民国时期，上海滩上的白话小说还大多用苏州方言写就，这些都显示出当时苏州文化的领先地位和影响之大。

1860 年以后，上海逐渐代替了苏州的地位，但上海的文化是洋文化。现在苏州要发展，必须靠苏州的文化，那就要发挥自己的长处，在传统文化、民间文化上做文章。

在几次莅苏小住期间，恩师屡屡明细指示江南及苏州历史地理研究的思路和方法，语重心长。这里仅据零星记录整理（来源于原复旦大学历史地理研究中心博士后、现苏州大学历史系主任王晗副教授记录）如下：

1. 江南历史地理的研究，尤其是苏州及其周边地区历史地理的研究，应当在充分掌握历史文献的基础上，结合田野调查、入户调查的相关工作，作出历史地理学当有之贡献。在具体的工作中，听懂吴语、掌握吴语的内涵韵味，多有裨益。因此，可以多收听一些苏州的评弹和地方电视台的方言类节目。

2. 需要关注苏州及其周边地区的历史人物研究，可以针对著名文人的生活轨迹进行专项研究，然后可以形成对自南宋以来江南区域人文鼎盛的整体研究。

3. 尽量关注到江南研究中尚需致力工作的方向，另辟蹊径，变换新的研究视角来观察和探究江南。

师者，传道、授业、解惑也。师之道，学高为师，身正为范，乃教之根本。恩师真乃善为良师者！其在言传身教、启发诱导与威严节律诸法之中，有能而后能行，能行而后能果。其威于信，严于律，依律而严，律己律人。

恩师以身作则，对江南和苏州的研究领先表率。他不顾年迈，多次亲临苏州传道、授业、解惑，为我等今后的江南与苏州区域研究，规划了明确的纲领，指明了正确的方向。

无论哪种"江南"范围界定，苏州都具有历久不易的中心、重心和核心地位。"阊门四望郁苍苍，始觉州雄土俗强。""十万夫家供课税，五千子弟守封疆。"在唐代后期城市人口普遍下降的情况下，苏州不降反升，大历年间进升为江南唯一"雄州"。《唐会要》说："江南诸州，苏最为大；兵数不少，税额至多。"明代天顺年间大学士徐有贞说苏州号"天下三甲"，即郡甲天下之郡，才甲天下之才，学甲天下之学。至明代中后期，江南百工技艺及其时尚产品中，"苏"字品牌已取代传统的"吴"字品牌而与"京"字牌产品相媲美。"苏造""苏工""苏作""苏做""苏样""苏式""苏意""苏派""苏铸""苏绣""苏画""苏裱""苏宴""苏钟""苏灯""苏三白"等带"苏"字头品牌，与已有的"吴戈""吴甲""吴剑""吴钩""吴器""吴装""吴冠""吴锦""吴绫""吴绢""吴笺""吴扇""吴帻""吴风"等带"吴"字头品牌竞相流行，工艺技术和质量标准引领时代潮流。正如张翰《松窗梦语》所云：

> 自昔吴俗习奢华，乐奇异，人情皆观赴焉。吴制服而华，以为非是弗文也；吴制器而美，以为非是弗珍也。四方重吴服，而吴益工于服；四方贵吴器，而吴益工于器。

苏州位于江南中心，苏州大学以江南区域历史文化为研究重点，义不容辞。

《礼记·学记》曰："凡学之道，严师为难。师严然后道尊，道尊然后民知敬学。"《荀子·致士》曰："师术有四，而博习不与焉。尊严而惮，可以为师。"欧阳修《答祖择之书》曰："古之学者必严其师，师严然后道尊。"这些都强调，只有老师通过展现的个人道德品质、才学能力、人格魅力被学生认可，有了学术威严，他所传授的道理才能深入学生心田，科学地位才能真正地树立。所以宋濂《答郡守聘五经师书》说："师严然后道尊，理势然也。"说明为师之道尊贵、庄严，所传授的道理、知识、技能才会得到敬重。回顾恩师撰写的系列论文著作和他主持的诸多大型项目研究成果，无不体现出严肃认真和高度负责的科学精神。

恩师退休前的研究重点在运河史、黄河史以及区域历史经济地理领域等方面，发表论文150多篇130多万字（主要见《椿庐史地论稿》和《椿庐史地论稿续编》两部论文集）。他自己曾将60余年成果归结为"两本地图集、三种工具书、四本专业教材"。"两本地图集"指《中国历史地图集》（"谭图"）和《中华人民共和国国家历史地图集》，"三种工具书"是他作为第一副主编的《中国历史大辞典·历史地理卷》、参与编撰和修订的《辞海·历史地理分册》以及《中国大百科全书·中国地理卷》，"专业教材"则包括《中国历史地理概述》《中国历史自然地理》《中国历史人文地理》《黄淮海平原历史地理》四种。仅以其《中国历史地理概述》一书而言，能成为高校史地专业中国历史地理学最权威的经典教材，就是经过几十年积累、长期打磨、反复修改和不断完善的结果。自20世纪80年代初稿撰写，到1993年列入周一良先生主编的"大学历史丛书"，1999年再版，2005年上海教育出版社出版增订本，2007年再版，再到2013年出版最新修订本，内容由最初的十几万字扩充到40多万字，都是恩师千锤百炼、字字珠玑的学术结晶。

不肖弟子如我，自1989年开始在高校讲授"中国历史地理概论"专业课，起初使用王育民先生所著《中国历史地理概论》（上下册，人民教育出版社1987年、1990年出版）当教材，但因部头较大不太适合本科选修课使用，所以从1994年开始使用恩师《中国历史地理概述》作指定教材。从此至今20多年，在每学期教学中学习参考，深深体会到每次新版修订补充内容，无不凝聚恩师的精心研究和辛勤汗水。如"历代社会经济环境的变迁"中的"北部农牧界限的历史变迁"一章，通过历史变迁说明，中国历史上的农耕区和游牧区大致以长城为界，中间长城沿线两边向南、向北伸展形成一个半农半牧的农牧过渡带，正好处于哈·麦金德《历史的地理枢纽》所说的"心脏地带"的东部，它的变迁，对中国农牧民族融合以及北部边疆历史发展有着深刻的影响。在这一问题上，拙作《明代长城文化带的形成与演变》等论文也曾试图说明，这一农牧过渡地带上，农耕与游牧两个民族几乎几千年来不断发生各种交往关系，形成一条特殊的区域文化带——"长城文化带"；在长城文化带演变过程中，虽然民族冲突与战争常常构成其历史发展的悲壮画面，但经济共生、文化互补与民族融合则始终构成其历史发展的主流脉络，而长城内外农、牧民族人口的迁移杂居则一直作为内在的根本的动力在驱动着农牧民族融合向前发展。但明清时期中国北部的农牧过渡带有过明显的推移，这种推移的内在因素究竟是什么，尚无明确结论。当看到恩师发表在《复旦学报》上的《明清时期北部农牧过渡带的推移和气候寒暖变化》[《复旦学报》（社会科学版）1995 年第 1 期] 的长篇宏文，就知道自己的研究仅局于一隅而未见大局。中国历史上北部农业民族和游牧民族交接地区，由于自然条件影响，存在一条农牧业过渡带。经大量资料研究分析，恩师认为主要是 15 世纪初中国北部气候转寒，农耕无法维持卫所军士及其家属的生存，故统一内迁至长城以内。到 18 世纪前期，中国北方气候一度转暖，农牧过渡带北移，出现康乾时代农业经济的盛世。19 世纪末、20 世纪初，中国气候又有一段短期转暖时期。这条界限的进退，反映历史上中国北部气候环境以及农业民族和游牧民族之间政治、经济势力消长的变化，这对研究中国北部疆域、政区和产业布局的变化具有重要意义。复旦大学出版社 2019 年出版的《中国历史地理十讲》，精选恩师历史地理学研究方面的论文十篇，列为十讲，主要内容是：中国历史时期水系，主要是黄河、运河的开凿、变迁、兴废的历史过程；中国历史时期水环境变化及其与人类社会经济活动的互动关系；两三千年来中国环境变迁的历史地理背景。此书与《中国历史地理概述》相辅相成，实为重要的姊妹篇。

总之，恩师之师严而道尊的境界，是"师"与"道"的统一，具有严格求真求实的科学准则和内外兼修的修养功夫。特别值得我们终生学习的，一是学者安贫乐道与周而不比的"君子修为"，二是不偏不倚的"中正之道"和"有教无类"的教学原则，三是做学问先学做人、绘事后素与文质彬彬的教育准则，四是循循善诱与和而不同的教育教学方法，五是"志于道，据于德，依于仁，游于艺"的教、学、做一体化的教育教学目标。

哲人其萎，懿德千古！
恩师已逝，道范长在！

弟子再拜！伏祈恩师一路走好！

弟子　余同元泣书

2021 年 1 月 10 日凌晨

**（本文作者为苏州大学社会学院历史系教授）**

# 布道江淮，遗泽千秋

## ——忆恩师邹逸麟先生

### 周晓光

2020年6月19日上午9时许，杨伟兵兄在邹门弟子群中泣告："今早接到大姐（邹逸麟先生女儿）电话，我们老师于凌晨4:48走了。"虽然先生罹患恶疾已久，上海的同门不时发着令人揪心的信息，但噩耗传来，仍是极度震惊，无法接受。从此，再也见不到国福路银杏树下先生的身影，听不到电话中先生带着江浙口音的亲切教诲，往事历历，不禁悲从中来，涕泪涟涟。

先生的道德文章，有口皆碑。在先生告别仪式的灵堂上，悬挂了一副对联：

> 百年禹贡学派殿军，黄运淮海，功在万世；
> 一代史地专业坛主，编绘研教，泽被九州。

这是先生学术成就与地位的真实写照。先生一生穷研史地，亦注重传播学术，生前曾四到安徽，为推动安徽历史学的发展和培养历史地理研究人才，作出了重要的贡献。

　　先生第一次正式到安徽讲学在 2002 年 1 月 20 日。当时安徽师范大学社会学院（今历史与社会学院）从中国史学科发展的需要出发，邀请先生到芜湖讲学，指导安徽师大的学科建设。先生欣然允诺并做了精心的准备。其时学术报告会不像现在形式多样、数量众多，这场难得的高规格名家报告会吸引了安徽师大数百名师生前来会场听讲，反响热烈。先生演讲的题目是"我国环境变化的历史过程及其特点初探"，报告指出，中国今天的环境问题有其历史发展的过程，秦汉时代在黄河流域普遍发展农耕业，大规模的伐垦森林和草原使原来就非常脆弱的自然环境受到破坏，且这种破坏是不可逆转的。唐宋以后对长江流域的大规模人口迁徙，引起南方的耕地不足，于是围湖造田、开发山林，造成南方环境的恶化。人口的众多，单一农耕经济，高产可耕地又少，是我国历史上永恒的难题。先生认为，人口、资源、环境的科学协调，是当代中国的首要问题。这场报告让我们感受到先生对历史问题宏观的驾驭和把握能力，非大家不能为也；也让我们体会到一位学者的社会情怀和历史使命感，非仁者不能为也。报告会后，我陪同《安徽师大学报》编辑部肖建新老师向先生约稿，该文最终发表在《安徽师大学报》（人文社会科学版）2002 年第 3 期上。文章发表后，《新华文摘》全文转载，中共中央办公厅秘书处的《秘书工作》在 2007 年第 1、2、3 期上连载全文，影响广泛。

　　先生第一次到安徽讲学时，我在安徽师大社会学院中国古代史教研室工作。根据学院安排，全程陪同先生的讲学、调研活动。虽然只是短短三天的初次接触，但先生博闻广见的学识、谦和温润的品格，让我深切体会到先生的人格魅力。在陪同先生到池州九华山考察佛教文化时，先生关心地问起我的工作状况。当时我的学术兴趣主要集中在徽学领域，尤其关注新安理学和徽州商帮的研究。尽管在 2000 年已经评为教授，也有了一些学术积累，但如何超越自身局限、拓展学术视野、提高学术研究水平，成了我苦苦思索的问题。先生说："你应该到更大的平台去见见世面，长长见识，这样才有可能提升自己。"当得知我在硕士研究生毕业之后，一直没有攻读博士学位时，先生说："你在高校工作，应该读个博士学位，这对你今后学术以及个人发展是有益的。你回去后考虑一下，如果想好了，就来复旦读我的博士。"闻先生之言，我的内心交织着欣喜、感激和兴奋之情。先生对晚辈如此关心和关爱，不仅释疑解惑，还指明了具体路径，体现了一位大家的睿智和仁厚。数月后，通过考试，我终于如愿成为先生的及门弟子。2002 年陪同先生的九华山之行，可以说是我人生和学术的重要转折点。此后，九华山成了我心中的"圣山"，时常前往拜祭，其中只有一个原因：在这里，我与先生有了"师生缘"。

先生第二次到安徽是时隔八年后的 2010 年 10 月 27 日。当时我已接任了安徽师大历史与社会学院院长，平时也经常通过电话向先生汇报工作和生活情况，先生对我在安徽师大的状况甚为了解。大约在八九月间，先生给我电话，询问是否愿意与复旦大学历史地理研究中心共同举办"明清长江下游地区人文地理专题学术研讨会"，会议地点放在芜湖。我深知先生的意图，其实是想支持安徽师大历史与社会学院的学科建设和发展，这对学院来说是求之不得的事。本是助人之举，但先生反过来还一再表示，承办会务给安徽师大添麻烦了。这等做人做事的境界，让我们深为感动。10 月 28 日至 30 日，会议如期举行，来自上海、北京、江苏、陕西、河南、江西、安徽、台湾等地的 30 余位专家、学者应先生之邀参加了研讨会。安徽师大历史与社会学院数十位师生旁听了会议。先生在会上作了题为"略谈江南水乡地区桥梁的社会职能"的报告，认为桥梁既是江南水乡陆路交通的必经之道，也是江南市镇定位的地理条件，同时提出桥梁的兴建反映了地方政治、经济的发展，而桥梁的兴衰还与交通工具的变化有着密切的关系。30 多位学者的发言，围绕明清长江下游地区人文地理的相关问题展开讨论，带来了一场学术盛宴。先生在总结发言中，充分肯定了会议的成果，当他看到一直到闭幕式结束，会场仍然座无虚席时，对会议会风给予了高度评价。会后，尽管当时先生腿脚不太方便，但依然和与会代表一起考察了马鞍山采石矶、当涂李白墓园，并第二次上九华山。下山时，拗不过弟子们的央求，先生坐滑竿代步。滑竿上先生孩童般欢快的笑容，宛在眼前，永难忘记。此次安徽之行，先生离开芜湖后，又取道合肥，在安徽大学历史系开展了系列学术活动。

先生第三次到安徽是 2012 年 6 月 11 日。当时安徽大学中国史硕士点历史地理专业方向首届学生毕业，先生在安徽大学历史系的弟子陆发春邀请先生到合肥，主持历史地理专业方向硕士生的毕业论文答辩会。先生在百忙之中抽出时间，莅临安徽大学，亲自指导硕士生的历史地理论文的写作，无论是答辩学生还是旁听师生，都极受启发。我在 12 日从芜湖赶往合肥，面觐先生，第二天陪同先生到巢湖考察，先后参访了姥山岛、中庙寺和李克农故居。此行先生还与安徽省社科院历史所的研究人员进行了学术交流。

先生第四次到安徽是 2016 年 10 月 28 日。2012 年 7 月，我离开安徽师大加盟安徽大学，12 月担任安徽大学历史系主任。当时我向先生汇报了工作调动的情况，邀请先生方便的时候到合肥指导工作，为安徽大学历史学发展提供良策，先生当即应允。

后先生因为身体的原因，直到 2016 年 10 月 28 日因到合肥参加"清史地图集"项目研讨会才终于成行。原本安排的是 30 日下午请先生与安徽大学历史系教师座谈交流，但得知消息的安徽大学师生近百人拥到会场，不得已临时变更场地，座谈会改成了学术报告会。先生在报告中谈了历史地理学的学科属性，认为历史地理学与人文社会科学的其他门类相比，具有很强的实证性和科学性，而历史沿革地理是历史地理研究的基础。关于历史地理学的主要研究对象，先生指出历史地理学主要研究人地关系，并以汉代以来中国人口的增长与土地开发为例，加以阐释。先生在报告中还提出要特别关注中国不同地域间巨大的区域性差异和时代性差异。针对在座的众多青年学子，先生结合自身体会，谈了如何做学术研究的问题。先生认为，自己最大的幸运是从 20 世纪 50 年代始便专注从事历史地理学研究，且五十年没有中断，他勉励有志于投身学术研究的青年人要从小问题做起，先做专家，再做学者；要静下心绪，苦下功夫，摒除功利，做出成绩，在学术大厦上添砖加瓦。此次安徽之行，先生还到了安庆桐城，先后考察了已有近 700 年历史的桐城文庙、1902 年由国学大师吴汝纶先生创办的桐城中学、六尺巷、姚莹故居和刘大櫆故居等。两天随侍先生左右，听先生谈古论今，受益匪浅。

先生 20 年间的四次安徽之行，为安徽历史学特别是历史地理学的发展，作出了重要贡献。先生之功，一是讲学传道于江淮之间，影响了一地学术风气；二是招纳弟子，为安徽培养了史学人才。如今，先生在安徽的及门和再传弟子有数十人，分布在安徽各高校和科研机构中，这些邹门弟子虽研究领域和方向各异，但先生教导的严谨治学的学风和方法，始终秉持，不敢稍违。通过代代相传，先生之学术，在江淮间必将流传不竭。而饮水思源，先生之功莫大焉。

2020 年 6 月 21 日，上海，先生的告别仪式在西宝兴路殡仪馆举行。细雨微凉，云幕低垂，难言万千悲凉；人生难常，聚散无奈，从此留下思念无涯。祈祷先生一路走好，安徽的弟子们永远想念您、感恩您。

（作者为安徽大学徽学研究中心主任）

# 从先师邹逸麟先生问学杂记

## 杨煜达

邹先生走了，见到微信群里的消息，大脑一片空白。先生久病，2019年刚住院的时候，去看望先生，觉得精神尚好。近两月来每次探望，都感到先生一天天衰老下去，精力逐步下降，预感到这一天迟早要来临，但真的到了这一天，一样还是难以接受。从邹先生问学十八年的一幕幕情景，点点滴滴涌上心头，似乎很具体，似乎又很模糊，我只能撷取其中相对清晰的片段，用拙笔记录下来，作为难以忘却的思念。

### 一、入学

与先生初次见面，是2002年博士面试的时候。我在1999年做了人生中的一个重大决定，放弃了稳定的公务员生活，考了云南大学民族史的研究生，重新走上了学术之路。三年的硕士生涯紧张而又充实，很快就要结束了。这时我不得不重新面对选择，实际上当时也没有太多的选择，只有继续攻读博士一条路。

我的老师林超民教授和陆韧教授都建议我报考复旦大学史地所，他们都认为这是国内学术氛围最好的单位之一。当时复旦历史学系戴鞍钢教授来云大授课，林超民老师还专门推荐我去拜访了戴老师，当时戴老师住在云大宾馆，见面后戴老师也鼓励我报考，所以我就鼓足勇气报考了邹先生的博士生。

当时考试的时间大概是在 3 月。两天时间，考了三场：外语、历史地理学、历史人文地理，感觉比较难，一点把握都没有。第二天上午考完最后一门专业课，下午就接着面试。地点我还记得在老文科楼八楼的所长办公室。我小心翼翼地走入面试地点，邹先生就坐在长沙发上，身材高大，带着眼镜，风度儒雅。左边是王振忠老师，右边是吴松弟老师。杨伟兵老师是面试秘书。面试主要是围绕我的硕士研究乾隆朝征缅之役来提问的，这让我稍稍松了口气，毕竟硕士论文的工作我下了很大功夫，也稍微有点信心。但很快我就被问住了。在回答选题意义的时候，我说方国瑜先生在《云南史料目录概说》中，专门提了这样一个观点：认为乾隆朝征缅之役是清代云南社会经济发展的转折点，之前社会经济发展蒸蒸日上，之后则逐步滑入泥沼之中。邹先生立即抓住这一点，问我研究后对此的看法。坦白讲，我虽然研究的时候思考过这个问题，乾隆征缅给云南民族社会带来很大的困扰，但后来云南的社会经济还在发展之中，我当时的理论水平，判断不了哪一个说法更为合理。因此答得不顺畅，没有一个明确的说法。邹先生大概也不满意我的回答。面试大概半小时就结束了。我以为没有机会进入复旦了，还专门在复旦大学门口摄影留念，然后怅然踏上返程。

大概过了一个多月，复旦的成绩出来了，出乎我所料，我以总分 312 分（面试 85 分）的总成绩幸运地被录取了，从此正式进入邹先生的门下。

## 二、选题

9 月初入学，入学之后首要的大事是选题。邹先生给我们布置，要求大致两周汇报一次选题。当时邹先生每周工作日都在文科楼八楼的大办公室做 CHGIS 项目工作，一个办公室里，王文楚、张修桂、赵永复、钱林书等先生都在一起工作，很热闹。我每次去找先生，敲敲门进去，先生看到，就会起身，放下手头的工作，带我到对面的一个办公室。当时我有一个想法，觉得硕士期间做西南边疆，在理论方面遇到了瓶颈，事实层面考订基本清楚了，在理论层面上分析就感觉不足，很多时候甚至不知道如何去分析。因此我就想换一个区域来做，希望用区域间的比较来寻求突破。我把这个想法给先生汇报了，先生考虑后表示不同意。他说："你在云南做了一段时间，已经有一定的积累，贸然换一个区域，三年时间资料都搞不熟，不容易做出好的文章。你还是在云南范围内选题。"

邹先生定下了这个基调，我就开始在这个基调上选题。当时上了不少课："历史地理概论"是先生亲自上，这大概是邹先生最后一次完整上这门课了。"历史地理理论与方法"是葛剑雄老师上，"历史地理要籍选读"是张伟然老师开的，满志敏老师则上"历史自然地理"，曹树基老师还开了"中国人口史"。第一学期专业课大体就是这些。当时刚刚进入历史地理这个学科，感觉特别新鲜，很多问题都会和云南联系起来，看看能不能在云南做。然后就再在课堂上或下课后和老师讨论。这样就形成了一些初步想法，再给邹先生汇报。每次先生都会花 5—10 分钟听我汇报选题，听完之后，邹先生会简单说"行"或者"可以"。然后下次又汇报新的题目。

在上满志敏老师的"历史自然地理"时，讲到历史气候，我自然又联想到云南能否做历史气候的选题。课间向满老师请教，满老师很高兴，说研究云南气候变迁的意义很重要，可以尝试做，并且提到正在进行的一个课题中就有这方面的内容，如果我有兴趣，可以作为博士选题，并且在下一次上课时就把中科院地理所收集的清代云南的档案资料带来，让我先研究。

这部分资料摘录的是清代档案奏报中天气气候相关的部分，共有 3023 条。我拿到这部分资料后，仔细研究了资料的情况，又查阅了当代云南气候研究的一些进展，大体有了自己的想法。然后才正式向先生汇报。我说，从资料的情况来看，我应该能做出云南雨季的开始时间序列，这个可以比较好地反映季风变迁。温度和降水可以尝试，不确定能不能做出来。但是，可以做区域性的天气灾害，可以作为博士论文保底的部分。邹先生认真听了我的汇报，沉吟了片刻，说："这个题目很好，创新前景很大，但难度是很高的，你要有思想准备。"过了一段时间，在我进一步汇报博士论文的思考的时候，先生又专门说："这个题目你好好做，即使最后做不出来，把如何做的过程写出来，让后来的人少走弯路，我也让你答辩。"有了先生的首肯和鼓励，我终于鼓足勇气迈进了气候变化这个陌生的领域。

## 三、工作

三年的博士研究阶段过得很快，转眼就要到毕业的时候，也就要到新一轮求职的时候了。大约在 2004 年末的时候，先生就问我求职的意向。按照当时我自己的愿望，能到中国社会科学院或者人民大学做一轮博士后进一步深造是最理想的，但是从我年龄偏大又有家庭的角度来说，直接就业可能更有利于家庭一些。我把具体情况和想法都汇报了。邹先生说："知道了，你的工作还是要找个较好的平台，有利于以后的发展。"过了几天，先生告诉我他已经给社科院历史所的所长陈祖武先生写了信。过了一段时间，大概在 2005 年 4 月份，历史所的办公室给我来信，同意我到历史所做博士后研究工作，让我开心不已。后来能在史地所入职，我就放弃了这个难得的机会。

除此之外，我还看了很多院校招聘的信息，有选择性地投了几份。北京某著名高校招民族史的老师，我投了简历，邹先生也给相识的教授写了信推荐。当年陕西师范大学西北环发中心也招，我投了简历，也给先生作了汇报。先生说陕西师大有史先生的传统，也是能做学问的地方。4 月份我到陕西师大面试，侯甬坚老师等热情接待，并对我的情况有所了解，我受宠若惊。后来才知道邹先生前几天曾来过西安，当面介绍过我的情况。先生对我的工作去向的关心和帮助，很多可能我现在都还不知道，因为先生不会专门和我谈这个。

我 2005 年 8 月在史地所正式入职后，接踵而来的就是我家庭的问题。我爱人刚到上海的时候，暂时找不到工作，看着我发愁，邹先生安慰我说："杨煜达你不要着急，复旦这么大的学校，有这么多部门，都需要人，总有办法能解决的。"又说："很多老师刚来复旦的时候，都是一个人先过来，家里后来才慢慢调过来的，不都解决了嘛。"当时葛剑雄老师正主持《中华大典·历史地理典》的编纂工作，先生就给葛老师说了，承葛老师的关照，我爱人就先在大典办公室暂时担任项目秘书，解决了燃眉之急。后来我爱人的工作，是 2010 年从德国回来后，看到学校某单位招办公室人员，报名面试后得以留下来的。我感觉先生认为我栎樗之材，容或有一二可用之处，希望我能有一个好的工作条件，所以为我做了很多，现在回想，不禁泪目。

## 四、入组

我留下后不久，就参加了邹先生主持的《清史·地理志》的工作。这项工作是在 2004 年启动的，由清史编委会委托先生来主持完成。当时主要的参加者是华林甫、杨伟兵，2005 年段伟于首都师大博士毕业后，到先生门下做博士后，专做这项工作。由于工作量巨大，需要更多人员投入工作，所以我留所不久就加入了课题组里工作。前后有孙宏年、傅林祥、巴兆祥、郭红、任玉雪等参加。当时第一项工作还记得是录入一堆资料卡片，后来就正式分给我做湖北省。这是我直接在先生指导下工作时间最长的一次。

刚接触工作，首先就是摸资料。经过一段时间的摸索，我发现湖北有两份很好的资料，一是民国十年（1921）出版的《湖北通志》，其编辑始于光绪七年（1881），而年代下限就是宣统三年（1911）。共 172 卷 1500 余万字，是 1949 年以前编修最完备的一部湖北通志。但是，虽然年代下限在宣统三年，但并非所有记载都断限在宣统三年，所以以这部书为基础，具体地名还需要参考其他大量资料才能断定。另一份资料为史地所资料室旧藏的光绪《湖北舆地图》，大致编成于光绪二十四年（1898），有经纬度，分县成图，有的县不止一幅图，比例尺比较大，县以下地名收得很多，尤其湖泊等面状地物标绘较清楚。后根据王一帆的研究，这应该是当时官修《会典舆图》的湖北图集成果。我对湖北的工作就从这两份基本资料入手。

才入组的时候，先生就强调，要重视反映县以下市镇的情况。市镇的繁荣确实是明清经济发展的一大特点，而以江南为甚，应该在地图上得到很好的反映。我研究了湖北的资料后，发现湖北方志资料对于市镇的记载差异很大，有的县记有集镇上百个，有的则仅记寥寥几个。这明显是当时缺乏明确的标准而导致的记录差异。而清代绿营驻军的情况记载却十分具体，一般来说，清代的营会驻扎在比较重要的城市，而汛作为营的外派机构，则会驻扎在一般的县城和重要的市镇以及治安形势较严峻的地方。以清代营汛为基础，结合上府州县佐贰官的分防驻地以及驿站、巡检司等驻地，大体可以涵盖清末重要的市镇。我把想法给先生作了汇报，得到了先生的首肯，湖北的县以下地名基本就依照这个原则来做了。

中间还有个小插曲，我刚开始加入工作的时候输入资料卡片，觉得建立一个数据库来管理这些资料，以后使用就会方便很多。给邹先生建议了，一些老师反对，觉得意义不大，我坚持觉得这个事不费多少工夫，总能省点事。后来先生还是采纳了这个建议。我设计了一个 ACCESS 数据库，再请一位学 GIS 的同学设计了页面查询，再找同学把录入的资料都输入到里面，完成后请邹先生来试了试，先生还很高兴。但后来实际用途不大，主要是录入的资料还是太少了，而现在可以查询的电子出版物又大大增加，所以这个数据库也就新鲜了几天，没有什么人实际使用。

参加《清史·地理志》工作，给我最震撼的印象，就是邹先生的认真和几位学长对学问的执着。记得在 2008 年 3 月份左右，课题组去浙江嘉兴开个会，会议定在了一家农家乐，有骑马、划船等娱乐。大家都很高兴，觉得能够放松放松了。大概在上午 10 点到了目的地，看看环境挺好，会议室是农家客厅，住宿就在农家庭院。大家才在会议室坐下来，就围绕地理志的体例问题展开了激烈的讨论。讨论前约定，问题由邹先生逐一提出，大家讨论，最后由先生拍板。这一讨论，除了中间两餐食饭之外，就到了晚上 10 点多，再由先生就争论的问题逐一拍板。到第二天上午，又是激烈的讨论，又延续到晚上10点多，大家看到实在没有时间了，又请先生就争论的问题拍板。结果计划中的娱乐和放松，一项都没有尝试过。第三天上午就打道回府了。这样反复就编修体例及涉及的学术问题广泛地讨论，就我印象所及，至少有六七次，而编修中相关问题的邮件往返讨论则更不知凡几。其中邹先生作为课题的组织者和学术权威，其谦虚纳谏的风度令人心折。而作为一个初学者，我思虑未周，偶尔插言，但即便是旁听，也学到了很多东西。

我在2008年4月赴德国图宾根大学交流，之前基本完成了湖北的工作。本来湖南的工作也安排给了我，因为我出访交流，只做了一点点，后来湖南就交给巴兆祥老师来接手。这项工作到现在已经十几年了还未完全结束，后来《清史地图集》就由华林甫老师担任主编，先生改任顾问，大体还是原班人马在修。其间邹先生每次开会都参加并会提出非常具体的意见。有《地理志》的基础，《清史地图集》的进展就顺利很多。同时《地理志》的工作一直没有停止，邹先生要求大家前后反复检查，大小修改数十次，每次都会有些微的修改。现在最后的修订稿已提交了两年，还未见出版消息。不敢说先生主持的《清史·地理志》这项工作就没有错误，但是现在一个集体项目要如此认真、细致，反复琢磨，可能很难了。而作为一位学者，能在刚进入学术之门时就参与这种集体项目的工作，学到的经验十分宝贵。

## 五、问学

我入门的时候，先生学问、文章早已名满海内，但我实质上对先生学问的认识很少。入学之前只读过很少几篇先生的文章。入学之后，有一次很好的机会能系统读先生的文章，就是2004年编《椿庐史地论稿》时，由我们几个在读的博士生负责文稿的校对工作。邹先生的主要论文大多是那个时候认真读的。但是，要说到读懂没有，现在我只能说那个时候没有读明白。那个时候请教先生问题，都是较为具体的问题，和先生的交流限于较简单的形式，还上升不到真正问学求道的层面。

真正使我学问上如开阴翳而见阳光的，是我准备赴北京某大学面试的报告，我有两个题目，一个涉及面较小，较为专精，我考订得也很到位；一个问题比较大，涉及一些理论的思考，我担心自己考虑不成熟。我向邹先生请益，先生仔细听了我两个题目及论证的逻辑后，很肯定地说，就是后面这个。这是困扰我很久的问题。从这时开始，我开始迈过了科研简单解决具体问题的层面，逐步感觉到学科把握的重要性，也开始逐步主动将自己的研究选题和学科的发展联系在一起。也就是从这时起，我开始逐步理解先生的学问了，也理解先生常常勉励我们的话："所里环境好，年轻人在这里容易进步。"

此时读先生的文章也就有点真正读懂的意思了。邹先生的时代，一等一的大题目很多，先生不需要去通过学术史的精细回顾来凸显问题的重要性。这对于现在的初学者来说是有障碍的，因为在没有完整的学科架构的认识之前，不能真正认知到这些问题的重要性。而没有对学术史系统的把握，也很难体会这些工作的前瞻性和创新性。也就在这个时候，我在准备课程和研究之余，能认真再读邹先生的著作，不断有体会。我在参与大运河项目的时候，重读先生 1979 年写的《山东运河历史地理问题初探》( 发表于《历史地理》创刊号，上海人民出版社 1982 年)，才发现，近三十多年来，诸多研究，竟未出先生之旧章。这样的例子很多，记得大概在 2017 年，先生还没有住院时，有一次去先生家里，闲谈到先生关于中国早期经济区形成和划分的几篇文章十分重要，先生和我谈起，正在写东汉经济区的论文。后来一直未见下文，未知成文否。

我已经习惯了自己在做重要的学术选题时，一定要听取先生的意见。我 2007 年接到德国学者邀请申请洪堡基金的时候，提出西南边疆地区银矿的生产，向先生请教，先生认为是重要的问题，值得深入。我接下来有十余年的时间都在做这个问题。2010 年回国后，又向先生请教用田野工作的方法去做山地历史地理是否可行，先生仔细听了我的思考后，觉得可以尝试。后来我就陆续安排同学去做田野工作，还和云南大学合作做了一些田野工作。2014 年随侍邹先生去云大，他还专门问了这项工作的进展。现在这些调查报告要结集出版了，本来最希望请先生写序，先生却离我们而去了。目前做的极端灾害图集的工作，很早就跟先生汇报过，得到先生的鼓励。2017 年开题的时候，想请先生来指导，惜先生临时有事未能参加，也是憾事。

从这样的问学中，我自己体悟到了更多的东西，就是为学，找到适合自己的发展方向是最重要的。而自己的发展方面，要注意找到和学术的发展乃至社会的发展契合之处。现在想，很多时候我们研究的具体领域先生并不涉及，但还是能对我们为学的困惑一言而决，是因为大道无形，先生站在了他的高度，看到了更多我们未曾看到的维度，从而能在看似复杂的现象中清晰地抓住本质的问题。这种学术高度和思维能力，需要学者长时间思考的积累。

2021 年 1 月 18 日上午，是先生安葬的日子。在和煦温暖的冬日中，先生安详地和相伴大半生的师母长眠在了一起。我们几位学生给先生献花，然后静静站着，温暖的阳光洒在我们身上，一如过去先生对我们的关爱。我们默默流出泪水，又悄悄拭去。我们虽然再也不能面对面在先生家里的小客厅里聆听教诲，但先生一定会在上天，如过去一样默默关注着我们，我们取得什么成绩，先生一定会会心一笑；我们如或有不当之言，先生虽不直接批评，也会蹙眉吧。

（作者为复旦大学中国历史地理研究所教授）

2011 年 2 月 25 日摄于谭其骧文库

2014 年 4 月随侍先师赴云南，摄于腾冲和顺

# 邹逸麟方志思想及其指导价值

## 巴兆祥

著名历史地理学家、历史学家邹逸麟教授 2020 年 6 月 19 日仙逝，我们为失去慈父般的恩师感到无比的悲痛。时至今日，恩师的音容笑貌还时常在脑中回荡。恩师生前曾任复旦大学首席教授，中国地理学会历史地理专业委员会主任，上海地方史志学会会长，第三、四届中国地方志指导小组成员，专注历史人文地理、自然地理研究，著作等身。同时，还倾心关注我国的方志事业，给各地的地方志干部培训班授课，评审上海等地的志稿，发表研究心得，对地方志编纂与方志学科建设多有创见。在此，仅就先生的方志思想作一简要梳理，以缅怀其对我国方志事业的重要贡献。

## 一、关于方志属性与边界

明清以来，有关"方志"为何种著述，属于何种属性，或者哪些著述属于方志，众说纷纭，至今未达成统一共识。邹逸麟先生在长期的方志使用中，对方志的概念、属性与边界形成了比较深刻的认识。

### （一）方志是资料工具书

方志是什么性质的书，是历来争论不休的话题。特别是在清代，争论尤为激烈，并因此形成了地理学派、历史学派等方志学派。地理学派认为方志为地理书，以戴震、洪亮吉等人为代表；历史学派则认为方志为史书，即地方史，以章学诚等人为代表。[①] 随着志书使用的普及和对方志认识的深入，人们不再像过往那样执着于史地之争，"方志作为资料性的工具书"这一观点也越发为人所接受。邹先生亦是如此。"因为方志讲到底是历史资料书。不论如何新编，从收集资料、撰写、编辑到出版，总有数年之久，故到出版时，其内容已经是历史了。"[②]

邹逸麟先生作为历史地理学的大家，自然是方志使用的大户，就如其所言："我一辈子的科研工作，都离不开查阅地方志，翻阅利用过的旧志不下两千种、新方志两三百种。"[③] 正因为如此，邹先生十分看重那些资料翔实的志书。"优秀的方志都是保存了大量宝贵的地情资料，对今人而言，这些资料因为时间离我们很近，也许不觉得十分宝贵，试想一二百年甚至更久时间以后，有人要了解今天我国某一具体县市的地情，那时就是查遍今日所有的报章杂志，恐怕也未必能查到所需要的资料，而这些资料唯有在今天所修的地方志中得以保存，是何等珍贵！我国自宋元以后，流传至今的地方志大约有八千余种，其中虽良莠不齐，但大家都视为宝贵财富。……地方志的价值是随着时间的推移愈来愈珍贵，今天的地方志将是千百年后研究中国社会历史的一座资料宝库。"[④] 由此可见，邹逸麟先生认为方志最大的价值就是它为后人提供了丰富的参考性资料。对于那些保存了丰富和宝贵资料的方志，邹先生往往给予较高的评价。如其评价《新编宁波市志》道："体例完备，资料丰富而翔实。"[⑤]

（二）志书边界

因知识背景不同，工作经历差异，人们对志书概念及其范围的理解自然有所不同。2012 年，安徽省方志办的王晖先生在《中国地方志》发表了《什么是方志——〈方志百科全书〉"方志"词条释义》一文，在文中对"方志"概念作出解释："方志，又称地方志、志书、志，是记述某一地方古今各个方面或一个方面情况的资

① 参见黄苇等著《方志学》，复旦大学出版社 1993 年版，第 285—288 页。

② 邹逸麟《修志者心目中要有读者》，《中国地方志》2009 年第 6 期。

③ 邹逸麟口述，杨军益、王师师采访《邹逸麟先生方志思想采访录》，《史志研究》第 1 辑，中华书局 2015 年版，第 394 页。

④ 邹逸麟《修志者心目中要有读者》，《中国地方志》2009 年第 6 期。

⑤ 邹逸麟《评新编〈宁波市志〉》，《中国地方志》1997 年第 6 期。

料性文献。记述各个方面情况的为总志，记述一个方面情况的为专志。"① 邹逸麟先生自 1957 年跟随谭其骧先生到上海参加《中国历史地图集》的编纂工作，此后一直以谭先生为师，其不少学术观点亦深受谭先生的影响。谭先生对地方志亦有研究，发表了不少与方志相关的论文。② 谭其骧先生曾在《地方志与总志》一文中对"地方志"与"总志"的概念作出辨析："地方志不同于总志。地方志顾名思义是记载一个地方事情的。地方志所记载的地方可大可小，大的一个省一种志，小的不管一个县一个镇，也可以有县志或镇志。尽管可大可小，但总而言之是一个地方一种志。因为记载一个地方的，所以地方志简称就叫方志。'方'是对全国而言的，'方'是'总'的对立体。凡是以全国为记载对象的，那就不能叫它地方志。"③ 受此影响，邹逸麟先生在阅读王晖一文之后，对其观点有不同的看法，尤其是不赞同其将记载一地各方面情况的志书称为"总志"的主张。邹先生认为，如果像王晖那样定义"总志"，"那末所有省志、府志、州志、县志，都是记载一省、一府、一州、一县各方面情况的，那都可称之为总志，那就没有方志了"④。

随后，王晖先生发表《总志是方志的一种》一文回应邹先生，坚称总志也属于方志。⑤ 邹先生亦予以回应，通过前人对"总志""方志"概念的理解，进一步明晰这两个词的内涵。在邹先生看来，"总志"是全国之志，而"方志"是一方之志，并根据《辞海》中"方"的字义，强调"方志"的"方"是一个方面，一个区域之义，而非作为量词的"方"。⑥ 王晖先生认为，"地志是方志的一种，总志是地志的一种，方志是最大的概念，不可能与下位概念总志相对立"⑦。针对这一观点，邹先生依据《四库全书总目》中将"地志"分为"总志之属"与"都会郡县之属"，提出

---

① 王晖《什么是方志——〈方志百科全书〉"方志"词条释义》，《中国地方志》2012 年第 10 期。

② 参阅巴兆祥、沈洪亮《谭其骧与方志学》，《历史地理》第 16 辑，上海人民出版社 2000 年版。

③ 谭其骧《长水集续编》，人民出版社 2011 年，第 283 页。

④ 邹逸麟《对〈方志百科全书〉"方志"条释义的几点意见》，《浙江学刊》2013 年第 1 期。

⑤ 王晖《总志是一种方志——答〈对《方志百科全书》"方志"条释义的几点意见〉》，《上海地方志》2013 年第 5 期。

⑥ 邹逸麟《对〈总志是方志的一种〉一文的意见》，《上海地方志》2014 年第 1 期。

⑦ 王晖《总志是一种方志——答〈对《方志百科全书》"方志"条释义的几点意见〉》，《上海地方志》2013 年第 5 期。

了地志是最大的概念，包括总志、方志、山川志、边防志等。①应该说，双方争议的焦点在于，"总志"是否属于方志。他们相互间的商榷进一步明晰了"总志"与"方志"的概念，也加深了我们对这两个概念的理解。

此外，邹先生十分反对地方志概念的泛化。当前，不少人把带有"志"字的著作当作地方志，地方志的概念有泛化的趋向。针对这一现象，邹先生认为，地方志应该有一定的区域范围，否则难以称之为"地方志"，即使"我们所说方志中的专业志，也应该是某一地区为范围的，如农业志、水利志、商业志等"②。他尤其不赞成将"事件志"纳入地方志范畴，"当前流行的所谓'事件志'，……实际上是'记'，把诸如奥运会等记录下来，书名用'志'我也不反对，因为'志'也是'记'的意思。但是，这不能叫地方志，不属于方志范畴，如果归入地方志范畴，则相当滑稽。譬如南京编纂一部《汶川特大地震南京援建志》，这到底属于南京的地方志，还是属于四川受援地的地方志？说其是南京的地方志，其内容却大都是援建四川灾区的事，说其是四川受援地的地方志吧，编纂者却是南京人"③。由此可见，在邹先生看来，地方志必须要有一定的区域记载范围，否则不能称之为"地方志"。

## 二、关于方志价值与功用

有关方志的功用与价值，各个学者探讨的侧重略有不同，但主要还是围绕"存史、资治、教化"这三点展开。对于如何处理"存史、资治、教化"的辩证关系，邹先生认为，"'资治、教化'是一时的，'存史'是永恒的。我们修志必须强调'存史'，没有'存史'，'资治、教化'无从谈起，不能互倒"。由此可见，在邹先生看来，方志的"存史"功用居首要地位。之所以把"存史"的功用放在首位，与邹先生的学科背景不无关系。作为历史地理学专家，邹先生在日常的研究中主要是把方志作为一种历史资料来用。因此，邹先生格外看重方志是否存"真史"，"'存史'必须存'真史'，如果不'真'，'资治、教化'更没有意义。志书质量好不好，关键看'存史'做得是否到位，否则'资治、教化'不起作用"④。

---

① 邹逸麟《对〈总志是方志的一种〉一文的意见》，《上海地方志》2014 年第 1 期。

② 邹逸麟《对〈方志百科全书〉"方志"条释义的几点意见》，《浙江学刊》2013 年第 1 期。

③ 邹逸麟口述，杨军益、王师师采访《邹逸麟先生方志思想采访录》，《史志研究》第 1 辑，第398 页。

④ 同上，第 396 页。

对于如何存"真史"，邹先生也有自己独到的见解。首先，存"真史"应记载具体确切的内容。"地方志书是真实的史书，它是几百年、几千年以后还有人会去查阅的。几百年以后，如果有人要去查 1949—1978 年杭州的情况，肯定要去查《杭州市志》，《人民日报》《杭州日报》都是很难查到的，所以我们的志书，还是记载具体确切内容太少。"① 其次，存"真史"要清楚地记载正负面的史实。在二轮修志中，在处理改革开放以来的问题时，不少志书只记取得的成就，而忽视存在的问题，就如邹先生所言："二轮修志工作目前已经过半，二轮志书主要记述改革开放以来的历史，这 30 多年取得了举世瞩目的成就，但也存在许多问题。像现在贫富差距日益扩大，社会矛盾越来越尖锐，环境问题非常突出，志书里面该不该写，毫无疑问应该写，如果都不写，势必影响'存史'，50 年后、100 年后，后人再来审视我们的改革开放，当时的社会情况怎么样就无从全面了解。"因此，邹先生强调，"存'真史'，把正面的和负面的史实都记述清楚"②。第三，把志书内容取舍的选择交于读者。在修志过程中，领导的意见往往对志书的内容产生重要影响，如一些领导会因"保密材料"为由，不让编写人员将某事写入志书，以致"真史"不见载于志书。对此，邹先生认为，"修志的目的是不是要读者看到地方真实情况，要看到真实情况，就不能由领导主观上来决定哪些宜'粗'、哪些宜'细'，应该由读者来决定"③。

除了"存史"，邹逸麟先生也看重方志的"资治"功用，如他把方志比作"地方政府无言的决策咨询'机构'"④。当然，邹先生是用发展的眼光看"资治"功用，其言："'资治'就是有助于治理国家、安定社会的功能。但是不同时代有不同治理国家、安定社会的理念和方法，明清时代的'资治'，如今当然不适用了。同样，今日之'资治'理念，数百年后未必还有价值。"⑤ 那么，当下方志又要如何发挥其"资治"功用呢？邹先生认为，首先，在修志时，要充分掌握基层的原始资料，通过调查获取基层的真实情况，把改善民生工作中的各种问题切实地反映到志书中，而非仅根据政府、各级机关的材料编纂；其次，志书内容的记载要公正客观，实事求是。"这个

① 邹逸麟口述，杨军益、王师师采访《邹逸麟先生方志思想采访录》，《史志研究》第 1 辑，第 394 页。
② 同上，第 396—397。
③ 同上，第 396 页。
④ 邹逸麟《重读〈地方志工作条例〉后有感》，《上海地方志》2007 年第 4 期。
⑤ 邹逸麟《修志者心目中要有读者》，《中国地方志》2009 年第 6 期。

地方自然条件比较恶劣，土壤贫瘠，水源缺乏，人民又较贫困。这都要实事求是地记述，这样可以使地方干部头脑清醒地去策划如何改造这里的自然环境，提高人民的生活。如果志书对这些都避而不谈，或轻描淡写地一笔带过，又怎么能够使地方干部引起奋发、忧患的意识，从而搞好当地的经济和文化建设呢？"[1]如《新编蚌埠市志》真实地反映了"极左"政策对农业的危害，又对当地环境污染有客观准确的记载，故邹逸麟先生给予高度的评价："这类反映我们工作中问题的记载，确能真正起到'资治、教化'的作用，使我们的地方干部和人民知道应该怎样做，不应该怎样做，从而激发起人们改造乡土环境、造福乡土人民的信念。这不正是今天编修方志的目的吗？"[2]

总之，在邹先生看来，方志的"存史"功用是最为重要的，只有存"真史"，志书才能发挥"资治""教化"的功用，才能发挥其最大的价值。

### 三、关于方志编纂

作为中国地方志指导小组成员，邹逸麟先生竭尽所能地为新方志编纂提供宝贵的意见。根据多年的用志和审稿经验，邹先生对志书质量高低的评判也有自己的标准。在邹先生看来，"全面、丰富的内容，客观、实事求是的记录，突出地方特色，是衡量一部方志质量高低的主要标准"[3]。因此，他常以这些标准指导新方志的编纂。

#### （一）总体设计

1. 重视继承与创新。在新方志编修中，有关旧志的继承、新志的创新以及如何处理两者间的辩证关系，是经久不衰的话题。在邹先生看来，创新应建立在学习旧志的基础上，"旧志的体例要研究，宋元方志、明清方志、民国方志的体例都在不断发展演变，变化的脉络如何，到我们今天，哪些东西好继承，哪些东西必须改变，这才是科学的态度"[4]。邹先生十分反对那些不学习旧志就提创新，认为"为创新而创

---

[1]　邹逸麟《对新编方志工作的几点意见》，《中国地方志》2000 年第 5 期。

[2]　邹逸麟《读新编〈蚌埠市志〉有感》，蚌埠市地方志编纂委员会编《〈蚌埠市志〉评论文集》，黄山书社 1996 年版，第 160 页。

[3]　同上，第 159 页。

[4]　邹逸麟口述，杨军益、王师师采访《邹逸麟先生方志思想采访录》，《史志研究》第 1 辑，第 397 页。

新，导致研究出来的成果脱离实际"①。邹先生也认为，学习旧志，并非是完全照搬旧志中的一切，也要以发展的眼光编写志书，如"随着时代的发展变化，随着社会生活内容的不断丰富，志书的门类当然相应有所增益，这是地方志的特征所决定的"②。当然，邹先生也很赞赏将旧志中的内容用新的方式加以提炼，编入新志。如其评价新编《安吉县志》言："新方志卷首设置《县史述略》一篇，在六七千字的篇幅里，对安吉自置县以来至本世纪八十年代，这一千多年来的自然、政治、经济、人文变迁，作了十分概括的记述。读了以后，对安吉县的历史发展有了一个概貌的认识，这是深入了解安吉的一把钥匙。我认为这个体例设计得很好。"③

2. 续修的上限应考量社会的变革期而定。在续修方志时，续修的上限始于何时是首要面对的问题。2000 年初，当时一轮修志接近尾声，面临着续修的问题，邹先生注意到当时二轮修志时各志书续修的上限时间很不一致。因此，他提出"续修方志上限一律从 20 世纪 80 年代开始"的观点，其理由为：

（1）"文革"结束，邓小平同志开创的改革开放事业，引起我国社会的大变革。近 20 年的社会变化之迅速之剧烈，远远超过以往 2000 年的历史。由于人们思想准备不足，认识水平跟不上，在第一届修志时恐怕有许多问题认识不清，乘这 10 余年准备时间，对地方上这 20 余年改革开放中成功和失误作一番思考和清理，有利于资料的收集和准备。

（2）续修方志在体例上可有创新，例如沿革部分可以尽量简单，不必从三代说起；自然背景可以着重于地方经济的开发，立足于经济建设为中心。可以根据新情况，增辟新门类。

（3）我国地域广大，各地的自然人文背景有很大的不同。改革开放以来，内地、沿海、南方、北方，新老城市和农村发展有很大差异。续修方志从改革开放开始，可以突出地方特色，使续修方志更有个性。④

---

① 邹逸麟口述，杨军益、王师师采访《邹逸麟先生方志思想采访录》，《史志研究》第 1 辑，第 398 页。

② 同上，第 400 页。

③ 邹逸麟《评新编〈安吉县志〉》，安吉县地方志编纂委员会编《〈安吉县志〉评论集》，自印本 1996 年版，第 25 页。

④ 邹逸麟《对新编方志工作的几点意见》，《中国地方志》2000 年第 5 期。

由此可见，邹先生把续修上限时间定在 20 世纪 80 年代，主要是基于改革开放之后，社会各方面发生了巨大的变化。这对今后志书的续修不无启示，即在选定续修的上限时间上，要以重要的社会变革期为考量。

3. 要协调体例与内容的关系。体例与内容是辩证关系，体例由内容决定，体例（主要是篇目）在一定程度上也可以反映内容。邹先生相当看重体例，"衡量一部方志的质量，体例是否规范"[①]是重要标准，提出编纂方志要重视体例设计。"近年来参加过多次新志的评议，对上世纪 80 年代以来，新修方志的体例大致有所了解。"[②]高度评价《云翔寺志》、新编《宁波市志》的体例。觉得：

> （《云翔寺志》）体例是经过精心设计的，有不少值得称道的地方。例如，志书卷首有"概述"和"大事记"，正文分上下两卷。上卷主要讲历史，下卷记 1978 年拨乱反正云翔寺重建后的情况。各卷所记皆为实实在在的内容，如上卷记沿革、建筑、景观、活动、人物等，包括了我们想要了解一座古代佛寺的所有具体内容。下卷包括重建、建筑、佛像、佛事活动……，也都是反映古寺重建后我们需要了解的内容。……至少按我目前的理解，还没有想到寺志该有而没有的内容。因此，我认为该志的体例实可为其他寺志编修的蓝本。[③]

对于体例与内容孰轻孰重，邹先生更看重内容。

> 至于体例，横排竖写，内容怎么编排，这当然是有关系的，但不是最本质的东西。譬如要记述上海人民的生活水平、物价水平，这方面材料可放在居民生活篇章里，也可放在经济篇章里，读者只要能查阅得到就行，内容不够全面的话，体例再好都是空架子。[④]

此观点尤其值得二轮甚至未来的三轮修志重视。

---

① 邹逸麟《对新编方志工作的几点意见》，《中国地方志》2000 年第 5 期。

② 邹逸麟《椿庐史地论稿续编》，上海人民出版社 2014 年版，第 723 页。

③ 邹逸麟《椿庐史地论稿续编》，第 723—724 页。

④ 邹逸麟口述，杨军益、王师师采访《邹逸麟先生方志思想采访录》，《史志研究》第 1 辑，第 400 页。

4. 主张编纂索引。方志以资料见长，然而由于篇幅较大，检索起来不甚方便。所以早在民国时商务印书馆在影印（道光）《广东通志》、（光绪）《湖南通志》、（民国）《湖北通志》、（雍正）《浙江通志》、（宣统）《山东通志》、（同治）《畿辅通志》时，便新编索引附于书后，大受读者欢迎。20世纪80年兴起的新方志编纂，基本上没有编纂索引，"但是志书大多是为备查的，如无索引，对读者来说十分不便"。邹先生主张地方志要编纂索引。当他看到上海南翔镇出版的《云翔寺志》附有索引时十分赞赏，说："这是大部分志书所无，……这是现代著作要与国际接轨的一个极为重要的方面。"①

5. 强调要注明资料出处。邹先生在《修志者心目中要有读者》一文中讲道："大家认同志书是反映地情的资料工具书。修志者就要将本地一切情况，包括自然、政治、经济、人文等要素全面、准确地反映出来。"② 为了确保内容的翔实，邹先生认为，"修志的第一步是做好资料收集、调查与整理工作"③。一些志书虽收集了不少的资料，但是在编写时，对资料的处理极为不规范，最典型的表现就是不注明资料的出处。邹先生对此现象多有批评："近年来出版的志书，有一通病即大多数不重视资料出处。志书基本上是一种历史性资料书，所记内容均不注明出处，不仅当代人无法审其是非，后世人利用者更是如何信得？"④ 因此，邹先生尤为强调志书的记载要准确详细，尽可能注明资料的出处，原因在于："地方志，归根结底是历史文献工具，最强调的是详细、真实。一部方志好不好，主要在于两点：一是读者需要的内容是否查得到，二是记述的内容要准确翔实。地方志是部资料性工具书，其实就像一部词典，首先读者需要的条目必须查得到，其次释文必须科学、真实，除此之外都不太重要。"⑤ 可以说，注明资料的出处，不仅方便了读者的利用，同时也确保了志书资料来源的可靠性，提升了志书的质量。

**（二）编纂的内容**

1. 志书要体现地方特色

作为历史地理学家，邹逸麟先生对我国各地的自然、人文环境皆有比较深入的了

---

① 邹逸麟《椿庐史地论稿续编》，第724页。

② 邹逸麟《修志者心目中要有读者》，《中国地方志》2009年第6期。

③ 邹逸麟《对新修上海市地方志工作的几点建议》，《上海市地方志编纂委员会成立大会会刊》，自印本1987年版，第30页。

④ 邹逸麟《椿庐史地论稿续编》，第724页。

⑤ 邹逸麟口述，杨军益、王师师采访《邹逸麟先生方志思想采访录》，《史志研究》第1辑，第400页。

解，如邹先生主编《中国历史自然地理》《中国历史人文地理》，对中国历史上的自然、人文有深入浅出的介绍，展现了其深厚的地理学素养。因此，邹先生在指导方志编纂时，在内容上尤为强调要突出地方特色。如其言："我国幅员广大，各地自然和人文环境差异很大。因此，新编地方志要有自己的地域特色，才算得上是上乘之作。"①

邹逸麟先生所言的"地方特色"，就是在志书中展现本地自然地理和人文历史方面的区域特点。如他评价《蚌埠市志》言："蚌埠市作为一个政区单位的形成，只是半个世纪以前的事，是南北交通发展的结果，是人文景观变化的产物。我们知道，她的自然特色是地处黄淮平原与江淮丘陵的过渡地带，兼跨北亚热带与南温带分界——淮河的两岸；她的人文特色是四方辐凑、五方杂处。这与我国许多具有悠久历史的传统政区不同。《市志》在这方面有充分的反映。"②又如评价新编《宁波市志》言："一部方志质量高低一定程度上看是否充分反映了当地的特色，新编《宁波市志》在这方面是做得相当不错的。"③

对于志书中不易写出特色的内容，邹先生亦能独具慧眼，发现其中特色。如邹先生评价新编《安吉县志》言："经济部分是各方志的主要内容之一，但这部分的编章设计易流于一般化，农业、工业、商业、交通运输……，没有本地的特色。新编《安吉县志》将大农业分为农业、林业、竹业三编，按理林竹业应该属于大农业，可由于安吉县山林资源丰富，森林覆盖率为52.6%，林业为本县主要产业之一。竹业又是安吉经济一大特色。……这样的经济地位单列专篇再恰当不过了。"④

诸如谭其骧、史念海等历史地理学界的前辈学者，在指导方志纂修时，也十分看重志书是否体现地方特色。如史念海先生曾言："省志是从省的全局来取材撰写，而市、县志是从本市、本县的角度来取材撰写……写省志要写出本省的特色。"⑤谭其骧先生亦有相似的观点。可以说，邹先生强调"志书体现地方特色"的观点是历史地理学界一脉相承而来的。

① 邹逸麟《评新编〈安吉县志〉》，安吉县地方志编纂委员会编《〈安吉县志〉评论集》，第26页。

② 邹逸麟《读新编〈蚌埠市志〉有感》，蚌埠市地方志编纂委员会编《〈蚌埠市志〉评论文集》，第160页。

③ 邹逸麟《评新编〈宁波市志〉》，《中国地方志》1997年第6期。

④ 邹逸麟《评新编〈安吉县志〉》，安吉县地方志编纂委员会编《〈安吉县志〉评论集》，第26页。

⑤ 史念海《怎样写好地方志——在一九八二年五月九日陕西省地方志工作会议上的讲话》，《史念海全集》第7卷，人民出版社2013年版，第110页。

2. 志书要将当地民生作为记录重心

作为知名的学者，邹逸麟先生又有高度的人文关怀，十分重视志书中有关民生方面的记载："志书里面，最要紧反映的就是民生的内容。查阅国家大事，我不会去找志书。我查查杭州的志书，就是要查杭州的人、浙江的人生活得怎么样，生活环境怎么样、自然环境怎么样、人文环境怎么样，得把具体的民生内容反映清楚，只笼统去讲经济发展迅速、生活水平提高很快，没有意义。"[①]

志书记载民生，就是要把与当地民众衣食住行等日常生活息息相关的内容如实准确地记录其中，为读者提供相关方面的参考消息。在首轮志书编修中，对民生的记载多有疏漏，就如邹先生言："我很想看志书中的内容，比如说首轮新方志，我没有看到哪部方志完整记载自建国到下限时的当地物价，整个的物价变化情况怎么样，基本都付之阙如。"[②]

邹先生不赞成在志书中讲平均数，特别是与民生相关的内容，如其言："地方志书里讲平均数，我是很有意见的，什么叫平均数，国家可以讲人均年收入 8000 美元，这可以，但作为地方志书讲平均数没有意义。譬如讲上海市人均住房面积 30 平方米，这是不得了的数据，但有的人有十几套房子，所以这样的平均数没多大意义。又比如讲上海市人均收入 2000 美元，有的人年收入有好几百万，这平均数也是没有实质意义的。应该讲最低数，这才更具有现实意义，这才是老百姓最想知道的内容。比如讲上海市最低人均住房面积 6 平方米，我们可从中知道，上海市的住房还不行，还有很多问题要解决。"[③] 因此，邹先生认为有关民生方面的内容应该具体确切地记载，甚至可以专门设置相关的篇章，"一方之志，两者为主，一是地，二是人。其他都是这两者互相作用派生出来的。我认为将居民专列一编的设计是比较合适，如果将这些内容列入社会编或民政编，也不是绝对不可以，可内容就不这么突出了"[④]。由此可见，如在志书中为"民生"专设相关章节，可以突出这方面的内容，便于读者查找相关信息。

① 邹逸麟口述，杨军益、王师师采访《邹逸麟先生方志思想采访录》，《史志研究》第 1 辑，第 395 页。
② 同上，第 394 页。
③ 同上，第 395 页。
④ 邹逸麟《评新编〈安吉县志〉》，安吉县地方志编纂委员会编《〈安吉县志〉评论集》，第 26 页。

### （三）编纂者的素养

在方志编纂过程中，志书体例的确立、资料的收集、内容的剪裁等步骤都与编纂人员密不可分。在首轮修志中，尽管一些地方也开设方志培训，聘请专家学者讲课，但是整体来讲，大多数修志人员仍未经过系统的培训，方志理论和知识素养不高，修志队伍中不少人员可以说是"半路出家"。第二轮修志时，虽有不少修志人员在一轮修志中成长，但这些人也逐渐老去，修志人才青黄不接，人才培养迫在眉睫。诚如邹先生所言："我国修方志的传统，因抗战而中断，到上世纪 80 年代开始重修方志，其间足足停顿了半个世纪，所以当全国全面开展编修方志时，有修志实际工作经验的人才奇缺。……当时为了完成任务，全国各方志机构都召集有文史功底的人参加此项工作，虽然有方志专家指导，但这些方志专家是研究地方志的，真正实际参加方志编修的恐怕不多。大家都只能边干边学，经过二十多年的实际工作，最后，志书出版了，参加者也都成了编修方志的专家了，这是我国编修方志工作的一支十分宝贵的队伍。……但《条例》规定地方志每 20 年纂修一次，20 年后，现在一批地方志工作骨干，到时已经老了，能否承担下一轮方志的纂修，实在难说。"①因此，邹先生十分重视修志人才的培养，借鉴刘知幾、章学诚等人的观点，提出修志人员应具备"德、学、识、才"。

首先，编纂者要有认真负责、实事求是的态度，即"德"。在邹先生看来，"一部志书质量好坏，除了全面丰富，很重要的一点就是实事求是地忠实记录"②。"实事求是"实际上就是对编纂者提出的要求，"新编方志要做到记录客观、实事求是，需要编者有高度的责任感和胆识"③。只有如此，志书才会"具有很高的科学价值，当可传至后世，以起'资治、存史、教化'之作用"④。邹先生虽未明确地提出编纂者要有认真负责的态度，但在评审新方志时，发现一些编纂者态度不够端正，缺乏认真的态度，亦颇有微词，如其言："很多志书记述内容不扎实，笼里笼统地。我感

---

① 邹逸麟《重读〈地方志工作条例〉后有感》，《上海地方志》2007 年第 4 期。
② 邹逸麟《新编〈黄河志〉是一部认识黄河研究黄河的百科全书》，林观海、袁仲翔主编《黄河志书评集》，河南人民出版社 1999 年版，第 31 页。
③ 邹逸麟《读新编〈蚌埠市志〉有感》，蚌埠市地方志编纂委员会编《〈蚌埠市志〉评论文集》，第 159 页。
④ 邹逸麟《新编〈黄河志〉是一部认识黄河研究黄河的百科全书》，林观海、袁仲翔主编《黄河志书评集》，第 31 页。

到，志书里政府的文件、公报比较多，编纂者通过调查，收集材料，认真纂写出老百姓需要看的内容比较少。"① 由此可见，在邹先生看来，不少志书编纂者缺乏认真的态度去考虑读者所需的内容，只是一味地照搬政府的文件、公文，势必影响志书的质量。

其次，修志人员需具备较高的知识素养，即"学、识、才"。邹先生所谓的"学"，即"资料的收集、积累和挖掘，包括旧志的吸收"②。这看似简单，实则不仅要求修志人员充分地掌握方志的基本理论知识，还须具有敏锐的洞察力，才能深入挖掘资料，吸收旧志中的精华。"识"，即"资料的选择、取舍、综合、分析组织能力"③。邹先生认为，这正是关乎一部志书好差的关键。这就对修志人员的专业水平提出了较高的要求，修志人员不仅要发凡起例，将收集的材料分门别类，还要考虑到读者的需求，合理分配相关的内容。一旦这一环节出问题，志书的质量就会大打折扣，正如邹先生所言："分类有问题，内容再好也是一个遗憾。"④ "才"，即用严谨、朴实、简洁、流畅的文字将资料组织起来。邹先生认为，现在修志要用语体文，但文字不能太口语化。

## 四、指导价值

邹逸麟先生方志思想朴实而有针对性，反映一位学者对方志事业的关照与思考，具有重大的现实指导价值。

### （一）告诉我们修志的初心是什么：心目中要有读者

方志为谁而修，是修志者需要着重考虑的问题。在旧志的编纂中，不少修志者出于私心，或是为地方长官歌功颂德，或是为族人树碑立传，他们心中的读者往往有很大的局限性。20世纪80年代首轮方志的纂修，不少修志者仍是以当政者是否满意为修志的标准，视他们为首要读者。可以说，较之旧志的编纂者，新方志编纂者在修志理念上并没有太大的进步。在邹先生看来，新方志的编纂者应把读者放在首要

① 邹逸麟口述，杨军益、王师师采访《邹逸麟先生方志思想采访录》，《史志研究》第1辑，第395页。
② 邹逸麟《对新编方志工作的几点意见》，《中国地方志》2000年第5期。
③ 同上。
④ 同上。

地位，志书"应该是从读者的角度来编，而不能以领导的角度来决定"①。当然，当政者也是读者之一，但只是很小的一部分。邹先生所谓的"读者"，准确地说，就是"读志者"，即那些在研究工作和日常生活中使用志书的人，"除研究历史的是志书主要读者外，读志者的群体十分庞大，不仅有学者，还包括社会各行各业的人士"②。

从读者的角度编写志书，就要在志书中为读者提供丰富翔实的资料。在新修方志中，一些志书在记述上语焉不详，如邹先生指出，"现在出版的部分志书中存在资料性不强的问题。譬如，记民国时期地方经济时，往往用'经济衰败，民不聊生'等话语带过，没有具体的内容"③，并认为这是修志者心中没有读者的表现。因此，邹先生十分强调方志"要为读者提供尽可能多的信息"④。不仅如此，志书的内容分类也要便于读者的利用和查询。如邹先生指出当前出版的部分志书，存在分类不明的问题，"主要是参修者不明确本门类究竟应该提供什么资料，会有什么样的读者来查阅本门类，于是将不相干的资料都拼凑在一起了"⑤。又如邹先生十分强调志书的资料要注明出处，实际上也是考虑到读者查找核对原始资料的需要。可以说，邹先生在指导方志编纂时，一直把读者放在心目中，无疑对今后方志的编纂具有现实的指导意义。

（二）告诉我们修志的正确态度是什么：实事求是，不回避问题

新方志的编纂，需要处理各种各样的问题，如政策决策失误造成的损失、旧社会人物的评价、社会矛盾、环境问题等。其中有些问题十分敏感，不少修志人员往往采取回避的态度。对此，邹先生认为"地方志是一种资料性的工具书，贵在科学，而科学就是实事求是"⑥，不应回避，而是实事求是地记录相关问题。对于《新编宁波市志》如实地记录了1958年以来"左"的影响以及"文革"带来的损失，邹先生予以肯定，认为"这些都是新编方志应该做到的"⑦。

方志有"资治、存史、教化"的功用，只有实事求是地将当前存在的问题记录其中，才能发挥志书的这些功用。如不能实事求是地记载相关问题，那么"存史"的功

---

① 邹逸麟《修志者心目中要有读者》，《中国地方志》2009年第6期。

② 同上。

③ 同上。

④ 邹逸麟《评新编〈安吉县志〉》，安吉县地方志编纂委员会编《〈安吉县志〉评论集》，第26页。

⑤ 邹逸麟《对新编方志工作的几点意见》，《中国地方志》2000年第5期。

⑥ 邹逸麟《评新编〈宁波市志〉》，《中国地方志》1997年第6期。

⑦ 同上。

用就会大打折扣。邹先生反复强调志书要存"真史",存"真史"就是要清楚地记载正负面的史实,实际上就是要求修志人员具备实事求是的态度,否则所存之史难以令人信服。"资治"更是需要真实的、实事求是的信息,邹先生言:"'资治'以今天的语言来讲,就是让各地方干部通过地方志所提供的信息,来管理和建设好地方。因此提供的信息必须是真实的、实事求是的。"① 而实事求是的记载,不回避相关问题,"目的是为了不让地方干部再重蹈覆辙,少走弯路"②。实事求是的重要性不言而喻。可以说,实事求是的记录,是发挥志书功用的必要条件,即如邹先生所言:"因为既然是要'资治、存史',不言而喻地要求客观、实事求是地记录。"③

实事求是,不仅能为当政者决策提供可靠的参考信息,还能保存"真史",为广大志书使用者提供真实的材料,可谓意义重大。因此,邹先生提倡的"实事求是",修志人员需一以贯之,不论是当下,还是将来,这都是值得遵循的修志原则。

总之,邹先生的方志思想是方志学界的宝贵财富。在方志概念的探讨上,邹先生在前人的基础上,明晰了"总志"与"方志"概念的区别,提出地志是最大的概

2008 年 8 月 30 日邹逸麟先生退休暨寿诞小聚（左一为本文作者）

---

① 邹逸麟《对新编方志工作的几点意见》,《中国地方志》2000 年第 5 期。
② 同上。
③ 邹逸麟《读新编〈蚌埠市志〉有感》,蚌埠市地方志编纂委员会编《〈蚌埠市志〉评论文集》,第 159 页。

念，包括总志、方志、山川志、边防志等，又反对地方志概念的泛化，不赞成将"事件志"这类单纯记事的志书归入地方志的范畴。对于方志的价值与功用，邹先生也有自己的看法，他认为方志是资料工具书，因此其"存史"功用居首要的地位。"存史"就要存"真史"，把具体确切的内容记载下来，更要实事求是，不回避问题，清楚地记载正负面的史实。如此，方志的"资治""教化"功用才能有效地发挥。有关方志的编纂，邹先生强调志书的内容要体现地方特色，将当地民生作为记录的重心；提出编纂人员应具备"德、学、识、才"四要素，即要有认真负责、实事求是的态度，较高的知识素养；又提出一些编纂的技巧，如注明资料的出处，协调修志时继承与创新的关系，续修的上限应考量社会的变革期而定，等等。特别是邹先生强调要从读者的角度修志，将读者的需求放在修志的第一位，提倡实事求是的修志原则，对修志具有十分重要的指导意义。概言之，邹先生作为历史地理学的大家，其以严谨的治学态度，对方志的概念及属性提出了自己的看法，又尽其所长，指导方志的编纂，为新方志事业的发展作出了重要的贡献。

**附　记**　本文的写作过程曾得到我的博士生苏卢健的帮助，谨致以谢意！

（本文作者为复旦大学历史学系教授，兼任第六届中国地方志指导小组成员）

# 深切怀念恩师邹逸麟先生

## 高 凯

　　最早听人提到邹逸麟先生的大名，是 1996 年 8 月在广州中山大学举行的中国秦汉史学会第七届年会暨国际学术讨论会上。当时我提交的论文《从性比例失调看中国古代人口繁衍的稳定性与曲折性》，受到包括葛剑雄教授在内的与会专家学者们的一致好评。因为我父亲高敏先生曾经是葛剑雄教授博士论文的评阅人，他对我父亲很客气。当下我就提出来，可否请他推荐拙文到复旦大学史地所《历史地理》杂志上。但他告诉我：杂志的主编是邹逸麟先生，所发表的文章，一定是要与历史地理学有关的，他帮不上忙。所以，第一次听到葛教授谈及邹逸麟先生，给我的初步印象，邹先生是一位严谨、令人敬畏的老先生。

　　1998 年 8 月，我参加了由苏州大学唐立行教授发起举办的中国社会史国际学术讨论会，会上认识了王振忠教授。他跟我是同龄人，但已经是复旦大学的教授了。有人介绍他是邹逸麟先生的第一位博士生，我听后很惊讶！就想等会后去复旦大学，专门去拜见邹先生，看看他有何高招能把当时又黑又瘦的王振忠培养成大教授。邹先生原本就认识我父亲，他在 1997 年左右给我父亲写过一封信，在我去苏州大学开会之前，我父亲也给邹先生回了信，并想让我将此信亲手转交给邹先生本人。不巧的是，当时邹先生正急于出差，我们就在复旦大学十一宿舍前匆匆说了两句话。所以，当时邹先生给我的第一印象，是一位与年龄不太相符的，办起事情风风火火、认认真真的老先生。

真正见到邹先生并与他相处几天，是在 2000 年暑假云南大学召开的历史地理学年会上。那次会议我提交的论文是《从走马楼吴简看东汉末年湖南的移民问题》，因为利用的是 1996 年最新出土的吴简材料，便对东汉末年及三国时期湖南的移民问题提出来一系列新观点，引发了一些争论。我想这次争论，应该是给邹逸麟先生留下了比较深刻印象的。会议召开期间，云南大学林超民先生、陆韧教授和历史地理学会，给邹逸麟先生和张修桂先生办了十分隆重的 66 岁华诞庆典，也让我真正见识到谦和、博学的邹逸麟先生在历史地理学界崇高的学术地位和人格魅力。

2000 年 10 月，中国史学会在西南师范大学（现在的西南大学）召开"第三届中国青年史学工作者会议"，我有幸在短短的两个月里，再一次遇到儒雅的邹逸麟先生。当时，西南师范大学蓝勇教授利用开会期间的空闲，请邹先生、李庆新、陈星灿和我等六人去合川参观钓鱼城。一路上，我不断开蓝勇的玩笑，邹先生和李庆新等就在一旁微笑着。钓鱼城参观下来，我见识了邹逸麟先生不畏艰险、不耻下问的学术态度。

2002 年听好友李庆新传递的消息，说复旦大学中国历史地理研究所周振鹤教授有自主招生的博士生指标，我听后很兴奋。周振鹤教授作为谭先生的大弟子，学问、人品在学术界都是一流的，能够得到他的帮助，是很高兴的事情。当即我就致电复旦大学，周振鹤教授告诉我，他确实有自主招收博士生的权利，但作为师兄（先父高敏先生是周振鹤、葛剑雄教授的博士论文评阅人），他是没有资格招收我的；同时，他说十分乐意向他的老师邹逸麟先生推荐我。就这样焦急地等待着消息，2002 年 11 月 3 日，我收到了邹先生的亲笔信："高凯，欢迎你来报考我的博士生！！！"

邹先生对我的学习要求很严格，入学第一学期就给我立下标准："高凯你虽然已经是副教授了，而且还是带着国家社科基金项目来读博士生的，但是，你的国家社科基金项目和你的博士生论文没有关系，你必须做一个新题目出来。你父亲高敏先生做的《魏晋南北朝经济史》很好，但是与历史地理的关系，他却疏于揭示，所以，你的博士生论文可以搞一个《魏晋南北朝经济地理》出来。"听到邹先生和颜悦色的解题后，我心中窃喜，之后一个月，就把论文的基本框架拿出来了。但到了去汇报时，邹先生却看都没有看一眼，又和颜悦色地继续提出了新要求："高凯，我不能便宜你，你得搞一个新东西出来。历史地理学发展的今天，历史人文地理和历史自然地理当中有许多的方面都有成就了，但是历史社会地理却很少有人涉及，你能不能搞一个《秦汉魏晋南北朝社会地理研究》出来，不要面面俱到，提出并解决三个方面的问题即可。"听到邹先生的解题后，弟子再一次心中窃喜。自认为以前的学习与研究基本上都是与中国社会史有关的话题，如果运用历史地理学的范畴与研究方法，将三个问题说清楚，还是比较容易的。但之后，很快我就发现低估了研究历史社会地理的难度，因为压根就找不到可以学习的研究范本。

复旦大学对博士生的学术基础课要求很高，尤其是历史地理学专业的博士生，至少要修够包括外语、政治，两门外专业课程和历史地理学专业课在内的九门课，才能有资格做博士生论文。为了节省时间，我不自量力地在第一学期选择了七门课！外语、中国历史地理学概论等都是考试课，不能不认真对待；其他的课程都是要以写论文的形式来交作业的。因为我的身份不同于一般的博士生，所以自我要求每一份作业，都要修改到能够发表的程度。所以，每周都很忙。选择的外系的课有商学院吴申元老师的"中国人口思想史"和中文系陈允吉老师的"佛教与魏晋南北朝文学"。因为这两门课都与我的社科基金项目有关联，所以，毫不犹豫我就选修了。和邹先生一样，中文系陈允吉老师对待学术与学生也非常认真，每周五下午，我都要和他的两个博士生、一个上海本地籍的硕士生在一起上课。在陈老师的抑扬顿挫的教诲下，我接受了一个学期与佛教有关的专业熏陶（为2013年申请我第二个国家社科基金"麻风病与汉唐佛教社会专题研究"奠定了初步的学习基础）。正因为复旦大学第一学期的学习非常紧张，有大量的文章需要上交，以至于寒假不敢回家；等我想回家的时候，火车票却根本买不到；好不容易买机票回到郑州后，无所事事下又坐卧不宁，于是春节初二晚上就踏上了回程，初三一早我就去给邹先生拜年……邹先生提醒弟子，凡事要留有余地，注意彼此间的团结。当时的诸多场景，迄今仍历历在目！邹先生的教诲，对于师门的团结意义重大，作为邹门弟子，弟子一直都牢记在心。同时，弟子对待学生，也是这样要求他们的。

一日为师，终身为父。老师爱护学生，学生爱戴与维护老师及师门，这是中国传统文化思想中天经地义的精髓之一。2004年暑假，师门有好几位师兄师姐陪着邹先生一起去开新疆历史地理学的年会，会后我们又陪着先生去天山、伊犁、那拉提草原、巴音布鲁克草原上的天鹅湖、塔里木河和塔克拉玛干沙漠等地去考察。一路上，弟子不放心邹先生年届七十的身体，就把照顾老人家的任务主动承担了下来。参观团每天行驶在荒漠与戈壁上，赤日炎炎下对水和食物的要求也比较高，但主办方每天只提供两瓶纯净水和简单的食物，因为行程还常常错过饭点，所以，有些考察队员就出现了拉肚子、呕吐等不舒服的症状。而邹先生在考察中，每天弟子都给老人家准备两瓶农夫山泉和进口的巧克力，居然没有出现任何异常的状况。在去巴音布鲁克草原上的天鹅湖考察时，又冷又饿，给先生准备的巧克力又吃完了，弟子不能让先生饿着肚子去考察吧，便先跑去小镇上唯一的烧饼铺给先生买了两个饼充饥，之后从别人那里又"抢"来一辆吉普车，一路上小心地陪护着先生……

2004 年 8 月本文作者与邹逸麟先生合影

2005 年上半年，邹先生为 2002 级、2003 级两届博士生共七人开设了"历代河渠水利志导读"课程。课堂上先生专门叮嘱弟子："你来自河南郑州，黄河就在边边上，不熟悉黄河的变迁史，不熟悉黄河与黄淮海平原的关系，这话是说不过去的。"于是弟子抓紧时间读书，期末就交给先生一篇作业，题目是"从土壤微量元素的变化看历史时期黄淮海平原的文明进程"，自以为有点新意，但先生只给了 85 分。事后，先生告诉弟子，他有点看不懂，但是愿意把文章中所列的重要参考书都看一看。最为难忘的是 2005 年 9 月底，先生在读《新民晚报》时看到了"长寿与土壤环境密切相关"的报道后，当晚 11 点就十分兴奋地打来电话告诉弟子："我建议你的博士论文再改一下题目，改成'地理环境与中国古代社会变迁三论'，这样就会有新意了。"第二天先生还特意到复旦古籍所借来报纸并复印给弟子。先生此举让弟子颇为感动。从先生那里，弟子不仅得到了鼓励与支持，看到了先生一丝不苟的治学态度和严谨扎实的学风，更让弟子感受到了谦谦君子的高尚品格。

邹先生于弟子，不仅仅是知遇之恩，还是改变弟子后半生学术生涯的贵人，先生还以其人格魅力影响了包括弟子在内的所有人。对于这一点，弟子的感触是非常深刻的。与我父亲的教育方式相比较，邹先生对待学生与旁人，永远都是和煦春风般地循循善诱。邹先生每年都要请弟子们在上海五角场附近的大饭店吃两次席，满桌的佳肴，令弟子们大快朵颐，饭桌上先生还不时讲一些掌故，一场宴席下来，就是其乐融融的享受，令弟子至今都难忘！邹先生对弟子的学习从来都是鼓励、支持与点拨，所以，弟子从原来秦汉魏晋南北朝社会史、简牍学与中国人口史的学习和研究开始，转向历史社会地理和历史医学地理研究的学术大转变，就是邹先生不断鼓励与点拨的结果。

在复旦大学读书和毕业之后，邹先生就给弟子提供过许多机会。2005 年《清史·地理志》刚刚批下来，先生就找我，想让弟子跟着他一起来做《地理志》，当时我觉得一直做的是秦汉魏晋南北朝史，对清史完全陌生，便很犹豫。想到 2001 年拿到的国家社科基金项目一个字都没有写出来的时候，弟子委婉地回绝了邹先生的安排。2006 年 5 月临近毕业时，邹先生又找弟子谈心，说可以向所里提出来留下我。弟子很想留在复旦，也很想留在邹先生身边继续学习与工作，但综合考虑其他各种因素，弟子愿意先回郑大晋升教授，然后再考虑调离河南的事情。2007 年 12 月底，邹先生给弟子写信催促说：苏州大学中国古代史学科建设需要人，希望弟子能够尽快调过去。而按照正常的程序，2007 年我的成果早就攒够符合晋升教授的条件了，但出于种种原因，当年没评上，硬生生地挡了我一年。所以，由邹先生亲自关心的苏大调动的事情就耽搁了下来。以后随着我父母年纪越来越大，越来越离不开我的照顾，再加上弟子 2012 年被河南省聘为省级特聘教授，调动的事情就只能在梦里想象了。

因为在读博士之前的 2000 年，就有研究医学史的打算。当时，还与松弟师兄在游历洱海的船上聊起过想要联合研究的事。所以，自学过一些中医中药学的知识。2003 年弟子进入复旦大学以后，发现邹先生心肺功能不好等问题，弟子就送红枣、黄芪、枸杞子和核桃、开心果等健康食品帮助他调治。后来慢慢地了解到师母过世多年，先生又不愿意续弦，再加上长期伏案工作和抽烟，前列腺、肺部和脾胃功能一定有问题，弟子就给他老人家备下可以延缓衰老、提高免疫力、滋补肝肾的茶花粉和益肾气、健脾胃、活筋骨的铁棍山药来帮先生调理。从 2004 年年初开始到 2020 年初从未间断。先生经常打电话，或者写信表示感谢，但弟子始终认为，一日为师，终身为父，这些都是弟子应当应分的。

弟子在骨子里认定邹先生与弟子，不仅仅是单纯的师徒关系，应该还有如父子般的情结。因为我父亲的原因，让弟子深深地体会到来自邹先生浓浓的关爱与体谅之情。弟子 2009 年查出左肺结节，是应该做微创手术的。但我父亲正值 83 岁，他自己紧张、害怕着 84 岁那条坎，平均三个月，就要去医院住上一个月。每一次下病危通知书，我都是排第一班守着他。如果我自己去做手术了，我父亲就一定过不了 2010 年！所以我只能采取中医调治的方法。经历了 2013 年 8 月我母亲过世、2014 年 1 月我父亲过世的巨大悲痛后，我自己的身体垮了，2014 年 10 月底不得不摘除了左肺。邹先生知道以后，不顾他自己新查出糖尿病的病情，第一时间打来电话安慰和鼓励弟子。对弟子手术后应该采取什么方法，先生还是放不下心，于 2014 年 12 月 13 日专门写信，表达了他老人家的关切。之后 2015 年元旦、2015 年 3 月 19 日、2015 年 7 月 12 日和 2018 年 2 月 3 日都收到先生给弟子的鼓劲与安慰信。2016 年 5 月底在日本东方学会开会期间，与振忠师兄不期而遇。但当振忠兄告知先生的公子因癌症已经过世，并严禁把消息告诉弟子，怕影响弟子康复的时候，就在东京后乐宾馆的大厅中，弟子的泪一下子就飚出来了！邹先生与弟子，这哪里是简简单单的师生情谊啊？这就是浓浓的父子情啊！！！

2020 年 6 月 19 日，最敬爱的恩师邹逸麟先生永远地离开了弟子，离开了与弟子一样爱戴您的所有人！这种痛彻心扉的感觉和历程真的难以过去啊！2020 年 7 月，弟子就想写一写回忆录，但一打开文档，弟子的泪就不由自主地流下来，故迟至今日才勉强截稿。

弟子　高凯泣书

2021 年 1 月 3 日凌晨

（作者生前为郑州大学历史学院教授）

# 念师恩

## 胡其伟

2020年6月19日，惊闻恩师——著名中国历史地理学家、复旦大学首席教授、复旦大学中国历史地理研究所原所长邹逸麟先生逝世的消息，错愕良久，本欲飞奔上海，再见恩师一面，无奈疫情防控依旧紧张，加之我5月份不慎摔伤骨折，行动不便，竟未能成行，遂成抱憾终生之事。在此回想和先生交往的几个片段，以为纪念。

### 一、初晤先生

2003年下半年是我在江苏师范大学攻读硕士学位的第三学年上半学期，面临是继续读博还是回原单位工作的问题，我的硕士导师、陕西师大史念海先生的弟子马雪芹老师希望我读博，并建议我去复旦大学邹先生门下攻读历史地理学博士。我即查阅复旦大学招生简章，发现先生当年并无招生计划，便电话询问史地所，得悉先生当年没有招生的意愿，马雪芹老师又主动打电话给邹先生问是否不再招博士了，先生的回答不甚明确，说看考试成绩吧。我于是抱着有枣无枣打一竿子的想法报考了复旦和浙大两所学校。

复旦的考试时间较早，记得是在3月18日，细雨蒙蒙，上午笔试之后即面试。面试地点在邯郸路老文科楼史地所，面试组有邹先生、满志敏教授、吴松弟教授，另一位记不清了，好像是王振忠老师，几个问题及我怎么回答的也都没有印象了，只记得邹先生对我硕士论文选题"历史时期徐州湿地资源变迁"比较感兴趣，让我大致展开说了一下。总体上我对自己的表现不太满意，毕竟初次一下子同时面对那么多学界大佬，感觉有点心虚。

面试当晚，因次日回徐，我即致电先生告辞，并表达了受马雪芹老师之托，给先生送本书，希望次日能面呈先生的愿望，先生应允次日上午办公室见我。

2004年3月19日上午大约9点，我来到先生的办公室，先生一脸慈祥地坐在对面，我得以仔细观察先生，先生满头银发，容貌英俊，谈吐儒雅，操一口上海口音的普通话，不疾不徐，娓娓道来，大意是看我考试情况再决定到底招不招。想到头一天外语试卷的难度，我甚至有点绝望，心里想，这恐怕是我唯一一次与学界泰斗级人物的近距离接触了吧，可惜那时候的手机还不能拍照，不然无论如何要留张合影，万一考不上，也有一个纪念。

回到江苏师大，一边继续写论文，一边准备4月15日浙江大学的考试。4月1日，网上忽然爆出张国荣跳楼的消息，随后"日月光华BBS"研究生版忽然爆出博士生考试成绩公布的消息，大家都以为是愚人节恶搞，没想到"哥哥"真的去了，而大家去研究生院网站上一查，成绩果然也公布了。我惊喜地发现，我最担心的外语居然过线了，其他成绩也都七八十分。就这样，做梦一般，在愚人节那天，我成了邹门弟子。

## 二、结缘运河

2006年暑假前的一天，邹先生把我叫去他办公室，交给我一项任务：浙江大学陈桥驿先生和邹先生一起做"中国运河开发史"项目，其中山东段运河需要一些资料和照片，让我利用暑期去山东运河考察采风。邹先生说："你平时喜欢拍照，正好徐州距离山东也近，可以利用这个机会，一来留一些资料，二来了解一下大运河，说不定会找到合适的选题。"

于是，带着邹先生预付的五千元钱和一台柯美相机，又联系了徐州一家报纸《彭城晚报》客串专栏记者，我利用暑假接近一个月的时间，从德州开始一路南下，聊城、临清、张秋、汶上、济宁、微山、台儿庄，在徐州与师弟李德楠会合后又下邳州、新沂窑湾、宿迁、淮安、扬州、镇江、常州、无锡、苏州等地，一路到上海。其间拍摄照片4000余张，撰写专栏文章34篇4万余字。后来自己又陆续跑了北京、天津、沧州、东光、吴桥和南方的杭州、嘉兴等地，将照片与文字结集，于2014年出版了自己的首部专著《阅读运河》，奠定了自己运河研究的基础，邹先生为此欣然作序。

尤其值得指出的是，我的博士论文《民国以来沂沭泗流域环境变迁与水利纠纷》与运河看似无直接联系，实际上沂沭泗流域便是漕运的产物，此选题亦是此次运河之行的间接产物。

2018 年 4 月，江苏率先提出大运河文化带建设的口号，拟召开一次"大运河文化带建设论坛暨大运河文化带建设研究院成立大会"，有意延请邹先生出席，省社科院王健教授让我致电邀请邹先生，先生一开始并未应允，后来省社科院领导再次出面邀请，邹先生答应赴会，我听说后，即致电先生，届时去上海接他老人家去南京。

我提前一天到上海，4 月 22 日一早，我打车到了邹先生家小区门口，又一同乘车去火车站乘高铁去南京，当时感觉，两年没见，先生瘦了不少，但学者风度依旧，穿着得体，打扮精致儒雅，只是精神似乎不如过去了，昔日健谈的先生在火车上大多数时间都在闭目养神，心里不禁责怪会议主办方，真是不该折腾先生。下了车，凤凰出版集团胡久良主任接我们去了凤凰出版大厦，与张廷皓先生、聊城大学吴欣教授等商讨《中国运河志》事宜。次日开会，先生主席台就坐，被聘为研究院首席专家。会间合影休息时，我挽着先生，正好碰到一同开会的王振忠教授，便请人为我们三人拍了一张合影。

在南京"大运河文化带建设论坛暨大运河文化带建设研究院成立大会"上的
合影（右一为本文作者）

这几年，借着邹先生弟子的光环，陆续参加了不少运河研究的会议，写了不少运河研究的文章，回想起来，都是拜先生那次任务所赐。

### 三、谦谦君子

和先生接触过的人都对先生的平易近人、低调谦和的学者形象印象深刻。记得是刚刚入校没多久，与先生闲聊，提到我和先生一样，都是民盟盟员，来到上海后组织关系尚未接转，先生随即通知复旦民盟有关人士联系我，使我在复旦的几年一直没有间断地参加民盟活动，感受到组织的温暖。

先生对学生的关爱是深沉的。每年弟子毕业，照例都会邀请先生合影，先生总是欣然应允，届时都会如约而至，且穿着一如既往地儒雅得体，举止一如既往地风度翩翩，合影时面带微笑，目光慈爱，令人如沐春风。先生对其他同学的合影要求也是来者不拒，如此，我不仅在自己毕业的时候与先生留下了宝贵的合影，还在高凯等师兄毕业时"蹭"到合影机会，我同届的兄弟姐妹不少都留下了和先生一起的珍贵瞬间。

每学期开学及放假前，我照例会拜访先生，毕业以后去上海出差，我也尽量抽时间去先生家小坐拜望，常常是聊着聊着，先生问："我××那本书还没送你吧？"然后起身找到那本书，打开扉页，郑重地签上自己的名字。每每想到先生年逾古稀，仍然如此笔耕不辍，自己不禁汗颜。

记得有一次和李德楠师弟一同拜访先生，得知德楠是山东人，先生兴致勃勃地聊起他山东大学求学及"文革"时期步行经山东去北京的往事，讲到高兴处三人一起哈哈大笑，师生的距离陡然拉近了许多。

如今，毕业十多年，其间见过先生大约五六次，虽然感觉先生日渐衰老，但从未想到先生会那么早离开我们，毕竟，做历史研究的，长寿的居多，即便不如侯仁之先生那般长寿，米寿也是可期待的。疫情期间，听说先生住院，总感觉会和前几次一样，要不了多久先生又能风度翩翩地和弟子们说话聊天了，没想到竟是永诀，对疫情和庚子年的怨恨便又多了几分。

写此文时，正值 2021 年元旦，希望新的一年先生在天之灵保佑他的弟子们顺顺利利，心想事成，希望先生在天堂安好！

写于 2021 年 1 月 2 日

（作者为中国矿业大学文博中心教授）

# 邹逸麟先生一段珍贵的谈话录音

## 李德楠

我手头珍藏着一段邹逸麟先生的谈话录音，在先生离开我们的日子里，曾不止一次地回放收听，仿佛回到了先生声音洪亮、底气十足的历史地理课堂。

本人在苏北一所三流高校工作，学术平台相对较低，平时获得学术前沿讯息的机会较少，所以每当有机会聆听先生和诸位同门学长的谈话交流时，都感觉是阳光的沐浴和心灵的洗涤！先生很健谈，翻阅手头的笔记本，其中一条记录是向邹先生请教"到底什么是运河文化"，谈话内容足足有七八页之多！

自从本人2011年罹患听神经瘤疾病以后，听力颇受影响，稍微嘈杂的环境便无法准确捕捉对方谈话的内容。2016年5月17日与先生在济南高铁站候车室的一段谈话，我因未听清楚而后悔至今。此前的2016年5月13日，由邹先生担任总主编的《中国运河志》项目会议在山东聊城召开，其间我陪同参加会议的邹先生考察了聊城段运河。当时先生的身体已稍不如前了，由于废弃的运河河道远离大路，汽车需在乡间道路上颠簸绕弯，然后才到达遗产点，所以每次下车时我都要先扶着先生稳一下，然后再徒步前行。邹先生是最早专门研究山东运河的专家，1982年就发表了《山东运河历史地理问题初探》一文，所以对山东运河考察怀有浓厚兴趣，全然不顾劳累颠簸。会议结束后，我又陪先生到济南站候车，因此有机会单独交流请教。但候车室内几乎不间断的广播喇叭声，使我无法完全听清谈话内容，但又不好意思打断并要求重复，只能听一半、猜一半。其中邹先生提到淮阴历史地理值得研究，并指出盐业、河工尤其需要关注，还指出了所要关注的淮阴的地域范围，可惜我没有听清楚是哪一时期的淮阴。此次谈话交流以后，我才突然想到了录音的办法，如果当时打开手机录音，回去再分辨收听，应该是不错的选择。

我手头保存的这段音频录制于 2018 年 9 月，是在邹门弟子为先生祝寿的聚会上。当时正好有不错的机会，杨伟兵、段伟等老师特意安排外地工作的弟子与先生同桌，我坐在先生的斜对面，虽然距离不算远，但以我的听力水平仍无法听清全部谈话内容。于是当先生对弟子们提出期望要求时，我不失时机地按下录音键，准备回去后再仔细听，因此得以保存下这段珍贵的谈话记录。谈话内容是先生提醒弟子们注意身体，定期体检，兹转录如下：

> 今天诸位对我这么客气，心里非常感激，我也无以回报，就把自己心里的想法、对生活的体验说给大家。你们搞学术，命是要拼的，但不能太过分，不能经常熬夜到两三点。有的会说无所谓，你无所谓，但你是有家庭、有老婆孩子的。谁都不能保证不生病，唯一的办法是早检查，每年体检时一定要参加体检，而且最好是自己出点钱单独进行全面体检，千万不能马马虎虎，避免出现上半年体检出来没问题，下半年癌症已经晚期。我算过，两年做一次体检，大约一万块钱，那么等于说一年五千了，对不对？癌症现在不可怕，主要是早期发现，钱要花在前面，等到最后，花钱不得了啊，往往都是人财两空的。花一万块钱，什么毛病都没有查出来，你可能会说不合算，实际上是合算的！所以我劝大家，两年体检一次。

先生离开我们已半年多了，听着熟悉亲切的话语，不禁潸然泪下。据我观察，诸位同门目前并未能很好地遵照先生的告诫，保持长时间伏案工作、长期熬夜码字"不良习惯"的仍大有人在！我想，为了各自热爱的事业，诸位保持好身体，应当是对先生最好的纪念！

2021 年

（作者为淮阴师范学院历史文化旅游学院教授）

# 忆邹先生对我的教诲

## 傅林祥

2020 年 6 月 19 日，邹老师走了，永远地离开了我们。30 多年来，在老师的领导下工作，在老师的指点下学习，恩师的教诲、培养历历在目。

复旦历史系 80 级有历史和历史地理两个专业，邹老师给历史地理专业上过课，我没有选修历史地理专业的课，因而在本科时错失聆听他教诲的机会。其他场合是否听过，已经记不清。"第一次"见到邹老师是在 1984 年 7 月 5 日。毕业时有一个师生共同参加的活动，是在第一教学楼的二楼还是三楼的教室里举行，主要的环节是学生请老师们在毕业纪念册上题词。到场的教师不少，在我的那本毕业纪念册上，是邹老师第一个题的词："学而多思。"2020 年上半年可以去医院探望后，有一次我把照片给他看：邹老师，这是您在 1984 年给我的题词。饱受病痛折磨、身体已经很虚弱的老师露出了一丝笑容。

1984 年 8 月入职以后，就在邹老师的领导下工作。当时他担任副所长，主管所里的日常事务。印象中，邹老师布置工作，都是交代得很清楚。最初的工作之一是《中国历史大辞典·历史地理卷》文稿的收发以及审稿完成后的排序。在 100 号楼时，可能是这项工作开始不久，事情不多。史地所搬到文科楼八楼之后，写好的稿子多起来了，我就将作者写好的稿子送交邹老师和吴应寿、王文楚、赵永复等老师复审，审好的稿子按笔画排序。主编谭其骧先生一开始对《大辞典》条目撰写的要求极为严格，除了一些外单位作者外，在所里只挑了部分老师撰稿，进度比较缓慢。有一天下午，谭先生来所里开会。第二天，邹老师就向我传达了会议精神：主要是讨论怎样加快进度，谭先生同意在读的研究生和青年教师参加撰稿。给我的任务是补写江西等省的小地名。对于撰稿的要求作了详细的交代：从《读史方舆纪要》中选取有史实的地名，查出或考订出这个地名的今地，历史事实包括时间、地点都要另外核对史料。还特别叮嘱：做这种生活（事情）要细心，心里不要着急，不能有错。这是邹老师第一次让我参加所里的集体项目。也许，是我做这项工作还算合格，此后老师主持的《中国历史地名大辞典》及《中国大百科全书》第二版历史地理部分、《大辞海·中国地理卷》历史地理部分都叫我参加。记忆较深的是《中国大百科全书》第二版的撰写，邹老师向我交代了《大百科》与《辞海》性质、体例、条目的特点与差异。分配给我的条目，大部分是我当时比较熟悉或有些研究的。也有一两条是我过去关注比较少的，邹老师就一一说清楚哪些基本史料和论著是必需看的，最新的学术成果也要充分吸收。

大约是在 2007 年，当时我已经跟随老师攻读博士学位。有一天，老师对我说：这一版《辞海》修订，你现在要写博士论文，比较忙，不叫你多做了，下一版修订你要多承担些。2017 年初，第七版《辞海》修订工作起动，老师就把我推荐给上海辞书出版社。他那时身体还可以，经常到校园里来走走，查查资料。在路上遇到，几次问起《辞海》修订工作的进展。有时，我也主动请教或汇报。有一天上午，老师专门到我办公室谈了《辞海》修订要注意的重点："从谭先生开始，史地所一直负责《辞海》历史地理部分的修订工作，是史地所展示学术成果的一个重要窗口，史地所的年轻人也有责任要把这件事做好，传承下去。侬自己要把它做好，还要看一下所里的哪些年轻人比较合适做这项工作，或者是否有兴趣做。要有一支队伍，不能断掉。"对于具体词条的选择和修改，老师也是深思熟虑："要收专用术语，古人常用的要收进来；近年来出土文献中的新见地名要收，如秦洞庭郡等；政区地名，历史上有习惯称呼的要收全，如汉十三刺史部中的各个州、宋二十四路中的各个路，其他的州、路就选择重要的写，《辞海》与历史地名大辞典不同，不要求收全；这几年所里的历史经济地理等几个方向都有很大发展，侬要征求他们的意见，有合适的名词要收进来，但是要与地理有关；读者来信或者地方上对旧版《辞海》内容的意见，要慎重对待，不要随意否定或肯定，一定要找全史料后反复推敲。"邹老师的这些话都是经验之谈。在修订过程中，出版社转来了河北广宗县对旧版中"沙丘"条今地注释的不同意见。我一面查原始资料，一面与广宗县的同志沟通，解释《辞海》的体例，同时也充分听取他们的意见。最后作了较为合理的修订，并向老师作了汇报。由于种种原因，第七版《辞海》延迟了一年才印行，老师生前未能见到此书。

老师还培养了我对古代上海史地的兴趣。上世纪九十年代中期，邹老师任《上海地名志》的主编，组织几位教师收集资料、编写志稿，我也有幸在列。在编纂过程中，较为系统地读了上海地区旧方志后，我对明清吴淞江（苏州河）、黄浦江的演变产生了兴趣，发现一些资料并不支持当时的通行说法。有一天，见邹老师在办公室，就找他讲了一会儿。他很支持："你先把它写出来。"初稿完成后，怀着忐忑不安的心情，把用四通打印机打印出来的稿子送给老师。几天后，邹老师把稿子还给我，上面有很多修改、批注。当场还对重要修改之处作了一一说明，为什么要这样改，这些地方该怎样写。（可惜，由于数次搬办公室，这份珍贵的修改稿后来找不到了。）修改后，我再次请老师指正。老师又是认真帮我修改了一遍，还说了一句出乎意料的话："侬这篇文章准备投哪里？《复旦学报》和《学术月刊》都可以的。"停顿了一会儿，老师又说："《学术月刊》更加合适一些，我写封信给你推荐。"在老师的大力帮助下，我的第一篇独立完成的学术论文《吴淞江下游演变新解》顺利地刊出。

最后一次请老师修改文章，是在 2014 年。7 月 12 日，师门在苏州有一次聚会，恭祝恩师八十华诞。这天早上，巴兆祥和我前往老师家里。老师一见到我们，就把一叠稿纸拿出来："大傅，等一会儿火车上讲。"火车一开，老师叫我打开稿纸，又是一五一十地讲解，有的地方要改，有的内容要补充史料，敏锐地发现了我文章中的一些不足。2020 年元旦前后探望时，我将《从分藩到分省》一文在《历史研究》刊出的消息告诉老师。那天他的精神尚可，轻轻地回答道："蛮好的，影响大。"

老师在学术上对我指点最多的几年，是从 2002 年做中国历史地理信息系统项目开始，直到 2010 年博士毕业。一开始是在文科大楼八楼朝北的一间大房间，邹老师与王文楚、赵永复、张修桂、钱林书诸位先生和我在一起。做的工作是政区考证，要求将每省的县级及以上政区的变化都梳理清楚。每人负责一个省，从秦统一到清朝灭亡。我被安排在靠墙的中间位置，正好可以很方便地向五位前辈请教。请益最多的是坐在我右侧的邹老师。自己关心的是明清时期，对有的朝代、有的制度不大熟悉。遇到难点，就向右面瞄一下，看老师是在认真思考或打字，还是有点停顿下来的样子。如果是后者，马上就问。他也不厌其烦，有的开口就讲，有的稍为思考一下再细细道来。

　　邹老师对我最大的帮助，是招收我这名不够格的博士生。从上个世纪九十年代中后期，我逐渐转向科研工作后，也有过读研的想法。但是自己的外语极差（至今仍会有参加外语考试而手足无措的梦境），只好放弃正常报考这个念头。看到许多师友报考邹老师的特招，又感觉自己的学术底子太差，会给老师添麻烦，没有这个勇气。2005 年底，当我在王文楚等四位前辈的鼓动下，鼓足勇气向邹老师说出了报考他博士生的想法。老师好像没有犹豫，点头同意，并要求我：要读就要认真读。事后一查，这年是我有资格报考博士的最后一年，次年就超龄了。2006 年 9 月，有幸忝列师门，师恩永生难忘。此后，在老师的指点下，终于顺利写完论文、毕业。由于自己的迟钝、懒散，毕业论文一直没有好好修改、出版，也永远失去了请老师赐序的机会。

　　邹老师为人亲和，对学生或年轻人以鼓励为主，但是也有严肃的时候。2000 年前后，先生对我有过一次严厉的批评。当时，所里有一个集体项目——《中华大典·历史地理典》的编纂。老师和葛剑雄先生任主编，我参加的是赵永复先生负责的《域外分典》。工作量比较大，体例上也有所反复，因而总体进度不快。有一天，我在信箱里收到一封信，拆开一看是邹老师写的。具体文字已经忘记，批评我没有把《大典》工作抓紧，答应了的集体项目一定要按时做好，语气比较严厉。虽然不是当面批评，仍是印象极深。后来在赵老师的带领下，《域外分典》成为《历史地理典》中第一部完稿出版的分典。在参加其他集体项目时，我有时仍会有些拖延，但决不拖后腿。

　　以上所记，是在具体的工作、学习过程中，邹老师对我指点的几个片段。何其有幸，大学毕业后能留校在史地所工作，会遇到先生这样一位对青年人认真培养、热心教诲的好导师、好领导。

（作者为复旦大学中国历史地理研究所教授）

# 河中砥柱，万里胸怀：
# 缅怀邹逸麟先生

## 邹　怡

转眼，邹先生离开我们已经快一年了。

回想邹先生，我的脑海中总会浮现出几个画面。

一个画面是复旦光华楼东主楼九楼的中国历史地理研究所资料室，书架尽头的窗前，有一张折叠式的培训桌，紧挨着窗壁。桌子与书架之间极窄，放了一把办公木椅之后，椅背与书架之间差不多只容一人侧身通过。在这个幽静逼仄的资料室角落，邹先生看书写作，书桌时常洒满阳光。邹先生退休及中国历史地理信息系统（CHGIS）释文考订工作暂告一段落后，在研究所没有了办公室，但他还承担着《清史·地理志》《运河志》等国家重大科研项目，几乎每天都来资料室研读史料。资料室夜间开放的日子，邹先生也时常前来。晚上来资料室的同学相对较少，邹先生方才坐到大阅览桌旁。最靠近检索电脑台的阅览桌，是邹先生常坐的位子。

另一个画面，是与邹先生等几位退休教师一起聚餐的场景。史地所退休教师恒例每月返校聚会一次，中午在旦苑食堂便餐，我有幸叨陪末座数次。只要邹先生在场，他肯定是主角。话题起点不拘，大至国际政治，小至生活琐屑，或是学界旧闻，或是新见研究，其间自然不免臧否之语，此中最见心性。邹先生的看法总是大处着眼，即便有不同意见，亦不倨视苛责，而是情理兼顾，分析其缘由，抉出其中具有启发的一面，并寓于风趣的语言。后来，我读到邹先生的口述回忆，得知他在高中一度痴迷姚慕双和周柏春的滑稽独脚戏，还曾在天蟾舞台演出，不禁联想到邹先生幽默的谈风。窃以为邹先生深谙海派滑稽戏的真谛，笑声背后，有实在的内容，是深切的关怀。

邹先生一生治学，研究工作一直延续至生命的最后阶段。邹先生住进新华医院后，身体状况时好时坏，我们去看望时，有时精神并不见佳，但一说起历史地理方面的问题，他总是精神一振。2019 年研究生历史地理综合考察课前，我与杨伟兵老师一同去医院看望邹先生。那一年的综合考察课，在常规的镇江—南京路线基础上，增加了黄淮运曾经交汇的淮安，返沪路途较长，但又用不了一天，所以我们寻思增加大运河畔高邮的盂城驿，以便充分利用返沪路线及时间。当与病床上的邹先生谈起这一设想时，邹先生饶有兴致地谈起了 1966 年与同事徒步串联经过盂城驿时所见驿馆情状与当地风貌，极为生动。后来，在考察课中，我们又将邹先生当日所述介绍给同学，邹先生的信息能让我们清楚地分辨出目前盂城驿中的文物部分与复建部分。

记忆中，邹先生住院期间，最为挂念的还是《清史·地理志》项目，几乎每次探视，邹先生都会向杨伟兵老师询问项目的收尾进展情况。2020 年 5 月 14 日，新冠肺炎疫情稍缓，我与杨伟兵老师再次前往新华医院。初入病房，护工对邹先生说："邹老师，同事来看你了。"邹先生开玩笑地应道："不是同事是同姓。"坐定后，我正不知如何开口时，邹先生伸出手来，道："来，握握手啊！"可惜先生当日精神并不大好，小谈片刻便有倦容，我们只得先行离开，未料仅一月有余，便与先生永隔，现在想来，唏嘘不已。

邹逸麟先生在黄河、运河及黄淮海平原历史地理研究中的奠基地位自不待言。作为晚生后学，我从自己的学习体会出发，窃以为邹先生撰著的三本专业教材：《中国历史地理概述》《中国历史自然地理》《中国历史人文地理》，相较专题研究，有着更为深远的学术影响力。毋庸置疑，谭其骧先生领衔编绘的《中国历史地图集》是中国历史地理学发展史上的丰碑，但谭先生也因此没有更多的时间将其脑海中的历史地理学学科框架形成专著。邹先生的这三本专业教材，搭建了中国历史地理学的基本框架，为学科的传承创制了有效的载体，为学科的发展奠定了坚实的基础。

邹先生晚年的《邹逸麟口述历史》也具有极高的价值，并且其价值体现于多个方面。邹先生在梳理个人学术生涯的同时，也回顾了家庭在时代变迁中的沉浮。可以说，该书记述了近代上海一个白手起家的企业家家庭及家族数十年间的变迁，折射了中国知识分子在不同社会形态中的生存史。当然，该书也是一部 20 世纪 50 年代以来中国历史地理学科的发展史。同为学科发展的亲历者，邹先生的口述与基于谭先生日记的记述，既有前后相承关系，又提供了另一观察视角。

这就自然提到了邹先生在复旦大学历史地理学学科发展中所付出的大量心血。尝听邹先生谈起，作为谭其骧先生的助手，他承担了《中国历史地图集》《辞海·历史地理分册》《中国历史大辞典·历史地理卷》编纂过程中的事务性工作，包括撰稿联系、催稿、审稿，直至分发稿费、津贴。集体项目延续时间长、人员变动多，常有涉及署名和稿费的琐事，甚至有闹至官司者，协调难度可想而知。邹先生还先后担任中国历史地理研究所的副所长和所长，在经费争取、学科布局、职称晋升、梯队组建和人才引进等方面，同样付出了大量的精力。而对邹先生个人来说，辛苦所得，有时却是猜疑和误解。作为听者，我都能想象他当时应付那些学术名义下名利博弈的烧脑和愤懑。不过，邹先生谈起这些往事，仍是一贯的举重若轻，坦然风趣，常有换位思考的宽容和理解。

我们后人看一项重大学术成果的问世、一家学术机构的发展，通常只会关注其学术层面，但如果没有后台组织工作的忍辱负重和默默付出，何来学术研究的岁月静好，何来学术成果的前台荣耀。

邹先生曾说，这些繁杂的事情让他感到心累，也有悖于他与世无争的性格，而且结果也不可能圆满如意，常有吃力不讨好的一面。邹先生将这段经历概括为"有责有权有烦恼"，权，在具有高度工作责任心的邹先生看来，意味着责任的担当和私利的避嫌。

邹先生的参政议政也贯穿着这样的出世原则。邹先生回忆当年加入民盟的过程，领导与他谈话，建议加入民主党派，借此多交交朋友，有益于个人晚年生活。邹先生认可这一点，但加入民盟后，又从内心出发，立下了两条准则：第一，不要伸手；第二，尽可能做点实事。他在担任民盟复旦主委和上海市副主委期间，更是严于律己，以身作则，从来没有向组织上提过个人要求，甚至连应有的每月 60 元电话补贴，他都不肯领取，最后用作组织的活动经费。

1993 年至 2008 年，邹先生担任全国政协委员。起初，邹先生也基本认可社会上的一般看法，政协委员主要是一种荣誉，一种政治待遇，发言和提案作用有限。

但在全国政协参政议政的过程中，邹先生逐渐对政协委员的参政议政功能形成自己的理解。很多党政机关工作人员的业务水平不比专家差，但是政协委员大多数资历较深，一般说来，工作经验和生活经验比当前在党政部门研究和制定政策的年轻同志要丰富些，考虑问题要全面些，而且，政府部门忙于处理日常事务，对一些前瞻性的问题不免有所忽略，政协委员的优势是"不在其位"而"旁观者清"，完全可以在管理部门尚未顾及的某些方面或虽已顾及但尚不全面的某些点上提出自己的建议，供领导部门参考，把事情办得更好。从这一角度出发，邹先生在南水北调、消费者权益等民生问题上均提出了有益且务实的提案。那段时间，每年两会结束后，邹先生也扛下了向复旦干部教师传达会议精神的重任。他的传达，不是照大会文件宣读，而是从会议期间编发的几百份简报中筛选、整理出复旦人感兴趣的热点问题，以求真实反映政协会议的深度信息。

因为家庭的经历，邹先生总是说政治生活不是自己的兴趣所在，但邹先生出于高度的责任感，在担当起不同的工作角色时，总是发自内心地，从岗位职责出发，从点滴做起，考虑的是集体的利益，他人的得失。他做事公正、做人无私，无论是在学术岗位，还是在政治岗位，邹先生的这一原则一以贯之。在我们后辈眼中，这正是邹先生的人格魅力之所在。

那天，邹先生的告别仪式简朴而又隆重，殡仪馆的工作人员对我说，这是他经手过的规格最高的告别仪式，可惜所订场地太小。学校参与治丧的老师也不无遗憾，大殓时间若能再延后两天，场地预订和纪念活动就能更为从容。但在学校接到噩耗，参与治丧之前，邹先生家属已经低调地安排好了各项丧仪。从殡仪馆回复旦的路上，我很感慨，这就是邹先生的做事风格啊，低调、务实，尽量不给别人添麻烦。我想，尊重邹先生一生的做事原则，就是对他最好的怀念吧。

2021 年

（作者为复旦大学中国历史地理研究所副教授）

# 记邹逸麟先生

## 林丽成

与学界的、复旦的师承渊源不同，我认识邹先生不到10年。只是这些年中，我陪着他回顾梳理了一生，让他把那些早已沉淀在心底深处，不想再提的人生尴尬、不愿忆及的心底痛楚，白纸黑字地告白于天下，尽管这并非他的初衷。于是乎，在最短的时间段里，我们似乎走得最近。

认识邹先生，是为了做"谭其骧先生和《中国历史地图集》"的口述史。2007年始，为筹备每年一届的出版史研究国际会议，我与复旦历史学系的邹振环教授合作密切，遂与他谈起上述采访意向，他告知邹逸麟先生是该题目的不二人选。不谙学界深浅的我，听说过谭先生的高足周振鹤、葛剑雄，唯邹逸麟先生，第一次耳闻。直到做了邹先生的口述史，方知谭其骧先生和邹逸麟先生的人生轨迹，自《中国历史地图集》始，有着长达35年的交集，曾是历史学界一出大戏的主角和配角；只是主角天下皆知，配角世人鲜知。

那次拍摄采访，进行得非常顺利。邹先生对提问应答如流、快速机敏，让你惊诧他已年近八旬；因为所以、来龙去脉，他对史事表述的流畅准确，源自亲历者的烂熟于心；他对世间是非的鞭辟入里、对人事纠葛的婉辞躲闪，既显现学者的深切爱憎，又蕴含书生的拘谨慎独；宁波口音的普通话、上海话夹杂叙述，很少形容词的言语风格，谈兴所致的表情手势，常让我忍俊不禁。数小时的采访讲述，感觉飞逝即过。故事是崭新的，人物、情境却那么熟悉；似在聆听，更是分享。述者让访者产生精神共鸣，缘自价值观的贴近。我从五万余字的采访场记中撷取了两万多字，分四期连载在我主持的出版博物馆的馆刊《出版博物馆》上。可是我的低情商啊，活儿干完了，连个表示感谢的问候电话都没有，甚至没搞清两位同在复旦史学口的邹教授竟然是有血缘关系的至亲。

2014 年退休后，先后收到邹振环、邹逸麟先生的邮件，说是鉴于上一次的采访基础，要我为邹逸麟先生做口述史，是上海文史馆委托复旦历史学系金光耀教授的"馆员口述史"项目。我从 2004 年涉足口述出版史，主要将口述史资料作为馆藏史料收藏；文史馆的项目要求将口述内容整理出版，那口述内容的质和量都要达到出版物的要求，毕竟我的工作对象是一位仅有两面之缘的老先生，太多不确定因素让人忐忑。

在文史馆项目的前期讨论时，对学者的口述史，馆方强调了不要把学术研究成果作为口述内容，侧重口述人的家世、生平和社会活动。馆方的提醒不无道理，他们的关注点在于个人在社会大背景下的生存命运，学术内容晦涩难嚼、影响可读性。但学者的口述史，没有学术经历，就是不完整的人生，怎么处理此间关系？作为公开出版物，读者对象及需求在选题策划的初始就要明确于心，这是我在上海科技出版社的 15 年编辑经历的惯性使然吧。而我的工作对象邹先生，在一个单位的一个部门待了一辈子，他的一生就是研读古书、著写新书，如此一介书生的枯燥乏味的人生故事，仅能令后辈可敬可叹，难以让读者可亲可近，可读性堪忧。

邹先生思路清晰，看似脱口而出、侃侃而谈，其实是有心理防线的。而他缄默不言的，往往就是生活经历中的矛盾焦点、读者的热点。独善其身、远离世事的飞短流长，我太熟悉这类老知识分子的处事原则了。凭直觉，他是不可能对我和盘托出的。潜意识中，如果邹先生所愿披露的只是学术权威的体面人生，我就得发掘一位长者的悲喜人生；他若想不食人间烟火地维护那份"圣人情结"，我就得柴米油盐儿女情长地让他吐露真言实情；如此才能让拟出书可读。

按照与邹先生的约定，采访拍摄地点放在复旦光华楼西主楼史地所 21 层的谭其骧纪念室。见面时，邹先生递给我一张 A4 纸，上面打印着他已经列好的大纲，10 个章节：童年、求学……学术研究……贯穿一生。邹先生对这个项目的运作已了然于胸，他准备像开课似地一章章讲，我则按部就班地记录下来，整理成文即可。他居然连担任全国政协委员、上海民盟副主委的经历都未列入，邹先生似乎对政治待遇不那么在乎，觉得那只是领导加派的工作，不是他的人生主旋律，他的人生主线就是学术。如今想起那份大纲，如果添上横竖表格线，差不多就是一辈子填了无数次的履历表哦。只是邹先生不曾想过读者需求，他也没料到，接下来我的关乎细节的一一插问，会使他的口述内容不可能那么简单而大大扩容，让他常常发出"侬迭个也要啊？"的问句，然后不情不愿地从实招来。那一刻，心中的窃喜不言而喻。聆听者的点头、皱眉、微笑、掉泪，无声的情感表达，会让口述者感到被理解、被认同，逐渐放松心理防线，不知不觉中进入倾诉者角色。

记得我把前几章的初稿交给邹先生时，看到第一行"1935年的早春，上海北站，一列来自天津的火车缓缓地……"他惊讶地责问道："侬奈能像小说一样的笔法写啊？"他不习惯让自己成为故事的主角，也许他心中早已认定的第一句必然是开门见山："我是1935年出生的……"就像我在做责任编辑时，经常会与作者就稿件内容取舍、文字表述方式如何贴切读者进行商讨一样，我把书的可读性多么重要跟邹先生解释了一番，他没有继续反对，之后则默认了。最后他的出生、成长部分就以"孤寂的宝宝""懵懂读书郎""迷茫中成长"……这样的方式问世了。邹先生说，他曾对作家程乃珊说过，表现豪门恩怨的文艺作品很多，但是更符合上海真实情况的一大批中小工商业者，很少被文艺创作者关注。邹先生所述家世，恰好可以弥补这一创作空白，读者可以了解到上海石库门弄堂里一个工商业者家庭的数十年悲喜变迁。

关于学者的口述史，如何表述学术研究部分，邹先生的意见非常坚决：不谈学术研究，我的人生就没啥可谈。我对邹先生说了我的设想：拟用非学术叙事来表述他的研究工作为后人留下了哪些有价值的结果，于当今社会、于后人又有哪些启迪。邹先生听了笑而不语，他不清楚我能交上什么样的作业，我也一样心里没底。我曾建议，让他的学生来完成这部分内容，邹先生没同意，他说学生们要升职称、完成课题，自己的事都忙不过来，不便打扰。那是一个欲哭无泪的艰涩过程，一位学者一辈子心血熬成的一摞著作，高高地叠在书桌上、重重地压在心上。邹先生的研究好多是非常微观的，陌生的年代、古地名、水道变迁，没有专业基础的我，翻翻目录就晕，不可能简明扼要、提纲挈领地为读者理出个道道来。幸好邹先生的学生、复旦历史学系的冯贤亮教授写过一份关于邹逸麟先生的主要学术贡献的材料，给了我很大启发，以此为框架，再去原作中找相应结论性内容阅读，按自己的理解写出通俗易懂的非学术叙事的文本，以此作填充墙，形成了骨肉完整的文章结构。我安排了"千古黄河""功过运河""环境变迁的历史观"三个章节，归纳综述了邹先生的主要学术贡献。毕竟才疏学浅，其中"功过运河"一章，我的作业不及格，邹老师便亲自改就。之所以敢于挑战，就是因为我有坚强后盾啊。在上述各章中，我将邹先生经数十年耕读、以史鉴今发出的警世真言一一披露："黄河之患，人祸甚于天灾。""运河的历史作用不可高估。""中国历史上哪里建首都，哪里的环境就恶化得最快。"……这些建立在海量历史文献数据研究基础上的真知灼见，涉及全社会关注的环境问题，也是读者的关注热点。

与做学问的积极进取相反，在为人处世方面，邹先生是个怕字当头的"懦弱者"，他总是故意忘却那些是是非非。感谢葛剑雄先生所著《悠悠长水·谭其骧后传》，我从中获得不止一处"逼供"邹先生的线索。对于此类让他为难的发问，邹先生总是"事体是有的，我讲给侬听好来，不要写哦"。抱歉的是，如果我拘泥于当事人的"道德洁癖"而隐略历史真实，岂不有悖于做口述历史的原则？最初增强出版物可读性的动机，俨然上升到了对历史负责的层面。当我整理成文提交邹先生审读时，他往往急得"哎呦，迭个勿好写格呀！"其实我也矛盾着，不写，真是不甘；写了，又觉不忍。我的强势，让邹先生委屈着、无奈着，也让他的人生故事逐步丰满起来。不过，有些史事，邹先生发了邮件又打电话嘱咐、反复强调不能写的，我就另存被删文件夹了，我决不会违背邹先生意愿的。

邹先生反复强调自己留下口述是为了让邹家的子孙了解自己，让学界的后人有兴趣看看，若由此让他人不开心则有违初衷。时时事事顾及他人的感受，是邹先生的特点。邹先生讲述到有些点时，我的脑海里就会闪现出自己经历的一些人和事，我的习惯做派是眼里只有工作没有人，非黑即白的简单思维加上一张刀子嘴，无意中伤害到人还浑然不知，尤其是有点小权力的那几年。记得读小学五年级的时候，爸爸就让我读刘少奇的《论共产党员的修养》，因为他发现我对背不出课文的同学盛气凌人。我

本文作者与邹逸麟先生

拿出学生手册争辩，因为班主任在"品德评语"中表扬我"是非分明"。数十年来，我已经习惯于周围的人容忍我的不客气。从邹先生的口述中，我感到了自己为人修养上的差距，让我进一步明白坚持原则是非，要与人为善在先。晚了，太晚了。

人的感情经历在许多点上是互通的。譬如我杜撰了一段邹先生丧偶后在复旦宿舍院里遇到同事夫妇的心境描述，他看了好激动，"是的，是的，就是这样的，我讲勿出来，侬写出来了"。尽管是我杜撰在先，感受源自我告别母亲的痛苦经历。当他谈及大女儿去安徽插队落户的不舍无奈，我就说起自己16岁去黑龙江插队的往事，他不仅很有兴趣地听着、问着，还不止一次地让我一定把知青生活写下来，他喜欢看，其他人也会要看。

邹先生说，从初三到高二，那几年的日子过得最开心。周末看美国电影，郊游野餐，进出舞场，是当时上海富家子弟的课余生活。60年了，他对当年各家舞场的设施、乐队水准还记得非常清楚。即使新中国成立初期，他还粉墨登场客串工会组织的演出活动。社会变迁、家境变故，没有合适的外部环境，更没有内在激情，邹家少爷的文艺天分消殒在浩瀚古籍的研读中。晚年的他，最大的乐趣就是在家听评弹，是也有同好的同事姚大力教授送他的电子版本。那时候，上海评弹团排了中篇评弹剧《林徽因》，蛮红火的，还去日本演出了。在东京的妹妹告知与上海评弹团的时任团长秦建国夫妇聚了一下，他们是同学。我就让妹妹联系落实了评弹团在茂名南路兰心大剧院演出的票，陪邹先生一起欣赏。我对评弹的认知，只有"文革"中人人会唱的语录歌"我失骄杨君失柳……"。过去说的是听评弹，看了实景演出，方知评弹的演出形式已经与时俱进了，不仅曲调婉丽动听，服装华丽、多媒体布景绚烂，且听且看了。

60岁以前的邹先生，从宝宝到少爷、老爷，在家里属于油瓶倒了也不扶的甩手掌柜。鳏居后的20多年里，他逐步自立，妥帖地安排好自己的生活，并始终保持着上海老绅士的作派。他从复旦进市区开会，我们就见面吃饭聊事。邹先生建议，两个人不合适吃中餐，没法点菜，他还不碰鱼腥。我们去淮海中路的红房子，去南京西路的凯司令，地点是我挑的，这种老式西餐馆的味道，在美食满城的上海真的并不怎样，只是不在乎吃什么，是陪邹先生重拾他的青春记忆。

有两个画面很难忘。一次是他在新华医院的病房里，正坐在椅子上看着杂志。看我进去，他本能地站起身招呼，不料，身上掉下一个输尿袋，"哎呀、哎呀"，邹先生尴尬地转过身去，手足无措地不知如何是好。那一刻，我知道自己冒失了，没有事先约定，邹先生不愿意以不体面的样貌见人。我急步上前，把他按在椅子上。"勿要急，勿要急，侬是病人呀。"我安慰道，化解他的不安。也是在那次探望中，邹先生谈及自己的最后归宿就是新华医院的病房了。还有一次，文史馆在锦江小礼堂开春节团拜会，我与邹先生约好中午散会见面。那天我穿的是长款滑雪衣，一根长拉链、中间没有按扣的。拉链在底部卡住了，我低头使劲地撕拧着，这次是邹先生"勿要急，勿要急"了。他蹲下身，帮我理顺拉链。散会的文史馆员们鱼贯而出，其中还有不少我的熟人，这会儿，是我感到尴尬了。邹先生的本能反应，让我想起他在口述中提及的，他们的高中时代，男生就得学会绅士派头了：约定出门前，男生要去女生家里接人，再送回去，以让家长放心；与女生出去，不能挤电车，要叫三轮车……青春成长期养成的礼仪修为，贯穿人的一生。只是生在新中国的我，在邹先生学习绅士礼仪的年纪，想的是要把劈好的烧火桦子尽可能搬进女生宿舍，提防男生半夜惦记。

邹先生晚年的最痛是一儿一女先他而去，都是遗传自母亲的胃癌。曾看到他为女儿的化疗医保找人咨询，我从不敢主动问及。他在给我的邮件中写道："今与孙子一起给儿子看墓地，这是一种什么心情。"无人可以分忧的残忍。他也会在邮件中告知，与儿媳、女儿一起去美国给孙子完婚，让我分享他的快活时光。那些年，我走了几十个国家，邹先生很愿意听我讲亚马孙雨林、马丘比丘等域外风情。自孩子们病了后，他会说："你还是蛮幸福的。"我立刻意识到自己错了，我让他想起了年纪相仿的孩子们的厄运。由此，去不去看邹先生，一直让我纠结，也许不去打扰他，才是人道的贴心的选择。

邹先生不止一次地说起史地所的后辈学人聪明能干，他认为自己智商平平，也没有志存高远的意气奋发。但从告别仪式上的花圈规格、参加告别的黑压压一片人头，邹先生的政治地位、学术地位和人缘，尽在不言中。若要说邹先生是人生赢家，我想，就是赢在为人本分吧。正如我为当年选邹先生接任谭先生为历史地理研究所所长一事，采访复旦大学原党委副书记宗有恒时，他在电话那头干脆利落地说的："邹逸麟这个人本分，不争名利。"老领导一语中的，披露了邹先生的成功密码。邹先生的口述史，为后人留下的是做人本分、做事认真的人生箴言。

谦谦君子、儒雅绅士，优渥的家境奠定了邹先生与世无争的基本底色，跌宕起伏的家国变故更使其奉守只求安稳的人生信条，这就是我认识的邹先生。有机会为他做口述史，是我的幸运。

（作者为上海韬奋纪念馆原馆长）

# 重读《椿庐史地论稿》
# 《椿庐史地论稿续编》

## 韩茂莉

6月，邹逸麟先生离我们远去了，我们失去了一位令人敬仰的学者，一位永远的老师。

当我泪眼婆娑再次捧起邹先生的著作，往事如同昨天，一幕幕掠过眼前。悲痛之余，更想重温邹先生做过的历史地理研究。邹先生从事中国历史地理研究，一生著作等身，随同谭其骧先生编纂《中国历史地图集》，并著有《千古黄河》《中国历史地理概述》《椿庐史地论稿》《椿庐史地论稿续编》等，主编《中国历史自然地理》《中国历史人文地理》《黄淮海平原历史地理》《中国历史大辞典·历史地理卷》，参与编撰和修订《辞海·历史地理分册》以及《中国大百科全书·中国地理卷》等，所有这一切不仅奠定了中国历史地理的专业基础，也建构了这一学科的专业框架。

邹先生不仅留下了大量的研究，而且对于历史地理的发展建设提出了系统的思考，其中编入《椿庐史地论稿》《椿庐史地论稿续编》两部著作中的文章，每每读到都发人深省。

在这些论著中，邹先生对于历史地理提出完整的治学方法。

## 一、历史地理是一门实证性学科

邹先生通过自身的研究案例，提出历史地理是一门实证性学科。重温当年的工作，《中国历史地图集》的编纂是邹先生感受最深的经历。《中国历史地图集》的重要工作之一是落实古地名的位置。中国历史时期前后出现数千个县，这些县的位置多数很少有人做过研究，而在《中国历史地图集》中却需要一一落实。邹先生当年承担的工作之一就是考证历史时期古地名的位置，而以历史文献为主，辅之以考古成果则是落实地名位置的主要研究方法。这样的研究工作不仅要坚持务实求真的精神，更需要扎实的专业基础，八册《中国历史地图集》就是通过这样实证性的研究，一步步充实且完善。编纂《中国历史地图集》需要做大量的研究工作，不仅涉及行政区沿革、各级行政区治所的位置，也包括山脉河流，而历史时期同一山脉往往所指范围不同，将古文献中涉及的山脉准确落在地图上，需要一一考证落实。比起行政区，江河的变化就更大了。今天我们熟悉的黄河，历史时期三年两决口，曾经有过二三十次大改道、六次重大改道，这些关于黄河河道变迁的细节与各个时期具体走向，就是在《中国历史地图集》的编纂中，由邹先生等学者悉心研究，最终复原并落实的。回顾这些学术往事，邹先生谈到，谭先生做过《汉书·地理志》时代黄河下游河道的研究，此后有对《水经注》的研究，依凭这些记载可复原秦汉至南北朝黄河下游的基本走向，而唐以后的黄河下游河道变迁则缺乏系统研究。根据《中国历史地图集》的需要，邹先生承担了这一研究工作。理清变化无常的黄河下游河道，是一项十分复杂且庞大的研究，邹先生从《元和郡县图志》入手，一一审读、罗列、排比历代地理总志、正史地理志、河渠志以及河渠水利专著，梳理思路，绘出草图。事过几十年，今天我们捧起《中国历史地图集》，很难想象邹先生平淡话语中经历的烦难。在历史地理的各个研究领域中，河流水道研究应属最为繁杂的问题，不仅涉及记载多，而且变化无常。在古人庞杂的记述中梳理清楚问题的真相，建立起经得起推敲的逻辑关系，不仅考验学者的专业基础、文献功力，更重要的是科学思辨能力。那时的邹先生还很年轻，成功地完成了这一研究，形成了十余篇学术文章。之后，邹先生更通过《中国历史自然地理》这部著作，将黄河下游水文问题推向全面研究，其中不仅涉及河道变迁，还包括黄河泥沙、洪水变化、决口地点及其对于华北平原的社会影响。邹先生的系列研究不仅奠定了历史时期黄河下游河道变迁研究的全部基础，而且促进了与黄河下游河道相关的几个研究领域的诞生。其中邹先生本人首先撰写了《黄淮海平原历史地理》一书，这本著作不仅开启了历史区域地理研究的先河，而且将黄河变迁与社会、民生融于一体，展现了数千年间黄淮海平原上成也黄河、败也黄河的时空关系。

回顾这一切，邹先生用大量事例告诉我们，历史地理是一门实证性的学科，无论历史文献，还是野外考察、理论引导以及各类技术手段的应用，目的都是服务于实证，这是历史地理治学最不可忽视的要领。

### 二、从事研究应该"小题大做"

邹先生提出的这一治学要领更针对年轻学者。年轻人缺乏研究经验，专业基础也并不丰厚，切忌入手就是大题目、大问题，如果基础不够，往往流于空泛。邹先生提到的"小题大做"几乎成为学术界讨论治学的一个基本理念，从细节入手，发现问题，解决问题，一步一个脚印，日渐积累，方可掌控一个方面的学识。邹先生提出这一理念，更多地是根据自身的学术经历总结体会。他回顾《中国历史地图集》编纂中遇到的问题，谈到当年编绘隋唐黄淮一带水系地图时，首先着手的就是对存有疑问的隋唐汴河进行重新考证。汴河本身不是一个大问题，而邹先生在解决了隋唐汴河问题之后，顺势将问题延展至北宋开封附近的漕运四渠，又从北宋漕运四渠延展到北宋黄河下游横陇河北流、金代明昌五年黄河决口、元代河患与贾鲁河、华北平原的湖沼变化以及山东境内运河……从隋唐汴河扩展到整个黄淮海平原上的河湖水系以及运河，一处小问题带出系列且彼此关联的大问题，这就是"小题大做"、以小见大的实例。邹先生强调锲而不舍，反对凑热闹、赶时髦，东一枪、西一炮，他认为若这样一个人几十年过去了，在任何具体研究领域中都不会成为专家。

邹先生提出的"小题大做"，影响了历史地理学界的一代人。在我初入历史地理大门的时候，就获得了邹先生的指引，已经过去三十多年了，至今仍然清楚地记得当年邹先生严肃的神态，认真的口吻："走进一个研究领域一定持之以恒，最终形成被学术界认同的成果，希望后人超过，而不是绕过我们，切忌打一枪换一个地方。"

### 三、多读书，勤思考，力求有所创新

创新，这是今天时常听到的词，但真正的创新绝不是俯首可得的。邹先生认为多读书、勤思考，是实现创新的前提。历史文献、考古成果是历史地理从事研究的资料来源，前人研究乃至毗邻专业的成果都是开启思考的契机，此外还有研究者自

身科学而敏锐的思辨。若胸无点墨，满口大话，一定不会取得具有创新意义的成果。邹先生年轻时期跟随谭先生从事历史地理研究，就是从《大清一统志》《读史方舆纪要》入手，一一研读历代地理总志以及正史地理志起步，将天下大势、历代沿革熟于胸中，然后进入问题研究。

创新来自思考，任何一个具有意义的学术问题都不是单一因素推动的结果。谈到运河的历史作用，我们通常都会强调运河推动经济与文化交流的积极作用，但是任何事物都有正反两个方面。邹先生指出，历代朝廷集中财力、民力开凿运河的目的是为中央政府提供物资，但由于中国的地理条件（尤其是降水量）所限，漕运与农业灌溉用水始终存在矛盾。其具体表现如：明清时期山东运河水量不足，官府将泰山一带的地表水全部导入运河，使得沿线农民因无水灌溉而逃亡。此外，运河沿线的自然条件不够理想，导致一年内因疏浚而停航的时段可达半年。因此，邹先生认为对于运河的作用应整体看待和评价。这是涉及运河作用的我们听到的最中肯的见解，也是最不追风的观点。

邹先生是一位杰出的学者，一生不仅著作等身，对于历史地理诸多领域都提出了具有创新且带有挑战意义的观点。就中国历史时期环境与国家的关系，邹先生提出几个为什么：为什么中国历史上的分裂往往是南北分裂，而不是东西分裂？为什么中国历史上统一帝国的政治中心都在北方而不在南方？为什么中国历史上的边疆纠纷总是发生在西部、北部，而不在东南沿海地区？为什么中国小农经济能稳定数千年，而百姓温饱问题却始终未能解决？这几个为什么直指人地关系的核心问题。邹先生反复强调正由于存在许多需要深入探讨的人地关系问题，环境史才被纳入学术之林。那么，环境史研究的目的究竟是什么？邹先生认为探索人与自然关系的发展历程，认识过去的利弊得失，防患于未然，这是环境史研究的宗旨。本着这样的意图，需要探讨这样几方面的问题：

（1）中国的环境是如何演变的？

（2）演变的原因是什么？

（3）这种演变是必然还是或然？

（4）我们从中吸取的经验与教训是什么，如何指导今后的环境行为？

邹先生提出环境史需要研究的主要问题，本身的立意就是创新，这一立意摆脱了对历史时期人类环境行为的一味谴责，而将讨论的核心放在利弊。环境史作为一项学术问题，我们不应该只看到其中的弊，也应该看到利。邹先生谈到，无论围湖造田，还是水土流失，"平心而论，这些都是出于历史的无奈。试问，秦汉以来，如不屯田戍边，如何保住比较先进的农耕文化长期延续？宋代以后，南方不围湖造田，明清以后，不开垦山地，如何来养活数亿人口？生存、发展和环境是我国两千多年的两难抉择，我们如何在对这些问题的研究中获得一些启示，为我国今后环境演变提出一些指导性的意见？"面对一个学术研究领域，大家用如一的口吻讨论问题，而邹先生凭借长期对人地关系的研究获得的认识，将环境史研究引入一个新的意境，并倡导环境史的研究应该拥有科学的态度与全方位的视角。

历史城市地理是历史地理的重要研究领域，邹先生在《历史时期黄河流域的环境变迁与城市兴衰》一文中对于城市兴衰与自然环境、社会经济之间的关系进行了启迪性的论述。文章提出城市发展不仅表现为数量增多，城市功能也从单一趋于多元，而在其中起决定作用的是交通条件的变化与社会经济的促动。黄河流域的城市拥有久远的历史，商周时期大多数城市主要属于军事性城堡，政治、军事因素在城市职能中发挥重要作用，春秋时代城市有了工商业，但政治功能仍然占有主导地位。战国时期位于交通枢纽的城市成为列国都邑的同时，也汇聚了大量商人，进而拥有商业都会的特点，秦之咸阳，魏之大梁，赵之邯郸，燕之涿、蓟，韩之荥阳、郑，齐之临淄，周之雒邑，楚之郢、宛、寿春，宋之陶、睢阳，卫之濮阳都属此列。战国时期的政治与文化特点令这些城市呈现繁荣一时的商业。秦统一以后重农抑商的治国理念，使政治属性再次在城市功能中占主导作用。经两汉魏晋南北朝、隋唐、宋辽金后，又一批新的以工商业为主要功能的城市的兴起是在元、明、清时期，推动这一切的是运河。几千年间，黄河流域的城市既受交通道路推动，又受黄河泛滥改道影响，与社会经济发展的起伏同步，城市兴衰经历着螺旋形的进步。邹先生讨论的黄河流域只是一个地理区域，针对这一地区提炼而成的结论，抓住了影响城市兴衰的根本，追寻这一思路，我们可以在任何一个地区，看到相似的城市发展进程，其中归纳的理论可以用于任何一地历史城市地理研究。

邹先生一生著述极多，这些研究精深而广博，不仅成为纲领，且启迪思想。

痛别邹先生，音容宛在，永生难忘。

2020 年

（作者为北京大学城市与环境历史地理研究中心教授）

# 《椿庐史地论稿续编》选读

## 鲁西奇

　　2005 年，邹逸麟先生论文集《椿庐史地论稿》出版，奉王振忠教授邀约，我写了一篇读后感，较为系统地汇报了研读先生论著的感受、心得以及从先生论著中所受到的启发和学习到的方法。先生辞世时，疫情尚未结束，不能前往沪上和先生告别，连追思会都无法参加。人生无常，本是世间常法，先生走得体面尊严，哀痛之辞，不必多言。对先生最好的纪念，或者正是研读先生的论著，学习先生的治学精神，沿着先生指示的方向，脚踏实地，一步步地走下去。所以，我把手边所有的先生的著作集中起来，摆在书桌上，一本本地摩挲翻阅，回忆对自己产生过影响的那些文章，重温当年曾体会到的先生的教诲。

　　读《辽代西辽河流域的农业开发》的时候，我还在师从李涵先生读辽金史。1987年秋天，我有机会参加了一个考察团，到赤峰等地去考察，跑了宁城、翁牛特、林西、巴林左右旗等地方，看了辽中京、上京、祖州等遗址，对西拉木伦河有了一点初步的了解。李涵老师当时正在研究辽金时代的奚族，奚族的农业生产正是她所关注的一个方面。邹先生的这篇文章，收在《辽金史论集》第二辑里，我记得大约是在 1988年夏天（或者更晚）才读到的。印象最深的是文章中使用《辽史·地理志》的记载，讨论上京、中京道各府州县汉、渤海人的分布。先生说上京、中京道三十余万汉和渤海的人口大多集中在灌溉和土壤条件比较好的河流中上游地区，我就想起在宁城辽中京城故址看到的大片玉米田，以及贾敬颜先生站在西拉木伦河桥头上指点山川的情景。当时在李老师的指导下，我写了一篇读《辽史》之《地理志》《兵卫志》《营卫志》的札记，是从陈述先生《契丹政治史略论稿》中关于汉人移民垦殖草原的路子出发的，模仿的是贾敬颜先生五代宋人使北行记疏证（当时是单行的油印本）里的方法，也参考了邹先生区域开发的分析方法。那是婴儿学步级别的作业，早就没有价值了。但我也一直没有舍得丢弃，后来以它为源头，写成了《辽金时期北方地区的乡里制度及其演变》一文，直到 2019 年才发表出来。拙文中关于临潢府所属各县汉、渤海户口来源及居地与管理的分析，最初即来自邹先生这篇文章的启发。

读《明清流民与川陕鄂豫交界地区的环境问题》时，我正在汉水中上游考察。先是沿着汉水两岸，后来溯着丹水、堵水、金钱河（甲水）等支流，走向郧西、淅川、竹山、竹溪、柞水，进到山里。我想去看那里的山、水、人家，去看祖祖辈辈在那种艰苦环境下生存的人。那段时间读的基本史料是严如熤的《三省边防备览》；主要论著是赖家度先生的《明代郧阳农民起义》、傅衣凌先生关于闽浙赣山地经济开发的研究，以及萧正洪先生关于清代陕南种植业分布与演变的研究。邹先生的这篇文章，发表在《复旦学报》上，我是在无意中读到的，对其中的第二节"流民的生计"与第三节"环境破坏"印象深刻。将移民进入、经济开发与环境变化（特别是恶化）三者联系起来的思想方法，在 20 世纪 90 年代已成为占据主导地位的思想方法，但论者一般使用"经济开发"或"地区（山区）开发"，很少使用"生计"这个概念。邹先生这样提出问题："连续数百年，数以百万计的流民进入鄂、豫、陕三省交界的秦岭、大巴山区，究竟何以为生呢？"这个问题伴随了我很多年，可以说，在 2000 年前后的十余年时间里我一直在探索这个问题。在有关汉水流域的研究中，我使用"生计方式"的概念探讨不同地区的不同人群生计方式的不同，以及不同的生计方式对于经济发展、环境变化的不同影响，虽然思想方法上的来源是多元的，但邹先生的文章确实是较早的源头之一。

《关于加强对人地关系历史研究的思考》一文，最初发表在《光明日报》史学版上，一整版，我是在武大历史系资料室读到的。那年长江流域大水，我们在武汉更有切身的体会。邹先生说："这场洪水无疑向我们敲响了警钟，它表明改善我国生存环境已是刻不容缓、迫在眉睫的事情。"这是当时政府、社会与学术界的共识。在这篇文章里，邹先生简要地回顾了我国环境问题的历史根源，分析了洪涝灾害越来频繁、严重的原因，也提出了自己的忧虑。面对洪灾，当时舆论以及学术界主流的声音都是指责长江中上游地区过度垦殖、开发造成了植被破坏加重了水土流失，程度不同地表现出某种"科学的自然中心论"倾向。我对这种倾向并不认同，可也不知道怎样对待。在文章中，邹先生写道："如果没有黄河流域的普遍开发，何来具有世界影响的汉唐文明？没有宋代以来长江流域围湖造田，何来近千年来高度发展的长江文明？因此我们回顾环境变迁的历史并非为了责备古人，而是想从古人行为的轨迹中寻找对今人有用的经验教训。"我相信这才是学者应持的态度。邹先生又说："建国以来的前 30 年，我国人口数倍增长，如果没有大规模的新辟耕地，10 多亿的人口如何养活？……不论从历史还是从现实而言，我国要保持人口—生存—资源—环境间的协调平衡，是一个相当艰巨的任务，有时甚至陷于两难的境地。例如，最近我国政府下令禁止砍伐原始森林，强调退田还湖，这都是十分正确的。但是，如果在一定时间内没有为当地找出一条科学致富的道路，这种政策能否长期坚持下去呢？"20 多年后重读这些话，邹先生悲天悯人、关心民生的情怀，仍灼然可见；而 20 多年来我国的环境政策及其实践，也仍然在邹先生所说的两难境地里摸索前行。这篇文章很短，当时一口气读完，觉得先生的情怀、才识与智慧尽萃于其中，非常感佩。也因为这个源头，我着意梳理有关人地关系的理论，并努力做些思考，而在思考的过程中，则更着意人类生存的艰难与生计方式的意义。

有一段时间，我侧重于做汉水中下游河道变迁与江汉平原湖泊演变的研究。关于河道变迁的研究，我主要从谭先生、邹先生等关于黄河中下游河道的研究以及张修桂、周凤琴等先生关于荆江河床演化的研究中学习方法；关于湖泊变迁的研究，则较多地受蔡述明、金伯欣等先生江汉湖群研究的影响。邹先生的《广德湖考》是一篇较小的考证文章，其所考证的广德湖是明州鄞县境内一个不太大的湖泊，而且后来消失了。这篇文章在我摸索江汉湖泊研究的路径时，给了我很大的帮助，因为江汉平原上的很多湖泊规模都不大，与广德湖相似，历史文献中的相关记载也不多。邹先生在这篇文章里，首先根据一些零星的资料，将广德湖的具体位置和范围大致勾勒出来；然后考察其水利功能，进而分析围绕围湖、复湖的争论与纠纷。这种研究路径给了我很大启发，我在考察汈汊湖、沉湖、白露湖等江汉平原较小湖泊时，也基本遵循这样的研究路线。

《〈宋史·河渠志〉浙江海塘西湖篇笺释》和《两宋时代的钱塘江》两篇文章，我读得比较晚。2013 年以后，我着手做滨海地域的研究。2017 年秋季学期，我在浙江大学人文高等研究院驻访，每天从求是校区经过杨公堤到之江校区。黄昏时分散步，就到钱塘江边，看大江辽阔，潮汐来往，不免生出些感慨，给自己找了个题目：历代海潮论疏证。因为在杭州，就从燕肃的《海潮论》着手，自然而然地就读到《宋史·河渠志》的相关记载。我这才知道邹先生给《河渠志》的浙江海塘部分作过详细的笺释，早已发表在《中华文史论丛》第57辑上。想起家里有这一辑，却没有注意过，真是不应当。于是我对照着几种《临安志》以及地图，认真地读了。邹先生的注释非常精审，论断确然可信，揭开了我心中的不少谜团，给我指示了方向。如邹先生说，钱镠筑海塘时所立的三个刻有水则的铁幢，一在今候潮门东南旧便门街东南小巷，一在旧荐桥门（今城关巷北口）外，一在利津桥（今南星桥东）北。邹先生说："据铁幢的方位，吴越时海塘位置大致可知。"我根据邹先生的指示，去看了上述三个点，遥想昔年钱塘海塘的位置与图景，虽然在繁华的大都市里，仍然可以捕捉到某些历史的信息，觉得非常高兴。记得那天下午，从南星桥沿着中河，一直走到了钱塘江边，穿过老钱塘铁路桥，回到之江校区，心中除了沧海桑田的感慨，也充满对邹先生的感佩。

我没能有机会做邹先生的学生。20世纪90年代，武汉大学历史学系，特别是荆楚史地与考古研究室（1996年后改称"历史地理研究所"）遴选博士生导师、博士学位论文答辩，有好几次都是请邹先生给予帮助。那时我给石泉先生和各位师兄做后勤服务工作，所以一般是我负责接送，其实有不少机会接触先生。只是年轻无知，又自惭形秽，并不敢和先生多说话。一直到2009年秋，复旦史地所给我两个月的驻访学习机会，我住的地方离邹先生家很近，经常在路上、食堂和史地所资料室遇见先生，更承先生赏过两次饭，才有机会较多地聆听先生的教诲，领略先生的言谈风采。

我自己的研究题目都比较小，和先生曾参与、领导的大型研究项目隔得比较远，所以研读先生的论著多是与自己研究相关的单篇论文，对先生的学术体系并没有系统学习，更谈不上全面理解与认识。我所读先生的一些论著，在先生的学术体系中也可能并不是重要的部分。回想起来，自己学习、研究的每一步，又都从先生那里汲取过营养，得到过启发。我想，先生虽然不在了，但先生的学问在；先生的学问在，先生就永远在。

（作者为武汉大学历史学院教授）

# 追忆邹逸麟先生

## 颜越虎

2020 年 6 月 19 日上午,华林甫先生告诉我一个不幸的消息:邹老师走了!

虽然我已经知道邹逸麟先生的病情,但听到这个消息,依然觉得心情异常沉重。12 时 48 分,我在微信上发了一则信息:

今天凌晨 4 时 48 分,中国著名历史地理学家、复旦大学首席教授、博士生导师邹逸麟先生因病去世。惊闻噩耗,不胜悲痛!

2018 年 6 月 27 日,本人曾与邹先生弟子华林甫先生一起陪同邹先生考察、游览了上虞白马湖畔的春晖中学、绍兴轻纺城以及柯岩风景区等。邹先生的音容笑貌,尚在眼前;邹先生的亲切话语,犹在耳边,但从今阴阳两隔,令人无限伤悲!

我翻检出两年前的旧照及拙文,重新发布,借以表达自己对邹先生深深的怀念与崇敬!

### 陪邹逸麟先生考察绍兴

今天,有幸陪同著名历史地理学家邹逸麟先生及中国人民大学华林甫先生等赴绍兴市上虞春晖中学、绍兴柯岩风景区和绍兴中国轻纺城考察。

春晖中学位于绍兴市上虞区驿亭镇白马湖畔，一面临水，三面环山，环境恬适。

上世纪 20 年代初，著名教育家经亨颐，得富商陈春澜之助，于此创办春晖中学，延请夏丏尊、冯三昧、杨贤江、朱自清、匡互生、丰子恺、王任叔、朱光潜以及何香凝、柳亚子、蔡元培、黄炎培、张闻天、李叔同、叶圣陶、陈望道、吴稚晖等来此执教或讲学。今存一字楼、科学馆、图书馆、曲院等，各幢建筑均有长廊相连。当年经亨颐校长所居"长松山房"，丰子恺先生所居"小杨柳屋"，夏丏尊先生所居"晚晴山房"等亦保存完好，均为浙江省文物保护单位。

柯岩风景区是以石景为特色的著名景区，它是三国吴赤乌以来采石形成的"残山剩水"，在各类景区中独具风采。

中国轻纺城是亚洲最大的纺织面料市场，数以千计的面料店铺构成了蔚为壮观的纺织品海洋。

从上午充满文化气息的全国著名中学，到下午兴旺发达的经济名城，一天的考察、游览，让邹先生感慨良多，他深为绍兴的历史文化和特色经济所折服。

一个小时后，我在我的个人微信公众号"新越绝书"上再次发布了邹逸麟先生的大作《修志者心目中要有读者》，并在该文之前加上了如下文字：

今天凌晨 4 时 48 分，中国著名历史地理学家、复旦大学首席教授、博士生导师邹逸麟先生因病去世。惊闻噩耗，不胜悲痛！

2017 年 7 月 25 日，"新越绝书"发布了经邹逸麟先生授权的《修志者心目中要有读者》一文，得到广大修志同人及其他读者的认同与好评。

今天，"新越绝书"再次发布《修志者心目中要有读者》一文，借以表达我们对邹逸麟先生深深的怀念与崇敬！

从 20 世纪 90 年代起，我先后任职于绍兴县地方志编纂委员会办公室和浙江省地方志编纂委员会办公室，邹逸麟先生则长期担任中国地方志指导小组成员，因此，我很早就知道邹逸麟先生的大名。在与陈桥驿先生交往的过程中，陈先生经常谈起谭其骧先生、邹逸麟先生，进一步加深了我对邹逸麟先生的印象。而初次接触邹逸麟先生则是在陈桥驿先生九十华诞庆贺会上。

2011 年 11 月 12 日，"陈桥驿先生九十华诞庆贺会暨历史地理学发展学术研讨会"在浙江大学召开，来自全国各地近 200 名学者和嘉宾参加庆贺会。邹逸麟先生作为陈桥驿先生的老朋友、历史地理学界德高望重的老前辈参会，并主持于当天下午举行的学术研讨会。根据研讨会的安排，本人的一篇论文《陈桥驿方志学说与修志实践研究》在会上宣读、交流（这是会上交流的唯一一篇关于地方志的文章）。邹逸麟先生既是著名的历史地理学家，又是中国地方志指导小组中的专家代表，不仅了解陈桥驿先生在历史地理学方面的成就，也清楚陈桥驿先生在地方志方面的贡献，因此，他在点评拙稿时，给予了很高的评价，认为拙稿全面地总结了陈桥驿先生的修志实践，恰当地概括了陈桥驿先生的方志学说，对指导全国地方志的编纂与研究都具有重要意义。邹逸麟先生对拙稿的肯定，充分体现了他对晚学的真诚鼓励与热情提携！会后，我和邹逸麟先生互留了联系方式，他平易近人，一点也没有架子，让我如沐春风。邹逸麟先生和蔼慈祥的面容，平缓温和的语调，给我的印象非常深刻。

2017 年 5 月 18 日，我开设了个人微信公众号"新越绝书"，主要发布地方志及地域文化研究方面的文章（也包括历史地理学方面的文章）。该微信公众号开设以来，得到了全国各地地方志工作者和专家学者的关心与支持，其中也包括邹逸麟先生。邹逸麟先生曾经在《中国地方志》2009 年第 6 期上发表了《修志者心目中要有读者》的文章。邹逸麟先生是我国著名历史地理学家，也曾长期担任中国地方志指导小组成员，因此，对学术界、方志界的情况都十分了解。他认为优秀的方志保存了大量的地情资料，千百年后将是研究中国社会历史的资料宝库。修志者责任重大，当秉笔直书、实事求是。修志者心目中要将读者放在第一位，而不应以当政者是否满意为准则。志书"存史"是第一功能。邹逸麟先生关于"修志者心目中要有读者"的教诲，对广大地方志工作者具有振聋发聩的意义。

为了把这样的好文章介绍给更多的读者，我考虑把《修志者心目中要有读者》一文发布在"新越绝书"上。我在"新越绝书"发布文章，有一个原则，就是都必须征得作者的同意（如果作者已经去世，则征得其家属的同意）。所以，发邹逸麟先生的文章，也要征得他的同意，取得他的授权。虽然在 2011 年陈桥驿先生九十华诞庆贺会上我们有过一面之缘，但毕竟接触不多，邹逸麟先生会是什么意见我没有把握。而当我拨通邹逸麟先生的电话，说明我的意图时，他非常明确地告诉我：
"只要对地方志有益，我的文章你尽管用。"朴实的话语透露出一位与地方志渊源
颇深的学者对方志事业的拳拳之心！听了邹逸麟先生的话，我吃下了定心丸，我在
电话里感谢他支持我的工作，也代表读者向他表示谢意！《修志者心目中要有读者》
一文于 2017 年 7 月 25 日在"新越绝书"上发布，受到全国许多地方志工作者及其
他有关读者的好评，认为给他们提出了一个工作的要求，指明了一个前进的方向。

2018 年 6 月初，邹逸麟先生的弟子、中国人民大学清史研究所教授华林甫先
生和我说，多年来，邹逸麟先生有一个愿望，就是想去上虞白马湖畔的春晖中学看
一看。当时，华林甫先生正应邀在浙江大学讲学、研究，他想趁这个机会陪邹逸麟
先生去春晖中学走一走。我联系了上虞有关方面和春晖中学，于 6 月 27 日陪同邹逸
麟先生及华林甫先生夫妇，一起去春晖中学考察。在春晖中学校史馆、教学楼里，
在亨颐校长所居"长松山房"、丰子恺先生所居"小杨柳屋"、夏丏尊先生所居"晚
晴山房"前，在白马湖边，邹逸麟先生听取了春晖中学有关人员的情况介绍，询问
了春晖中学的办学特色、发展方向等相关问题。时值春晖中学建校 110 周年前夕，
邹逸麟先生应邀为春晖中学题词"春晖精神永存"。下午，我又陪同邹逸麟先生及
华林甫先生夫妇考察、游览了中国轻纺城和柯岩风景区。

在考察和游览的过程中，邹逸麟先生一再对我的安排与照顾表示感谢，让我又
一次深深感到他的真诚朴实、谦逊可亲。还有一点也不能不提及，6 月 27 日所到三
处，凡接触邹逸麟先生的人员，无不为其儒雅的风度所折服，好几个人跟我说，邹
逸麟先生真是中国知识分子的典型代表，在他言谈举止中所体现出来的书卷气是那
么地浓郁、那么地自然。我知道，这是其家庭教育、个人修为及中国传统文化浸润
的结果。

去年 11 月 10—11 日，我在南京参加"地方志与长三角一体化论坛"时，会议
的特邀嘉宾、邹逸麟先生的弟子、安徽大学教授陆发春先生告诉我，邹逸麟先生
住院了。南京回来后，我于 17 日（周末）赶赴上海，在邹逸麟先生的另一位弟子复
旦大学教授段伟先生的陪同下，去新华医院看望了邹逸麟先生。那时，他身体已经
比较虚弱，我在病房里待了不长的时间，说了一些安慰性的话语，就出来了。从病
房出来后，段伟先生向我转赠了由复旦大学出版社于 2019 年 7 月出版的邹逸麟先生
的新著《中国历史地理十讲》。

2020 年 6 月 21 日，邹逸麟先生遗体告别仪式在上海宝兴殡仪馆举行。我专程

从杭州赶去送邹逸麟先生最后一程。当天，我在微信中写道：

> 今天是夏至，也是父亲节。而我们的心中却是无限伤悲，因为这是我们送别邹逸麟先生的最后时刻！
>
> 前天上午，惊闻邹先生逝世的消息后，心中一直伤痛，久久不能自已！
>
> 几天来，与邹先生交往的一幕幕情景似电影般浮现在脑海中……

是啊，邹逸麟先生未曾离去，读着邹逸麟先生的书，仿佛他就在与我们亲切交谈，那么谦和、那么宽厚、那么温馨……

2020 年

（作者为《浙江通志》副总纂，《浙江通志》总编室主任，研究员）

# 书香隽永忆邹老

## ——怀念一代学术泰斗、《中国运河志》总主编邹逸麟先生

**胡久良**

2019 年 9 月 27 日，《中国运河志》出版发布仪式在扬州"世界运河城市论坛暨世界运河大会"开幕式上举行，20 多个国家和有关国际组织的代表等见证了《中国运河志》的首次亮相。仪式的一个环节是编纂专家向运河沿线省（市）代表赠书。核心专家、各分卷主编从北京、济南、聊城、珠海等地赶来了，但邹逸麟先生没有来。

他是《中国运河志》的总主编、核心专家，还亲自执笔写了《中国运河志·总述》。那时候，邹老已缠绵病榻多日。100 多位专家历时 8 年的努力，志书终于完成出版，大家都感到由衷的高兴，但因为邹老的缺席，留下了一丝遗憾。

一

2012 年，江苏凤凰出版传媒集团策划启动《中国运河志》出版项目。出版单位策划，专家学者编纂，这是一个前无古人的开创性志书工程。我们的战略方针，定位在"专家修志"，依托专家学者的知识与智慧来打造这一鸿篇巨制。于是"找专家"成为重头戏。

专家团队的形成源自"民主推荐"。第一次登门拜访时，邹老就对《中国运河志》这个选题表示赞赏，认为这是"不得了的大工程"，并推荐了多位专家。顺着邹老的推荐名单一一拜访后，我们又获得了更多的推荐名单。如此再三，我们组建了国内最顶级的运河研究专家队伍。

2012年6月6日，《中国运河志》项目启动仪式在江苏南京举行，邹老作为专家代表之一，给大家讲了修纂运河通志的重要意义和他的思考。

邹老搞大项目的经验丰富。他说自己"多年来持续从事多项大型项目"，众所周知的《中国历史地图集》，还有《中华人民共和国国家大地图集·历史地图卷》《中国历史大辞典》《中华大典》……最经典的是邹老讲自己跟《辞海》的渊源，从第一版的"学徒工"到第七版的"副主编"，全程参与，一步步成长。在《邹逸麟口述历史》一书中，他表示晚年只做两个大项目，一个《辞海》，一个《中国运河志》，其他的就不接了。

邹老是《中国运河志》项目的"定海神针"。作为《中国运河志》的总主编，他强调得最多的就是要定好框架体例、搞好统筹协调、抓紧时间进度。我们经常到上海叨扰邹老，一次半天，讨论《中国运河志》各个分卷的情况，有哪些问题，怎么解决。每一次到国福路，编辑们都是满脸问号地来，眉头舒展地走。

## 二

《中国运河志》的修纂，是"摸着石头过河"的过程。探索与创新，凡事都要"议一议"，开好专家会很重要。专家会就是互相提意见、出点子，邹老常说："我提的意见，赞同的就按照我的改，不赞同的要说明理由，大家再讨论，直到达成一致。"邹老带头，团队形成了很有意思的氛围。会场上，专家们畅所欲言、各抒己见，有时争得面红耳赤；会场下，专家们则是嘘寒问暖、谈笑风生，整个就是其乐融融。学术是严肃认真的，友情是生动活泼的，一言以蔽之，纯粹。

就是在这样开放、专业的研讨中，凤凰出版传媒集团与专家们一道，首次构建了运河通志的研究框架体系，创新性地组织开展了运河历史文化的学术研究；首次系统、全面理清大运河的历史变迁、文化演进和发展脉络；首次组织大运河申报世界文化遗产文本的正式出版……一系列开创性的研究工作，填补了中国运河通志的空白。

思考与探索的同时，邹老非常重视实效，多次强调"按照这个思路写一个小节的样稿出来看看"。他不只是提要求，自己还率先垂范，他的《总述》部分早在2016

年就完稿了，发给各分卷作者作为样板。

2018 年，江苏凤凰科学技术出版社整理了《总述》单独出版单行本。邹老亲自拟定书名——《舟楫往来通南北——中国大运河》。他说，一辈子研究黄河、运河，此前有了一本《千古黄河》，现在补上这本运河的，两本小书，也就可以了。值得一提的是，这本运河"小书"入围了当年的"中国好书"，被评为"苏版好书"。

## 三

2019 年，《中国运河志》进入最后的出版阶段。

2019 年 7 月 1 日，专家团队齐聚上海，在付梓前对志书进行最后的"检阅"。然而，就在开会的前几天，邹老又一次住进了上海新华医院。我们去探望时，他再三对项目团队表示抱歉，为了方便他，大家专程到上海来开会，现在自己却没办法参加讨论，只能拜托各位专家多操心。我们提出能不能请戴逸先生给志书写序，邹老当即表态等精神好一些时给戴先生写一封信，还回忆起在修纂"大清史"时与戴先生交流的情形。我们带着这封信和样稿去了北京，戴逸先生看后欣然应允作序，认为《中国运河志》的修纂出版"恰逢其时"，"整体上体现了国内运河研究的现有水平"。

《中国运河志》正式出版后，我们带着样书奔赴医院。病床上，邹老已经很虚弱了，他一脸欣慰地摩挲着蓝色书皮，像抚摸自己的孩子。

2019 年 12 月 31 日，凤凰出版传媒集团一行四人到上海新华医院看望邹逸麟先生。当时还约定春节后再来探望，未曾想转过年来却再无机会，只能遥相问候，这便成了我们与邹老的最后一次见面。

书香隽永，斯人已逝。

邹老，走好！

（作者为凤凰科技出版社中国运河出版中心主任）

# 一部精光内蕴的厚重之作
## ——读《椿庐史地论稿》

### 侯林莉

2020 年 6 月 19 日，从微信的朋友圈里惊闻邹逸麟先生逝世的消息，被京津突发疫情笼罩下的心情逾加沉重。思绪一下也被拉回到 2004—2005 年间担任邹先生《椿庐史地论稿》一书责编的那段时光，是这本书让我了解了邹先生的学术品格和人格风范。仅以当年为邹先生写的这篇小文来表达心中的敬意和无尽的怀念！

在许多人的印象里，历史地理是一门艰深而枯燥的学问，充满了令人头晕的数据、图表和专有名词。然而，读了邹逸麟先生的《椿庐史地论稿》，这种印象会立即改变，因为这是一部真正的智者之作：厚重但不繁琐，坚实却不生硬，严谨的学术考证里透着灵动的智慧之光。

中国的历史地理学是从沿革地理学发展而来。20 世纪初，这门新兴学科进入大学讲堂，但所讲内容并未超出历代正史地理志的范围，即：历代疆域、政区的变迁，也涉及河渠、都邑的演变。1934 年禹贡学会成立、《禹贡》创刊，标志着中国历史地理学研究进入了一个新阶段。然而，由于受传统学术思想的影响，20世纪上半叶的历史地理研究仍以沿革地理为主。鉴于此，侯仁之先生曾大声疾呼将大学历史系的"中国沿革地理"课程改为"中国历史地理"，并极力强调两者的本质区别：历史地理学是现代地理学的一个部分，主要研究人类历史时期地理环境的变化——这种变化主要是由人的活动和影响而产生的，它追求的不仅是要"复原"过去的地理环境，还要弄清其发展演变的过程和规律。

中华人民共和国成立后，中国历史地理学的研究进入了新天地。谭其骧先生主持的《中国历史地图集》被称为史学界的两大基础工程之一（另一工程为"二十四史"的点校），从开始设计到完成历时30年之久，为历史地理学的发展打下了坚实的基础：一方面是解决了许多长期没有解决或未被注意的问题；另一方面则是培养了一批优秀学者。邹先生是这支队伍中毫无疑义的骨干，从1957年到1991年，一直在谭其骧先生身边工作，先后参加了《辞海·历史地理分册》《中国自然地理·历史自然地理》以及《中华人民共和国国家历史地图集》等大型基础性著作的编写。可谓内功深厚，绝技在身，成为那平实而庄严的学术传统的最后的见证。可以说，在当今急功近利的学术氛围里，他像冰川时期遗留下来的巨石，默默地独处尘嚣之外，人们只是在偶尔注意到时才会惊异于它的巨大和深沉。

《椿庐史地论稿》汇集了邹先生涉入历史地理学领域以来的论文精品。大体可以分为四类：一是有关水道考证、黄河、运河的专题研究论文，可作为一类，大部分是在编绘地图的过程中完成的；二是概论性的专题研究；三是20世纪90年代后开始转向环境、灾害与社会方面的研究心得；四是研读历史地理古籍的一些体会。以50年深厚积淀，加上数易其稿的精雕细琢，才有了眼前这部令人肃然起敬的本色之作——用时下流行的一个词来说，里边全是"干货"。现在有的学者几个月就能出一本书，乍一看也颇能吸引眼球，但一经推敲便稀里哗啦。而本书如堂堂之阵，所至归心：作者大处着眼，小处入手，既包举细微，又精光内蕴，给人的不仅是广博的史料性知识，还有发人深思的真知灼见。随手举两个例子。

关于运河在历史上的作用，以往学者认为它在沟通我国东西南北地区的经济文化交流中起过积极的作用。邹先生却翻新出奇，提出了不同的看法。在1986年获得上海市哲学社会科学论文奖的《从地理环境考察我国运河的历史作用》一文中，他指出：历代政府花费巨大财力开凿运河，主要目的是为中央政府机构提供物资。由于我国处于东亚季风区，漕运和农业灌溉用水始终存在很大的矛盾。历代政府都是以牺牲农民的利益来保证漕运畅通，特别是明清时期山东运河因水源不够，将泰山山脉的地表、地下水泉全部纳入运河，沿岸农民因无水灌溉而逃亡。运河一年内有半年需要停航疏浚和维护，民间商人利用运河的时间很短，运河上的商业活动主要依靠漕卒每年携带私货来进行，因而不能对其经济作用评价过高。这种建立在史实基础上的洞见让学界耳目一新。

关于明朝永乐年间北部边防卫所后退的原因，通常的解释是：由于外围据点远离内地，无民人居住，一旦蒙古入侵难以固守。邹先生则认为，明永乐时国力非常强大，北边不存在蒙古威胁问题。通过查阅《明实录》《明经世文编》等大量资料，他找到了真正原因：15世纪初，我国北部气候转寒，农耕无法维持卫所军士及其家属的生存，而内地运粮前往，耗费过大，得不偿失，于是统一内迁。这篇论文不仅对明初卫所内迁问题创立了新说，也为气候变迁史上明清小冰期出现提供了实证，理所当然受到历史地理学界的重视，1996年获上海市人文社会科学优秀论文一等奖。

本书也是邹先生学术思想的集中体现。他向来主张"小题大做"，采用"墨迹战术"，尤其年轻人更应当从小问题着手。他认为在基础不厚实的情况下做大题目，难免流于空泛。从小问题做起，可以往深处拓展，像墨迹一样化开去，一步一个脚印，最后形成系统的成果，成为一方面的专家。这是做学问的道理，又何尝不是做人的道理。宁静才能致远，急功近利的浮躁之徒是不可能成为学问大家的。

同大多数老一辈学者一样，邹先生"敬惜字纸"，著述不多。本书可以说是他的毕生之作，是他为学与做人的双重纪念碑。在书的序言里，他写下了这样一段话：

> 学术大厦本来是一代一代人累积起来的。我们这代人研究的内容、水平和一些观点、想法，不论其价值如何，客观上反映了这一时代的学术背景。因而留给后人作为学术史来读还是有一定意义的。

相信当我们读完本书的时候，收获的肯定远远超出学术史的意义。从邹先生的为人之道、治学方法、治学途径中，读者会得到更多的教益，会感受到老一辈学者对学术的那片诚敬。

（作者为天津古籍出版社编辑，本文原刊于《中华读书报》2006年6月28日）

# 邹逸麟先生与《中国历史地理概述》

## 王　鹂

> （学术如此艰辛）为什么还要写？因为只有这一刻，才是我想要的生活。遨游史海，穿越书林，让我暂时忘却喧嚣难解的无常；每当在历史文献中寻觅到有价值的史料线索，心底暗生的一丝成就感才让我感受到生命的真正意义。
>
> ——《邹逸麟口述历史》

这是阅读邹逸麟先生的"口述历史"时印象至深的一句。它呈现了学者与他所热爱的事业之间那一种无可替代的美好关系。我奉献一生求索，你为我抵挡生之无常，赋予我人生意义。然而，人生终究无常，2020年6月19日黎明，邹逸麟先生与世长辞，享年86岁。

邹逸麟，我国著名历史地理学家和历史学家，复旦大学首席教授。一生治学严谨，成果丰硕，在运河史、黄河史、历史环境变迁等诸多领域取得了卓越成就。在历史地理学界和历史学界享有崇高声誉和广泛影响。他编著的著作与教材，在学界获得广泛赞誉。邹先生曾这样概括：

> 我这一生，在历史地理学科所做的主要工作，可以归纳为：两本地图集、

三种工具书、四本专业教材。两本地图集分别为《中国历史地图集》《中华人民共和国国家历史地图集》，三种工具书是《中国历史大辞典·历史地理卷》《辞海·历史地理分册》和《中国大百科全书》的"历史地理"条目，专业教材有《中国历史地理概述》《中国历史自然地理》《中国历史人文地理》《黄淮海平原历史地理》。地图集和工具书是集体性的大项目，专业教材则是学科建设的基础工作。

这其中，被多所高校誉为"泽被后学，影响深远"的高校历史地理学科基本教材《中国历史地理概述》，2003 年至今，是由我社进行修订出版工作的。

## 缘　　起

邹逸麟先生曾在其"口述历史"中谈到《中国历史地理概述》的缘起：

"1965 年复旦大学历史系开设历史地理专业；改革开放后，又重新招生，办了两届，该专业始终没有一本专业教材。"到了 80 年代初，"谭（其骧）先生作为'中国历史'卷的编委及历史学科的负责人，指定由我写中国历史地理长条。我花了一年多时间写了十一万字，刊载于第一版《中国大百科全书》上。彼时，大百科全书编辑部认为这个长条写得不错，准备另出单行本，后因该选题专业性强，出版单行本销路有限而做罢。"此后，一路辗转，直至 1993 年，福建人民出版社完成了第一版的出版工作。

## 修订过程

在 2005 年《中国历史地理概述》"修订版前言"中，邹先生介绍了此次修订的基本情况：与福建人民出版社的合同到期后，2002 年"华东师大冯贤亮君向上海教育出版社推荐出本书的修订版，承出版社慨允出版，我当然很高兴。于是在一年时间里利用晚上时间作了一次全面的修订"。"多年来同学们的意见归纳起来大致是两个方面：一是历史人文地理方面的内容太少，而这正是同学们比较感兴趣的部分；二是所附地图太少，特别是自然疆域部分，没有地图光看文字，弄不明白，而同学们又没有条件去查阅许多地图。这些意见我总是铭记在心，希望有机会修订的话，一定尽量设法改进。"所以，"这次修订大体上做了三方面的工作：一是尽可能吸收这十年里历史地理学界同行的研究成果，使教材的内容不至于太陈旧；二是对历史人文地理部分作了较大的补充，特别是社会经济、文化方面，增加了不少内容；三是增补了二十多幅地图"。

## 问世之后

修订版问世之后，立即受到学界的肯定和学习者的欢迎，不仅成为国内高校"中国历史地理概述"课程的基本教材，"还成了报考历史地理专业研究生的主要参考书"。到了 2012 年年底，邹先生又在之前版本的基础上"根据已出版的有关论著，在内容上作了部分修正和补充"，并对"书中括注的今地名以 2010 年的行政区划标准作了全面的修订"，虽然没有打破框架、重起炉灶，但提升了该教材的科学性和准确性。与此同时，时任责编张文忠老师也与邹先生商量：是否可以再做一本供学生进一步研究时查阅使用的配套参考资料，作为《中国历史地理概述》的补充，以解决学生查询资料不便的问题。邹先生欣然应允，构思了整体框架并签订了相关合同。2014年，张文忠老师因工作调动离开我社。之后，《中国历史地理概述》一书的维护和继续修订的工作便由我接手负责。已有计划在今年下半年再进行一次修订。而《中国历史地理概述参考资料》因为种种原因，直到 2018 年 9 月才重新着手启动。至今年 6月，书稿的各章节已全部交付，正处于紧张的编辑过程中。如今，邹先生驾鹤西去，我唯有勉力做好这两本书稿的修订与出版工作，以告慰他的在天之灵。

## 上教人眼中的邹逸麟先生

### 探望邹先生

2018 年 9 月，我与袁彬副总编辑一同前往位于复旦第十宿舍的邹先生家探望，并商量《中国历史地理概述参考资料》启动的具体事宜。9 月的那一天，天气格外明净，十舍所在的国福路鲜有车辆来往，闹中取静。小区虽然外观有些老旧，但院中绿树成荫，花草繁茂，自有一种宜人的气息。邹先生家在三楼，没有电梯，老先生说自己腿脚灵便，上下楼梯并无甚困难。中午有阿姨做饭，晚上步行到复旦食堂用餐，剩余时间就都用来工作了。那天，我们与邹先生讨论了《参考资料》工作的展开，听他愉快回忆了与《辞海》近 60 年的渊源，聆听了他在辞书编撰方面的丰富经验……邹先生谦和的态度、深厚的学养令人如沐春风。他身上那种雍容宽厚的气场，是一个读了一辈子书的人才会有的。回去的路上我就迫不及待地发了朋友圈：

> 拜访中国历史地理学家邹逸麟教授。邹先生耄耋之年，银丝满头，风神清朗，思维敏捷。谈起史地研究，热爱之情更是溢于言表。老一辈学者的风范，令人感佩。

### 数月之后

时隔月余，《参考资料》的编写者在复旦大学双子楼召开了第一次会议。编者中大部分是邹先生的学生，他们特意从全国各地赶来，有来自江浙的，也有来自北京的。那天邹先生心情舒畅，谈笑风生。大家主要就体例和编录格式进行了具体的讨论，各抒己见，遇到分歧由邹先生定夺。邹先生对于具体问题的分析往往寥寥数语便切中要害，令人信服。会议结束后，我与邹先生一同下楼，电梯里，他亲切询问我的工作情况。我表示研究生毕业之后就一直从事编辑工作，今天能回母校跟史地所各位老师合作，更加觉得自己的工作很有意义。邹先生笑着说：是啊，读书人就是这样，看重自己的专业，看重工作的意义。

### 第三次见面

这是我与邹先生的第二次见面。之后，我一直期待着编写会议的继续召开。希望能再听史地所的老师们谈论这门小众而深厚的学问，再领略邹老师那挥洒自如的风采。但约摸过了半年，便听段伟老师说邹老师身体欠佳，长住新华医院。待到年底我与徐川山主任一起去探望时，邹老师精神已大不如前。我们上前与他交谈，他只是睁开眼睛朝我们微微点头，不一会儿又沉沉睡去。想到仅仅一年之前邹老师还潇洒健朗的样子，不禁心中怆然。除去电子邮件往来，这便是我与邹逸麟先生短短的三次交往。严格地说，可能只算得上两次。他的满头银发和清朗的身影，他的宽厚亲切，总让我想起我的爷爷。

### 追　思

在近五百人的微信"邹逸麟先生追思群"，我读到了一个更为丰满的邹逸麟先生：邹先生对各地高校学科建设的支持和帮助，邹先生对后辈学子不遗余力的提携，邹先生的豁达与虚怀若谷，邹先生的大爱与仁心。那么多人在邹先生那里受到教益，那么多人在邹先生那里获得力量。他说：用心做学问，学问是不会辜负你的。他说：踏踏实实做好自己喜欢又擅长的领域便是最好的。他说：我最深的体会就是学术上的成功没什么诀窍，就是认真地去做一桩桩事体。邹先生说的理，简单、质朴、有力，放在哪个年代都立得住。

**回　忆**

我社董龙凯老师曾于复旦大学史地所攻读硕士、博士学位，他与邹逸麟先生的渊源可以追溯到硕士生面试。从他的叙述中，我们可以看到邹先生对学生发自内心的关心和爱护。

虽然二十多年过去了，但我清楚地记得，我的硕士研究生面试、博士研究生面试，邹先生都在场。他话不多，始终面带微笑，眼神里满是鼓励。记得博士生面试时，邹先生出了一道题，要我说出十六国的名称。我当时答出了十五个，邹先生挺满意的。他说这十六国我肯定都知道，只是一时没说出来而已。他还说，之所以要出这道题，就是要考考我的知识是否扎实。做学问，不仅要掌握方法，也要有扎实的基础知识。

入学之后，因为论文的缘故，要去郑州查资料，考察下游黄河。邹先生是黄河史研究专家，得知后，便专门写信给黄河水利委员会林观海先生，请他给予帮助。林先生非常热情地接待了我，又是请吃饭，又是带我到黄委会档案馆查阅各种资料。得知山东河务局是我的下一站后，还专门去信山东黄河河务局的领导。我与林先生素不相识，从未谋面，从他对我如此周到的接待中，邹先生平日的为人和口碑可见一斑。

1998 年，我在学术期刊《中国历史地理论丛》发表了文章。一日，在复旦文科楼八楼拐角洗手的地方，遇到了正在洗杯子的邹先生。他一见我就表扬，说看了我发表的文章，很不错，鼓励我要继续努力。过了几个月，我又在《文史哲》发了论文。依旧是在文科大楼八楼，邹先生再次表扬了我，说，一年发了两篇文章，好好！邹先生的表扬让我对自己更加有信心了。

说实话，在复旦那几年，我从未见他批评过学生。即使是批评，那也是引导式的、带有鼓励的批评，完全没有责怪的语气。"邹先生对环境变迁有很深的研究。2017 年他爽快地答应我的约请，主编一套环境变迁的书。定好时间后，邹先生特意从家里到复旦史地所。我当时感觉邹先生身体还行，精神不错。后来，我们经过多次沟通，选取了全国好几个具有代表性的环境变迁的点，并陆续找到了合适的作者撰写。再后来，邹先生的身体明显不如以前。但即使在这种情况下，邹先生还很关心这套书的撰写。邹先生住院后我去看望，想找个合适的时间请先生口述一段文字，然后整理下来，作为这套书的总序。但非常遗憾的是，这个想法最后没有能够实现。如今，先生去了，唯愿这套书顺利出版，以告慰先生在天之灵。

## 写在最后

谭其骧先生曾说："将士死疆场，学者终书房。"邹逸麟先生说："作为一个学者，八十岁的我，仍有做不完的课题，看不完的书稿，让我忙在其中、乐在其中，无暇寂寞、无从孤独。也许，这就是我晚年的福分，一个学者的宿命吧。"简单朴素的生活、丰富充实的内心、终身热爱的事业，一生谦逊大气，一路求真求实。斯人已逝，风范永存。愿邹先生安息，愿他一生挚爱的中国历史地理学科能得到切实的传承和发展。

**（作者为上海教育出版社编辑）**

# 夏雨雨人忆邹师

## 王海波

我和邹逸麟先生相识于1997年。那年6月，上海民盟十一大在云峰剧院举行，邹先生当选民盟市委副主任委员。对正埋头研究盟史的我来说，邹先生这样的著名学者自然不会放过。可人家是民盟领导，又是史学大家，我不便贸然打扰。时间一久，见先生平易近人，我终于"主动出击"。

2000年6月的一天，我给邹先生写了一封信，希望他百忙之中，能给我提供一些不易看到的书籍。6月19日，我欣喜地收到邹先生的回信：根据我的要求，他让学生整理了一份书单，还说"我是民盟的一个新兵，只能给你一点帮助"。

出乎意料的是，我收到这封信后的第8天，邹先生竟顶着38度高温，带着《雷震回忆录》出现在我的面前。我用略带颤抖的声音说："邹先生，您怎么亲自送来了？"邹先生擦去额头上的汗珠，微笑着说："我有事，顺路的。"

也就是在这一年，因参加熊佛西诞辰100周年活动，我对邹先生有了更深的了解。10月30日，民盟市委老领导翁曙冠来找我，说12月1日有个纪念熊佛西先生100周年诞辰的学术研讨，叮嘱我直接和上海戏剧学院陈多教授联系。说完他双手作揖："拜托了！"之后，因事务繁多，加外出考察，直到11月28日，我才和陈多教授联系，并在领导的授意下，请邹先生代表民盟出席。邹先生说："我对熊佛西先生不熟，麻烦你写个讲话稿。"29 日我因义务献血去上海血液中心，回家后匆匆写稿，忙乱中竟将熊先生的出生年份提前了 100 年。12 月 1 日，我陪同邹先生去上海戏剧学院。一上车邹先生便一脸认真地说："海波，你差点让我出大洋相。"说话时他面带笑容，但笑容里的认真令我终身难忘。

2005 年 8 月，我的第一本书《追根寻源话民盟》刚出版，我便给邹先生寄去。两个星期后，邹先生给我写了一封信，除了对书中文章的评说，还有一段对民盟先贤的评价："民盟的先贤们大多是有很高学历的大知识分子，他们受西方社会和思想的影响，为中国走上民主、和平、法制的道路，百折不挠，备尽艰难，付出了很大的代价。其中不乏一些所谓'自由知识分子'，也有一些受中国传统社会的影响，抱着'学而优则仕'的观念，希望能在政治舞台上实现自己的理想，也有'以天下为己任'者，总之，都是一批真正的爱国主义者。遗憾的是：中国数千年来一直是处在专制主义的政治体制之下，没有民主的传统，近年来学界渲染的晚明以来的民主主义思想，依我看也不过是孟子'民为贵，君为轻'思想的延伸，与近代真正的民主思想距离还很远。'五四'以来近百年人们追求的'德、赛'两位先生，至今尚未出现"，"但民主与法制，是现代化国家的必由之路……时至今日，作为一个参政党，只有在共产党领导之下，逐步开展民主的历程，才是符合国情的道路"。信的结尾，邹先生问："为何不写叶笃义，不解。"邹先生的话让我内疚。2010 年 10 月，我终于动笔完成了《笔墨难尽苍凉味——忆叶笃义先生》，这既是对叶老的缅怀，又是对邹先生的一个交代。

记忆中我给邹先生做过一件事。2012 年 5 月 10 日，邹先生来民盟市委参加活动，在宣传部正聊天，突然发现鞋带松了，低头弯腰去系鞋带，我赶紧上前帮忙，将 1 月 21 日民进市委原主委、华东师大教授刘恒椽因低头去捡落在地上的药片而引发脑溢血去世的事告之，说："您今后千万不要头朝下。"邹先生一脸慈祥地看着我。

回想和邹先生的交往，向他约稿不能不提。邹先生当选民盟市委副主委以后，作为《上海盟讯》编辑，我多次向他约稿。他曾一脸慈祥地看着我，认真地说："写什么呢？"记得 1998 年 1 月，民盟市委副主委、华东师大教授何声武突发心脏病去世，他给我发来一篇声情并茂的悼念文章。2000 年 5 月，《上海盟讯》三版发表他的《西部开发的历史反思》，翁曙冠看了说好，要我推荐给《群言》杂志。6 月 22 日，我给《群言》负责人叶稚珊打电话，她一听是邹先生的文章，连声说："好，好，你马上给我。"同年 7 月 17 日，邹先生发来一篇文章，讲南水北调应该慎之又慎，邹先生说：本来是应邀写给一家权威杂志的，可因故又不用了。这篇文章发表后，引起了不少学者的关注。我的好友上海社科院研究员马驰 8 月 9 日打电话给我，说他第二天将就南水北调采访邹先生。他的《历史地理学者视野中的南水北调》一发表，好评如潮，《群言》负责人专门打电话给我，十分感谢我的推荐，说这稿写得太精采了。2008 年我去研究室工作后，还向邹先生约过稿。汶川大地震发生后，我约邹先生写稿，他很快写了《从历史沿革看大地震》，当时的民盟市委专职副主委冯德康连声称赞：这才是真正的参政议政。

邹先生在担任民盟市委副主委的 5 年里，只要有空，他都会来民盟市委参加活动。比如，1997 年民盟市委举办的"庆祝香港回归暨纪念中国共产党成立 76 周年座谈会"，1998 年民盟市委政治思想顾问座谈，1999 年纪念上海解放 50 周年活动，2000 年迎春茶话会，2001 年高校统战部长座谈会。他从副主委位置上退下来以后，我在一些民盟活动中也见过他。印象最深的是 2014 年 4 月 24 日，我应邀去复旦讲民盟历史，讲着讲着，突然看到邹先生坐在对面。我还听复旦盟员说，邹先生担任民盟复旦委员会主委的那几年，每年春节前夕，他骑着装有水果的三轮车，亲自上门慰问老盟员。这段佳话，口口相传，已经成为复旦学园里的一个美丽传说。

我最后一次和邹先生见面是在 2016 年临近春节的 2 月 3 日。和我一起去邹先生家的还有民盟市委青年委员会副主任方研翔，民盟市委机关的谢军、韩以朴，以及青年盟员方谏。他们和我一样，对邹先生的学识为人十分敬仰。那天邹先生慨然陈词，对时局颇为担忧。他的言谈，让我想起了 2005 年 8 月 27 日他在给我的信中对民盟先贤的描述：他们出生不同，专业不一，性格迥异，但对国家、人民的热爱却高度一致。

邹先生逝世后，我翻阅多年工作日记中和他相关的记录，仿佛先生一脸慈祥地坐在面前，一种感动涌动心田，以为先生给我印象深刻的是他对学术的执着和热爱，除此之外，对其他的东西看得很淡。中共市委统战部办公室原主任殷之俊告诉我：当年参加全国政协会议，他在采访邹先生时说："你在学界很有名，但圈子外知道你的很少，可否学习某某人，写点雅俗共赏的文章？"邹先生答："我努力。"我笑道：不会的，邹先生是个除学术把其他看得很淡的人。

其实，就我个人而言，邹先生最打动我的是他的师德。著名学者辛德勇在《悼念邹逸麟老师》一文中，细致描述了当年他来上海时，邹先生对他的体贴入微。他的描述，让我想到朱自清先生的《背影》，想到 2000 年 6 月 26 日邹先生顶着高温来送《雷震回忆录》的那个场景……

辛德勇先生在文章结尾说 : "在他的身后，再也看不到这样的好老师了。"

也许，我们无法复制邹先生的体贴入微，但心向往之还是可以做到的。

（作者为民盟上海市委宣传部原部长）

# 张家宅里的邹逸麟

## 沈轶伦

6月19日凌晨，著名历史地理学家和历史学家、复旦大学中国历史地理研究所原所长、复旦大学首席教授邹逸麟先生去世。这是一个关于他童年的故事，关于一户宁波人家如何兜兜转转落户上海的故事。

1978年10月，导演牛山纯一，带着5人摄制组开进了上海一条不起眼的里弄。这是中日邦交正常化之后，第一位来沪拍摄的日本纪录片导演——他用镜头拍下了居民日常生活，从菜场、早点、物价，到居委会、托儿所、里弄食堂，乃至老百姓的结婚喜宴。

### 这条弄堂所在的区域，叫做张家宅。

当得知上棉22厂工人杨菊敏和静安区服饰鞋帽公司职工张丽娟要在张家宅办婚事后，牛山导演将摄像机架到只有15平方米的新房里作了一天的跟拍。这样逼仄的新房，在当时已经算是令新婚夫妇相当满意的宽敞空间。要知道，直到1980年，上海市人均居住面积仅为4.4平方米。张丽娟后来还能清楚地记得，这天牛山纯一从早上7点一直跟拍到深夜12点。在拍摄的间隙，他和闹洞房的市民们闲聊，这部纪录片后来名为《上海的新风》，夺得了纽约国际电影节银奖。

差不多就在这同一个时段，也在张家宅地区，一天，一辆从上海市机电一局标准件模具厂出发的大卡车，载着一群兴高采烈的青年工人，开往张家宅。车子开到北京西路口不动了，停下，是因为张家宅支弄太窄了，卡车没办法继续驶入。送喜报的工友纷纷从车上跳下来，一路敲锣打鼓走进去，一直走到张家宅西部的融和里 20 号，庆祝他们的工友，这一年 21 岁的车工邹振环考取复旦大学历史学系。

而邹振环在接到录取通知的第一时间，就给还被下放在厕所打扫卫生的"资方代理人"父亲，昔日西南联大经济系毕业的高材生邹逸涛打电话报喜。

这是中国改革开放元年，高考制度恢复的第二年。张家宅不是上海的政治中心，亦从来不是文化中心，在这里居住的都是平平凡凡的市民。但就是这么一个普通的街巷里，即便最普通的人也嗅到，他们迎来了属于自己的命运的转折——时代给予上海的新风，的的确确拂面而至。

**张家宅的范围，有两个。**

一是一条大弄堂的名称，指位于北京西路、石门二路、新闸路和泰兴路的这样一块区域，面积大约 0.6 平方千米；二是一个大街区的名称，指张家宅街区（后来成为张家宅街道划分的依据），即东起成都北路，西至戈登路（Gordon Road，后改为江宁路）周边地区，南濒静安寺路（今南京西路），北临新闸路山海关路。张家宅的名字最早出现在 1908 年的《申报》上，或以此地曾有过的一条张家宅浜（1931 年填平）而得名。

有趣的是，张家宅地区曾经有另一个名字——王家库。1843 年后，英殖民主义者越界筑路，英沙逊洋行于此购地建造起英式住宅数十幢。至租界扩界前，上海大地产商程谨轩于 1900 年前后购进大量土地，在卡德路（今石门二路）两侧建起花园洋房和里弄房。以石门二路为界，路东称为东王家库，路西称为西王家库。

但人们习惯称卡德路东为"东王家库花园弄"（今北京西路 605 弄，后简称"东王"）；西为"西王家库花园弄"（今北京西路 707 弄，简称"西王"）。根据《上海大辞典》记述，王家库大致范围以静安寺路、卡德路一带为中心，东到大田路，西近麦特赫斯脱路（Medhurst Road，后称泰兴路），南至静安寺路、凤阳路，北至爱文义路（Avenue Road，1945 年改为北京西路）。王家库和张家宅的空间基本重叠，但中心略有不同，后者不再是卡德路和静安寺路，而是向西北移动了约 300 米，即后来的爱文义路、张家宅路为中心。

时移世易，王家厍的名字渐渐被人遗忘，取而代之的是张家宅的名字。随着张家宅的消失，如今其区域内唯一留下历史痕迹让人有所联想的，就是今日著名的点心店王家沙。这一区域兴盛起来的前半程，见证了上海 20 世纪二三十年代冒险家们的传奇。

1932 年，谢葆生、马岩卿在卡德路新闸路转角创办卡德池（也称卡德池浴室或卡德浴室）。程谨轩还在静安寺路、卡德路口建成当时最先进时尚的带电梯的九层英国式公寓大楼，以程氏之孙的英文名字"Denis"来命名，音译为"德义大楼"。1920 年代，他在卡德路（石门二路）东侧建成一幢七层公寓，名卡德大楼，作为英租界高级警官寓所。卡德路因此渐渐成为张家宅街区附近最为繁华的一条街。

今石门二路东头的育才中学，是 1901 年由英籍犹太富商嘉道理在上海白克路（今凤阳路）创办的，时称育才书社。1909 年工部局议设西区华童公学，1910 年嘉道理又出资白银 2.5 万两，在山海关路和卡德路交界处购地 10 亩，建造了带有操场的三层教学楼一幢。1912 年竣工后，即将育才书社迁至新校址，并交工部局管理，取名工部局立育才公学，即育才中学的前身，专收走读华童，开创了上海新式学校之先河。

1929 年前后，金融危机爆发，程氏家族投机失利，程谨轩的长孙程贻泽将位于麦特赫司脱路 306 号花园住宅作价后还债，转手被青帮人物高鑫宝改作娱乐场所，被命名为"丽都花园舞厅"。大起大落之后，繁华如烟云聚起复散。

### 在上海，一位迁徙而来的宁波人，也历经一次低谷。

一直在宁波经商的邹家，传到了邹椿这一支，几乎不能为继。邹椿 41 岁时早早病故，留下一众未成年子女。其中最大的长子邹精如（字梅荪）才 18 岁，孤身一人，北上投奔做木材生意的叔叔，底下几个十来岁的弟弟们都托人收作学徒。而年纪最小的两个孩子，直接被寄送到孤儿院。三子邹星如（字春荪）13 岁到上海做学徒。天各一方的情况下，兄弟姐妹之情反而变得更牢固。

凭借着宁波商人的勤奋，长子邹精如后来在天津渐渐立足，成为一名富裕且膝下子女众多的成功商人。三子邹星如在上海担任三友实业社的销售员，再后来开办公司、投资经商，成为生活优渥的实业家。但令邹星如苦恼的是，夫妇年过三十，却无所出。了解到弟弟的难处，邹精如决定，将自己将于 1935 出生的孩子，过继给邹星如夫妇。

就这样，在 1935 年早春，身怀六甲的邹精如的妻子，从天津坐火车到上海，8 月 31 日，诞下一名男婴，他便成为邹星如夫妇的养子。这个孩子，就是后来复旦大学教授，历史地理专家邹逸麟。

如果没有意外，邹逸麟作为邹星如唯一的继承人，将继承家里的公司，从事商业经营。为了确保这个来之不易的男孩顺利成长，一家先住在闸北。1937 年，"八一三"时，闸北被日军轰炸，全家逃到新闸路福康里，至 1941 年，全家迁入位于张家宅区域的江宁路（当时称戈登路）727 弄的达德里 46 号。

**小家庭避难之际，也是张家宅遇劫之时。**

张家宅昔日热闹的夏令配克影戏院一度被用作难民所。随着太平洋战争爆发，日军接管夏令配克影戏院，由伪中华电影公司经营。掌管丽都花园舞台的高鑫宝被汉奸暗杀。嘉道理家族在沪所有产业落入日本人之手，嘉道理死于日本人的集中营。

此时，也是远在昆明的邹逸麟的胞兄邹精如的长子邹逸涛和无数热血青年投笔从戎为国效力之际。邹逸涛是在 1940 年考入西南联大经济系的，一年后太平洋战争爆发，在联大学生投笔从戎的高潮中，他报名参加了第四期战地服务团译训班。这个训练班是为配合援华英美盟军工作而特设，征调全国各大学文法学院毕业生、外语系二年级以上的学生以及英语较好的学生报名服役一年。邹逸涛入伍从译，他服务的对象就是大名鼎鼎的美国志愿航空大队，即飞虎队。

知识青年的心是和家国命运联系在一起的。邹逸涛想过未来的许多可能，但何尝想到，战事搅动无数人的命运，自己和后代将和遥远的上海的这个叫做张家宅的街区发生联系。

1943 年，邹逸涛回校继续求学，1945 年 7 月获得经济学学士学位，毕业后进入国民政府设立的行政院善后救济总署工作。1947 年总署任务完成，邹逸涛当时供职的杭州浙闽分署解散，他和妻子便离开浙江到上海。

正是由于有家族渊源打前站，当邹逸涛和妻子来到上海时，就在邹星如的金国百货公司做襄理，并挨着他们入住张家宅地区。邹逸涛的房子是位于张家宅西部的融和里 20 号。这是一片建造于 1925 年左右的石库门建筑，风格介于老式石库门和新式石库门之间，既有木窗的格局，也有卫浴设施和宽敞的天井，内部设施都优于周边同时期建造的同批建筑。

邹逸涛夫妇抵沪 10 年后的 1957 年，邹振环在张家宅出生。由于受到时代影响，邹逸麟也无法继承家业继续富二代的生活，剩下的路只有读书一条。也就是在 1957 年，从山东大学毕业后，在中国科学院历史研究所工作的邹逸麟随谭其骧教授来上海参加《中国历史地图集》编纂工作。战乱时期分散各处的家族成员，重新在上海的大江大流中汇合。但等待他们的，却是另一场离散。

公私合营开始，金国百货公司合并给亚洲织造厂，邹逸涛虽然去厂里做了职员，但被定位为"资方代理人"，从此一个爱国知识青年的命运被贴上另类的政治标签。他在厂里成了专政对象，从此打扫厕所等苦活重活无一幸免。

邹逸麟的父亲邹星如被关在厂里，许多审问他的人，都是他按照甬商向来的传统，亲手接受亲戚朋友的请托，从宁波带上来的，跟他学生意的。政治运动到来时，邹星如虽然还不到五十岁，已经吓到魂飞魄散。传统的伦理纲常，同乡情谊，当时都已经不适用了。老一派从学徒开始起家的资本家，现在除了赶紧退休回家，已经看不到出路。

1960 年，邹逸涛、邹逸麟的生父邹精如，在天津去世。1966 年，邹星如家被抄家，红木家具、沙发，甚至锅子都被抄走砸坏，全家一度连吃饭的桌子和坐的凳子也没有。1971 年，一直如履薄冰的邹星如因心肌梗塞去世。

父亲去世后，邹逸麟也病了一年多。这时他已经有三个孩子，都衣衫破旧，已经上初中的女儿，穿着屁股上贴着两块大补丁的裤子。邹逸麟看了心疼，但也只能小心翼翼地在大学里埋首学问，尽力远离政治。

直到 1978 年儿子邹振环打来电话，告知考入复旦大学，邹逸麟还在打扫厕所。但这个电话让这位毕业于西南联大的老大学生看到某种希望，被加诸身上的重担，可以放下了。也在这年 10 月，邹逸麟晋升讲师，结束了二十二年的助教生涯。两年后，晋升为副教授；1982 年，成为中国历史地理研究所副所长。

在邹逸麟回忆录里，记录了大哥邹逸涛晚年最津津乐道的一件事：一日两个希腊船员路过厂门口，用英语向门卫询问宾馆的路，鸡同鸭讲的时候，劳动改造中的邹逸涛正好骑着黄鱼车路过，三言两语就解决了希腊船员的难处。一时邹逸涛会讲外国话的新闻，从门卫室传到了厂领导的办公室。兴许因为赶上那个全民补课学英语的时代，邹逸涛就被带到了厂校教英语，就此结束苦役。邹逸麟说："我们邹家逸字辈的翘楚，之所以会把一个厂校的英语教职看作他人生的最光亮点，我想那是因为他走过的暗夜之路实在是太长吧。"

**从 1978 年看张家宅，是一段历史的结束。**

邹逸涛人生最后的日子在张家宅度过。平反之后，作为一名英语教师，他重新有机会使用青年时熟悉的外语。邹振环在复旦读书，毕业后留校，后来成为翻译出版史专家，与邹逸麟叔侄二人同为复旦大学教授，一时传为佳话。

从张家宅离开后，导演牛山纯一分别在上海和日本举办中日电视交流活动。还给杨菊敏夫妇寄来了他们婚典的像带，以后，在第二届和第六届上海电视节，牛山先生曾两次来沪，每次都要与杨菊敏夫妇见上一面。

迎着改革开放的春风，杨菊敏、张丽娟夫妇开了一家清洗公司，离开了只有 15 平方米的蜗居，拥有了两室一厅的房子。他们在 1998 年这年，和牛山导演相约，要让前来参加上海电视节国际影视名家作品展映"牛山纯一专场"的牛山先生来看看他们的新居，看看 20 年前那个夜晚的憧憬已变成了现实。然而他们不曾料到，因为牛山先生的去世，这一专场成为导演的纪念展。

1992 年，邹逸麟离开生活长达 51 年之久的张家宅。如果没有少年时代的变化，按大概率，他作为邹星如的唯一继承人，很可能进入商界，做个老板。命运拨弄他的轨迹，却也为学界贡献了一位教授。

2001 年，随着动迁，邹振环一家也离开张家宅。同年，已改名沪江浴室的卡德浴室随着张家宅街区改造被拆除。不久后，曾经小巷纵横的居民区成为一片建设工地，新大楼拔地而起，曾发生在这里的风云人物传奇和无数平民百姓的故事都随之四散。

上海音像资料馆后来有一次在收集上海资料时，对本市 5 家电台电视台的节目资源进行二度开发，使许多老节目"起死回生"重焕青春。在整理中，资料人员从 20 年前日本著名纪录片导演牛山纯一 1978 年来沪拍摄的一部专题片《上海的新风》中发现一段记录本市张家宅地区的录像。因为觉得内容生动而翔实，他们立即将这段颇有价值的素材重新进行了复制编辑。后来，上海电视台运用这些素材拍出了一部纪录片《上海张家宅 1978—1998》，20 年前的张家宅与 20 年后的张家宅在片中聚焦，形成强烈鲜明的对比，因为生动反映出上海改革开放 20 年的巨变，该片一举荣获中国对外电视节目"彩虹奖"的最高奖项一等奖。

**1998、1978，两个历史节点。**

从 1998 年至今，20 多年过去了。而从 1978 年往前，30 年前的 1948 年，平津战役前夕，天津的邹精如一家带上亲友，请托许多人，用了许多黄金，才想方设法回到宁波。少时失怙离甬多年后，其实宁波老家对他们而言，已经没有直系亲属了，老宅也了无踪迹了。但在发生危难之际，几乎是潜意识地，他们第一时间想到回老家寻找庇护。

邹精如叶落归根观念根深蒂固，回到宁波后即筹划购地造屋，适逢国民党轰炸江浙沿海地区，工人白天不开工，夜里通宵赶工，以早逝的祖父之名，将屋子命名为椿庐。几家兄弟集资在宁波北大街还开了一家九龙绸布庄，声势浩大的结果，是在那兵荒马乱的年月里引来蒙面强盗。将家里的男女老少关进柴屋，翻箱倒柜，洗劫一空。但后来强盗失望地发现，除了一点手镯项链，并无所获，因为这家人经过南下购买机票、买屋开店后，积蓄已经花尽。

多年后，逸字辈的兄弟们议论家族旧事，都觉得邹精如从天津回宁波实属失策，但他是老大，因此几个弟弟都习惯顺从他。当时邹精如在天津的公司处于繁华地段，虽然生意兴旺，但邹精如不愿意增加职工、扩大营业，平时看管店员，不许外出。白手起家的宁波老式生意人，遵奉传统，拘守自谨，并无政治眼光，也无现代化经营理念。邹逸麟对此总结说："邹家的颓势，虽有时局变更之外因，自身也存在局限性。"

（来自"上观新闻·海上记忆"2020 年 6 月 19 日）

# 邹逸麟生前给记者发来这条短信，只有"rvvmm"5个字母

## 郭泉真

6月19日下午写完"上海两千年人物考"第六篇《任仁发》一稿，靠向椅背准备休息一下时，打开手机微信朋友圈看见：邹逸麟先生于当天凌晨逝世。

雨点，是随着心一下愣住之后的迟钝回弹，一点点密集起来的。

和邹先生从未谋面，却已一再相遇。这半年追考上海两千年人物，每每在人迹罕至的谷深野阔之处，会看见他的足迹。去年底，准备写关于青龙镇人文的《青龙三鸿》一文时，曾终于寻见《青龙镇：上海最早的贸易港》一书，在通常研究的商贸篇章之外，有一章节初步谈及青龙镇的市镇文化，且所论有共鸣，似可深入探究。再一看，序言是邹先生所写，从中得知他四十年前，初涉及上海史时，便已开始注意青龙镇的问题，1980年就发文提出了青龙镇是"上海地区最早的对外贸易港"，还曾实地寻访。于是在设法联系上该书作者、青浦博物馆馆长王辉，请教探讨的同时，又从多个渠道要来了邹先生的手机号码和家里座机号码，打算请他谈谈当年寻访所见及青龙镇研究相关问题。

今年2月14日晚7时，尝试着发出一条短信，报告身份，请问他"是否方便请

教一事"。没有回复。

15 日晚 7 时，尝试拨打他手机，没有人接。

16 日上午 11 时，尝试拨打他家里座机，没有人接。

考虑到他是 1935 年出生，已年过八五，当时又正处新冠肺炎疫情初起阶段，担心之余，不敢再扰。

如同许多小说所写：本以为就这样了，万万没有想到——九天后，2 月 25 日下午 4 时 22 分，他回复了。

更没想到的是，他回复的这条短信，只有五个字母 :rvvmm。

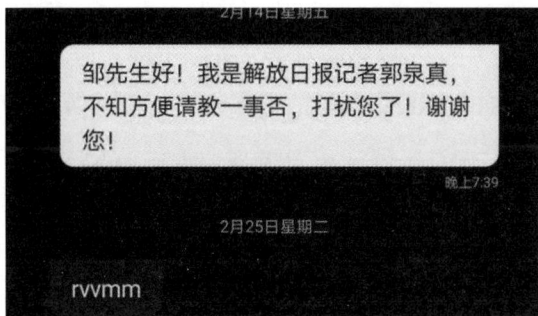

可以想象，他打字时，是怎样一种场景。想来想去，总有一种直觉：他应是有不方便。无法排除一种可能：这是他尽力打字，但力不从心而发出的乱码。当时疫情依然紧张，如果确是身体有恙，再去打扰，徒增老人负担，就很不应该了。

一晃数月。

最近追考任仁发，又和邹先生"邂逅"。在范仲淹疏浚吴淞江的具体记载和学术判断及其与青龙镇、青龙江之间关系等一些问题上，当遇到困难，行至幽微处，很高兴地发现：这些关键之处，他也曾走到这里。所以 6 月 19 日下午，写完此稿的人物部分，便打算再次尝试与他联系，就心中疑惑与猜想，看是否可对话请教探讨，却竟然看到了那样一条消息。

当夜，再次拨打他家座机。这一次，接通了。他的女儿话语热忱，感谢问候致意，告知老人近况：原来，早在去年 4 月，邹先生就已住院，一直与疾病做斗争，直至无力回天。

女儿说，老人平时都自己用手机，回复那条短信的今年 2 月 25 日，身体因长期卧床，造血功能被破坏，等于贫血，没劲，"rvvmm"应该是想要回复而又力不从心的结果。女儿动情地说："虽然病痛一直缠绕着他，但是他的脑子还是非常清楚的。他说，对亲人有万般不舍，但是因为生病，总有一天要离开我们。我听了也很伤心。爸爸就这样，因为病痛离开了我们。谢谢对我爸爸的关注和欣赏……"

在王辉一书的序言里，邹先生写道："我虽然触及青龙镇问题很早，但研究颇为肤浅。读了本书后，深感前修未密，后学转精的道理。我希望大家对青龙镇的研究，能推翻我过去的观点。"

他对研究、对后学、对学术探究的热忱与期待，可见一斑。

本想请教他的问题，有的，后来从他留下的文字里找到了答案。如上世纪 80 年代他所看到的青龙镇遗迹，只有一座始建于唐代、塔身已斜的青龙塔，并无其他。有的，他的学生在忙碌之中，依然热情对待，查阅史料，认真作答。

从这些天与他女儿和两位学生的短暂接触中，可以想象得出，他是怎样的人。

也是巧合。写任仁发涉及吴淞江故道考证，本有一些问题，想请教满志敏先生，却在今年 2 月看到他逝世的消息。好在，他同样留下了文字和启发。而最有感触的是，与这些前辈的遇见，都自然而然。不是因为他们的名头，而是在从问题出发的追考路上，每每走到关键处，总能发现、遇见他们。于是不禁想起采访上海图书馆研究馆员陈先行时，他说的那句话："不要急于做下一代人的事，要做后人绕不过去的事。"他们站立在学术之河的必经之处、关键之处，有点像任仁发创置的水闸，力图激浊扬清，疏通淤塞，让大河奔腾，为文脉拨棹，托举后人之舟行稳致远。努力像他们一样，成为"绕不过去"的一级级"人梯"，让后人站在肩上一步步攀登，是现在就可以开始的一种追求。

**附　记**　右图为 2020 年 3 月 16 日《解放日报》第 7 版刊登的《青龙三鸿——上海两千年人物考（四）》一文版面。文中写道："上世纪 80 年代，学者邹逸麟寻来，看见始建于唐代的一座青龙塔历经千年，塔身已斜，别无遗迹。"也算一种纪念。

（来自"上观访谈"2020 年 6 月 23 日）

解放日报 2020年3月16日 星期一 www.jfdaily.com 版型设计：金涛

## 逸 人物记

奇妙的是，他们都被苏轼苏东坡串起来了。

苏轼白号东坡，是在黄州，就是今天的湖北黄冈，也是在这里，米芾拜见了他，从此书法有了突破性变化，两人也结下直至终老的真情友情。

有观点认为，就在这前后甚至同年，30多岁的米芾来到上海青龙镇，做了"市事"的官员，一般认为是"镇监"。

这是日前所加与青龙镇有着最直接关系的古代著名文人。第二位为寿龙镇有着杰出之缘的义人，是接踵为"宋诗开山祖师"的梅尧臣。他写下了词篇一部青龙镇"咏诗（在《青龙杂志》），迄今仍头疼的，写下时几有夺。

而铭既年塔将越之后出年全国科举考取，选中一份甲子，主考官欺骗他为之缘故，却坚如此偶却只得自己弟子普氏才能彼留，于是为了避嫌，硬生生将这份卷子判为第二名，于是群年考考生名状，硬生生锁失了状元。

那一届，被认为是中国科举史上"千年第一榜"最诡称的"龙虎榜"，高中者甚步辈等。苏辙，后来"宋东坡"，迄今仍有龙栖，今天的黄冈，也是在这里，为方世并太甲"的卷数等，有24人在《宋史》列传，有9人为宋代文有卷足轻重地位的"宋诗"，而苏轼，苏辙，曾巩列加上考官欧阳脩，谁家八大家，一半在其中。

于是梅尧臣成与苏轼，本款又父结识。加上苏轼已后，为清龙铺留下经堂记》（李行中有才鲜展序"三鸿"文之交。先承引起来奇里，先垂一点文字代称老次词义人对缘的父辈级交情深厚。

"人生到处知何似，应似飞鸿踏雪泥"，苏东坡年间过青龙镇，至家，及元，微住年间都是苏轼，后家"松东坡"化学的程级，为东坡诗，为比那稚东好，为方世并本纤"的亲盏等，有24人在《宋史》列传，有9人为宋代有卷足轻重地位的"宋诗"，而苏轼，苏辙，曾巩列加上考，谁家八大家，一半在其。

...

### 现存的青龙塔、青龙寺

资料照片

# 青龙三鸿
## ——上海两千年人物考（四）

□本报首席记者 郭泉真

江下时，所写的《吴江舟中诗话咏》、金卷横向满开达数米，大字行书，被誉为"集古钟翰淋漓"又"清古从序"，研究者孟汉依认许中穿端端窗窗窗一"研以分析，米芾黄的具体地点，江区华馆黄观窗窗蛋，而从许中窗窗吴江区"、写蜡窗嘟，风气腾高振，清庵可次可见，米芾当时是逆风而来而行，走向日益成熟而真之的时。

在众的诗里，青龙...

### 〔三〕

庆历四年春——读过赵钟渝《吴郡楼记》的人都晓知，这一年，"滕子京谪守巴陵郡"。

同在这年春天云从朱宗泗先生研究者当在一月到三四月间，梅尧臣在这一年春天...

...

### 〔四〕

那一年的科举过后，有忧愁的考生在愿深忧念怨上册时，却暗他的谁了了一键，也有人写了一篇额额欲欲愤上官贬谪的旬。

愤慈，基因为这一次游赏，注遇遇我将榉我愤的作品，烈烈打击了宋代一度放开的随的随锐逸发放，现自泉家一些行的的"知识之二"，而遇出了杜索的随锐忧，所以采取翻生变的，苏轼好情忧外的恼想之出。

两人却都起了同一句话，这许，松索情谊深后自中即可精彩的"墓窗耳叼不索之"？三，苏轼何在"梅条显卫熟想"这是什么过处沙度榉妈，欲要熟见了苏轼同样熟笑，把那来放的，这家作点出妈。

这一年，苏轼刚22岁。

三年后，梅条旧年，又五年后，1065年，苏轼亦要王弗卒，同一句，苏绮伤。

1075年，40岁的苏轼为王狮写下著名的《江城子》"十年生死两茫茫......"

而这时，从《宋农豪臆》那起记索宋熙宁十年（1077年）外地疏称可见，青龙镇上写约我 15879 里，位例全部苏轼。

...

### 〔五〕

三位文人的上海路不止于青龙，米芾为金山来送法远专题号过专务，苏轼在松江小桥山为"二陆"读书的地建隧留下过"夕阳"沙山"千弄，青辰端朝《沈阳志》这路头...

青龙镇的人文遗迹，除上述铺镇图墨外，还有一事细引一曜：磺字。

研究者王辉我出，宋代以后，地方学校一般分为乡学，州学，县学三级，相比之下，镇一般的并常少，只有规模较大的市镇才有这力，但那青龙镇在独前之座度竟然建的的两墨这次之二层楼高达三十华（1222年）凡工建遗，人们亦老相传，成为一大磺等，文人应然在《青龙志》里载那里邑坑磺宇列下亡本之二。

"三千学士"或有夸张，不过在此之前，秀州知府利郡郎已称青龙遗迹的墨墙"无坏大至"。在此之后，起磅赵也曾专程赋着往苏端"世滋"，写下《调青龙志》（出二群）。

上世纪 80 年代，学者陈燮著过去，陈燮古迹，现见迷迷，1992 年，专家曾书的古迹之状正，2010 年起，上榉考大队扫描系统发编青龙镇之状正，2016 年 12 月 8 日，上海磁物从入国家立文化余颂第 30 周年纪念这之状正，青龙镇出数水入向世大公布重要发见，并入这"2016 年全国十大考古新发现"之家认为，"作为上海最早对外贸易港口之三交，也往受了对海上丝随路的输端记认"。

其中"每寺建宁教"兴兴成区，集汇了广泛入学又各义力，为这种显有的我浮端寺建和积我古今人类龙宁处化元素。榉施愈厚度等加多人文鸿器，也遗激认历史遗处色化过程，说密端端。

如写我我台架安今"上海村前以里古炭现的慈河口井中因遗楼现端，微口湖端微微的一口"。

人文过述也是一口端开，水部侧渊荡，井以至空桃江的篇龋 铝劣。

史沉沉此结时。

---

## 这里有一幅活生生的"青龙上河图"
### ——对话青浦区博物馆馆长王辉

青龙镇"五方杂居"，南腔北调，"士风彬雅"，追求"衣冠名儒，礼乐推让"，青龙镇市镇文化，表现出海纳百川，兼容并蓄的文化个性，又兼有水乡文气精致的特点，成为都市上海海源文化形成的源头活水之一

四十年前，初步上海史时，邹惠麟教授时注意青龙镇的问题，1980 年发文提出青龙镇是"上海地区最早的对外贸易港"，多年前，又到的研究带领整队最分分肯定，认为对青龙镇两资，镇学，人物，镇俗，桥梁，街访，而道等大量史迹，已经日前心端做榉微个上海青龙镇这头大问题以及以前迹端对那"最古的窗堂"......

...

记者：我们已经知悉对青龙镇是上海最早的贸易港，从人文的角度，是否也可称"文化重镇"？

王辉：我在这...

...

# 记叔叔逸麟老师二三事

邹振环

邹逸麟是我的叔叔，也是我的老师。2020 年 6 月 19 日凌晨 4 时 48 分，叔叔仙逝于上海新华医院。几天前到医院探望，他握着我的手久久不放，嘴巴不停地蠕动着，却发不出声。想起每年节日聊天时他的谈笑风生，一时不免伤痛不已。不意此次告辞，竟成今生永别!

## 一、"坏运气"和"好运气"

逸麟叔叔（下或简称叔叔）出生于 1935 年 8 月 31 日，很长时期里，我们都认为他是堂叔。其实他与家父是胞兄弟，祖父邹精如（梅荪）和祖母有逸麟时已经是第七胎了，而三十一岁的三阿公邹星如（即祖父的三弟）的太太张氏仍未有孕，因此由曾外婆在祖母尚未分娩前做主，不论男女，即过继给三阿公。

叔叔 1946 年小学毕业，进入胶州路上的金科中学，这是一所天主教会办的私立中学，校内有教堂，同学中教徒的比例比较高，校长是龚品梅。2015 年 7 月我和叔叔一起参加由澳门科技大学主办的第二届"全球地图中的澳门"国际研讨会，其间参观圣若瑟修院，他在龚氏遗像前久久伫立。1949 年后金科中学改名江宁中学，后并入我就读的七一中学。

父母亲说逸麟叔叔小时候特别会讲故事，讲起来有声有色。他当时的理想就是三五同道，一起编一本同仁刊物，挥斥方遒。1952年高中毕业，他填报的第一志愿是复旦大学新闻系，第二志愿是北京大学历史系，第三志愿才是山东大学历史系，结果是录取在第三志愿。也许正是因为父亲与逸麟叔叔系胞兄弟，在众多的叔辈中，他与我家的交往较之其他叔辈要频繁。叔叔家小我一岁的儿子思廉，中学时期和我一起学画，思廉聪明异常，写一手漂亮的硬笔书法，后来追随上海著名的水彩画家查寿兴学水彩画，所画《瓶花》《欧洲小镇》等，颇受好评。但天妒英才，思廉未能活过六十岁。思廉和妹妹洁琼的去世，是叔叔晚年最为悲伤的一件事。

上世纪七十年代初，和逸麟叔叔全家合影
后排左起：逸麟叔叔大女儿洁雯、逸麟叔叔、父亲逸涛、长叔逸安
前排左起：笔者、姐姐振音、逸麟叔叔儿子思廉、逸麟叔叔小女儿洁琼、逸安婶婶、小阿姨、逸麟婶婶
（本文照片均由作者提供）

小时候最喜欢听叔叔天南地北地侃大山，他的幽默、风趣给我们留下了深刻的印象。在山东大学读书时，他将食堂里大米小米混合做成的饭称为"蛋炒饭"，为此三年级时被隔离审查，差点被打成反革命分子，经过两周的审查才解除隔离。毕业那年，叔叔关于洋务运动的毕业论文得到了指导教师郑鹤声教授与答辩小组的高度评价，郑先生想要他留任助教，他坚持不从。作为班级里读书成绩的佼佼者，他被分配到中国科学院历史研究所。叔叔在口述回忆中说，学校把他送到北京，其实也包含有对大学期间如此对待他的歉意。到北京后他参加了谭其骧先生编绘中国历史大地图集的小组，1957年从北京调到了上海，后来进入复旦大学。

以前总听父母说，在所有的叔辈中，"宝宝（逸麟叔叔的小名）运气是最好的"，应该是指他跟着谭先生参加绘制地图的工作，受到过毛泽东主席和周恩来总理的重视，没有吃大苦，"文革"时期还能有幸做学问吧！因为叔辈中运气不好的，有被打成"右派"而"流放"黑龙江的；也有虽在外交部工作，但由于政治上跟错了人而郁郁寡欢的。叔叔后来在口述中也表示过，跟着谭先生改变了自己一生的命运："1957、1958 年'整风''反右'，历史所很讲政治的，我的家庭出身不是很好，我们一起去的很多人都被分配到北京郊区教中学，我可能也是这样。我这一生很幸运，改变了后半生。""文革"之后，由于逸麟叔叔埋头做学问，很快崭露头角，我考入复旦大学后不久，他已破格升为副教授，1984 年他再次破格，晋升为正教授，成了他那一代学者的翘楚，算是当年的"坏运气"转成了"好运气"。

## 二、非常时期的故事

因为叔叔的缘故，认识的学者朋友，在介绍我时经常称我出身"书香门第"，有家学渊源之类，连章开沅先生也开过这样的玩笑，他还误以为邹逸麟是我的父亲。其实比起真正的书香门第，我们家实在算不上。爷爷那一辈都是商人，与中国很多民族资产阶级家族类似，爷爷把父亲那一辈大多培养成了大学生。家父毕业于西南联大经济系国际贸易专业，逸安叔叔是清华大学飞机制造专业的研究生，后来任职于北京航空学院；姑姑佩华是吉林大学化学系毕业的，师承唐敖庆教授，后任教于石家庄的河北化工学院；逸群叔叔是在南开大学学工科的。

"文革"时期，因为叔叔参加《中国历史地图集》的编绘，跟着谭先生的叔叔，在政治上基本未受特别的冲击，但家庭经济则度过了一生中最难挨的日子。叔叔家和我们家都遭受了同一拨造反派的抄家，以及房管所的退房，也同样因为经济困窘而四处借钱、变卖家具。较之都是双职工的我家，叔叔一家在经济上的困扰就更为严重。因为婶婶是家庭妇女，主要靠叔叔一人的工资养活一大家七口人，而其时复旦大学讲师的工资，和我在小学任教的母亲一样多。可能因为相似的惨况，两家反而较"文革"前走得更勤了，叔叔的养父母有一段时间甚至住到了我家。"文革"期间叔叔只要有空，隔三差五会在周六或周日晚来我家聊天。这也成为我们家一种愉快的聚会，经常是他和父亲人各一杯茶、一支烟，父亲扮演的多是提问者的角色，叔叔是问题的解答者。叔叔上知历史、下知地理的渊博知识，给我们兄姐弟留下了非常深刻的印象。他为人谨慎，几乎很少谈当时所谓的内部消息，我们拿在报纸上读到的各种时事要闻或道听途说的小道消息询问他，请他帮助解读，而他说得最多的是关于他们编制地图、标点古书的趣事，如连夜赶活印制大字标点解释古书、送往北京给伟大领袖阅读，或是一些小插曲，如在国际饭店开会他因不吃海鲜而另外炒一盆番茄炒蛋。通过他幽默、诙谐的表述，这些事常常成为我们茶余饭后的笑谈。每次他来，都不忘带来一叠当时普通人难以获取的《参考消息》，还时不时地从学校借来一些内部出版物，有些是重印的古籍，如王安石《王文公文集》等，1971 年以后内部出版的所谓"白皮书"读本，有时他也会借一些给我们看，并特别关照不要外借。

印象最深的是叔叔借来的上海人民出版社 1974 年 3 月推出的《美国小说两篇》，内收理查德·贝奇（Richard D. Bach）著、小路翻译的《海鸥乔纳森·利文斯顿》和埃里奇·西格尔（Erich Segal）著、蔡国荣翻译的《爱情的故事》两篇小说。前者的作者贝奇是一位参加过第二次世界大战的美国飞行员，曾写过《双翼飞机》（*Biplane*）、《决非偶然》（*Nothing by Chance*）等书，《海鸥乔纳森·利文斯顿》一书出版于 1970 年，最初并未引起人们的注意，直到 1972 年，读者和评论者才认识到它的价值，销售量大增。据美国《时代》杂志 1978 年 8 月报道，上世纪七十年代已出版的美国畅销书中，此书名列第五，仅平装本发行就多达七百余万册，有三十八周都位居《纽约时报》畅销书排行榜第一名，首次打破《飘》以来的所有销售纪录，成为世界文学皇冠上的明珠。这篇小说的形式很奇特，是关于一只渴望飞翔的海鸥的寓言故事，告诉读者如何以最幸福的方式度过一生。海鸥乔纳森被群鸥视为异类并被驱逐后仍旧独自练习飞翔，它终于飞到了梦想中的高度。自由飞翔的海鸥乔纳森实际上代表人类最深沉的梦想。这个寓言故事告诉我们，每个生命都有无数种可能，每时每刻都面临无数种选择，只有飞得越高，视野才能越宽广，才能发现自己心中真正的梦想、渴望与激情，以享受生命的喜悦。后者是美国作家埃里奇·西格尔创作的中篇小说，讲述了哈佛雷德克利夫女子学院的音乐系学生、出身平凡的詹妮与哈佛大学法律系学生、富家子弟奥利弗相爱，两人不顾奥利弗父亲的反对而结婚。盛怒的父亲停止了奥利弗的生活费，为使奥利弗读完法学院课程，詹妮放弃了音乐事业而教书度日。他们的生活艰苦却因爱情而充满了幸福，三年后奥利弗完成学业，找到了薪水丰厚的工作，但詹妮却患上了绝症。奥利弗父亲知晓后赶往医院之时，詹妮已不治身亡。这篇老套的爱情小说使我深感震惊，很难想象被斥责为一切都已商品化了的美国资本主义社会，竟然还有如此出污泥而不染，丝毫不受金钱、地位和门阀观念影响的爱情。据说这篇小说是 1972 年访华的尼克松总统推荐给中国青年读者阅读的。

这两篇小说颠覆了之前我对美国的理解，我曾与叔叔谈了读后感，他说封闭的世界最易把人变成井底之蛙，消息被封锁的社会无法使人形成独立的思考和判断。以后我又到他家借来一些《摘译》等书刊。我后来选择报考复旦大学历史系，与叔叔无形的熏陶有着密切的关系。

### 三、学术史研究的训练

考入复旦大学后到历史系资料室，碰到负责学生工作的党支部副书记张云老师和班级辅导员傅淑贤老师，他们会笑嘻嘻地给正在走廊里的其他老师介绍，这位是邹逸麟的侄子。大概因为大家知道我是邹逸麟老师的侄子，将来一定是做学问的，于是，几乎每学年我都被同班同学选为课代表——第一学年任夏义民老师讲授的"中国历史文选"的课代表，第二学年任张鸣环老师讲授的"考古学概论"的课代表，第三学年任胡菊兴老师讲授的"中国历史地理概论"的课代表，第四学年任汤纲老师讲授的"中国中古思想史"的课代表。因为叔叔的缘故，朋友们多以为我将来一定会从事历史地理研究。

本科一年级，逸麟叔叔曾借给我顾颉刚、史念海编纂的《中国疆域沿革史》，那是 1938 年商务印书馆推出的"中国文化史丛书"第二辑中的一种，也问起我对历史地理有否兴趣。记得那天婶婶还怂恿叔叔带我去拜见谭先生。当时我对历史地理并不了解，亦无兴趣，这一点缘于我和叔叔对历史功用的认识之不同。叔叔有着较强的使命感，经常给我说，历史学研究要像理工科那样，具有社会功用；他讲历史地理研究的疆域和政区沿革，对国家现实政区划分有着很深的影响，并以黄河、运河变迁史研究的实例，介绍水道研究所产生的实际社会功用。中国社会长期重理轻文，我的父叔辈，除了家父和逸麟叔叔外，都是学的理工科，亲朋好友中不乏一种对理工科的莫名崇拜。叔叔虽然高中数理化成绩不好，但也有科学主义的倾向，内心对理工科出身的学者有一种特殊的推许。而文理科的研究方法有很大的不同，我私下以为，如果讲社会功用，自己或许不必来读历史系了，我所在的标准件模具厂是最具实用价值的，螺丝螺帽可以直接运用于大到船舶、小到手表的制造上；我放弃机电一局模具厂已经满师的工资，来从事历史学研究，纯粹是出于一种兴趣。在这一点上我服膺梁启超的趣味主义，首先考虑的不是这一学科有多少致用的价值，而是自己对这一领域是否有兴趣。不愿意做历史地理研究，一定使叔叔有些失望，当然也就失去了当面拜见谭先生的机会。后来的事实证明，我当时对历史地理学科的理解，是非常片面和肤浅的。1995 年我在职攻读的博士学位，还是历史地理学专业。

入学后，我旁听过一次朱维铮先生给 77 级本科生开设的"中国史学史"，对朱先生无限佩服，产生了研究中国史学史的想法。记得在图书馆里一口气读完了金毓黻的《中国史学史》，觉得金氏的写法过于老套，自以为很有重写的必要，之后又读了魏应麒的《中国史学史》，研究的兴趣就更浓了。本科二年级，叔叔再次问起将来打算做什么研究时，我毫无犹豫地说想研究中国史学史，叔叔说史学史属于学术史的范畴，你愿意做，可以先试着做一篇读书札记。于是他给我出了一个题目，即《三国志裴松之注引书目考》。要求我首先从研读《三国志》原著入手，将其中裴松之所引用的书目全部辑录出来，编成卡片，接着从《汉书·艺文志》《隋书·经籍志》以及其他的"正史"艺文志和经籍志查起，一直查到姚振宗的《二十五史补编》和《四库全书总目》，要我分类叙述这些著述的流传情况。这是一个非常好的学术训练，后来我对目录学有特别的兴趣，就是源自这篇札记的写作。

叔叔以为学术史的做法，首先应该从研读各种书目入手，以后我也仿效叔叔的办法，经常要求学生将读"正史"艺文志、经籍志和各种目录学著作作为起点，告

大学期间我和叔叔的合影

诉他们熟悉"正史"艺文志和经籍志以及各种私家目录，是学术史研究的重要基础。我将这一札记作为"中国史学史"课程的期末论文，朱先生开设课程的考试，采用口试的方式，要求学生在他开出的题目中选一个来做，也可以自选。课程论文在考试那天当场口头答辩，朱先生仅问了我一个问题："你的课程论文与赵翼《廿二史札记》

卷六'裴松之三国志注'一条相比，有什么贡献？"我说赵翼《廿二史札记》中那篇短文仅仅列出了一个书目，而我是梳理了这些引用书的源流关系，及其在后来各种书目文献中的流变过程。尽管我的回答结结巴巴，但论文所下的功夫，朱先生一定是看出来了，结果是获得了高分。有意思的是，这篇小文章肯定给朱先生留下了深刻的印象。很多年以后的1999年，朱先生计划启动"中国史学进程研究"的大项目，邀我参加"编纂卷"的写作，我说自己已经很多年不做史学史的研究了，他却提及那篇旧文说："你对编纂学史不是很有基础吗？"当时我颇感吃惊。

## 四、论著才是立身之本

中国历史地理研究室在很长的时期里，是历史系下属的一个研究室。我考上复旦大学历史系的1978年，谭先生担任历史系主任，由于谭先生身体不好，主持日常工作的是黄世晔副教授。我考上复旦的那一年，当了22年助教的叔叔也升为讲师，并接替谭先生担任中国历史地理研究室主任。1982年中国历史地理研究室升格为研究所，谭先生担任所长，逸麟叔叔担任副所长。1986年他担任中国历史地理研究所所长，1996年叔叔卸任后，又出任历史学博士流动站站长。其间他还担任中国地理学会历史地理专业委员会主任，国务院学位委员会第三、四届历史学科评议组成员，全国政协第八、九、十届委员，民盟第七届中央委员、民盟上海市副主委，上海市地方志学会会长、上海文史研究馆馆员等。

作为俗人的我，经常也会对他所获得的各种荣誉表示羡慕，但他总是淡然一笑："这些都是浮云，历史上我们能记住的学者，谁还会记得他的职衔或官位呢？我们今天读研究论著，谁会去注意作者是否当过院士、部长、会长、议员？是否获得过什么特殊津贴之类呢？我们记住的就是他写出了哪些出色的著作，有哪些研究推进了学术的发展，至今仍被人引用。作为学者，论著才是自己的立身之本。"他总结自己为学一甲子的成果是两本地图集、三种工具书、四本教材。其中《中国历史地图集》和《中华人民共和国国家历史地图集》两本地图集的编绘，和三种工具书《中国历史大辞典·历史地理卷》《辞海·历史地理分册》和《中国大百科全书》中"历史地理"条目的编纂，以及组织和联系工作，耗费了他大量的时间。这些占据大量时间的繁琐杂事，虽属学科发展所必需的工作，但未必符合叔叔的本愿。而四本教材《中国历史地理概述》《中国历史自然地理》《中国历史人文地理》和《黄海海平原历史地理》的编纂，或许更接近他投身教研工作的本意。

1995 年我在职攻读历史地理学的博士，他反复叮咛，虽然在职读博比较辛苦，但仍希望我能利用几年时间，心无旁骛地写好一篇博士论文。叔叔说："你们这一代是赶上了好时光。"他青年时代就没有这样的机会，能有那么集中的几年时间来完成一篇有相当分量的学术论文，很多时间和精力都耗费在集体项目之中。我相信他内心还是很渴望有机会能完成自己向往的研究课题。晚年他非常珍视自己的个人成果，如《千古黄河》《禹贡锥指》的编著，以及他退休后出版的《椿庐史地论稿》和《椿庐史地论稿续编》两本论文集，使他有机会集结自己毕生一百五十多篇学术论文。2005年和 2015 年，他把上述两本论文集郑重赠送我时还说过："官职、荣誉都是昙花一现的，让后人记得的不会是你当过多大的官和获得过多少荣誉，我们今天提及前贤时都是因为他们所留下的论著。"

留校工作以后与叔叔合影于江西鹰潭龙虎山

## 五、为叔叔晚年做了一件令他欣慰的事

我自己很喜欢读自传。学者到了一定的年纪，学术创造力的衰退是一个必然的过程，所以碰到七老八十的学者还称自己计划写多卷本大部头的著作，我常常暗笑这是自不量力。若干年前，商务印书馆一位熟识的学有专长的老编辑来上海，我请他和上海社科院文学所的一位退休研究员在上海老饭店便宴，我提出希望他俩尽快撰写自传，他们各自都表示还有庞大的研究规划，结果没有几年两位先后患上了阿尔茨海

默症。上了年纪的学者写自传，其实是一个明智的选择，既可以回望自己的一生，也可以给年轻人提供丰富的人生经验，还可以为学界留下将来研究学术史的资料。

2010年春节，我也给叔叔提过写自传的建议，记得他马上说自己一生太平凡了，除了那点学术上的事情，没有什么值得留给后人的经验，而学术上那点经验，已经反复写过了。他认为自己写出自传也是很难出版的。确实如此，有关他如何参与编纂《中国历史地图集》的故事，已经反复做过多种口述了。我想如果把这些断断续续的单篇口述汇成一部有系统的口述自传，应该是一个不错的主意，而且叔叔也是一定愿意的。

2013年7月，上海文史研究馆成立了口述历史研究中心，启动上海市文史馆"口述历史丛书"编撰项目，作为文史馆馆员的叔叔也被列入该丛书的选题对象。2014年担任该项目特聘研究员的金光耀教授来找我，询问是否愿意作为《邹逸麟口述历史》的撰稿人。我马上想到了刚刚退休的韬奋纪念馆馆长林丽成，因为她曾在2012年3月28日和4月11日，两次为叔叔做过口述，那次有关《中国历史地图集》的访谈，也是我介绍他们合作的。访谈后，叔叔打电话给我说效果不错，他与林老师很聊得来。于是我向光耀教授推荐了林老师。

2014年春节，最后确定了由林老师来承担撰稿人这一工作。《邹逸麟口述历史》前后持续了一年多，林老师在该书的后记中写道：为逸麟先生写口述的难度在于如何帮助一位一辈子在复旦大学中国历史地理研究所工作，没有改过行，一次婚姻鳏居二十载没有绯闻的男士，讲好研读古书、撰写新书的一介书生枯燥乏味的人生故事。《邹逸麟口述历史》写作过程中，叔叔多次跟我说，林老师非常负责，不仅文字上将口述内容与原来报刊上的内容进行核对，还采访叔叔口述中涉及的当事人，保证了口述内容的准确性。该书完成出版后，好几位朋友读后告诉我，在这套已出版的三辑十五本"口述历史丛书"中，该书属上乘之作。叔叔自己也不止一次地给我说，我给他推荐了一位最合适的撰稿人。为此我非常高兴，也算为叔叔晚年做了一件让他感到欣慰的事情。

## 余　言

叔叔去世后，复旦大学中国历史地理研究所的同人拟了一幅挽联：上联是"百年禹贡学派殿军，黄运淮海，功在万世"，下联为"一代史地专业坛主，编绘研教，泽被九州"。我觉得写得非常精准。

传统沿革地理学发展而来的中国历史地理学发展至上世纪三十年代，以顾颉刚为首的禹贡学派，形成了体制化的学会，出版了专业学术刊物《禹贡》，顾氏也与谭其骧、侯仁之、史念海一起绘制了历史地理研究的新蓝图，包括研究对象和研究方法的创新。历史地理学历经八十多年，特别是从上世纪八十年代以来得到蓬勃的发展，谭其骧、侯仁之、史念海三家虽各有传承，但以谭先生一脉的发展最为突出，这是学界不争的事实。逸麟叔叔不是历史学界那种开创新学科、新领域的宗师，但他已经出版的两本《椿庐史地论稿》和即将出版的《邹逸麟经典学术论集》可以体现他在历史上水道研究方面所做出的出色成绩，无愧为谭其骧一脉最杰出的承继者之一。

上世纪八十年代以来，复旦大学史地所异军突起，成为中国历史地理学人才培养最重要的基地，历史地理学人才在这一基地中成团成群地出现，作为谭先生辅佐者的逸麟叔叔功不可没。叔叔在辅佐谭先生和主掌复旦史地所的那些年，注重学术传承，以其具有亲和力的方式处世论事，成为历史地理学界最优秀的学术组织者，无愧为"一代史地专业坛主"。

叔叔一生实事求是，不随波逐流，讲自我牺牲，为人宽容谦和，处事多奉行吃亏是福的原则。一生获得过中国学术界最高的荣誉和杰出贡献奖，用现在的话来讲，戴过很多顶尖的帽子。现存的邹氏宗谱中找不到状元、进士之类，也没有什么值得夸耀的官宦身份，如果说官衔，叔叔当过的全国政协委员可以说是列入邹氏家谱中最高的官衔。但他本人一直认为这些虚名不足为人道。他虽长期身处学界高位，但人世名利场的旋涡，对他来说不胜厌倦。他曾多次表示过，自己其实并不适合参政议政，做一个普通的教授是最快乐的事情，闭门读书写作，或许更符合他的理想生活。他的本色就是一个书生。

（作者为复旦大学历史学系教授，原文刊于"澎湃新闻"2020年6月26日）

# 与爸爸妈妈在一起的时光

## 邹洁雯

2020年6月19日凌晨4时48分，我们最亲的人，最敬爱的爸爸走了。我们和他在医院相依相伴的四百多天里，他经历了太多太多病魔带给他的折磨。但他顽强抗争，渴望生存，终究没能逃脱命运，告别了病痛，带着些许的遗憾去和妈妈团圆了。他们分开了整整26年了，这期间，爸爸经历了老年丧子丧女的巨大精神打击。幸好爸爸有一份热爱的事业，在关心他的人们的陪伴下，一起度过了那些最难熬的时刻。

爸爸妈妈是同住一条弄堂里的隔壁邻居，青梅竹马的缘分让他们走到了一起。妈妈是个性格脾气非常温顺的人，对我们三个孩子而言，无论是在人生哪个阶段，对我们讲话从来都是柔声细气的。如刚上小学时，如果发现作业字写得不认真，或没有按时完成老师的要求时，她从不呵斥，总是耐心地教育我们，更不会动手教训。温婉和慈爱的母亲形象始终留存在我们的记忆中。

等我们长大结婚生子后，妈妈的身体一直不太好，但总是尽她所能的帮助照顾小孩们。1992年冬天，我带着双胞胎住在爸妈家，半夜只要孩子哭了，妈妈就会从被窝里钻出来把孩子接去哄，没有半点怨言。

妈妈照顾起爸爸更是全心全意，细致入微。记得有一年，爸爸突发心脏病，妈

266

妈正好去买菜了，爸爸就直接自己打车去了医院，桌上留了张"我去新华医院看病"的字条。妈妈回家一看到留言，也直奔医院了解病情。因爸爸早年就患有心脏早搏，这次因工作太累，导致病情加重，需要住院治疗观察。在此期间，无论刮风下雨，妈妈每天踩着自行车四次往返医院，坚持午饭和晚饭都是新鲜烧好送到医院。爸爸的口味挑剔，鱼、虾、蟹都不吃，妈妈平时就随着他的口味烧菜，此番更是动足脑筋翻花样给他烧菜做饭，即使有时中午和晚上的菜一样，妈妈也要分开烧煮，使每顿都是最新鲜的饭菜。这样的例子可谓比比皆是，对我们小辈也影响颇深。

爸爸妈妈一生善待他人。爸爸常常对我说："洁雯啊，我这辈子就没有防人之心。"记得钟点工小王，因为少时家庭困难，40岁从未上过学，也不识字。爸爸知道后就对她说："简单基础的字要识一下，你到外面乘车、到医院看病配药之类，都能用到，我来教你。"于是每次小王来家打扫，爸爸都会抽空教她几个字，还会布置一些作业给她。这一识字的补课一直持续到爸爸身体不行入院才作罢。后来听说她女

爸爸妈妈 1974 年的合影

1982 年在人民公园的全家合影（左三为本文作者）

儿考上了大专想复读，爸爸就和她说："复读重考有很多不确定性，还是现在先读大专，将来再升本。"并马上准备了一千元的礼金，我也随份五百元，让她女儿添置学习物品。每逢年节，爸爸都会额外多加点钱，还关照我买点吃的送给小王。小王非常感动，在爸爸住院期间，她也会抽空帮着打扫家里。受爸爸的影响，我总觉得帮人就是帮己，爸爸的为人，也践行在我个人的生活里。

　　时光飞逝，无数往事历历在目，感谢爸爸妈妈养育了我们，并用言传身教使我们有了正确的三观。在各自平凡的岗位上，认真做事，踏实做人。这是我们的家训，我们也会延续下去，代代相传，告慰先人。

大女儿　洁雯

2021 年 1 月 16 日

# 爷爷你永远不会离我太远

## 邹烨烨

梧桐叶上三更雨，叶叶声声是别离。你和我说：孩子，勇敢地去闯，去看看世界的模样。

再次回到上海爷爷住的地方，已经是上海的冬天，虽然没有那么冷，但一阵阵风吹过却带来一丝凉意。黄色的树叶落在地上，形成一道美丽的风景，殊不知落叶归根，过段时日它们会成为土地里的养分，成为下一个春天里绿色的源泉。

这场景和我印象中没有什么改变，这里充满了我们一家人满满的回忆，也是我们一家幸福生活的起点。

爷爷是一个很内敛不太善于表达内心情感的人，在我心中他一直是一个很威严的大家长。我父亲去世后，为了让爷爷不要一直沉浸在悲伤之中，我提议爷爷来美国待一段时间调整一下心情，爷爷那时也被确诊了癌症，家人做了一些思想工作后才终于同意来到我美国的家待一段时间，而这个时光也是我们爷孙最亲密最开心的日子。

爷爷在美国待的一段时间里，有一天他和我说："你知道人生最痛苦的是什么？"我问："是什么？""中年丧妻，老年丧子。"我半开玩笑地和爷爷说："没事，您没有儿子，我没有父亲，我来照顾您吧！"爷爷笑了一笑。我从爷爷的"口述历史"那本书里知道，爷爷对于海鲜味道的印象来自书里，对于大部分情感的感知也是来自书里，但他的伤痛是书中无法给出的答案，便全部放在了心里。

我们带着爷爷来到洛杉矶的海边散心，他把鞋脱了对着我、大姑妈和我母亲说："来，让我们感受下太平洋海水的温度。"爷爷一只手拿着鞋，一只手拉着我，迫不及待地走向海边，就好像是一个孩子初见大海，对深蓝的海湾充满着童心与好奇。我还担心他走得太急，叫他当心，他笑着说"没事"。我们四个人就相互拉着手走在海滩上，感受着太平洋海水的温度，这是我有真切的记忆里第一次拉着爷爷的手，厚实而温暖，就如同当时海水在脚下浮动的感受一般真实，让我闭上眼睛就能回到那天，从他手里传来的温度。

爷爷的工作我了解得并不多，只是知道一个大概，听着别人说的爷爷在工作上那些伟大成就，可对我而言，他只是可爱、慈祥、幽默的我的爷爷。在美国的时候，爷爷说他有一个梦想，梦想能在美国开上敞篷车兜风。为了让爷爷的梦想实现，我每次带他去超市都会让他开电动的购物小车，我和爷爷开玩笑说，敞篷车的梦想一时半会儿很难完成，但我们可以让你离梦想更接近一点，他笑着说，这个电动购物车也很不错了。然后他发号指令，告诉我要这个要那个。每次，我们爷孙俩都在欢笑

1996 年 10 月 2 日我与爷爷等家人的合影（前排右一为本文作者邹烨烨，左一为后文作者邵琪恩）

中满载而归。

爷爷很爱小动物，我美国的家中养着一只"金毛"，爷爷总是和它玩得不亦乐乎，爷爷在沙发上看电视，它也安静地趴在爷爷的腿上陪着爷爷，爷爷总是和别人提起我家的狗多乖多聪明，每次爷爷见到我总是询问我家狗的情况，我总说着一些我家狗的蠢事趣事，逗着爷爷开心，这也成为我们爷孙每次讨论的话题。

爷爷在美国待了将近一个半月。在与他朝夕相处的这段时间中，我发现爷爷也是个童心未泯的大男孩儿，在爷爷回上海的包里塞满了各种零食，每次我都会去他喜欢的超市买他喜欢吃的寄给他，或者回上海带给他。

回到上海后，没过多久爷爷就住进了医院。有一次，我和大姑妈通电话，爷爷拿过手机对我说："我快不行了，你快回来！"听到爷爷这么说，我内心翻江倒海，那个晚上我立刻定了机票，赶了回来，落地后，我直奔医院。找到爷爷的房间，从门上的窗户望进去，看到他虚弱地躺着，突然想到爷爷坚强倔强的外表下，对我讲出电话中的那句话时的心情，而此刻，我能为他做的只有陪伴。坐在爷爷的身边，爷爷再次拉住了我的手，拉着我很久。那时他的状况不是很好，我们没有太多言语的交流，他只是紧紧拉着我的手，这是他在我长大后第二次拉着我的手，我的眼泪不自觉地掉了下来。

一段日子后，爷爷情况暂时稳定些，我和爷爷说："我要回去了，您好好养病，我之后再来看您。"他却闭着眼睛对我挥挥手说："孩子走吧！"那是我和爷爷的最后一面，他从眼角中留下的泪便成了我不可承受之轻。回美国没有多久，家人通知我，爷爷去世了，因为疫情，我没有能够及时回来见上最后一面，我知道爷爷希望我们能够在他的身边陪他走完人生最后一程，他最后的理解让我非常内疚。

时间是一只藏在黑暗中或温柔或残忍的手，在你一出神、一恍惚之间斗转星移、物是人非！当我终于懂得时间的重量时，而你却不在我身旁，时间能否慢点，让我们爷孙的记忆再多点！再次握紧双手却抓不住你，但手中的余温是对我时刻的提醒，因为我知道，你永远不会离我太远。原谅我之前的不懂事，感谢爷爷对我的照顾和抚养！您用最后的时光教会了我珍惜，我也会用我的余生不负您所望。

愿您在天堂没有痛苦，爷爷，我爱你！

孙子　邹烨烨

2021 年 1 月 26 日

# 我眼中的外祖父

## 邵琪恩

可能是从小在外祖父、外祖母身边长大的关系，我的童年里很多的记忆片段都和他们息息相关。虽然外祖母在我 10 岁的时候就永远离开了我们，但成年后回想起孩提时代，许多生活里的小确幸都是外祖母给予的。比如夏天放学后，外祖母总是会给我买上一根雪糕，然后任我一个人悠哉悠哉享受，自己则一边替我拿着书包一边牵着我小心地过马路。与外祖母相比，少时同外祖父相处时，他总是忙碌又寡言，但是他心底对我们的疼爱和欢喜是不容置疑的。

我印象里最深刻的便是每年夏天在外祖父和外祖母的房间里"蹭空调"，对于 90 年代的多数家庭而言，那时有一个空调、一个电话是非常提升幸福指数的事情。每到午餐的最后几口饭，我们几个孩子都是欢呼又雀跃的，因为这时候外祖父房间因空调已经达到一个很怡人的温度了，就等我们几个熊孩子去抢占有利地形睡午觉了。等倦意上来了，我们几个熊孩子个个睡得七倒八歪的，外祖父和外祖母会悄悄进来帮我们盖好薄被，以防着凉。睡醒了，就等外祖父给我们发号施令开始"冰激淋时间"，往往每天下午 3—4 点，他还没从冰箱里拿出来事先准备好的冰激淋，我们几个孩子就很自觉地开始排队了。我们排队拿到手里后，各个都吃得像个小花猫，不亦乐乎。

在我的眼里，外祖父是诙谐幽默的，用现在的流行话说，就是拥有一个有趣的灵魂。每个假期，外祖父总是寻找各种机会让我们几个同辈的孩子一起相处着在他家过假期，以求培养我们的包容和团结意识。虽然如此，但我和我的表弟、表妹从小性格就迥异，兴趣爱好也不尽相同。10来岁的小孩子哪里懂得他的良苦用心，我们总是伴随着各种鸡毛蒜皮地打打闹闹在他眼前晃悠。记得有一次，他见我们打闹突发灵感，给我们每个人都画了一副肖像画，还配上了逗趣的话。具体内容我早已记不清了，但是我依稀记得他给我们的题画好似丰子恺笔下逗趣的调侃，把我们每个孩子的相貌和性格特点都总结提炼得非常到位，可见他平日里对我们观察得细致入微。

小时候，我们几个孩子几乎都不知道自己的外祖父是个做学问的著名学者，父母也从来不说很多关于他的事。就我自身而言，我眼中的他就是个平日近人的长辈，直到我进入本科阶段教育。某一天上课，拿到了他编写的教材，我才真正意识到我的外祖父在自己的学术领域有了一番耕耘。虽然我尽力想要保持低调，但可能历史地理和中文以及历史学本身颇有渊源的缘故，在校学习期间我常常不自觉地感到一种后怕，生怕自己学习不够精进，给他丢脸。也是自从我本科阶段学习开始，外祖父总是每个学期在我放假的时候同我定期谈心，实际上是为了更贴近了解我对于学术研究的兴趣和想法。记得临毕业前，写毕业论文时遇到史料找寻和观点立论的问题，我都会和他讨论，那一小会儿的辰光中，他总是那么神采奕奕，兴致勃勃。现在回想起来，他嘴上虽然不明说，但是内心某种程度还是非常希望我能够走上学术研究这条道路，和他成为同道中人的。

即便后来阴差阳错，一毕业我就找到一份不错的工作，他虽觉得可惜，但也能够理解我的选择。待我后来心意已定，想要辞去不错的工作重新去念书时，他并不惊讶。他总说，我的父母这一辈因为历史的浪潮无法得到的机遇，我们这一代自己努力都有机会实现；他还常常唠叨说，人这一辈子要做个明白人就要多读书，明事理。等到我真的只身漂泊他乡求学后，每到与家里联络，他又常常疼惜地嘱托我，一个女孩子在外要多注意安全，好好照顾自己，对课业不要过分追求完美。那时候假期回去探亲，往昔里一向沉稳内敛的外祖父仿佛变回了老小孩，嚷嚷着怎么在我有限的假期里安排上各种行程，在他的各种兴奋雀跃中，我明显体会到他在情感上对我的依赖和疼爱。

时光如梭。小时候常常觉得，幸福想必是诗和远方，生活中点点滴滴太稀松平常。长大后慢慢体会到，与幸福的关联，其实就在这些稀松平常的点滴里。如果说，远游他乡让人偶感漂泊与孤独，那么，孩提时代那些稀松平常，串联起了对"家"的记忆，赋予乡愁一种独特的意义。而这一切，与外祖父以及父母生活的二十余年的日常，早已描绘出了我人生中的底色，无论身在何方，那是我内心深处的归处。

外孙女　琪恩

2021 年 1 月 24 日

# 二　论文及访谈

# 《清史地图集》序

## 邹逸麟

编纂历史地图是一项崇高的学术事业。它是一门很深的、专门的学问，是一种非常严肃、艰难的学术研究工作，也是历史地理学从业人员的基本功。华林甫团队是新一代学人，愿意承担编绘研制清代历史地图的学术使命，勇于迎接学术挑战，甘于坐冷板凳，潜心于爬梳文献档案，精神可嘉，而且也做出了成绩，学术事业后继有人。

现代的历史地图事业，要追踪到谭其骧先生主编的《中国历史地图集》（以下简称"谭图"）。谭图编绘是从 1954 年开始的。我从 1957 年开始跟随谭先生从事历史地图编绘，到 1987 年结束，历时三十年，甘苦自知。编绘地图是有标准年份的，现代地图也是如此。标准年份的选取，谭先生有三个原则：第一，该年份的政局、社会比较稳定；第二，疆域、政区可以代表这一朝代的面貌；第三，资料要齐全。以此衡量，唐朝图选了开元二十九年，因为天宝以后就安史之乱、藩镇割据；宋朝图选的是政和元年，因为那时是澶渊之盟以后，有二十余年比较稳定；清时期的地图，谭先生选定嘉庆二十五年，此时正处于清朝由盛到衰的转变过程中，有《嘉庆重修一统志》为据。这样选都是有道理的。

谭图的第八册是清时期图组，包括嘉庆二十五年和光绪三十四年的两幅全国图和三十来幅分省图（包括省级地域图和单独成图的放大图），展开分省图的标准年份是嘉庆二十五年。八册谭图涵盖了中国通史大部分时段，从先秦一直画到清朝，如果加上简明图的话还包括了民国。从整体来说，清时期图组已经是一册了，篇幅占八分之一，图幅数量、详略程度只能如此。如果说"中国通史"是全貌，那么断代史是一个个连续的剖面；因此，历史地图集不仅需要通史式的《中国历史地图集》，新时代也呼唤断代史式的《清史地图集》。

我们都知道，清朝疆域不仅是清朝本身历史发展的结果，更是两千多年来中国疆域发展变化的最终沉淀，奠定了目前国家版图的基础。清朝对内地的统治自不必说，就是对边疆地区的控制也远远比汉、唐时期牢固，治理成就也巨大。例如，清代朝廷与内蒙古的联姻、与外蒙古的结盟，比唐代内地与都护府关系要紧密得多。东北地区，虽然先秦以来就管辖着辽河流域，但中原王朝与松花江、黑龙江流域的联系一直比较松散，如唐代黑水都督府、明代奴儿干都司均属于羁縻性质，清朝设立的盛京、吉林、黑龙江三将军牢牢控制了白山黑水，东北1907年建省时则已经内地化。清朝对于西域新疆、西藏、台湾等边疆地区的控制，均达到前所未有的程度。因此，到了乾隆、嘉庆和道光前期，是中国两千多年来中原与边疆地区关系最紧密的时期。

清代内地与边疆的关系如此巩固，不仅仅是因为武力强大，而更是中国境内各个民族长期相互融合的结果。汉唐以来北方少数民族不断南下，或互市贸易，或"五胡乱华"，中原政权强大时也曾北征朔漠，说明相互之间谁也离不开谁，所以历史发展到了清朝，各个民族的发展是自然而然地结合在了一起，形成中华民族多元一体格局，乾隆时期大一统是历史的必然趋势。清朝在一千三百多万平方公里的广袤国土上遍设驿站台塘，派驻八旗兵丁，有漕八省的滚滚财源也持续输入京师，全国形成一个整体。但是，康乾盛世的全国性历史地图，过去没人做，谭图也没有，《清史地图集》画出了乾隆六十年疆域全盛时期的全国地图，很有价值。

清代的行省体制，也有一个发展、变化的过程。顺治朝，把明朝两京十三布政使司改造为十五省；康熙初江南、湖广、陕西三省各一分为二，形成十八省；乾隆末改掉元朝以来的"属州"，形成整齐划一的省、府、县三级制度（其中直隶厅、直隶州相当于府，散厅、散州相当于县）。道光中期以后，沿海、边疆地位日益重要，光绪年间从福建析出了台湾省，伊犁、盛京、吉林、黑龙江四将军辖地分别改制为新疆省、奉天省、吉林省、黑龙江省，此新建五省意义重大。清代全国的治理体系，除了内地行省制之外，北部边疆是将军制，青藏是朝廷管辖的政教合一体制，而内蒙古则辖属于理藩院，把全国管理得井井有条，均值得用历史地图来直观地反映。

1840 年以后，列强入侵导致一系列不平等条约的签订，割地、赔款接踵而至，中国人民经历了深重的苦难。近代史上失去的一百五六十万平方公里的国土，如果没有道光二十年与光绪二十年地图的对照就看不清楚。晚清七十年，中国经历了三千年未有之大变局，但此时中国正在逐渐近代化，与嘉庆以前的昔日中国有些不同了，五口通商之后沿海、沿江口岸逐渐开放，与外国打交道过程中知道了"国籍"等新概念，出现一些新生事物如租借地、铁路、新式邮政等。这些都应该可以用地图反映出来。

因此，编绘研制《清史地图集》不仅是清史研究、历史地理研究的需要，也是赓续历史地图事业，学术价值非常高，当然难度也很大。

就具体做法而言，上文提到某标准年份虽然选定了，但是要编出来还是很不容易的。当初，谭先生布置开元二十九年政区图由我来做，他说："老邹，你先要编一个开元二十九年唐朝政区表。"那么，那一年有多少道、多少府、多少州、多少县，都要编出来。因为没有一部地理志书有现成的答案，我用《旧唐书》《新唐书》《通典》《唐会要》《元和郡县图志》《太平寰宇记》来编出一个开元二十九年的政区表，有矛盾处还要做考证，十分繁琐；并且，开元二十九年以前、以后的历史都很长，唐朝二百九十年期间曾置或已废的县也要画，做小地名处理，所以唐朝所有县级及其以上的政区我都做过考证。还有，因为唐朝延续时间长，一个年份的图组不够，另外还选了一个大中十三年，那时刚好元和平淮西，藩镇平定，晚唐有一段时期比较稳定。大中十三年的政区表，也是我编的，我也是根据这些典籍编出来的。绘图必须有这个政区表，否则无从下手。

华林甫在项目组会上多次表示，没有我主持的大型《清史·地理志》，他主持的《清史地图集》画不出来。这是客气话，但是也是事实。编政区表是一个基本功，也不是很容易能做好的事情。《清史地图集》展开的省域图选定宣统三年，就是因为《地理志》政区框架是以宣统三年列目的，那是清朝疆域、政区发展到最后一年的形态。如今的《清史地图集》，不但真正下功夫编出了详细的政区表，还有一千多万字的"编稿表"各种考证，利用档案、文献、舆图，边疆地区还利用满文、蒙文资料，对政区治所、河流所经、湖泊范围、地物选取、地名写法、政区边界、草原鄂博、西藏宗谿、海岛名实等做了大量的细致工作，功夫扎实，很好地继承了谭先生的学术精神。

《清史地图集》项目组既有宏大设计，具体入手又非常细致，在"编稿表"阶段做了大量地名考证，在研究清代常规地物如何上图的同时，尤其着重于全国的县级政区界线考证（青藏除外），把政区界线的研究精度从谭图的府界提高到了县界。画出全国的县界，这是个雄心壮志。本来，研制明清县界的任务应由省级尺度的历史地图集来完成，但现有成果不尽理想，如今作为全国尺度历史地图的《清史地图集》初步做了有益尝试，是为学术上一大进步，因而出版之后将是影响一代的学术成果。

当年谭先生教我们画历史地图集，虽然是以政区疆域为主，但不能没有山川骨架。山峰简单，古今没有什么大变化的，但河流变化很大，特别是平原的黄河、运河、长江、海河水系等。唐朝以前，河流基本就靠《汉书·地理志》和《水经注》，《水经注》非常详细，基本都能画出来；唐朝以后就没有这样的材料，仅仅靠《元和郡县图志》《太平寰宇记》画不出来。那时，谭先生对我说："老邹，这个事情你干吧！"所以唐朝以后的河流都是我来弄的，这个也是很难的。历史地图集一个朝代只有一个代表年份，画唐朝的黄河就要画开元二十九年的黄河，宋朝图要画政和元年的黄河，明朝图要画万历十年的黄河；但是要把黄河这两千多年的变迁都逐年考证清楚之后，才能知道哪一年的黄河是怎么个流向。所以，图上画画就这么一条线而已，实际花费了很大功夫。《清史地图集》有若干条线、有一些点修正了谭图，"含金量"是很高的，这几条线、这些个点就是专深的学术研究，没有这样的研究是无法推进学术进步的。

这些"编稿表"的考证和结论，是地名地物编绘上图的依据，是《清史地图集》质量的后盾，将与地图伴随终身。以前谭图也设计过"编稿表"，为怕遗失还用蜡纸刻印过前两期，但后来因各种政治运动，地图要先赶进度，导致"编稿表"残缺不全而日后无法出版，成为重大遗憾。所以，希望《清史地图集》把地图部分出版之后，文字部分也尽快整理出来。

项目组通过这次编绘清史地图的实践，我盼望今后陆续有一批扎实的研究成果问世。我一直认为"清代城市研究"是很值得写的一本专著。清代的城市从早期的康、雍、乾时期，到晚清同光、宣统时期发生了本质的变化，非常值得系统研究。同时，清代疆域变迁具有强烈的现实意义，我也很希望项目组能集体写一本比较精确、非常细致、带有精细地图的《清代疆域变迁史》。

　　现在,《清史地图集》团队有这么多志同道合的成员，取得这么好的成绩，令人振奋，我非常高兴。这个团队是十分有希望的，这项工作也非常有价值。共同参加一个项目是一种缘分。我一直认为，凡是一个大的科研项目都能带动一个学科的发展，培养一批人才。目前,《清史地图集》项目组内已有多人申请到了国家社科基金重大项目、重点项目、冷门绝学项目、青年项目以及各种地方科研项目，今后必将有一批年轻人脱颖而出，这是"既出成果、也出人才"的好兆头。

　　是为序。

2018 年 12 月 29 日初稿，2019 年 8 月 18 日改定

# 求实·严谨·创新

## ——著名历史地理学家邹逸麟教授访谈录

### 冯贤亮

问：近年来看先生一直很忙，今天有机会想请您谈谈您怎么会从事历史地理研究的？

答：我从事历史地理研究，完全是出于一个偶然的机会。我1956年毕业于山东大学历史系，被分配至北京中国科学院历史研究所任实习研究员。当时谭其骧教授（为行文简洁起见，下文直书其名）正在北京中科院历史所主持《中国历史地图集》编绘工作。早在1954年秋，在第一届全国人民代表大会上，毛泽东同志对吴晗谈起读《资治通鉴》不能没有一本详细的历史地图放在手边，以便随时查阅历史地名的方位。解放前虽出版过一些历史地图，但都只画出一些大政区，失之过简，绝大部分历史地名在地图上找不到，满足不了读《资治通鉴》之类详细史书的需要。当时吴晗想起清末民初杨守敬编过一套《历代舆地图》，内容相当详细，正史地理志的州县一般都有，再说是用朱墨套印古今对照，很符合毛泽东同志提出配合读史的需要。但是《历代舆地图》以今天使用要求来衡量，存在不少缺点：一是这本地图集是用"连史纸"印的线装本，共有34册，使用十分不便；二是不像今天地图按政区分幅，而是将一朝版图分割成几十块，以北京为中心，按自东而西、自北而南的次序排列，检阅起来颇为麻烦；三是杨守敬地图上的"今"是清同治年间胡林翼刊行的《大清一统舆图》，与（20世纪）50年代的"今"，山川框架、政区地名已有很大的不同，不能为读者提供古今对照的效果。因此，他向毛泽东同志建议，用现时的地图为底图，采用现代制图、印刷、装帧技术，重编改绘杨守敬《历代舆地图》，以适应时代的需要。这个建议在得到毛泽东同志赞同后，吴晗就与范文澜、尹达商议决定请著名历史地理学家、复旦大学历史系谭其骧教授来京主持编绘工作。就在当年11月成立了由吴晗、范文澜领衔，尹达、侯外庐、翦伯赞等著名史学家组成的重编改绘杨守敬《历代舆地图》委员会。会上一致同意请谭其骧主持此事。于是自1955年初，通过高教部向复旦大学借调谭其骧来京，在历史研究所开展工作。

谭其骧来京工作不久，就感到工作不像起初想象中顺利，从杨守敬图中将古地名搬到今天地图上需要花费大量考证工作，速度很慢，到1956年底仅完成了秦汉图初稿和一部分清图底稿，而复旦方面通过高教部再三催促谭其骧返回复旦执教。在无可奈何之下，谭其骧和历史所商议决定还是先回学校，将历史地图工作带到上海继续完成，临行前谭其骧向历史所副所长尹达提出由历史所派两名年轻人跟他去上海，协助他编历史地图。事有凑巧，当时我与所内同年毕业于复旦历史系的王文楚得知中科院上海分院有成立历史研究所的规划，复旦历史系教授周予同将出任所长，就向所里打了调回上海的报告。尹达就提出让我们两人随谭其骧回上海参加编图工作。这样一个偶然事件决定了我终身的学术命运。

问：您能否谈谈如果一个年轻人有志于从事历史地理研究，需要具备哪些基本条件？

答：近二十年来，我们所招收的研究生来自不同的专业，有学历史的，这是占大多数，还有学考古的，有学地理的，有学人类学的，等等不一。来自不同的专业就根据自身的不足，补充不同的知识。首先，得具有中国历史的基本知识，就是中国历史发展的基本情况和脉络，这一点历史专业出身的同学就占了便宜。历史地理是研究历史时期的地理环境，包括自然环境和人文环境两个方面，是人类活动的舞台，研究舞台就不能不了解人物活动和剧情，这一点是不言而喻的。其次，既然研究的对象是地理，就需要具备基本的自然和人文地理知识。其三，研究历史地理最基本的资料为历史文献，所以对历史文献资料需要有一定程度的熟悉。其四，初步具备野外调查的能力，因为从事历史地理研究野外调查有时是必不可少的。以上所说的都是基本的能力，要全面掌握，还需要随着研究工作的深入，这种能力随之会不断地提高。

问：我想请问一下，近几十年来历史地理学在我国有哪些明显的发展？有哪些标志性成果？

答：中华人民共和国成立以来，历史地理学的发展大致可分为几个阶段：第一阶段大致是从上世纪50年代到80年代，标志性成果是谭其骧主编的《中国历史地图集》和《中国自然地理·历史自然地理》。《中国历史地图集》是1949年以来历史地理学科最大的一个项目，参加的科研机构、高校有十几个单位，前后参加过编稿、制图的有100余人。从1955年谭其骧在北京编图开始到1974年出版内部本，前后费时近20年时间。1981年开始进行修订，以后陆续公开出版，到1989年出齐，前后又花了将近10年时间。总之，这部图集从开始设计，到全部出齐，前后达30年之久。该图集共分8册，共304幅，全部采用古今对照。内容包括：已公布的原始社会遗址和其他时期的重大遗址，各民族政权的疆域或活动范围、政区和一些部落的分布，秦以前可考地名、秦以后全部可考县以上政区（含县）和县以上重要地名的位置和范围，可考的长城、关津、堡寨、谷道、陵墓、庭帐等，还有主要的河流、湖泊、山岭及海岸线、岛屿等，共收地名约7万多个，是迄今为止我国最详细的历史地图集。这部图集是研究中国历史地理的基础，也是研究和学习中国历史地理的必备工具书，对以后历史地理学的发展起了不可替代的作用。《中国自然地理·历史自然地理》是上世纪80年代由科学院地理所组织的一套"中国自然地理丛书"中的一本，缘起是因为60年代以来我国自然灾害频发，大家认为今天自然环境的恶化是有其历史发展根源的，早在30年代，地理学界老前辈竺可桢先生就开始注意历史气候的变化，70年代初又在《考古学报》上发表了论五千年来中国气候变化的论文，引起了中外学界的重视，于是地理学界就组织我国历史地理工作者协力来编写我国第一部历史自然地理的专著。该书内容包括了历史气候、植被、河流、湖泊、海岸、沙漠等自然地理要素在历史时期变化的过程及其规律，为我国历史自然地理的研究，开创了新局面。第二阶段，大致上从80年代中期到90年代中期，上述两本历史地理基本著作的出版，为我国历史地理学发展提供了基础，同时也引起了广大学者对研究历史地理的兴趣。这10年里，历史地理研究在全国掀起了一个高潮，大量历史地理专著出版，侯仁之先生在其数十年研究北京城市历史地理基础上，与他的学生们共同编绘出版了《北京历史地图集》，史念海先生也在多年的研究基础上出版了《西安城市历史地图集》，历史城市地理的研究成了一门热门课题，出版了不少专著和论文。由史念海先生领导的历史农业地理研究，在这一时期出现了空前的繁荣，断代的如宋、辽、金、元，地区的如湖南、两广、苏、皖、浙、赣都有专著出版。人口地理方面有葛剑雄主编的六卷本《中国移民史》，虽以史为名，实际上大量涉及历史人口地理问题。文化地理方面有张伟然所著两湖历史文化地理的专著，至于专题论文成果更是美不胜收。此外还有地区综合的历史地理研究，如《黄淮海平原历史地理》，是区域历史地理研究的尝试。总之，这一时期历史地理研究进入了空前繁荣的时期。自90年代中期至今，又进入了一个新的阶段，其特征是历史人文地理学与自然和人文综合历史地理研究成为这一时期的主流。1982年谭其骧发表了《历史人文地理研究发凡与举例》一文，强调了当前研究历史人文地理的重要性，在他的倡导下，历史人文地理的研究出现了百花竞艳的局面。人文地理当然以人为本，人类活动是影响人文地理变化的主要因素，因此葛剑雄、吴松弟、曹树基合作的多卷本《中国人口史》（已出版了宋金、明、清、民国4册）将会引起历史地理学界极大的关注。同时综合自然和人文的不同角度研究历史时期人地关系的变化，也成为这一时期的特色，这是与当前我国以至世界环境恶化对人类社会影响所引发出来的课题。所以对历史环境问题的反思，对灾害与社会、环境与社会关系问题的探讨，是本阶段研究成果比较集中的方面。最近我们出版了《中国历史人文地理》一书，是中科院地理所组织的"中国人文地理丛书"中的一本，可以作为今天研究中国历史人文地理的基础。总而言之，近二三十年来，历史地理学科发展还是比较兴旺的，但是与其他相关学科相比，还很不理想，譬如，历史地理还有不少缺门，更重要的是，整个学科理论体系还没有建立起来，这有待于同行的共同努力。

问：您能不能简单地和我们谈谈历史地理学科的现实意义？

答：这个问题不是几句话能讲清楚的。你既然要我简单地说，我也只能在此作简单的说明。所谓现实意义，我想就是指某个学术问题的探讨对今天我国"两个文明"建设有何参考价值。我想这在历史人文地理而言，可以从其他学科比较不注意的疆域、政区谈起。因为历史时期疆域和政区的变化是历史地理学的最基本内容，是一切历史地理要素活动的平台。今天的中国是一个多民族共同缔造的统一国家，这一点似乎已无异议。但是几千年来这一过程究竟是怎样的？中华民族中各兄弟民族活动的地域在历史长河中，如何经过统一、分裂、交融，最后形成地域广大的、政治统一的多民族国家。弄清这一历史事实，探索其中变迁的规律，对我国是由多民族共同缔造的统一国家将有深刻的认识，对今天广大人民渴望统一的情结会有深刻的理解。研究中国历史上的政区沿革也有同样的意义。众所周知，政区是中央政府将国土分地区、分层次进行管理的一种制度。我国自秦始皇实行郡县制以来，数千年来历代统治者基本上都是遵循这个体制。就是中央政府将国土分块、分层次由各级地方政府来管理，由此必然出现中央与地方政府在权力分配上的矛盾。我国历史上各个朝代、各个时期政区的分地域、分层次的情况大不相同，地域有大有小、层次有多有少。这种变化的内在原因是什么？历史上这种变化对中国的政治、经济、文化发展的影响如何？这些问题的探讨对如何处理好今天中央和地方的关系具有重要的借鉴作用。至于在历史自然地理领域里更是俯拾皆是。随便举例，比如对历史时期气候变迁的研究，就有十分重要的现实意义。当前世界气候趋暖已成为共识。但是气候变暖后，对人类社会将产生什么影响，目前尚难预料。研究历史时期气候变化的趋势和规律，探求历史上气候暖期对人类所处自然环境的影响，是我们当前考虑对策的重要参考。对我国历史时期黄河和长江一类大江、大河变迁的研究，对当前治理大江、大河具有十分重要的意义。这类例子太多，不可胜举。总之，研究历史时期自然和人文环境的变化，对今天保护环境、治理环境，怎样使人类社会与自然环境协调发展有着重要的作用。

**问：知道您从事历史地理研究工作几十年了，可否请您谈谈治学经验？**

答：经验谈不上，回顾四十余年的科研工作的经历，想谈谈几点治学的体会。

一、历史地理是一门实证性学科，所以从事历史地理研究首先要打好基础。但打基础不仅仅是读书，还得参加本学科的基础研究工作。我认为参加大型集体科研项目，是发展学科、培养接班人的重要途径。一个学科的发展，一个科学工作者的成长，都离不开大型基础研究的带动。我们回顾一下20世纪以来历史学的发展，很能说明这个观点。上世纪初殷墟甲骨文的发现、发掘、整理和研究，开创了一门新的学科，带动了整个古史和古文字的研究，当年参与这项工作的年轻人，后来都成了殷商、甲骨文的专家。敦煌窟藏和吐鲁番文书的发现、整理、研究，大大丰富了魏晋南北朝隋唐史、中外交通史的研究，使晚清以来的西北史地之学完全进入一个新的天地，而如今敦煌学已成为世界性的显学，我国许多敦煌学、魏晋南北朝史专家都是从整理和研究敦煌卷子、吐鲁番文书起家的。《中国历史地图集》

是中华人民共和国成立以来社会科学领域里的重大成果之一，也是中国历史地理学发展史上的里程碑著作。现代历史地理学在中国虽然发轫于上世纪 30 年代，但在 1949 年以前只有一些零星的研究，远不成规模。《中国历史地图集》集中了全国历史地理学界的主要力量，共同配合，通力协作，解决了许多长期没有解决或者未被注意的问题。例如，什么算是中国历史上疆域的范围？是以历史上中原王朝疆域为范围，还是以今天中国疆域为范围？过去因为没有编制过大型历史地图，大家在论著中可以含糊地写，到了要画地图了，这个问题非明确不可。通过这部图集的编制，大家基本上取得了共识。又如历史上前后出现过数千个县，这些古县的今地方位，那些著名的重要的前人已经考证，而偏远地区和历史上没有发生过重大事件的县址，过去没有什么人注意，但画历史地图则不论重要不重要，都得一视同仁，就需一一考证今地。又如历史上边疆民族建立的政权的范围究竟怎样，清代以来不少学者写过论著，但都限于文字，都不具体，现在要编制地图了，每一点和线都要落实在今天的地图上，那就非做细致的研究不可。《中国历史地图集》虽然是一部以疆域政区为主的普通历史地图集，但主要山脉河流的框架还是必须要画的，我国历史上不少山名不同时期所指范围不同，都需一一考证落实，尤其是我国东部平原上的以黄河为主的河流，在历史时期有过很大的变迁，历代人工运河也很发达，但究竟是怎么变的，以往的研究成果远远不能满足绘图的需要，那就得重起炉灶，一条一条河流来考证。总之，通过《中国历史地图集》的编制，历史上中国地理基本面貌得到复原，为今后中国历史地理学的发展，打下了扎实的基础。如果没有这项任务的带动，恐怕不会有这么多的历史地理工作者，集中这么多的力量，在同一时间内，解决这么多的具体问题。

我个人就是通过参加《中国历史地图集》的编绘工作逐渐熟悉历史地理学的。一开始我对历史地理是一窍不通，到上海参加编稿工作之初就是从《大清一统志》整理出清代政区表开始的，通过这件工作，我对《大清一统志》这部书比较熟悉了。以后又参加了两晋、十六国、唐、宋政区表的编制，对这些时期的正史地理志的优缺点有了具体的了解。历代东部平原河流的变迁，是编制历史地图中比较棘手的问题，谭其骧对《汉书·地理志》时代的河流作了细致的考证，以后则有《水经注》可依，这样从秦到南北朝的河流变迁大致可以画出来了。但唐以后的河流变迁，前人没有系统、完整的成果可以利用，需要从头开始，谭其骧将这个任务交给了我。于是我从《元和郡县志》开始，将历代总志、正史地理志、河渠志以及河渠水利专著的材料一一罗列、排比，渐渐能理出个头绪来了，并绘制出草图。与此同时，我将收集到的材料，先后写成了《隋唐汴河考》《唐宋汴河的淤塞原因及其过程》《宋代惠民河考》《宋代黄河下游横陇北流诸道考》《山东运河历史地理问题初探》《历史时期华北大平原湖沼变迁述略》等论文。同时因为我在相当长的时间内摸索过东部平原水系变迁的资料，对黄河下游河道变迁比较熟悉，所以 1975 年中科院地理所请谭其骧主编一本中国历史自然地理的专著时，他就命我承担其中黄河一节的撰写。但撰写学术著作和编图不同，编图只要表示然，无需反映其所以然。而写书不能光写黄河下游河道变迁的史实，还要分析不同时期黄河流域的自然和社会背景，黄河泥沙、洪水的发展和变化的规律，黄河下游决口、改道的特点和规律，黄河不断地决口改道对下游平原的影响，等等，我原来一些知识远远不够了，于是就大量阅读有关黄河的历史文献、前人的研究成果，还作了实地调查，最后写成五万字的稿子。《中国自然地理·历史自然地理》一书出版以后，反响很好，引用的频率很高，几乎以后凡讲到黄河历史变迁的论文或著作都引此为据。以后又应香港中华书局之约，在研究的基础上写了一本比较通俗的《千古黄河》。除了编绘唐宋以后东部平原水系变迁外，我还承担了大量古地名方位的考证。编绘历史地图就是要将历史上古地名落实到今天的地图，必须要学会做古地名考证工作，这对一个没有经过专门训练的大学历史系毕业生有较大的难度，于是我就先读前人考证文字，知道考证文章是怎么做的，然后将《汉书·地理志》《水经注》以下历代有关的地理志、总志和方志等著作中有关某一古地名的方位记载和后人的考证全部摘录下来，对其中说法有矛盾的，经过排比、对勘、分析，然后决定采取其中一说，或另创新说。最后还得将你认为错误的说法之所以错误的原因找出来，那你的结论才可能保证不误。这是一种十分繁琐而又十分有趣的工作，对训练一个人的逻辑思维有很大的帮助。这类工作做得多了，就可熟练地进行古地名的考证。沿革地理是研究中国历史地理学的基础，这是因为一切历史地理文献记载都是以古地名为坐标的，如果缺乏沿革地理的基本知识，就很难准确利用这些资料。我搞历史地理学的一些基本功都是在编《中国历史地图集》工作中训练出来的。目前国内六十岁以上在历史地理学方面比较有成就的学者，大部分都参加过《中国历史地图集》的编制工作，由此可见，一个大型科研项目确实是可以培养一批人的。

二、开始从事研究应该小题大做，墨迹战术。我体会年轻学者开始做研究，不要挑通论性的大题目，而是从平时读书时发现的小问题着手。因为做大题目由于基础不够，往往流于空泛。而从小问题做起，可以往深处着手，同时可由此题像墨迹一样化开去，逐步扩大，一步一个脚印，日渐形成一个方面。我做专题研究，就是从小题目开始的。我在编绘隋唐东部水系图时，发现以往对隋唐汴河的考证还存在问题。于是就写了隋唐汴河的考证文章。宋代首都开封附近的漕运四渠是《中国历史地图集》必须要画的，其中汴河即隋唐汴河，金水河上游今天还存在，就是五丈河（广济河）、惠民河，前人没有作过切实的考证，于是我写了《试论定陶的兴衰与古代中原水运交通的变迁》《宋代惠民河考》。其他如《北宋黄河下游横陇北流诸道考》《金明昌五年河决算不上一次大改道》《元代河患与贾鲁治河》《山东运河历史地理问题初探》《历史时期华北大平原湖沼变迁述略》等一系列论文都是在编制《中国历史地图集》过程中，发现了问题，以后又通过长期的资料收集写成的。由于我对黄河下游平原的水系变化进行了许多个案研究，对整个黄河下游在历史时期的变迁，有了整体的认识。于是又写了一篇《黄河下游河道变迁及其影响概述》一文，也有较大的影响。以后又在《中国自然地理·历史自然地理》一书中对黄河下游的变迁做了全面深入的研究，使我认识到数千年来，我国的环境有过很大的变化，其中以黄淮海平原变化最大。这一平原在唐代以前自然环境比较优越，是我国经济、文化最发达的地区，然而自宋代以下，自然环境日趋恶化，经济逐渐衰落，明清以后更是我国灾害频发、生产低下、人民贫困的地区。目前黄淮海平原仍是我国粮、棉生产基地，由于自然环境恶劣，农业产量低而不稳，人民生活提高缓慢，我国政府将黄淮海平原的治理和改造列为国家级科研攻关项目。我们认为黄淮海平原今天存在的一些问题，绝大部分是历史时期形成的，换言之，这是几千年来自然环境本身的变化和人类活动对自然环境施加影响所产生的结果。因而对黄淮海平原地区做历史地理的研究，不仅有很重要的学术意义，同时也有利于加深对现状的认识。于是我就和同事们一起撰写了《黄淮海平原历史地理》一书，出版后获得同行的好评，并于1995年荣获国家教委首届人文社会科学优秀成果一等奖。

以上即就我个人例子说明，如立志终身从事研究工作，平时在读书过程中发现小问题应抓住不放，先从一个点上深入下去，逐步深入，逐步化开，一个一个地搞下去，日久必会产生系统的看法，最后形成系统的成果，就成为这个问题的专家。如此锲而不舍地长期坚持，研究的问题积累多了，就成了这一方面的专家。因此切忌在年轻时不肯下死功夫，热衷于凑时髦问题的热闹，东戳一枪，西打一炮，搞得面很广，但都不深，几十年过去了，了解的东西倒不少，但没一个问题是专的，对自己对学科发展都没有益处。

三、多读书，勤思考，力求有所创新，力求有所发明。我上面讲过，我们搞学术研究，目的是为科学大厦添砖加瓦。因此每做一个课题，总希望最后成果能为这座大厦增加些什么，不论大小。但是怎么知道你将来做出来的成果是一砖一瓦呢？我看首先要能发现问题、提出问题。怎么能够发现问题呢？我看主要是勤读书、多读书，目光敏锐的思考固然十分重要，但胸中无书，思考就没有素材。我在研究历史上运河变迁的过程中，对运河在社会经济中的作用发生了兴趣。我读了不少以往学者对运河历史作用的论述，基本上一致认为运河在沟通我国东西、南北地区的经济文化交流中起过积极的作用。但我在阅读历史资料过程中发现历史事实并非如此。第一，历代中央政府不惜花费大量财力、劳力，开凿运河。如从战国时代的鸿沟到明清时代的南北大运河，主要目的是为中央政府机构提供物资。由于我国处于东亚季风区的降水特点，漕运和农业灌溉用水，始终存在很大矛盾。但最后都是以牺牲沿河农民的利益为代价，以保证漕运的畅通。特别是明清时期山东运河因水源不够，将泰山山脉的地表、地下水泉全部纳入运河，"涓滴归公"，遂使沿线农民因无水灌溉而逃亡。第二，我国历史上人工运河因自然条件不好，一年内有半年需要停航疏浚和维护，而另外半年主要用来漕运，所以民间商人利用运河的时间很短，运河上的商业活动主要依靠漕卒夹带私货来进行。因此对历史上运河的经济作用不能评价过高。我就以此观点写成《从地理环境角度考察我国运河的历史作用》一文，发表在1982年第3期的《中国史研究》上，获得较高评价，1986年获上海市哲学社会科学论文奖。从（上世纪）80年代开始，我一直为历史系本科生和历史地理研究生开设"中国历史地理概论"和"中国历史经济地理"课程，在备课过程中阅读了大量今人著作和历史文献，对明初洪武年间在北部边境蒙古高原南缘设置了很多卫所，但在永乐元年一年内全部迁入长城以内的原因长期不得其解。传统的说法是由于外围据点远离内地，无人居住，一旦蒙古入侵，难以固守，故而退居长城为守，而东北西拉木伦河、老哈河流域则是给了为永乐争位出过力的兀良哈三卫。一次偶然的机会，我读到了达力扎布《有关明代兀良哈三卫的几个问题》一文，用大量史实证明，传统说法是没有根据的，是后代明统治者无力收复土地，嫁祸于祖先。这给了我很大的启发。同时我从大量史实里发现明永乐时国力十分强大，北边不存在蒙古威胁问题。于是我查阅《明实录》《明经世文编》等大量资料，认为卫所内迁的真正原因是15世纪初开始，我国北部气候转寒，农耕无法维持卫所军士及其家属的生存，而内地运粮前往，又耗费过大，得不偿失，于是统一内迁至长城以内。我以此观点写了《明清时期北部农牧过渡带的推移和气候寒暖变化》一文，发表在1995年第1期的《复旦学报》上。这篇论文不仅对明初卫所内迁问题创立了新说，同时又为气候变迁史上明清小冰期出现提供了实证，因此受到历史地理学界的重视。1996年获上海市人文社会科学优秀论文一等奖。我举以上两个例子，并非自我吹嘘，目的是以具体事实说明，只要勤读、多思，一定能够有所发明的。我认为搞学术研究，目的是为学科添砖加瓦，因此要求所做每件工作能为学科建设起推动作用。我们不可能每一研究都是空前绝后的。前修未密，后出转精，是学术发展的正常现象。但希望后人超过我们，而不能绕过我们。如果我们做的成果，后来者看不看一个样，那我们的工作就没有意义了。

问：最后想请您谈谈，目前在进行什么研究，今后有什么打算？

答：我现在手头上还承担了许多大型科研项目，有《中华人民共和国国家大地图集·历史地图卷》《历代正史地理志汇释》《中国历史地名大辞典》《中华大典·历史地理分典》等，个人的研究课题有中科院地理所主持的"中国人文地理丛书"中的《中国历史人文地理》，最近刚由科学出版社出版；接着主持历史时期环境与社会变迁的大型课题，准备出一套丛书，特有兴趣的课题是我个人进行的《历代正史河渠志笺释》。我今年已经六十多岁了，希望再工作十年，将以上的工作做完。

（原刊《历史教学问题》2002年第2期）

# 集体项目既出成果也出人才

## ——访邹逸麟先生

## 段　伟

### 一、走上历史地理研究之路

问：邹老师好，十余年前冯贤亮老师曾就历史地理研究的问题采访过您（《历史教学问题》2002 年第 2 期），近年您又有大量新著出版。《中国史研究动态》编辑部想请您再谈一下对当前历史地理学的看法。我们想通过十个问题来访谈。第一个问题，您是如何开始走上历史地理学研究道路的？

答：这个讲起来也蛮长的。我实际上是由一个偶然的机会走上历史地理研究的，1956 年秋天从山东大学历史系毕业后，由学校分配到中国科学院历史研究所，做实习研究员，相当于大学里的助教。那时候在北京的办公地点，在东四头条胡同里头。当时历史所对我们年轻人要求不高，不要你写文章，就是要你天天坐在办公室里，读《资治通鉴》，读《史记》。因为我是秦汉史组，当然读《史记》了。每天 8 小时，在办公室就是读这个。读这个倒是不辛苦，只是北京的生活很不习惯。那时候我住的地方很差，估计是以前王府下人住的房间，地面铺的是地砖，屋顶上都是蜘蛛网。睡在一两块木板上，垫上稻草，放上棉褥。我们去的时间是农历十月份，北京天冷了，房间里有一个炉子。所里专门有一个老人，给每间办公室生炉子。我们也不会弄，吃也吃得很差。20世纪50年代北京的食堂是很差的。我和来自复旦大学的王文楚先生是同年毕业的，在那种环境下，思想上有情绪。我们都已经结婚了，都想回上海。怎么办呢？当时传闻，说是1956年下半年在上海要建中国科学院分院，分院里也有一个所叫历史研究所，所长是复旦大学教授周予同先生。我们听到这个消息非常高兴。第一，因为周予同先生是复旦大学教授，王文楚先生认识的；第二，它是中国科学院分院，我们想，一个机构里内部调动会比较简单。所以我们就打了个报告给当时的领导尹达副所长（名义上所长是郭沫若，具体办事的是尹达）。报告说，我们两人家在上海，听说上海要办科学院分院，成立历史研究所，希望我们能够平调到上海历史研究所去工作。谁知，报告打上去后石沉大海。这不过是风传，根本没有这回事，我们也没有办法了。事情真是天有巧合。1954年，在第一届全国人民代表大会期间，中间休息时，毛主席与历史学家吴晗聊天。毛主席说："我真希望读历史书时有一本好的地图。"吴晗就向他介绍，晚清时期湖北宜都有一位杨守敬，曾经编过一套《历代舆地图》，是很好的，从春秋到明朝，正史地理志上的地名都有，而且它的好处是，古今对照，朱墨套印。就是底图是红色的，历史地名是黑色的。套在一起，一看就能看出来古代地名在今天的哪里。它是以同治年间胡林翼编纂的《大清一统舆图》为底图。但是缺点是翻阅很不方便，装帧34册，翻阅地名非常麻烦。吴晗建议，以今天的地图为底图，把杨守敬图上的古地名都搬到今天的地图上，用今天的制图方法印出来。毛主席说好，同意。会后，吴晗就联合当时史学界的一流人物，范文澜、尹达、侯外庐、翦伯赞、顾颉刚先生等，组织了一个重编改绘杨守敬《历代舆地图》委员会，把杨守敬这套图重编、改绘一下，放在今天的地图上，按照今天的制图方法印刷出来。这项工作就请复旦大学的谭其骧先生来做。因为他是20世纪30年代就有名的历史地理学家，编过历史地图，是吴晗先生的老朋友。谭其骧先生是1950年因浙江大学不再恢复历史系，应聘到复旦大学担任教授的，人事是属于高等学校管的。中国科学院历史所是由中科院人事来管。要请谭其骧先生到北京来主持编图，是要借调的。所以，中科院就向高教部借调谭先生到北京来。当时的看法是认为工作很简单，把古地名搬到今地图就行，大概两年就可以完成了，所以借调时间为两年。1955年初调的，到1956年底，时间要到了，复旦大学去函要求谭先生回去，说，他是复旦大学教授，拿着复旦大学的工资，不来上课，别的教授有意见。而且，谭先生家人，包括谭师母也希望他回来，谭师母管四个孩子，也不方便。谭先生最后只好答应，1957年初回复旦大学。谭先生临走时跟尹达先生讲："我到复旦去上课，这个图还没有完成，在北京两年只搞了秦图、西汉图和东汉图的一半，而且还都是初稿，没有定稿，短时间不可能搞完，我到上海还是要继续做图的，我一个人做有些累，你能不能派两个助手到上海去帮助我做？"尹达一听，说："正好有两个上海小青年想回上海去，跟你走吧。"就让我和王文楚跟谭先生到上海来。我们听到以后真是喜出望外。当时，我们立刻就到谭先生宿舍去找他。王文楚先生在复旦听过谭先生课的，我却是没有见过谭先生，所以想在他临走前拜见一下。因为当时是12月，距离1月份到上海报到还有一个多月时间，我们就问谭先生，这段时间需要我们做些什么。他说："你们去翻翻《读史方舆纪要》和《大清一统志》，这个以后你们是需要用的。"我是连书名都没听说过。他跟我们讲，约定在1957年1月几号（具体记不清了）上海苏州河畔的河滨大楼报到，是新华地图社的办公地点。当时复旦没有办公地点，这套图要由新华地图社出版，就由出版社在河滨大楼的四楼租了房间。我和王文楚非常开心，到图书馆翻翻这两套书。12月底回到上海，1月时去河滨大楼找谭先生报到。

问：那么，您的工作单位是中科院还是复旦大学？

答：还是在中科院。每个月中科院把工资寄来。一直到1962年，复旦大学要扩展历史地理研究室，他们要我们两个人，向中科院打报告。中科院就同意了。1962年我们就过来，在复旦大学历史系担任助教。到1963年职称调整，王文楚先生的同班同学的助教职称都调成讲师了。我和王文楚不行，复旦说，我们两位刚来，对复旦没有贡献。所以我们没有调整职称，一直要到1978年才调整，我就这样从1956年到1978年担任了22年助教。

## 二、历史地理学的学科属性与立足之本

问：第二个问题，现今提到历史地理学，社会上还有一些认识不清楚的地方，请您介绍一下中国历史地理学的学科属性。

答：历史地理学的学科属性，在20世纪50年代学术界已经开始讨论了。主要是两派，一派认为历史地理是历史学的一个分支，另一派以侯仁之先生为首，认为是地理学的一个分支，大家都讲各种理由。但是，这是有问题的。为什么呢？

因为历史地理研究的对象是地理学，是历史时期的地理现象，包括规律、发展等，但是其方法很多是历史学的方法。它需要引用历史文献，地理学方法很多是没有办法使用的。地理学方法有地貌调查、$^{14}$C 测定、冰芯、遥感等，这些都很难定时间。遥感研究河流，运用地理学方法是可以的，但这条河流是什么朝代的，什么时候的，地理学方法就不行。还有很多事情地理学方法是没办法研究的，只能考虑文献，运用考古学方法、考证的方法。实际上，今天有很多新型的跨学科，比如说生物化学，你说是化学还是生物？这是中间学科。还有人文医学，这是自然科学还是人文科学呢？这有很多例子，理科方面很多的。所以，我认为，它是一种新兴的跨学科研究，边缘学科研究，称它历史学还是地理学，很多时候说服不了对方。

问：第三个问题，中国历史地理学自 20 世纪 30 年代创立以来，至今已有 80 余年，有学者认为这是历史地理学最好的时代。但在 2018 年，国家社科基金的冷门绝学项目组织申报，历史地理名列其中，请谈谈您对这一差异的看法。

答：历史地理学发展到今天有差不多 80 年了。1934 年，顾颉刚先生和谭其骧先生创办了《禹贡》学会，出版《禹贡》半月刊，标志着中国沿革地理学向历史地理学过渡。因为传统的沿革地理学，基本上是历史学的附庸，是为读历史服务的。它研究政区的沿革、疆域的变迁、河流的迁移、地名的变化，基本上是为历史学服务的，是历史学的辅助学科。很多历史学家讲，研究历史学有几个要素，职官、地理，还有年代、目录等等，地理就是研究历史的一把钥匙。这几十年的发展，我认为，谭其骧先生主编这套《中国历史地图集》是一个里程碑式的工作，《中国历史地图集》不但是历史地图集的里程碑著作，也开创了历史地理学发展的里程碑时代。为什么？因为在 20 世纪 50 年代初谭先生编纂《中国历史地图集》以前，由于中国的政局变动，1937 年全面抗战，禹贡学会成员四散，大家各奔东西，刊物也停了，很多人不搞历史地理了，历史地理学基本上消亡了。只有谭先生一个人在浙江大学坚持搞历史地理。一直到 1955 年，改编杨守敬图，以后又发展为《中国历史地图集》，内容从新石器时代一直到明清，范围包括内外蒙古、新疆、东北地区、西藏等。这样的话，需要一支强大的历史地理队伍。谭先生一人承担不了，所以联合了当时很多高等学校和研究所，比如说中科院的民族研究所负责西北、新疆图的编绘，南京大学历史系的韩儒林先生负责蒙古图的编绘，中央民族学院历史系负责东北地区的地图编绘，中科院近代史所负责青藏地区的编绘。这些地区从来没有编绘过历史地图。因为中原王朝除了杨守敬图以外，还有别的历史地图，都比较简单。杨守敬图很详细了，但也没有东北、新疆、西藏、青海。这是一个创举！这样一来就把中国的历史地图集发展全面了。在编制历史地图集时培养了一批人。当时每位老先生都要带几个人，一个人怎么搞？所以我曾经讲过，现在活到 75 岁以上的历史地理工作者大都参加过《中国历史地图集》的编绘，都是当时培养出来的。所以，《中国历史地图集》的工作对历史地理学科本身的发展和学者的培养，都起到了不可估量的作用。这项绘图工作结束以后，国内很多高校就成立了历史地理专业研究中心，北京大学、陕西师范大学、武汉大学，复旦不用说了，现在还有中山大学、西南大学、中国人民大学等都成立了历史地理专业研究机构，也有一批人，从事历史地理的各方面专业研究，历史地理学进入到一个辉煌的时代。还需要强调的是，从 20 世纪 90 年代以后，很多地理学家、地理学出身的年轻同志参加了历史地理工作。过去我们基本上都是历史学培养出来的，知识面比较单一，研究课题比较窄，90 年代以后不少地理学工作者培养的研究生和对历史地理有兴趣的年轻人，参加到我们这支队伍里来，那么历史地理学的研究队伍就扩大了。还有很多民族史专家也来做。所以说现在历史地理比过去研究范围广、精度深，蒙古地区、新疆地区、西藏地区都有民族史学家在做。由于范围广，研究队伍也复杂，不是过去的单一的历史学出身。思维也广，很多过去根本想不到的领域现在都有研究。所以张伟然教授讲目前是历史地理学最好的时代，我也很认同这个看法。因为现在研究的课题已经不是我们当时能想象到的，这是我们知识面的限制。一代人有一代人的责任，我们这代人只能做成这样。历史地理学是实学，要进入这个领域，做出成绩，要花很大的功夫。不是听听报告，看几本书，网上摘录几篇文章就可以的。老实说，没有五年十年下过死功夫，是没有发言权的。所以学习历史地理学的人也比较少。大家感到比较困难。花了时间，但成绩看不出来，在学术界不是很显著，比较累。研究的成果也太专，有的书全国估计连 20 个读者也没有。但是你这本书是能永远存在下去的。下了大功夫，有了成绩，这些成绩是能永远留存下来的。不能信口开河，是要有证据的。所以历史地理学是艰苦的，成为冷门学科，很少人做，很多人望而生畏。别的学科做三年说不定很有名了，经常在各种报纸上发表文章，历史地理学做五年，博士毕业，还没人知道！但历史地理学对学术、对国计民生，都是有很大作用的，对中国历史学、地理学的发展，都是有贡献的。因为很多属于历史学的问题及其发展，深探其内容和原因，都与地理环境的变化有关，另外，对当今的建设也有贡献，当今的环境变迁与历史地理有密切关系。所以说，历史地理这门学科是很有用的，就是因为它比较难，工作比较累，需要下的基础功夫要深，还不容易出成绩，所以现在变成了一门冷门学科。

问：第四个问题，您认为历史地理学的核心问题是什么，它的学科特色与立足之本应该是什么？

答：核心问题还是人地关系！因为我们讲历史地理是讲历史时期的地理环境发展，实际上历史时期地理环境的发展是和人类活动密切相关的。我们所谓的历史时期实际上是一万年以来，新石器时代到现在。自然环境本身的变化是缓慢的，但自从有人类活动以后，人类对自然环境就有了影响。最典型的是农业，没有农业以前，人类对自然环境没有什么影响。主要有了农业，对自然环境才逐步产生影响。后来发展不仅仅是农业，还有战争等各种因素，一万年来环境的变化主要是人类的影响。所以我们的研究核心问题就是人地关系，就是探求人怎么样影响环境，反过来环境怎么影响人。历史上人类活动很大一部分就是农耕民族和游牧民族的战争、和平、对立。因为往往蒙古草原上环境恶劣了，大量牲口冻死了，没有吃的了，他们就南下，向汉族农耕地区抢东西。如果说草原上风调雨顺，游牧民族一般不想来的，他们除了雇人种地，对农耕土地没有兴趣。抢了东西他们是要回去的。他们不会种地，也不能在这里放牧，气候不适合他们，容易生病，会大量死亡。我们要把人地关系研究透，很多问题可以解决，能够了解。中国历史上的很多历史事件不仅仅是人的问题，还有地理问题。人的方面，包括生产关系、生产力、政治制度、思想意识，对地理环境都有影响，所以我们要研究中国历史不能忘记地理环境研究；研究地理环境时不能忘记人类社会活动，包括政治制度。我写过一篇文章，讲黄河东流、北流之争与宋代朋党关系。黄河在宋代一会儿东流，一会儿北流，与当时的党争有关系，这些人根本不懂黄河，政治上互有意见，两派相争，一派政治上得势了，就是要把黄河引向北流，另一派得势了，就要让黄河引向东流。不管东流好还是北流好，弄得天下百姓苦死了。中国历史上政治是很强大的，纯粹地理学出身的人往往忽视了这一点，他们研究气候、研究河流变迁，就需要补课，需要知道中国历史。人地之间是互动的，特别是大的民族活动、朝代的分裂，还是很有关系的。

问：现在有些关注气候研究的人，就认为气候是波动的，影响朝代的更迭。单纯从气候数据来谈，有些简单化了。英国地理学家大卫·利文斯通有本书叫《科学知识的地理》，讲科学知识在产生和传播过程中地理因素的重要性。

答：这是有道理的。比如说欧洲，为什么世界上最早的科学出现在希腊，而不是在中国？中国古代是没有科学的。这就是自然原因。世界上民主制度，最早出现在希腊，这也与自然环境有关系的。古代几大文明，也有地域关系。为什么其他古代文明没有了，中国文明还在，与自然也有关系。历史地理学是非常有研究价值的，内容很丰富。

### 三、大型项目对学科发展的重要作用

问：第五个问题，您曾经长期跟随谭其骧先生编绘《中国历史地图集》《中华人民共和国国家大地图集·历史地图卷》等大型项目，如何来看待历史地图集这种形式对历史地理学发展的影响？

答：我认为，历史地图集是历史地理学发展的基础。《中国历史地图集》实际上是疆域地图集，是普通地图集，有疆域政区，包括一些山川河流。《中华人民共和国国家大地图集·历史地图卷》是综合的，自然、人文都包括在内。这是一个基础。我认为，任何一个历史地理学的研究成果都应该可以反映在地图上。画不出地图，这项成果是不成功的，是没有研究透的。河流怎么变迁，怎么流，画不出地图，就没有多少价值。研究政区，秦汉的郡，魏晋的州，唐宋以后的府州县，要画出界线来，画不出界线，结论就难以令人信服。画出界线，别人下一步的研究就在你的基础上。《中国历史地图集》就是这样，给所有研究历史地理的人参考，他可以发现地图上地名不够了，河流画错了，那不要紧，有这幅图的基础，可以进一步做。如果没有谭先生的图作为基础，就没办法做。这是一切历史研究的基础。这两套历史地图集以后全部出版，将为我国历史地理学界的研究提供非常好的基础，也是新科学发展的起点。老实说，在可见的短时间内，国内不可能有谭先生这样的人、这么一支队伍重新来做这样两套地图集，这是很难的。

问：第六个问题，历史地理学界向来有"任务带动学科"的传统，您曾参与、主持了多项历史地理学的重大项目，您觉得，大型基础科研项目对于学科的发展，具有何种作用？

答：我认为大型项目对学科发展是很要紧的。第一，可以出大成果，基础性的成果，不是一个人一篇文章一本书。第二，更重要地是培养一支队伍。中国的大型科学研究都会培养一支队伍。比如说，安阳殷墟的发掘，就培养了一批考古与甲骨学专家。还有，敦煌吐鲁番文书也是 20 世纪初发现的，研究者很少，唐长孺先

生在武汉大学成立了敦煌吐鲁番文书研究中心，招了些研究生，到今天几十年了，一批敦煌吐鲁番文书专家成长起来了。历史地图集也是这样，谭其骧先生在1955年时，只是一个人做，后来也就是我和王文楚三五个人参加。再后来成立历史地理研究室，历史地图集扩大，历史所、其他大学机构也成立中国历史地理研究机构，队伍就扩大了。不是因为《中国历史地图集》，复旦也不会成立中国历史地理研究室、研究所的。中国学术界有很多例子说明，只有一个人做学问是不行的。有些专家在个人学问上是一流的，但是不愿意培养研究生，也不成立研究机构，只是自己写文章、写书，一旦去世，他们单位这个学科就完了。标点"二十四史"是一个大项目，20世纪70年代标点的时候，都是老专家，当时因为部头太大，带着一些研究生标点，这些老先生过世后，这些研究生都变成了这部史书的研究专家。所以，我一直认为集体项目、大项目对学科发展、培养队伍是非常有益的。但是呢，反过来讲，为什么很多人不肯做大项目呢？搞集体项目很烦的！要组织力量，要有很好的助手。老专家必须要几个人帮忙。当时《中国历史地图集》参加单位有几家，100多个人，来往信件、讨论问题，都要有人管，谭先生管不了，都需要有助手帮忙保管、回答、汇报。这是比较难的，但我认为，这是学科发展方向，单个聪明人搞研究可以，但学科没有办法传承！因为现在评职称需要项目，将来国家政策导向应该倾斜。

## 四、历史地理学的传统与进展

问：第七个问题，在历史地理学内部有历史人文地理和历史自然地理两大分支，但两个分支的发展极不平衡，其发展分异也越来越大。您曾主编《中国历史人文地理》《中国历史自然地理》两本书，请您谈谈对这一问题的看法。

答：历史地理学大家都有认同，分为历史自然地理和历史人文地理。但是随着这个学科的发展，包括中国当代经济建设的发展、"三农"问题等，两个分支的分量差别很大。首先，历史自然地理今后的发展受到了很多的限制，比如说我们在20世纪六七十年代搞自然地理的研究，还经常去作野外调查。因为当时野外就是中国的农村情况，新中国成立以后还没有很大的改变，特别是一些落后地区，还基本上保存了晚清以来的地理面貌。所以，历史自然地理实地考察能看到一些东西。经过近40年的改革开放，特别是中央强调解决"三农"问题，农村的耕地面貌、聚落面貌有很大的改变，现在基本上已经看不到晚清民国以来的经济面貌。所以现在做历史自然地理，野外调查已经没有什么大的作用。其次，历史自然地理在文献上的记录已经发掘得差不多了。从竺可桢先生这代人开始，经过差不多七八十年的发掘，历史文献上能够反映历史自然地理的资料基本上收集殆尽，我认为起码95% 收集到了，不可能再有什么重大的发现。然而是不是历史自然地理到今天没有发展了呢? 不是这样的，它的发展就是要与人文地理结合起来。历史人文地理现在发展非常红火，越来越有前途。因为过去我们历史人文地理比较注重沿革地理，证据第一。随着学科的发展，大家已经开始从 20 世纪七八十年代历史地理的各个领域，包括人口、经济、农业、交通、城市、文化等方面，随着学科的发展，对历史地理在中国历史上的影响作用，认识越来越明晰了。特别是这几十年，因为发现很多新的文献，懂少数民族文字的年轻人也越来越多了，因此历史人文地理确实越来越发展，将来不断有新成果，而且是我们老一辈的人所想不到的领域，青年人都会开拓出来! 历史自然地理将来一定要和历史人文地理结合起来，不能搞纯历史自然地理。因为中国历史的发展、人类活动的社会影响，对自然环境影响是极大的。不讲历史，就讲最近几十年来中国自然环境的变化，和人类活动的影响密切相关不言而喻。习近平主席在各种会议上强调要保护环境，要建设青山绿水，这就是说过去我们的环境是有问题的。也就是说，人类发展对自然环境的影响是很大的。过去很多搞历史自然地理的，对历史完全不懂。比如说到沙漠地区考察，根据沙漠的人类社会古迹，从考古角度来推算，沙漠怎么移动的。实际上这与历史上很多边疆民族的发展有很大关系。过去地理学者往往不重视。所以我认为现在搞历史自然地理的学者要补历史课。

问：第八个问题，历史地理学向来有"经世致用"的传统，这一传统主要体现在哪些方面，未来会有哪些新的发展?

答：经世致用可以说是中国做学问的传统，当然现在也有很多人强调科学本身就是探索自然之谜，无所谓有用、没用。这话是有一定道理的。但是在一个国家的发展过程中，这样的科学家只能是少部分，少部分人可以做一些和当今根本经济发展毫无关系的，和社会思想毫无关系的学术研究。但是中国绝大部分的学者做学问还是要考虑经世致用的，这是中国的现实。国家给这么多经费，中国也不富裕，做出来的成果要对当今社会的政治、经济、自然发展、人文发展有影响，才能得到国家的支持，研究者才会感到有兴趣，这是对绝大部分人而言。当然，我们也赞成有少部分人去搞那些无用之学的科学，纯科学。历史地理学实际上比历史学科同经世致用更有密切关系，因为它最关键的问题牵涉到环境变迁。我们今天的人类社会离不开自然环境。现在经济发展、人们的健康都和环境有关系。大家知道，最近几十年来得癌症的人越来越多，这就是环境的问题。当然还有遗传基因，这些中国人一直有的，为什么在最近几十年这么厉害呢？那就是与环境有关系！所以，中国环境发展到今天，不是一朝一夕之功，而是有长期的积累，和中国的历史有关系。中国的今天为什么很多地方水土流失很严重？因为中国历来是一个农业国家，在现代科学发展以前，农业技术发展很慢，可以说两千多年来从秦汉到明清，农业工具没有什么质的变化。因为人口不断增加，所以要发展农业经济，否则人活不了，发展农业唯一的道路就是扩大耕地面积，没有技术来提高单位面积产量。中国自然环境实际上是很差的，真正好的耕地是很少的。最后开发山区，开发森林，要养活人，都是无奈之举。中国历史上环境的变化，两难，既要活命，要养活这么多人，只好破坏地理环境。只有到今天科技高度发展了以后，才可以利用科技来提高单位面积产量。中国是一个多民族的统一国家，这个多民族统一国家是两千多年来汉民族和少数民族之间既斗争又团结逐步形成的，最后形成了秦朝之后的大一统的多民族的统一国家，这是对中国非常有利的。现在由于全国人口的大交流，人文的格局和解放以前大不相同了。怎样解释这些人文格局？很多当地人和外地人的矛盾，外来务工人员和当地居民的矛盾（当地居民以为外来务工人员抢他的饭碗），这也是我们中国历史人文地理研究的对象。实际上中国没有纯粹的汉族，汉族也是多民族融合的结果。"上海人"也是极少数的，绝大部分的上海人都是外地移民来上海逐步形成的，所以上海人不能看不起外地人，上海人上推三代几乎都是外地人，这也是我们人文地理研究的一个很重要的方面。怎么从历史地理角度研究，得出中国人民成为一个多元一体共同合作的民族，有很多领域可做。

问：第九个问题，请您谈一下目前您最想做什么课题。在您几十年的学术生涯中，是否有什么想做而没有做成的事？

答：我今年已经 84 岁了，只能说以后想在历史人文地理方面做些事情。我现在接触到社会，感到很多有意思的问题。现在我们国家经济倚重南方，中国 GDP 较高的几个重要城市，基本上都在南方。比如说，上海、苏州、广州、深圳（北京属于例外），所以经济重心是在南方。但是很有意思，现在中国的文化主要是北方文化。南方很多城市方言已经基本消失，小孩子都不会讲，老人会讲也不讲了。只有到广州，广东话还比较强势。很多地方都讲普通话，外地人讲普通话，当地人也讲普通话。风俗习惯也是北方风俗习惯。我发现看春节有关电视节目，到最后大家都包饺子。这表明现在就是北方文化在全国占主要地位。什么道理呢？我认为是政治强势。因为自中华人民共和国成立一直到20世纪八九十年代，南方的领导干部基本上都是北方人，现在有些改变。语言强势有两个，一个是政治，一个是经济。南京、浙江、杭州本来是吴语区，到了六朝、南宋以后，南京话就是北方话了。杭州话也有北方口音，那是因为北方人建都于此。贵族、有钱的、当官的都是北方人，所以北方话占了主要地位，形成北方方言岛，到现在都有遗迹。为什么广东话这么厉害呢？因为广东经济发展和香港有关系，所以在广东，老百姓基本上还是讲广东话，别的地方人去，要讲广东话才能融入社会，在广东讲普通话，人家不和你亲近。许多人到广州、深圳时间长了，要融入，就要讲广东话。为什么？香港、广东经济发达！所以我认为要研究中国的人文地理格局，以及不同地方人的思想。比如说浙江人都节约，我是宁波人，宁波人虽然有的人很有钱，但生活很节俭，但是北方有的地方就有些浪费。这有什么道理？也有它的经济社会地理背景。我自己没有力量去研究，材料很分散，但是我很希望年轻同志能够研究。真正的人文地理要深入的话还得花很大功夫来研究。研究中国自秦汉以来文化的转移，北方本来的文化当然是以黄河流域的文化为主。过去当官的人都会讲中州话。福建人做宰相和皇帝对话，讲福建话皇帝听不懂啊，所以他一定要去学洛阳话、中州话，否则他没法当官。现在温州人当官的话，他不学普通话的话，就没办法做事情。我很希望有兴趣的青年人慢慢地研究这些问题，一个小题目一个小题目地做。

中华人民共和国成立以前，外地人来上海，山东人、苏北人、宁波人，他们都要学上海话。说不来，也说两句。他讲苏北话，怕社会上看不起。但苏北人是聚居的，在聚居处就讲苏北话，讲上海话人家看不起，到外面得讲上海话。现在上海人都讲普通话，没人讲上海话，这是很明显的变化。所以这个历史人文地理很有意思。我曾经在政协有个提案，说方言的消失是很可惜的。方言是一种文化，方言消失也表示一种地方文化的消失。同时方言的消失也是意味着地方戏的消失。没人听得懂方言，地方戏谁听呀？作为地方的一个特征也就没了。我的建议就是电视台办一档用方言讲的节目，保存方言，比如说一天有一个小时吧，不希望方言消失。方言消失是很可惜的，要消失一大批文化。实际上会把各地的特色慢慢消磨掉了。

另一件想做而没做成的事情，就是修订《中国历史地图集》。我一直有这个心愿，8册图出版有30几年了，《辞海》是10年修订一次，《中国历史地图集》这么大的工程，30年修订一次完全是应该的。怎么修订呢，我个人看法是有两个办法，一个是小修订，简单修订，花不了很多钱，也花不了很多时间，估计两到三年可以完成。就是我们集中一批研究生把自 20 世纪 80 年代到现在 30 年间的主要刊物翻一遍。我们 20 世纪 80 年代全国修地方志，现在已经修到了第二轮，把这些地方志也翻一翻，因为这些论文、方志有的会指出《中国历史地图集》什么地方画错了。把这些材料都收集起来，我们成立一个专家组，对这些资料考证、辨别一下。对的，我们就改；不对的，我们也回答一下。比如说最近一些年出土的秦简中发现洞庭郡，我们就要修订。这种修订不会太多，不过几百处上千处。地图出版社制图修订很方便，两三年估计可以完成。大修订就比较难了，只是我的设想，就是 8 册图变成 10 册图。谭先生在前言和后记中谈到，8 册图在"文革"期间受到"左"的干扰，当时认为中国历史上分裂时期是黑暗时期，统一时期是光明时期，所以统一时期画到县为止，分裂时期只画到二级政区。其实这是错误的。越是分裂时期，读书的人、研究历史的人越要看得详细，魏晋南北朝各政权打来打去，小地名多得不得了，究竟在哪里要搞清楚。所幸我们旧稿子在，我认为大修改就是把魏晋南北朝、五代十国的简图恢复到像隋唐明清一样包括县级政区，这样就增加 1 册。再增加中华民国时期图，编 1 册 1912 年到 1949 年的历史地图集。这一套历史地图集如果出来，是有震撼力的，当然难度也很大。第一要很多经费，第二要很多人力集中来做。目前修订有个好处就是当初我们这些参加"谭图"的老人很多还在，知道这套图的缺点在哪里，当年走过什么弯路，这对新修订者是非常有好处的。如果当年参加"谭图"的人都不在了，当年的考证是怎么来的，哪些可以继承，还有哪些工作没有做到家，就弄不清楚了。我七八年前就提出修订的事情，也申报给相关的主管机构，不知什么原因，没有下文。

问：最后一个问题，作为学界前辈，您对年轻一代的学子们有哪些期许？

答：很简单的，就是要打好基础！任何一门学问，都有两个基本。一个是基本经典。研究秦汉史，《史记》《汉书》是必读的，研究隋唐史，《新唐书》《旧唐书》《资治通鉴》是必读的。历史地理方面，历代地理志、《水经注》都是必读的，当然也不是全部读，起码要熟悉。如果一开始就翻地方志，看别人文章，是不行的。另一个是基本功。任何做学问都有基本功，做木匠、裁缝都有基本功。历史地理也有基本功，就是考证。很多材料不一样，怎么能够辨别哪个是对的，哪个是错的。我认为年轻学生包括年轻教师如果基本功不好，要花点时间补。不能认为做明清史就不读《水经注》，基本的经典还是要读，一辈子都能用得上。老一辈学者有一个优点，什么历史地理问题都能做，为什么? 就是基本功好，知道看什么书。当然，一个优秀的学者，有良好的基本功，也要有一个专长，不能做万金油。年老时，在某个领域里，别人能想到这个人。有的人非常聪明，但不能静心，这里做一下，那里做一下，都是蜻蜓点水，最后没有一个领域大家认为他是权威。做学问一辈子至少要是一位专家，40 岁以后至少要有一个专长，得到学术界的认可。

（复旦大学历史地理研究中心段伟采访整理。时间：2019 年 3 月 13、20 日，地点：复旦大学历史地理研究中心谭其骧文库。原刊《中国史研究动态》2019 年第 4 期）

# 邹逸麟：只要下工夫去做，
学问是不会辜负你的

于淑娟

邹逸麟先生生于 1935 年，今年已经 82 岁。2016 年 9 月，邹先生荣获上海市第十三届哲学社会科学"学术贡献奖"，与此荣誉一并而来的，还有今夏由上海书店出版社出版的《邹逸麟口述历史》。在这本书中，邹先生细述了自己的成长、求学、治学经历。

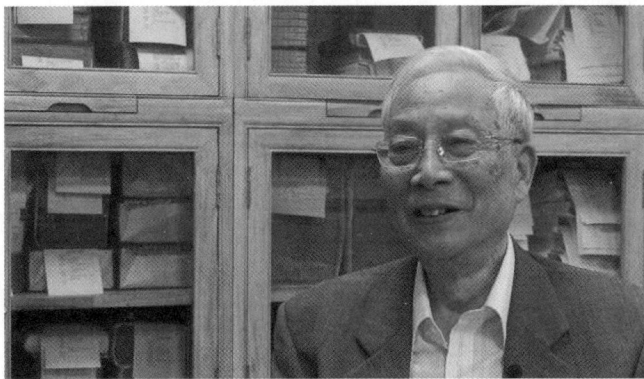

邹先生在其口述中说，他的学术生涯起步于 1957 年 1 月 23 日——这一天是他步入位于上海虹口北苏州路上的河滨大楼报到的日子，也是他跟随谭其骧先生进行历史地图编绘工作的开始。如今，邹先生仍然笔耕不辍，算起来，他已在历史地理学界俯首耕耘了六十载。六十年后再回首，邹先生说，能扎根历史地理学并为之付出无悔的一生，"完全是偶然的天赐良机"。偶然的因素自然是存在的。不过，也有句话讲：机会，总是留给有准备的人。在"偶然"踏入历史地理学界之前，青年时期的邹逸麟有相当不错的学术积累。

### 不愿承继家业，北上求学的"少爷"

邹先生祖籍浙江绍兴，曾祖父时举家搬至宁波做生意，父亲在上海办实业，成了企业家。邹先生自小过着"少爷"的生活，家境优渥，衣食无忧，最重要的是，他拥有很好的受教育环境——在私立的教会学校读书，会英语，尤爱阅读。战乱年代里，与颠沛流离的同辈人相比，家住当时租界内的邹先生，他的青年时代无疑是幸运多了。初中毕业后，按照父亲的意思，他该学生意了，但母亲出于疼爱，不想逆了孩子的意，于是他得以继续读高中，之后又顺利读了大学。

邹先生中学起就热爱文史，报考大学时，他没有赶时髦去学数理化，而是报考了山东大学历史系。

当年的山大历史系名师云集，张维华、杨向奎、郑鹤声、赵俪生、童书业、黄云眉、王仲荦、陈同燮八位名教授，人称"八马同槽"，都给学生上课。邹先生对学习十分投入，业务上很突出。1956 年夏天毕业前，郑鹤声先生提议要留他当助教。但他不愿留在青岛，于是婉拒了郑先生的好意，服从组织分配，进了中国科学院历史研究所任实习研究员。

### 追随谭其骧先生，扎根史地

谭其骧先生是中国现代历史地理学科的创始人之一，由其主编的《中国历史地图集》被称为 1950—1980 年代史学界两大基础工程之一。《中国历史地图集》在学界被称为"谭图"，这项工作前后绵延三十年，在编绘的过程中，一批历史地理学者得到锻炼、成长。邹先生即是其中的一员。

1956 年底，借调在京主持编图工作的谭其骧先生回到复旦，编图工作也随之带到上海。临行前，历史所将两位家在上海的小青年分配给谭先生做助手，其一就是邹先生。

黄河史是邹先生最早涉及的研究领域，这也起步于"谭图"的绘制。绘制一部大型的历史地图，主要的山脉、河流自然是要绘制入图。而且，每个朝代的黄河自然不可能是一成不变的，这就需要系统地梳理。最为复杂的是唐宋至金元时期，没有详细而具体的文献记载作为依据，前人的考订、研究又只是一些文字爬梳，既缺乏系统性，又无法落实到地图上。邹先生接手的任务就是梳理魏晋以后一千多年黄河等一些主要河流的变迁过程，再根据"谭图"各朝代的标准年代，将对应于这些标准年代的黄河等河流流路分别画在各个朝代的地图上。

邹先生搜集历史文献中的相关记载，制作黄河决口、溢出、改道等事实的年表，梳理不同时期黄河流经地点的年表，考订其中的矛盾、错误之处。由此搞清楚了一些前人没有弄清楚的问题，为黄河变迁研究奠定了基础。

与此类似，邹先生对运河历史的研究也是在绘图过程中展开的。用邹先生自己的话说，是"我逐步培养起了兴趣，不是就事论事，完成任务交差，而是做个有心人，在完成编绘历史地图任务的同时，开始关注、思考与历史地理发展相关的社会动态、环境变迁等因素，并逐步深入下去、扩展开来，从点到面、从局部到整体，慢慢形成了自己独创的、完整的学术观点，就这么自然而然地踏上了学术研究的正常途径"。

从 1957 年跟谭先生学着编绘历史地图，到 1992 年谭先生离世，谭邹二人的师生之谊持续了 35 年。邹先生并未听过谭先生给本科生上课，也没有成为谭先生的研究生，他就像旧时的学徒一样，跟着谭先生一个个项目做过来。邹先生说，1992年前他做的每一个项目都是在谭先生的指导下完成的，所写的每一篇文章都是请谭先生审阅后再投稿的。从谭先生那里，他感受到为人和治学之道，为此，他对谭先生感恩终生。

20 世纪 70 年代绘图的工作照
（左二为谭其骧，左三为邹逸麟）

"如果说，自 50 年代开始的对黄河、运河历史的研究，是在谭先生指导之下的奉命之作的话，那么自90 年代开始的对历史时期环境变迁的研究，则是个人多年学术积累的自觉行为，是在一个学术领域内蓄积待发的自然结果。"因为研究黄河、运河，自然也就会关注到黄运地区的环境变迁、社会经济，于是由邹先生领衔，复旦史地所一些老师在 90 年代开展了对黄淮海平原（即华北平原）历史环境变迁的研究，形成了《黄淮海平原历史地理》一书。这本书从历史自然地理与历史人文地理两方面，系统研究了黄淮海平原的历史气候、历史灾害、水系变迁、人口的历史变迁及历史时期城市的发展等问题。这是一项有着重要学术价值和较强现实意义的成果，1995 年获得国家教委首届人文社会科学优秀成果一等奖，至今仍是高校历史地理学科的教科书。

总结自己为学一甲子的成果，邹先生归纳为：两本地图集、三种工具书、四本专业教材。两本地图集即《中国历史地图集》（"谭图"）、《中华人民共和国国家大地图集·历史地图卷》（"国家大地图集"），三种工具书是《中国历史大辞典·历史地理卷》《辞海·历史地理分册》和《中国大百科全书》"历史地理"条目，专业教材有《中国历史地理概述》《中国历史自然地理》《中国历史人文地理》《黄淮海平原历史地理》。地图集和工具书都是集体性的大项目，邹先生作为其中最重要的中坚力量，除了学术研究之外，还要负责一些协调、组织的事务性工作。"国家大地图集"的出版前后折腾了 30 多年，中间几度因各种原因遭到搁置，最终还是在邹先生的推动下，于 2012 年出版了《中华人民共和国国家历史地图集　第一册》。

邹先生还出版有两本个人论文集《椿庐史地论稿》（天津古籍出版社 2005 年）、《椿庐史地论稿续编》（上海人民出版社 2014 年），这是他个人数十年学术研究论文的集结，共 150 多篇，130 多万字。与谭先生一样，邹先生也是把学术生涯中的大量时间奉献给了集体事业。邹先生另有一古籍整理成果，即点校《禹贡锥指》，这一工作从 1964 年开始，历经"文革"，1988 年完稿，终于在 1997 年由上海古籍出版社出版。

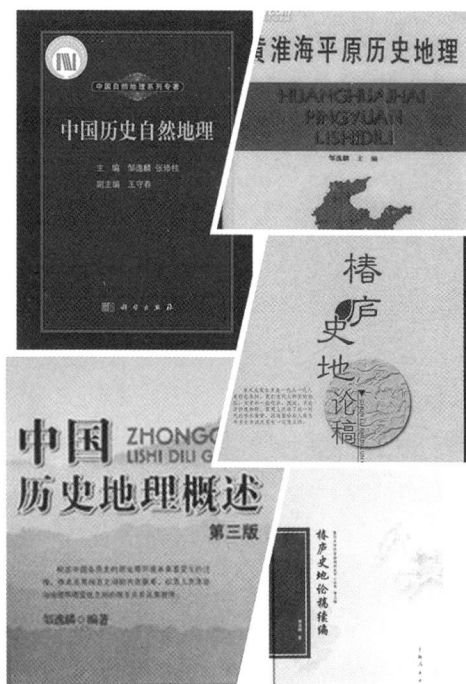

由邹逸麟编、著的部分成果

回首平生，邹先生感慨万千地说："我最深的体会就是学术上的成功没什么诀窍，就是认真地去做一桩桩事体。我们小时候受的教育是只管耕耘，不问收获；做学问就是这样，你不要想每桩事体对我有什么好处再做，这桩事体对我写什么论文有效再做，这是错误的，许多收获都是在你不知不觉中产生的。做每桩事体都要花工夫，这点要相信，只要你工夫花下去，必有成就。"

## 承前启后，做好接力棒

邹先生是继第一代现代历史地理学学科开创者谭其骧、侯仁之、史念海之后，公认的历史地理学科带头人，是第二代历史地理学者中影响最大的学者。作为继谭先生之后，复旦史地所的第二任掌门人，邹先生长所十年，起到了承先启后的作用。

"每代人有每代人的任务，人不可能超过自己的时代做更多的工作。"邹先生很谦逊地说，"能在这个时代里尽到一份责任，就可以自我安慰了。我基本上是接力棒，把谭先生的东西接过来，交给下一代，把这个学科发展下去。"

退休后的这些年，他仍继续在主持一些大型的科研项目，如《清史·地理志》《中国历史自然地理》《运河志》以及《辞海》第 7 版的修订工作。作为学者，他有做不完的课题、看不完的书稿，忙于其中，也乐于其中。他说，这是他晚年的福分，也是一个学者的宿命。

## 对 话

**澎湃新闻**：编绘历史地图集是您学问的起步，这个工作前后历经 32 年，您是主要的参与者和见证者，这其中经历了哪些曲折？

邹逸麟：这是有几个方面的原因的。

首先，原本这个工作计划的是改绘杨守敬的《历代舆地图》，这个地图的问题在于，他只编绘到明朝，地域上，新疆、西藏等也都不在这个地图的绘图范围中。1959 年以后，中苏、中印关系出现问题，国际上有些文章就说，历史上中国就是在长城以内，长城以外不是中国的领土，这就是国际问题了。于是，1960 年我们决定画中国的地图，也就改名叫《中国历史地图集》。这样一来，工作内容一下增加了很多。因为要画包括新疆、蒙古、西藏、东北在内的历史地图，就一定要请复旦以外的专家、学者来做，这是画图工作延长的重大原因。

另外，"文革"期间，工作中断了 3 年，还有 1958 年"左"的干扰对地图工作也有影响。1974年我们出版的内部本，但其中很多地方其实是不符合历史的，就是受了"左"的干扰。后来，我们又听说香港有意出版这个内部本，当时版权问题还不受重视，他们这么做是可以的。谭先生知道了后就向上打报告，要求进一步修订并出版，把原先"左"的内容改过来，这花了很长时间。从1980年开始，修订一本出版一本。前面问题都不大，到了明清时期的地图，其中涉及政治问题，谭先生和外交部看法不一致，为此开了多次会议。大家各不相让，各有各的理由，于是就拖着。前面几册地图已经出版，而且在国内外学术界都享有盛誉，唯独明清两册迟迟不出版，国外学者也有疑问。后来出版社给中央打报告，最终还是决定听从专家的意见，于是1987年明清两册地图出版，这一工作才算全部完成了。

**澎湃新闻**：这套地图集出版至今又已经过了30年了，回过头看是否还有再次修订的需要？

邹逸麟：我提出过这个建议。30年了，新的研究成果、考古成果不断出来，是可以对之前的工作进行个全面的修订。另外，当年参加地图编绘工作的人，如今有些都故去了，活着的年纪也大了，但亲自参加过这个工作的人，了解绘图的过程，知道这个地图的优缺点、问题在什么地方，趁我们这些人还活着，哪怕具体工作做不了，也可以提提意见。不过，现在这个工作很难展开，人员、经费都面临问题，而且当年这种集体项目有其时代背景，现在环境也不一样了。

当年是毛主席交下的任务，没想着要稿费，大家也没有名利思想，就是干工作。像我，大学毕业没有什么事情可做，这就是我的工作，所以死心塌地。白天干，晚上也干，曾经有半个月我们通宵地干，日子苦，但没有牢骚。最后全部的地图编完，参与人员的名单有一百几十个人。现在要组织这么一大批人，这样枯燥的工作要干个五年十年，还需要大量经费，现在看来都很难。

**澎湃新闻**：当年的地图项目经费、条件相对是很好的。这样的大型集体项目也培养了一批相关领域的学者。您的研究就起步于此。

邹逸麟：是的。我一直认为，一项大的科学研究，最后得到的不单单是研究成果，而且能带出一批学者，能够让学科向前推进一大步。《中国历史地图集》的出版是一个里程碑式的成果，它出版以后把历史地理学提升到了一个新的台阶。其他的大型研究项目也是这样。比如现在武汉大学在做的敦煌文书的整理，这个单位积累几十年下来，一定会培养出一批专家。

**澎湃新闻**：您对黄河、运河的研究其实都与编地图时对黄河的梳理工作有关，后来又对黄河流域的环境变迁尤其关注。作为一个江南人士，为什么会把自己的研究兴趣长期锁定在黄河流域？

邹逸麟：编绘地图的时候谭先生给我的任务就是梳理黄河的变迁。做这个工作下了很大的工夫，也有些积累了。原本我研究的是一条线（河流），后来变成面（流域），再接下去思考的就是，这条线变化以后对整个流域的环境起了什么作用，所以从黄河、运河的研究进而推进到黄河流域环境问题的研究也是自然的。

另外，我在上世纪跑过黄河下游很多地方。1970年代黄河也没什么改变了，基本上是1949年以后留下的面貌。当时我们还能看到一些清朝晚期的遗迹。比如，今天河南延津县北古代有个"胙城"县，历史上很有名，是南北渡黄河的要地。我们到了延津县想去看看，当地人说进不去，因为全被沙淹了，自行车也行不通，只能靠走路。当时去看的一个县城，老城门还在，城里低，城外高，出城门要爬高坡，我觉得很奇怪。后来听当地人说，以前洪水来了就关城门，水退了，沙留下来了，所以城门外的路比城门内高。我们考察之时，三年大旱刚过去，所到之处破烂不堪。当时就想，是不是要写一本黄河与环境变迁的书。后来，我们的确这么做了，就是《黄淮海平原历史地理》，这是第一本区域历史地理著作。其实，中国各区域之间差异很大，很多地方是值得研究的。

**澎湃新闻**：您的个人著作许多是退休前后才出版的。而您现在还承担着一些学术方面的工作，退休之后的生活是怎样的？

邹逸麟：我参与过很多集体项目，花了很多的工夫，也有不少积累。但是当时没时间，也没那么多精力做自己的研究，所以自己的文章是后来慢慢、慢慢写出来的。我2008年退休。退休后，学术方面有几个大任务，一个是《中国历史自然地理》的主编，一个是《清史·地理志》。前者的具体工作有各领域的专家做，我的工作相对而言不算负担很重。后者就比较辛苦。《清史·地理志》涉及三十几个省，要统一体例，只是讨论体例我们就开了八次讨论会。确定之后，大家在工作中可能又遇到问题，回过头又要调整之前的做法，屡经反复。而且参与这个工作的学者，分布在北京、上海、云南等各

八卷本的《中国历史地图集》

地，平时很难见面，只能靠邮件联系，来来回回，花了很多时间和精力。这个工作今年 8 月底才弄完，统共 90 万字，花了半年的时间统稿。现在，我手头上在做的工作就是《运河志》。年纪大了，精力有限，以后这样的工作我就不接了，提提意见还行。

除了学术之外，我喜欢看小说，戏剧喜欢京剧和评弹，这都是我从小就有兴趣的。小时候，我就跟父亲看京戏，十五六岁跟着他听评弹，以前来过上海的很多名角我都见过。现在电视台戏剧频道有京剧，我经常看，还有 5 点半到 6 点一刻的评弹节目我也经常看的。小说也是从上学的时候我就喜欢看，那时候看小说比上课还重要。后来工作没什么时间看，现在有时间了就看看。最近正在看的是《菊与刀》。

**澎湃新闻**：为学几十年，您有何体会，对年轻一辈的研究者有什么建议？

邹逸麟：我自己的体会，搞学问，第一不能太功利。工作来了，首先考虑它对自己有什么好处，有好处干，没好处不干，这是不行的。对待学问，只要你真正下工夫，就必有成果。电影《乱世佳人》末尾，郝思嘉想起她父亲对她说的一句话："土地是永远不会辜负你的！"这句话给我的印象太深了，我认为做学问也是这样，用心做一定会有成果的，学问也是不会辜负你的。第二，搞学问一定要有兴趣，不要凑热闹。总是跟风，流行什么做什么，这是不行的。年轻人如果能孜孜不倦地研究一个东西，最后他一定是有成果的。


（作者为澎湃新闻记者，原文刊《澎湃新闻》
2016 年 11 月 22 日）

# 附　　录

# 邹逸麟先生论著要目

- 1959 年

  《从唐代水利建设看与当时社会经济有关的两个问题》,《历史教学》1959 年第 12 期。收入《椿庐史地论稿》第 72—80 页。

- 1962 年

  《隋唐汴河考》,《光明日报》1962 年 7 月 4 日。收入《椿庐史地论稿》第 81—86 页。

  《唐宋汴河淤塞的原因及其过程》,《复旦大学学报》1962 年第 1 期。收入《椿庐史地论稿》第 87—107 页、《中国历史地理十讲》第 249—280 页。

  《读任伯平〈关于黄河在东汉以后长期安流的原因〉后》,《学术月刊》1962 年第 11 期。

- 1974 年

  《从含嘉仓的发掘谈隋唐时期的漕运与粮仓》,《文物》1974 年第 2 期。收入《椿庐史地论稿》第 108—125 页。

- 1978 年

  《论定陶的兴衰与古代中原水运交通的变迁》，朱东润主编《中华文史论丛》第八辑，上海古籍出版社，1978 年。收入《椿庐史地论稿》第 126—137 页。

  《宋代惠民河考》，《开封师范学院学报》1978 年第 5 期。收入《椿庐史地论稿》第 138—149 页。

- 1979 年

  《垓下在安徽不在河南》（与魏嵩山合作），《安徽师大学报》（哲学社会科学版）1979 年第 4 期。

- 1980 年

  《上海地区最早对外贸易港——青龙镇》，《中华文史论丛》1980 年第 1 辑（总第 13 辑）。

  《金明昌五年河决算不上一次大改道》，《社会科学战线丛刊》1980 年第 2 期。收入《椿庐史地论稿》第 21—24 页。

  《黄河下游河道变迁及其影响概述》，《复旦学报》1980 年增刊（历史地理专辑）。收入《椿庐史地论稿》第 1—20 页、《中国历史地理十讲》第 115—143 页。

  《唐代的碎叶城》（与赵永复合作），《复旦学报》1980 年增刊（历史地理专辑）。

- 1981 年

  《宋代黄河下游横陇北流诸道考》，《文史》第 12 辑，中华书局，1981 年。收入《椿庐史地论稿》第 25—38 页、《中国历史地理十讲》第 165—185 页。

  《山东运河历史地理问题初探》，《历史地理》创刊号，上海人民出版社，1981 年。收入《椿庐史地论稿》第 150—183 页、《中国历史地理十讲》第 281—326 页。

- 1982 年

  《关于上海历史地理的几个问题》（与王文楚合作），《文物》1982 年第 2 期。收入《椿庐史地论稿续编》第 378—382 页。

  《试论我国运河的历史变迁》，《历史教学问题》1982 年第 3 期。收入《椿庐史地论稿续编》第 1—7 页。

  《谭其骧论地名学》，《地名知识》1982 年第 2 期。收入《椿庐史地论稿续编》第 658—661 页。

  《从地理环境角度考察我国运河的历史作用》，《中国史研究》1982 年第 3 期。收入《椿庐史地论稿》第 226—245 页、《中国历史地理十讲》第 219—248 页。

- 1983 年

  《万恭和〈治水筌蹄〉》,《历史地理》第 3 辑，上海人民出版社，1983 年。收入《椿庐史地论稿》第 559—569 页。

- 1984 年

  《回顾建国以来我国历史地理学的发展》,《复旦学报》（社会科学版）1984 年第 5 期。收入《椿庐史地论稿续编》第 436—446 页。

- 1985 年

  《历史时期黄河流域水稻生产的地域分布和环境制约》,《复旦学报》（社会科学版）1985 年第 3 期。收入《椿庐史地论稿》第 284—301 页。

- 1986 年

  《〈汉书·沟洫志〉笺释》,复旦大学中国历史地理研究所编《历史地理研究 1》,复旦大学出版社，1986 年。修订版《汉书沟洫志笺释》（上、下），刊于《九州学林》2004 年第 2 卷第 2、3 期，香港城市大学中国文化中心编。

  《湛渠、白沟、五丈河（广济河）》,复旦大学中国历史地理研究所编《历史地理研究 1》,复旦大学出版社，1986 年。

  《获水、汳水、汴水、通济渠（汴河）》,复旦大学中国历史地理研究所编《历史地理研究 1》,复旦大学出版社，1986 年。

  《瓜州》,复旦大学中国历史地理研究所编《历史地理研究 1》,复旦大学出版社，1986 年。

- 1987 年

  《历史时期华北大平原湖沼变迁述略》,《历史地理》第 5 辑，上海人民出版社，1987 年。收入《椿庐史地论稿》第 246—269 页、《中国历史地理十讲》第 47—82 页。

  《辽代西辽河流域的农业开发》,陈述主编《辽金史论集》第 2 辑，书目文献出版社，1987 年。收入《椿庐史地论稿续编》第 8—20 页。

- 1988 年

  《广德湖考》,《中国历史地理论丛》第 3 辑，陕西人民出版社，1988 年。收入《椿庐史地论稿续编》

第 21—29 页。

《淮河下游南北运口变迁和城镇兴衰》,《历史地理》第 6 辑, 上海人民出版社, 1988 年。收入《椿
庐史地论稿》第 184—208 页、《中国历史地理十讲》第 327—362 页。

《王育民著〈中国历史地理概论〉介绍》,《学术月刊》1988 年第 9 期。

《从历史地理角度讨论黄河下游河道综合治理问题 ( 摘要 )》,《地球科学信息》1988 年第 5 期。收
入《中国科学院地学部第二次学部委员大会文集》( 科学出版社, 1988 年 )、《椿庐史地论稿
续编》第 306—308 页。

- 1989 年

《东汉以后黄河下游出现长期安流局面问题的再认识》,《人民黄河》1989 年第 2 期。收入《椿庐
史地论稿》第 39—49 页。

- 1990 年

《元代河患与贾鲁治河》,《纪念顾颉刚学术论文集》, 巴蜀书社, 1990 年。收入《椿庐史地论稿》
第 50—71 页。

《千古黄河》, 中华书局 ( 香港 ) 有限公司, 1990 年 ; 上海远东出版社, 2012 年重版。

《潘季驯》, 谭其骧主编《中国历代地理学家评传》第 2 卷, 山东教育出版社, 1990 年。收入《椿
庐史地论稿续编》第 672—679 页。

《宋金分界考》, 复旦大学中国历史地理研究所编《历史地理研究 2》, 复旦大学出版社, 1990 年。

- 1991 年

《略论历史上交通运输与社会经济发展的关系》,《复旦学报》( 社会科学版 ) 1991 年第 1 期。收入
《椿庐史地论稿续编》第 30—38 页。

《一丝不苟　精益求精——学习季龙师的工作态度和治学精神》,《历史地理》第 9 辑, 上海人民
出版社, 1991 年。收入《椿庐史地论稿续编》第 662—671 页。

《从青龙镇到外高桥》( 与茅伯科合著 ), 上海人民出版社, 1991 年。

- 1992 年

《黄河流域环境变迁研究中的重大贡献——恭贺史念海先生 80 华诞》,《陕西师范大学学报》( 哲
学社会科学版 )1992 年第 3 期。

《〈舆地纪胜〉的流传及其价值》,《古籍整理与研究》第 7 辑,1992 年。收入《椿庐史地论稿》第
536—558 页。

● 1993 年

《上海港的历史地理》(与张修桂合作),《自然杂志》1993 年第 2 期。收入《椿庐史地论稿续编》
第 383—393 页。

《重视历史地理学在经济建设中的作用》(与吴松弟合作),《求是》1993 年第 7 期。收入《椿庐史
地论稿续编》第 447—452 页。

《先秦两汉时期黄淮平原的农业开发与地域特征》,《历史地理》第 11 辑,上海人民出版社,1993
年。收入《椿庐史地论稿》第 422—448 页。

《古都洛阳研究的新篇章——读〈洛阳——丝绸之路的起点〉后感》,《河洛史志》1993 年第 1—2
期。收入《椿庐史地论稿续编》第 694—697 页。

《博约精微　嘉惠学林——评〈中华古文献大辞典·地理卷〉》,《地理研究》1993 年第 2 期。

《胡渭》,谭其骧主编《中国历代地理学家评传》第 3 卷,山东教育出版社,1993 年。收入《椿庐
史地论稿续编》第 680—693 页。

《中国历史地理概述》,福建人民出版社,1993 年。该书由《中国大百科全书》"历史地理"长条修
改补充而成,于 2005 年、2007 年、2013 年由上海教育出版社修订再版。

《黄淮海平原历史地理》(担任主编),安徽教育出版社,1993 年;1997 年第 2 版。

● 1994 年

《也谈安阳是否够格列为中国历史上的大古都》,《陕西师范大学学报》(哲学社会科学版)1994 年
第 1 期。收入《椿庐史地论稿续编》第 394—403 页。

《有关我国历史上蚕桑业的几个历史地理问题》,《选堂文史论苑——饶宗颐先生任复旦大学顾问
教授纪念文集》,上海古籍出版社,1994 年。收入《椿庐史地论稿》第 449—468 页。

《近 10 年来历史地理研究的新进展》(与陈桥驿、张修桂、葛剑雄合作),《地理学报》1994 年增刊。

● 1995 年

《明清时期北部农牧过渡带的推移和气候寒暖变化》,《复旦学报》(社会科学版)1995 年第 1 期。
收入《椿庐史地论稿》第 302—319 页、《中国历史地理十讲》第 19—46 页。

《试论邺都兴起的历史地理背景及其在古都史上的地位》,《中国历史地理论丛》1995 年第 1 辑。

收入《椿庐史地论稿》第 377—387 页。

《历代正史〈河渠志〉浅析》，《复旦学报》(社会科学版) 1995 年第 3 期。收入《椿庐史地论稿续编》第 562—575 页、《中国历史地理十讲》第 144—164 页。

《春秋秦汉郚城古址考辨》，《殷都学刊》1995 年第 2 期。收入《椿庐史地论稿续编》第 404—409 页。

《也谈有关金元黄河的几个问题——与王颋先生商榷》，《汉学研究》第 13 卷第 1 期。收入《椿庐史地论稿续编》第 413—424 页。

《追念恩师谭季龙教授》，《历史地理》第 12 辑，上海人民出版社，1995 年。收入《椿庐史地论稿》第 575—579 页。

《安徽史地漫谈》，《中国方域》1995 年第 5 期。收入《椿庐史地论稿续编》第 474—482 页。

《关于历史气候文献资料的收集利用和辨析问题》(与张修桂合作)，《历史自然地理研究》第 2 辑，华南师范大学历史地理研究室，1995 年。收入《椿庐史地论稿续编》第 309—316 页。

- 1996 年

《从中国历史上经济发展轨迹看 21 世纪的中国经济》，《历史地理》第 13 辑，上海人民出版社，1996 年。收入《椿庐史地论稿》第 524—535 页。

《中国历史大辞典·历史地理卷》(担任副主编)，上海辞书出版社，1996 年。

《冲田一和〈上海地名志〉》，《上海地名》1996 年第 3 期。收入《椿庐史地论稿续编》第 698—702 页。

《再谈安阳是否能称得上大古都》，《中国方域》1996 年第 5 期。收入《椿庐史地论稿续编》第 410—412 页。

《读新编〈蚌埠市志〉有感》，《蚌埠市志评论文集》，黄山书社，1996 年。收入《椿庐史地论稿续编》第 703—705 页。

《矻矻十年磨一剑——评王育民〈中国人口史〉》，《博览群书》1996 年第 10 期。

《禹贡锥指》，上海古籍出版社，1996 年；2006、2012 年两次再版。

《中国历史地理学的发展与成就》，《人文地理》1996 年增刊。收入《椿庐史地论稿续编》第 453—460 页。

- 1997 年

《历史城市地理研究的重大成果——评史念海主编〈西安历史地图集〉》，《中国史研究动态》1997

年第 3 期。收入《椿庐史地论稿续编》第 429—432 页。

《读〈《尚书·虞夏书》新解〉之〈禹贡〉篇一得》,《社会科学战线》1997 年第 2 期。收入《椿庐史
地论稿续编》第 425—428 页。

《对当前古籍整理工作的几点浅见》,《古籍整理出版情况简报》1997 年第 5 期。收入《椿庐史地
论稿续编》第 433—435 页。

《胡渭和他的〈禹贡锥指〉》,《人民政协报》1997 年 10 月 6 日。收入《椿庐史地论稿》第 570—
574 页。

《评新编〈宁波市志〉》,《中国地方志》1997 年第 6 期。收入《椿庐史地论稿续编》第 709—712 页。

《〈洛阳市志〉第 3 卷〈城市建设志·交通志·邮电志〉读后的几点感想》,《河洛史志》1997 年第
4 期。收入《椿庐史地论稿续编》第 706—708 页。

- 1998 年

《从纪念吕思勉先生所想到的》,《历史教学问题》1998 年第 1 期。

《明清流民与川陕鄂豫交界地区的环境问题》,《复旦学报》(社会科学版)1998 年第 4 期。收入
《椿庐史地论稿续编》第 39—52 页。

《〈宋史·河渠志〉浙江海塘西湖篇笺释》,《中华文史论丛》第 57 辑,上海古籍出版社,1998 年。
收入《椿庐史地论稿续编》第 643—657 页。

《关于加强对人地关系历史研究的思考》,《光明日报》"史林"版;《新华文摘》1999 年第 1 期全
文转载。收入《椿庐史地论稿续编》第 317—322 页。

《对 21 世纪中国环境问题的思考》,《地理学与国土研究》1998 年第 4 期。收入《椿庐史地论稿续
编》第 323—336 页。

《略论长江三角洲生态环境和经济发展的历史演变及规划策略》,《城市研究》1998 年第 6 期。收
入《椿庐史地论稿续编》第 333—332 页。

《我国古代的环境意识和环境行为——以先秦两汉时期为例》,《庆祝杨向奎先生教研六十年论文
集》,河北教育出版社。收入《椿庐史地论稿》第 320—332 页。

- 1999 年

《江淮平原的人文》,谢觉民主编《自然·文化·人地关系:人文地理笔谈》,科学出版社,1999 年。
收入《椿庐史地论稿》第 356—376 页、《中国历史地理十讲》第 83—114 页。

《我与中国历史地理学》,张世林编《学林春秋》三编下册,朝华出版社,1999 年。收入《椿庐史

地论稿》第 580—592 页。

- **2000 年**

  《澳门话古今》,《上海地名》2000 年第 1 期。收入《椿庐史地论稿续编》第 483—493 页。

  《中国多民族统一国家形成的历史背景和地域特征》,《历史教学问题》2000 年第 1 期。收入《椿庐史地论稿》第 388—398 页。

  《开发西部的历史反思》,《探索与争鸣》2000 年第 6 期。

  《对新编方志工作的几点意见》,《中国地方志》2000 年第 5 期。收入《椿庐史地论稿续编》第 713—716 页。

  《"灾害与社会"研究刍议》,《复旦学报》(社会科学版)2000 年第 6 期。收入《椿庐史地论稿》第 270—283 页,题为《"灾害与社会"研究刍议——以中国为例》。

- **2001 年**

  《从我国历史上地方行政区划制度的演变看中央和地方权力的转化》,《历史教学问题》2001 年第 2 期。收入《椿庐史地论稿》第 399—421 页。

  《中国历史人文地理》(担任主编),科学出版社,2001 年。

  《历史是我们的财富——评"千秋兴亡丛书"》,《中国图书评论》2001 年第 6 期。

  《我国古代经济区的划分原则及其意义》,《中国史研究》2001 年第 4 期。收入《椿庐史地论稿》第 469—480 页。

- **2002 年**

  《大禹故里在何处?》,《人民政协报》2002 年 1 月 15 日。收入《椿庐史地论稿续编》第 494—496 页。

  《求实·严谨·创新——著名历史地理学家邹逸麟教授访谈录》(冯贤亮访问),《历史教学问题》2002 年第 2 期。收入《椿庐史地论稿续编》第 795—805 页。

  《我国环境变化的历史过程及其特点初探》,《安徽师范大学学报》(人文社会科学版)2002 年第 3 期。收入《椿庐史地论稿》第 333—343 页、《中国历史地理十讲》第 1—18 页。

  《关于西部开发问题的思考》,《中国历史地理论丛》2002 年第 2 辑。

  《我国早期经济区的形成——春秋战国至汉武帝时期》,《历史地理》第 18 辑,上海人民出版社,2002 年。收入《椿庐史地论稿》第 481—509 页。

《淞浦二江变迁和上海港的发展》,《上海市历史博物馆馆刊》第 1 辑,上海社会科学院出版社,2002 年。收入《椿庐史地论稿》第 510—523 页。

- 2003 年

《论长江三角洲地区人地关系的历史过程及今后发展》,《学术月刊》2003 年第 6 期。收入《椿庐史地论稿》第 344—355 页。

《长三角有过几个中心》,《人民日报》2003 年 9 月 3 日。收入《椿庐史地论稿续编》第 497—499 页。

《江南运河镇江、常州段历史地理问题之研究》,《文史新澜:浙江古籍出版社建社二十周年纪念论文集》,浙江古籍出版社,2003 年。

《对学术必需有负责和认真的态度——评〈淮河和长江中下游旱涝灾害年表与旱涝规律研究〉》,《中国图书评论》2003 年第 11 期。收入《椿庐史地论稿续编》第 543—549 页。

- 2004 年

《中华大典·历史地理典·域外分典》(担任主编),浙江古籍出版社,2004 年。

《一颗消失的明珠——鄞州广德湖》,《宁波通讯》2004 年第 8 期。

《明代治理黄运思想的变迁及其背景——读明代三部治河书体会》,《陕西师范大学学报》(哲学社会科学版)2004 年第 5 期。收入《椿庐史地论稿续编》第 53—65 页。

- 2005 年

《椿庐史地论稿》,天津古籍出版社,2005 年。

《我国水资源变迁的历史回顾——以黄河流域为例》,《复旦学报》(社会科学版)2005 年第 3 期。收入《椿庐史地论稿续编》第 337—354 页。

《一本值得一读的沿革地理佳作——评〈童书业历史地理论集〉》,《书品》2005 年第 3 期。收入《椿庐史地论稿续编》第 550—555 页。

- 2006 年

《运河承载的帝国》,《中国国家地理》2006 年第 5 期。收入《椿庐史地论稿续编》第 500—508 页。

《历史时期黄河流域的环境变迁与城市兴衰》,《江汉论坛》2006 年第 5 期。收入《椿庐史地论稿续编》第 355—371 页。

《〈中国历史地图集〉工作琐忆》,《历史地理》第 21 辑,上海人民出版社,2006 年。

《古代合浦史地杂谈》,《高敏先生八十华诞纪念文集》,线装书局,2006 年。收入《椿庐史地论稿
　　续编》第 518—522 页。

《历史地理学者视野中的南水北调——邹逸麟教授访谈录》( 马驰访问),《群言》2006 年第 11 期。

《基础研究与当代社会——谈历史地理学的建设和发展》,《学习与探索》2006 年第 6 期。收入《椿
　　庐史地论稿续编》第 461— 470 页。


- 2007 年

《勾践国都勾乘山献疑》,《义乌方志》2007 年第 2 期。收入《椿庐史地论稿续编》第 509—511 页。

《地方志有助政府决策》,《文汇报》2007 年 7 月 23 日。收入《椿庐史地论稿续编》第 717—719 页。

《青龙镇兴衰考辨》,《历史地理》第 22 辑,上海人民出版社,2007 年。收入《椿庐史地论稿续编》
　　第 512—517 页。


- 2008 年

《我国生态环境演变的历史回顾——中国环境变迁问题初探 ( 上 )》,《秘书工作》2008 年第 1 期。

《正确应对我国生态环境的重大变化——中国环境变迁问题初探 ( 下 )》,《秘书工作》2008 年第
　　2 期。

《历史上的川北甘南地震》,《群言》2008 年第 6 期。收入《椿庐史地论稿续编》第 523—526 页。

《北宋黄河东北流之争与朋党政治》,《华学》第 9、10 辑,上海古籍出版社,2008 年。收入《椿庐
　　史地论稿续编》第 66—89 页、《中国历史地理十讲》第 186—218 页。

"500 年来环境变迁与社会应对丛书"( 担任主编),共 5 种,上海人民出版社,2008 年。

《谈谈参政议政的体会》,《群言》2008 年第 9 期。

《山东运河开发史研究》《胶莱运河的历史研究》,陈桥驿主编《中国运河开发史》,中华书局,
　　2008 年。收入《椿庐史地论稿续编》第 90—213 页。

《扬州与运河——共生共荣的关系》,《中国名城》2008 年增刊。

《〈太平寰宇记〉校点本的重大贡献》,《书品》2008 年第 6 期。收入《椿庐史地论稿续编》第
　　556—561 页。


- 2009 年

《"八马同槽"时代的山东大学历史系—— 一个学生的回忆》,《历史学家茶座》第 15 辑,山东人
　　民出版社,2019 年。收入《椿庐史地论稿续编》第 788—792 页。

《历史上的黄运关系》,《光明日报》2009 年 2 月 10 日,第 12 版。收入《椿庐史地论稿续编》第
    527—529 页。

《论清一代对疆土版图观念的嬗变》,日本关西大学《东アジア文化交涉·别册》第 4 号,2009 年。

《长江三角洲的形成与发展——从"三角地"到"金三角"》(与吴越合作),《人民长江报》2009 年
    4 月 18 日。

《修志者心目中要有读者》,《中国地方志》2009 年第 6 期。收入《椿庐史地论稿续编》第 720—
    722 页。

《环境史的研究应进一步深入》,《中国社会科学报》2009 年 9 月 22 日。

• 2010 年

《历史地理学并非仅仅是一门基础性学科——我眼中历史地理学的现实意义》,《中国社会科学报》
    2010 年 1 月 26 日,第 14 版。收入《椿庐史地论稿续编》第 471—473 页。

《有关环境史研究的几个问题》,《历史研究》2010 年第 1 期。收入《椿庐史地论稿续编》第 372—
    377 页。

《试论我国历史上运河的水源问题》,复旦大学历史地理研究中心编《历史地理研究 3》,复旦大学
    出版社,2010 年。收入《椿庐史地论稿续编》第 234—258 页。

《谈历史上"江南"地域概念的政治含义》,《浙江学刊》2010 年第 2 期。收入《椿庐史地论稿续
    编》第 259—264 页。

《论清一代关于疆土版图观念的嬗变》,《历史地理》第 24 辑,上海人民出版社,2010 年。收入
    《椿庐史地论稿续编》第 214—233 页。

《清代集镇名实初探》,《清史研究》2010 年第 2 期。收入《椿庐史地论稿续编》第 265—277 页。

《修志贵在征信——读新修〈云翔寺志〉有感》,《上海地方志》2010 年第 2 期。收入《椿庐史地论
    稿续编》第 723—724 页。

《垓下之战的地理方位之争》,《光明日报》2010 年 9 月 7 日,第 12 版。收入《椿庐史地论稿续编》
    第 530—531 页。

《运河——通城联市》,陈燮君主编《城市足迹馆》,上海文艺出版社,2010 年。收入《椿庐史地论
    稿续编》第 532—542 页。

• 2011 年

《略谈江南水乡地区桥梁的社会功能》,《江南社会历史评论》第 3 期,商务印书馆,2011 年。收入

《椿庐史地论稿续编》第287—305页。

《两宋时代的钱塘江》,《浙江学刊》2011年增刊。收入《椿庐史地论稿续编》第278—286页。

- 2012 年

    《访台杂记》,《群言》2012年第2期。

- 2013 年

    《对〈方志百科全书〉"方志"条释义的几点意见》,《浙江学刊》2013年第1期。

    《我国环境变迁的历史教训》,《文史知识》2013年第6期。

    《多角度研究中国历史上自然和社会的关系》,《中国社会科学》2013年第5期。

    《明清以来长江三角洲地区城镇地理与环境研究》(担任主编),商务印书馆,2013年。

    《中国历史自然地理》(邹逸麟、张修桂主编,王守春副主编),科学出版社,2013年。

- 2014 年

    《深切缅怀侯仁之先生》,《中国历史地理论丛》2014年第1辑。

    《椿庐史地论稿续编》,上海人民出版社,2014年。

    《谭其骧主编〈中国历史地图集〉编绘始末及其学术意义》(杨伟兵整理),华林甫主编《清代地理志书研究》,中国人民大学出版社,2014年。

    《浅谈我国历史上运河的功过得失》,《文史知识》2014年第12期。

- 2015 年

    《唤醒人们重新认识中国的文化》,《光明日报》2015年9月14日,第11版。

- 2016 年

    《指导地方志事业发展的重要文献——读〈全国地方志事业发展规划纲要(2015—2020年)〉》,《中国地方志》2016年第4期。

    《邹逸麟口述历史》("上海市文史研究馆口述历史丛书"第3辑),上海书店出版社,2016年。

    《学术生涯中遭遇的"政治"坎》(邹逸麟口述,林丽成撰稿),《世纪》2016年第5期。

- 2017 年

《运河在中华文明发展过程中的作用》，《浙江学刊》2017 年第 1 期。

《基础研究也能经世致用》，《人民日报》2017 年 7 月 6 日，第 7 版 "大家手笔"。

《试谈在高校培养研究生工作的体会》，《历史教学》（下半月版）2017 年第 7 期。

《忆 "山大八大师"》（邹逸麟口述，林丽成撰稿），《浦江纵横》2017 年第 12 期。

- 2018 年

《历史上水利工程的环境问题值得关注》，《运河学研究》2018 年第 1 辑。

《舟楫往来通南北——中国大运河》，江苏凤凰科学技术出版社，2018 年。

《记老友吴浩坤》，《浩志文博　坤宇甲骨：吴浩坤先生纪念文集》，复旦大学出版社，2018 年。

《运河对中华文明发展的意义》，《月读》2018 年第 11 期。

《晋书地理志汇释》（与孟刚合作编著），安徽教育出版社，2018 年。

《编撰〈中国历史地图集〉和大字本注释往事》（邹逸麟口述，林丽成撰稿），《浦江纵横》2018 年
　　　第 12 期。

- 2019 年

《中国历史地理十讲》，复旦大学出版社，2019 年。

《与张之、王世恩论安阳与七大古都书》（谭其骧遗著，邹逸麟整理），《历史地理研究》2019 年第
　　　1 期。

《集体项目既出成果也出人才——访邹逸麟先生》（段伟访问），《中国史研究动态》2019 年第 4 期。

《中国运河志》（担任总主编），江苏凤凰科学技术出版社，2019 年。

- 2020 年

《黄河保护与治理的历史经验与启示》，《云南大学学报》（社会科学版）2020 年第 1 期。

《辞海》第 7 版（担任副主编），上海辞书出版社，2020 年。

《清史地图集·序》，《地图》2020 年第 4 期。

（段　伟　整理）

# 邹逸麟先生弟子名录

邹逸麟先生共指导硕士 5 位，博士 22 位，博士后 6 位，总计 33 人次，实 31 人。以下按照入学时间、毕业时间及年龄排序。

1. **郁越祖**　原籍浙江宁波，生于上海。1978 年 2 月恢复高考后进入复旦大学历史学系就读历史专业本科。1982 年 2 月考取谭其骧教授中国历史地理专业硕士研究生，并指定由邹逸麟老师协助指导。1985 年 2 月毕业，留复旦大学中国历史地理研究所（以下简称"复旦史地所"）工作。1987 年 8 月自费赴美留学，先入东密歇根大学地理系，再转马里兰大学信息学院。1992 年起，先后在美国国会图书馆、马里兰大学图书馆和我国香港中文大学图书馆任职。2012 年因健康原因离职退休。硕士学位论文《关于宋代建制镇的几个历史地理问题》（1985 年）。

2. **吴松弟**　1954 年生，浙江泰顺人。1982 年东北师范大学历史系毕业，1983 年考入复旦史地所读研，为以邹逸麟先生名义招的第一位硕士生，毕业后留所任教至今，其间（1990—1992）在职读谭其骧先生博士生。硕士学位论文《宋代东南沿海地区的经济开发》（1986 年）。

3. **洪　偶**　1956 年生，安徽歙县人，杭州大学 77 级历史系本科，1983 年考入复旦史地所，与吴松弟同门，师承邹逸麟先生。1988 年赴美留学，毕业后在美创业，创建医药化工公司。现已退休，定居洛杉矶。硕士学位论文《两宋东南五路人才分布的地理因素》(1986 年)。

4. **王振忠**　1964 年生，福建福州人。1982 年考入复旦大学历史学系，1986 年考入复旦史地所，师从吴应寿先生。1989 年 9 月起师从邹逸麟先生攻读博士学位，是邹先生招收的第一届博士生。1992 年 1 月提前半年毕业，留所任教。博士学位论文《明清两淮盐业盛衰及其对苏北区域的影响》(1992 年)。

5. **满志敏**(1952—2020)　上海人。华东师范大学地理系本科毕业，1983 年进入复旦史地所工作。在职跟随邹逸麟先生攻读硕士、博士学位，1993 年获博士学位。硕士毕业论文《唐宋气候冷暖分期及各期气候冷暖特征的研究》(1988 年)，博士学位论文《中国黄河、长江中下游地区夏末至元代末(3.5KaBP—0.6KaBP)气候冷暖变化的初步研究》(1993 年)。

6. **戴鞍钢**　1955 年生，上海青浦人。1978 年 2 月入学复旦大学历史学系，1985 年 1 月硕士毕业后留系任教。1993 年 9 月—1996 年 6 月，师从邹逸麟先生在职攻读博士学位。博士学位论文《港口·城市·腹地——上海与长江流域经济关系的历史地理考察(1843—1913)》(1996 年)。

7. **华林甫**　1965 年出生于浙江余杭。1982 年入学复旦大学历史学系，1986 年师从邹逸麟先生读研，1989 年硕士毕业后到中国社科院历史研究所工作，1996 年回炉读博，仍师从邹先生，1999 年博士毕业，2002 年转到中国人民大学工作至今。硕士学位论文《唐代主粮生产的地理分布及其成因初探》(1989 年)，博士学位论文《中国地名学史专题研究》(1999 年)。

8. **尹玲玲**　1973 年生，湖南邵东人。湖南师范大学 90 级地理系本科，94 年毕业后在湘潭任一年中学地理老师。1995 年考入复旦史地所，师从吴松弟老师。1997 年直升，师从邹逸麟先生攻读博士学位，2000 年毕业入上海师范大学历史系工作至今。博士学位论文《明清长江中下游渔业经济研究》(2000 年)。

9. **冯贤亮**  1971 年生，浙江嘉善人。1991 年考入复旦大学历史学系学习，1996 年考入复旦史地所，硕博连读研究生，师从邹逸麟先生，2001 年毕业。现在复旦大学历史学系任教。博士学位论文《明清江南地区的环境变动与社会控制研究》(2001 年)。

10. **杨伟兵**  1974 年生，白族，云南云龙人。1996 年西南师范大学历史系本科毕业，1999 年西南师范大学历史系硕士研究生毕业。1999 年考入复旦史地所，师从邹逸麟先生攻读博士学位，2002 年留所任教。博士学位论文《云贵高原环境与社会变迁(1644—1911)：以土地利用为中心》(2002 年)。

11. **黄忠怀**  1967 年生，江苏淮安人。1988 年毕业于淮阴教育学院 ( 现为淮安师范学院 ) 地理专业，1997 年进入湖北大学古籍研究所攻读硕士学位，2000 年进入复旦大学历史地理研究中心师从邹逸麟先生攻读博士学位，2005 年进入华东理工大学社会与公共管理学院任教至今。博士学位论文《整合与分化——明永乐以后河北平原的村落形态及其演变》(2003 年)。

12. **林荣琴**  1973 年生，浙江长兴人。1995 年浙江师范大学本科毕业，1998 年西北大学历史地理学专业硕士研究生毕业。2001 年 9 月进入复旦大学历史地理研究中心，师从邹逸麟先生攻读博士学位。2004 年迄今，任教于上海海事大学。博士学位论文《清代湖南的矿业开发》(2004 年)。

13. **余同元**  1962 年生，安徽潜山人。1979 年进安徽师范大学历史系读本科，1985 年到安徽师范大学明清史研究室读硕士研究生，2002 年进入复旦大学历史地理研究中心随邹逸麟先生攻读博士学位。现任教于苏州大学历史系。博士学位论文《中国传统工匠现代转型问题研究—— 以江南早期工业化过程中工匠技术转型与角色转换为中心(1520—1920)》(2005 年)。

14. **周晓光**　1964 年生，江苏昆山人。1985 年中山大学历史学系本科毕业，1988 年安徽师范大学历史系硕士研究生毕业。2002—2005 年在复旦大学历史地理研究中心，师从邹逸麟先生攻读博士学位。1988 年任教于安徽师范大学历史系（后改称社会学院、历史与社会学院），2012 年调至安徽大学历史系工作。现任职于安徽大学徽学研究中心。博士学位论文《徽州传统学术文化地理研究》（2005 年）。

15. **杨煜达**　1968 年生，云南腾冲人。1991 年云南大学历史系本科毕业，2002 年云南大学历史系中国民族史专业硕士研究生毕业，同年进入复旦史地所邹逸麟先生门下，2005 年获博士学位，留所工作至今。博士学位论文《清代云南（1711—1911 年）的季风气候与天气灾害》（2005 年）。

16. **石超艺**　1976 年生，湖南涟源人。1997 年湘潭师范学院地理系毕业后在湘潭县任教，2000 年考入中国地质大学（武汉）攻读自然地理学硕士，2002 年考入复旦大学历史地理研究中心师从邹逸麟先生。2005 年至 2007 年在华东师范大学从事博士后科研工作，2007 年进入华东理工大学社会与公共管理学院行政管理系任教至今。博士学位论文《明以来海河南系水环境变迁研究》（2005 年）。

17. **高　凯**　（1965—2021）　湖南益阳人。1985 年入郑州大学中文系读本科，1989 年入郑州大学历史研究所攻读历史学硕士学位，2003 年入复旦大学历史地理研究中心攻读博士学位，师从邹逸麟先生。1992 年以后在郑州大学工作。博士学位论文《地理环境与中国古代社会变迁三论》（2006 年）。

18. **刘龙雨**　1976 年生，河北深州人。2000 年河北师范大学地理系本科毕业，2003 年西北大学西北历史研究所硕士研究生毕业，2003 年 9 月进入复旦大学历史地理研究中心，师从邹逸麟先生攻读博士学位。2006 年迄今在南京师范大学社会发展学院工作。博士学位论文《清代至民国时期华北煤炭开发：1644—1937》（2006 年）。

19. **巴兆祥** 1963 年生，安徽休宁人。1984 年 7 月毕业于复旦大学历史学系，1987 年 7 月复旦大学历史学系研究生毕业留历史学系工作至今。2003 年 9 月至 2007 年 1 月，师从邹逸麟先生攻读博士学位。博士学位论文《中国地方志流播日本研究》（2007 年）。

20. **胡其伟** 1967 年生于江苏徐州，祖籍淮安。1990 年毕业于南京师范大学历史专业，后在徐州幼儿高等师范学校任教 11 年。2001 年进入江苏师范大学攻读硕士学位，2004 年进入复旦大学历史地理研究中心师从邹逸麟先生攻读博士学位，2007 年毕业进入中国矿业大学任教。博士学位论文《民国以来沂沭泗流域环境变迁与水利纠纷》（2007 年）。

21. **傅　辉** 1971 年生，河南光州人。1996 年毕业于北京师范大学地理系，2005 年师从邹逸麟先生攻读博士学位。2011 年迄今就职于重庆师范大学地理与旅游学院。博士学位论文《明以来河南土地利用变化与人文机制研究》（2008 年）。

22. **李德楠** 1975 年生，山东莒南人。1996 年毕业于徐州师范大学历史系，后在莒南壮岗一中任中学教师 6 年。2002 年入徐州师范大学攻读历史学硕士学位，2005 年入复旦大学历史地理研究中心师从邹逸麟先生攻读博士学位。2008 年毕业后在山东聊城大学工作 5 年，2013 年至今在江苏淮阴师范学院工作。博士学位论文《工程、环境、社会：明清黄运地区的河工及其影响研究》（2008 年）。

23. **陆发春** 1963 年生，安徽舒城人。1985 年安徽大学历史系毕业留校工作至今，2005—2013 年在复旦大学历史地理研究中心跟随邹逸麟先生攻读博士学位。博士学位论文《安徽建省与省域认同》（2013 年）。

24. **孙景超** 1982 年生，河南洛阳人。2003 年毕业于河南师范大学历史系，同年考入复旦大学历史地理研究中心读研，2006 年 9 月—2009 年 6 月师从邹逸麟先生攻读博士学位。后在安阳师范学院地理系任职数年，现在中国社科院古代史研究所工作。博士学位论文《技术、环境与社会：宋以降太湖流域水利史的新探索》（2009 年）。

25. **傅林祥** 1961 年生于上海，籍贯浙江绍兴。1984 年 7 月毕业于复旦大学历史学系，同年 8 月起在复旦史地所工作。2006 年 9 月—2010 年 6 月师从邹逸麟先生攻读博士学位。博士学位论文《清代地方行政制度专题研究》（2010 年）。

26. **王建革** 1964 年生，山东招远人。1995 年毕业于南京农业大学农业史专业，获农学博士学位。1996 年进入复旦史地所做博士后研究，师从邹逸麟先生，1998 年留所工作至今。博士后出站报告《传统社会末期华北的生态与社会》（1998 年）。

27. **谢　丽** 1961 年生，湖南湘潭人。1982 年毕业于石河子大学农学院农学系，2001 年毕业于南京农业大学人文学院中国农业历史研究室。2001—2003 年师从邹逸麟先生从事博士后研究。之后任教于华南农业大学农史室（历史系）。博士后出站报告《清代至民国时期塔里木盆地南缘绿洲生态环境变迁的社会与环境诱因》（2003 年）。

28. **陈业新** 1967 年生，安徽霍邱人。1988 年毕业于安徽淮南师范专科学校，1996、2001 年毕业于华中师范大学历史文献学研究所（硕士、博士，历史文献学专业）。2001 年 9 月进入复旦大学历史地理研究中心，师从邹逸麟先生从事博士后研究。2003 年至今，任教于上海交通大学。博士后出站报告《近五百年来淮河流域灾害环境与人地关系研究——以明至民国时期中游皖北地区为中心》（2003 年）。

29. **陈晓鸣** 1963 年生，江西万安人。1985 年毕业于江西师范大学历史系。2004—2006 年师从邹逸麟先生从事博士后研究。现任职于江西师范大学历史文化与旅游学院。博士后出站报告《九江：从常关到海关，1450—1938》（2006 年）。

30. **段　伟** 1977 年生，安徽宁国人。1995—2005 年在首都师范大学历史系获得本科至博士学位。2005 年 8 月到复旦大学跟随邹逸麟先生从事博士后研究，2007 年 7 月留复旦史地所工作至今。博士后出站报告《俗称与重构：清代省区类型研究之一——以江南、湖广分省为例》与《清史地理志·安徽》（2007 年）。

31. **廖声丰** 1965 年生，江西赣州人。1987 年毕业于江西大学图书馆情报专业，1998 年 7 月在南昌大学获历史学硕士学位，2006 年 6 月在上海师范大学获历史学博士学位。2006 年 8 月—2008 年 7 月在复旦大学跟随邹逸麟先生从事博士后研究。现在南昌航空大学马克思主义学院工作。博士后出站报告《清代前期长江三角洲地区常关研究（1644—1840）》（2008 年）。

（段　伟　整理）

# 后　记

2020 年 6 月 19 日，邹逸麟先生与世长辞，对此，我们深感悲痛！此后，上海市文史研究馆、复旦大学历史地理研究中心等单位，都先后举办过追思会。学界的不少朋友也在各类报刊上发表文章，沉痛悼念邹逸麟先生。现在，我们将各种悼念文章汇集在一起，并邀约部分学界同人撰文追思，编成此一文集，以缅怀这位对中国历史地理学作出杰出贡献的学者。

在编纂此一文集的过程中，学界诸多同人纷纷提供各类相关资料。北京师范大学历史学院教授、中国世界古代史研究会名誉理事长刘家和先生曾寄来"鸿篇巨著，风范长存"的题词，复旦大学资深教授、中文系陈尚君先生拨冗撰写了《邹逸麟先生碑铭》，对于诸位师友的帮助，在此一并谨申谢忱！

邹逸麟先生纪念文集编委会

2021 年 1 月 30 日